„Der da sein Practic auß Teutschen Tractaten will lernen“

Rechtshistorische Reihe

Band 458

Zur Qualitätssicherung und Peer Review der vorliegenden Publikation

Die Qualität der in dieser Reihe erscheinenden Arbeiten wird vor der Publikation durch den einen Herausgeber der Reihe geprüft.

Notes on the quality assurance and peer review of this publication

Prior to publication, the quality of the work published in this series is reviewed by one of the editors of the series.

Piotr Wittmann

„Der da sein Practic auß Teutschen Tractaten will lernen“

Rechtspraktiker in deutschsprachiger Praktikerliteratur des 16. Jahrhunderts

PL ACADEMIC RESEARCH

Bibliografische Information der Deutschen Nationalbibliothek
Die Deutsche Nationalbibliothek verzeichnet diese Publikation in der Deutschen Nationalbibliografie; detaillierte bibliografische Daten sind im Internet über http://dnb.d-nb.de abrufbar.

Zugl.: Göttingen, Univ., Diss., 2014

Die vorliegende Arbeit wurde von
Prof. Dr. Gerhard Lingelbach
zur Aufnahme in die Reihe empfohlen.

Umschlagabbildung:
Justitia. Allegorie der Gerechtigkeit.
Druck aus dem 17. Jahrhundert.

D 7
ISSN 0344-290X
ISBN 978-3-631-66280-9 (Print)
E-ISBN 978-3-653-05446-0 (E-Book)
DOI 10.3726/978-3-653-05446-0

PL Academic Research ist ein Imprint der Peter Lang GmbH.

Peter Lang – Frankfurt am Main · Bern · Bruxelles · New York · Oxford · Warszawa · Wien

Diese Publikation wurde begutachtet.

www.peterlang.com

Meiner Familie

Vorwort

Die vorliegende Untersuchung ist eine in Teilen überarbeitete Fassung der im Wintersemester 2012/2013 unter demselben Titel eingereichten Dissertation bei der Juristischen Fakultät der Georg-August-Universität Göttingen.

Die Deutsche Forschungsgemeinschaft förderte die Arbeit im Rahmen des Graduiertenkollegs 1507 „Expertenkulturen des 12. bis 18. Jahrhunderts" mit einem Promotionsstipendium; die FAZIT-Stiftung mit einem Abschlussstipendium – den Institutionen sei für die finanzielle Unterstützung gedankt.

Angeregt und betreut wurde die Arbeit durch Frau Prof. Dr. Eva Schumann, der ich in vielerlei Hinsicht meinen Dank ausdrücken möchte. Mit ihren Lehrveranstaltungen ist mein Interesse an der Deutschen Rechtsgeschichte geweckt, eigenes rechtshistorisches Arbeiten angeregt und anschließend durch geduldige Betreuung gefördert worden. Nicht zuletzt trug die Bereitstellung optimaler Arbeitsbedingungen zum Entstehen dieser Untersuchung bei. Sie ist an zwei Orten institutionell beheimatet:

Zunächst am Lehrstuhl von Frau Prof. Dr. Eva Schumann, deren Lehrstuhlinhaberin sowie die Mitarbeiterinnen und Mitarbeiter, namentlich insbesondere die geschätzten Kolleginnen und Kollegen Anna Sukop, Katharina Flechsig, Frau Petra Wienands, Timo Pietsch und Christian Kramer nicht nur ein fruchtbares Umfeld für Rücksprachen und Diskussionen schufen, sondern auch stets freundschaftliche Ratschläge und Heiterkeit bereithielten.

Ähnliches gilt für die Mitglieder des Graduiertenkollegs, dem parallelen Entstehungsort der Untersuchung, unter denen ich besonders Esmeray Ergel, Franziska Fischer und Annika Goldenbaum sowie Sebastian Dümling, Johannes Schütz und Ingo Trüter zu danken habe. Es ist ein großes Glück, andere Forschungsdisziplinen und Interdisziplinarität „live" zu erleben.

Das Graduiertenkolleg Expertenkulturen trug durch unterschiedliche Veranstaltungsformate, teils im kleinen Kreis, teils in großer Runde und unter Einladung hochkarätiger Wissenschaftler dazu bei, den eigenen Forschungshorizont zu erweitern und in stetigem Austausch miteinander zu bleiben. Dem Sprecher Herrn Prof. Dr. Frank Rexroth sowie dem Zweitbetreuer Herrn Prof. Dr. Marian Füssel sei neben den weiteren Angehörigen des Graduiertenkollegs besonders gedankt.

Weiteren Dank bin ich den Rechtshistorikern Herrn Prof. Dr. Johannes Platschek, Herrn Prof. Dr. Steffen Schlinker sowie Herrn Dr. Andreas Deutsch für wertvolle Hinweise schuldig. Frau Prof. Dr. Inge Kroppenberg übernahm die

Last des Zweitgutachtens. Herrn Prof. Dr. Gerhard Lingelbach danke ich für die Aufnahme in die Reihe. Besonders verbunden bin ich schließlich den fleißigen Korrekturlesern Kristina Ruhe und Moritz Freund, deren Hinweise zuweilen weit über die sprachliche Ebene hinauswiesen.

Für viel Unterstützung und Verständnis möchte ich ausdrücklich meiner lieben Frau Anna und meiner Familie ganz herzlich danken!

Piotr Wittmann

Inhaltsverzeichnis

Quellen- und Literaturverzeichnis

Abkürzungsverzeichnis

ADB	Allgemeine Deutsche Biographie
AHG	Archiv für Hessische Geschichte
AnwBl	Anwaltsblätter
ArchCrimR	Archiv des Criminalrechts
Aufl.	Auflage
BBKL	Bibliographisch-Biographisches Kirchenlexikon
Bearb.	Bearbeiter
DRW	Deutsches Rechtswörterbuch, Wörterbuch der älteren deutschen Rechtssprache
FS	Festschrift
GuG	Geschichte und Gesellschaft, Zeitschrift für Historische Sozialwissenschaft
HGO	Hofgerichtsordnung
HRG^1	Handwörterbuch zur deutschen Rechtsgeschichte 1. Auflage
HRG^2	Handwörterbuch zur deutschen Rechtsgeschichte 2. Auflage
HZ	Historische Zeitschrift
Insb.	Insbesondere
MIÖG	Mitteilungen des Instituts für Österreichische Geschichtsforschung
ND	Nachdruck
NDB	Neue Deutsche Biographie
NF / N.F.	Neue Folge
OIR	Orbis Iuris Romani
PGO	Peinliche Gerichtsordnung Kaiser Karls V. (Carolina)
Rg	Rechtsgeschichte, Zeitschrift des Max-Planck-Instituts für europäische Rechtsgeschichte
RKGO	Reichskammergerichtsordnung
TRG	Tijdschrift voor Rechtsgeschiedenis
VD 16	Verzeichnis der im deutschen Sprachbereich erschienenen Drucke des 16. Jahrhunderts
Vgl.	Vergleiche
ZHF	Zeitschrift für Historische Forschung
ZNR	Zeitschrift für neuere Rechtsgeschichte

ZRG	Savigny-Zeitschrift für Rechtsgeschichte
-GA	Germanistische Abteilung
-KA	Kanonistische Abteilung
-RA	Romanistische Abteilung
ZZP	Zeitschrift für Zivilprozess

Erster Teil: Untersuchungsgegenstand

I. Einleitung

Wenn ich aber von den Juristen sage / meine ich nicht allein die Doctores / sondern das gantze handwerck / als Cantzeler / Schreiber / Richter / Fursprechen / Notarius vnd was zum rechte des regiments geho[e]ret [...] *Denn sie vben auch das werck der rechten odder das ampt der Juristen.*

Martin Luther[1]

Der Grund, eine derart exponierte Person zu Beginn dieser Untersuchung zu zitieren, liegt im Kern der eigentlichen Aussage: Luther erweiterte den Juristenbegriff in einer Predigt vom juristischen Gelehrten auf das komplette juristische „Handwerk"; er hob Kanzler, Schreiber, Richter, Fürsprecher und Notare hervor, die in der Rachtspraxis tätig waren oder das Amt der Juristen ausübten. Die vorliegende Untersuchung wird sich daher weder mit den konfessionellen Konflikten des 16. Jahrhunderts, noch mit Martin Luthers prinzipieller Haltung gegenüber Juristen befassen. Stattdessen ist es das Anliegen dieser Arbeit, die Träger des juristischen Handwerks unter spezieller Betrachtung der gerichtlichen Rechtspflege im 16. Jahrhundert zu untersuchen.

Analog dazu, wie Luther in seiner Schrift von 1530 die Aufmerksamkeit auf die jeweiligen praktischen Tätigkeitsfelder lenkte, werden im Folgenden nicht die ‚Doktoren' und die ‚gelehrten Räte' im Fokus der Untersuchung stehen. Vielmehr wird – in einer Zeit, in der ein juristisches Studium keine Voraussetzung für die Tätigkeit in der Rechtspraxis war, andererseits aber universitäre juristische Gelehrsamkeit bereits durchaus ihren Einfluss auf die Rechtswirklichkeit ausübte – anhand einer Auswertung von praxisnahen Quellen dargelegt, wie und durch wen die praktische Umsetzung des Rechts in der deutschsprachigen weltlichen Rechtspflege erfolgen konnte, um derart Aufschluss über die Tätigkeitsfelder der gerichtlichen Praxis zu gewinnen.[2]

1 LUTHER, Eine Predigt / Marti. Luther / das man Kinder zur Schulen halten solle (1530), Das Ander teil (unpaginiert). Vgl. zum Verhältnis Luthers zu Juristen HONECKER, Recht in der Kirche (2008), S. 24 f. m. w. N.

2 Vgl. zur Fragestellung nach gelehrtem Recht außerhalb der Wissenschaftseliten SCHUMANN, Rechtsexperten (2008), S. 443–461; SCHLOSSER, Privatrechtsgeschichte (2005), S. 6, nennt Antworten darauf „[e]chte Desiderate der modernen Forschung".

II. Rechtspraktiker der weltlichen Gerichtsbarkeit

Die Untersuchung ist in drei Teile gegliedert. Der erste Teil (*Untersuchungsgegenstand*) erläutert den Forschungsstand zu Rechtspraktikern. Der zweite Teil (*Forschungsansatz und Quellenauswahl*) legt zunächst die Vorgehensweise dar, auf deren Basis der Untersuchungsgegenstand erfasst wird, bevor das zu Grunde liegende Quellencorpus erläutert wird. Im dritten Teil (*Die Rechtspraktiker an den Gerichten der weltlichen Gerichtsbarkeit*) werden schließlich die Quellen dem entwickelten Forschungsansatz entsprechend ausgewertet.

Einleitend werden Forschungstendenzen dargelegt, die einer ersten Eingrenzung des Themas dienen mögen. Das Untersuchungsinteresse der rechtsgeschichtlichen Forschung hat sich seit einiger Zeit von der Analyse einzelner Rechtsinstitute anhand normativer Quellen auf den Bereich erweitert, der „Rechtswirklichkeit" genannt wird.[3] Dieser Entwicklung liegt ein Wandel im Verständnis von dem, was in den historischen Wissenschaften als „Recht" verstanden wird, zugrunde: Ursprünglich am „law in the books" und somit an der reinen Norm und der aufgeschriebenen Regelung interessiert, verschob sich der Schwerpunkt des Diskurses. Recht wurde vermehrt als „law in action" interpretiert und entsprechend wurden der Vollzug und die Realisierung des Rechts in all ihren Facetten in die rechtshistorischen Untersuchungen einbezogen.[4] Da den Praktikern an den Gerichten die Realisierung des Rechts obliegt, haben Teile der rechtshistorischen Forschung ihr Blickfeld dementsprechend über die Norm hinaus auf die Träger des Rechts ausgeweitet.[5] In der Geschichtsschreibung der letzten Jahre prägten prosopographische

3 Vgl. zur „sozialgeschichtlichen Rückbindung der Rechtspraxis" in der Forschung Rexroth, Herrschaft, Recht und Kommunikation (2006), S. 83 f. Siehe zu diesem Erkenntnisinteresse auch Weitzel, Anwälte am Reichskammergericht (1994), S. 253, wonach die Erfassung der Rechtswirklichkeit „das besonders Interessante" sei. Vgl. auch bereits das Vorwort des Verfassers bei Trusen, Anfänge (1962), in dem er die historische Verbindung von Quellenstudien mit der „geübten gerichtlichen Praxis" unterstreicht, damit diese „nicht ihren lebendigen Zusammenhang mit der Rechtswirklichkeit verlieren".

4 Die Terminologie vom „law in the books" und „law in action" stammt aus der Rechtssoziologie und gilt heute in der Rechtswissenschaft als anerkannt. Vgl. dazu Raiser, Sociology of Law in Germany, in: German Law Journal 11/4 (2010), S. 396. Sie geht zurück auf Pound, Law in books, in: American Law Review 44 (1910), S. 12–36. Vgl. zum Aspekt der Realisierbarkeit von Recht und zur gedanklichen Verknüpfung von Recht und Gericht in der Forschung auch Schlinker, Litis Contestatio (2008), S. 291.

5 Vgl. nur eine kleine Auswahl einschlägiger Arbeiten: Brundage, Legal profession (2008); Dilcher, Die preußischen Juristen und die Staatsprüfungen (1986), S. 295 f.

Zugänge die Erforschung gelehrter Juristen.[6] Solche auf einer quantifizierenden Methode beruhenden Untersuchungen, wie etwa von Schmutz und Gramsch durchgeführt, verfügen dank einer breiten empirischen Basis über eine hohe Aussagekraft und skizzieren ein kollektives Bild von den gelehrten Juristen im Übergang vom Mittelalter zur Frühen Neuzeit.[7] Eine sinnvolle Ergänzung derartiger Forschungen gelingt Einzelfallstudien, welche unter Anwendung anderer hermeneutischer Methoden die inhaltliche Ebene der juristischen Tätigkeit detaillierter betrachten.[8] Über einen Zugriff auf diesen Ebenen ermöglichen es die genannten Arbeiten, die Geschichte der gelehrten Juristen zu erfassen.

Demgegenüber lassen sich durch eine Perspektiverweiterung von den gelehrten Juristen auf die gesamte Rechtspflege spezielle Einblicke in die Rechtspraxis gewinnen.[9] Im 16. Jahrhundert war die deutschsprachige Rechtspraxis durch unterschiedliche Rechtsmassen (römisch-kanonisches Recht und partikulares Recht) sowie überdies durch unterschiedliche Bildungsstufen der Träger der Rechtspflege gekennzeichnet.[10] In diesem Kontext skizziert etwa Hagemann die gerichtlichen Konflikte im frühneuzeitlichen Basel, die in der weltlichen Rechtspflege aus dem Zusammentreffen von gelehrtem Recht und ‚Laiengericht' auftraten.[11] Diese konträren Tendenzen generierten ein Spannungsfeld in der Praxis

---

m. w. N.; Horn, Berufsjuristen (1978), S. 126 f.; Fried, Entstehung des Juristenstandes (1974).

6 Vgl. dazu Wejwoda, Spätmittelalterliche Jurisprudenz (2012), S. 6–9. Siehe auch das Forschungsresümee von Ranieri, Juristen aus dem Alten Reich (1992), S. 109–118. Instruktiv zur prosopographischen Methode in der historischen Forschung Gramsch, Erfurter Juristen (2003), S. 17–24.

7 Schmutz, Juristen für das Reich (2000); Gramsch, Erfurter Juristen (2003).

8 Diesbezüglich fordert Schmutz, Juristen in der Praxis (2003), S. 310–315, in seinem Plädoyer für interdiszipilinäre Zusammenarbeit eine stärkere Verschränkung von personen- und sozialgeschichtlicher Perspektive mit der inhaltlichen Dimension der Rechtsentwicklung. Vgl. dazu Wejwoda, Spätmittelalterliche Jurisprudenz (2012), S. 9–11, mit einer Auswahl einschlägiger Arbeiten. Vgl. aus der neuesten Literatur für das Reichskammergericht die Detailstudie über den Juristen Mathias Alber: Wunderlich, Protokollbuch (2011). Siehe für den städtischen Bereich auch die Untersuchungen von Isenmann, Funktionen und Leistungen gelehrter Juristen (2007), S. 243–322; Gelehrte Juristen und das Prozeßgeschehen (2006), S. 305–417.

9 Siehe für eine sog. Laienurteiler umfassende Perspektive, Weitzel, Laienurteiler (2000), S. 53–78.

10 Vgl. Schumann, Rechtsexperten (2008), S. 444–450. Für weitere Nachweise siehe unten, Fn. 20 und 21.

11 Hagemann, Laiengericht und gelehrtes Recht, in: ZNR 27 (2005), S. 1–27; Hagemann, Vielschichtiges Recht (2009).

der Rechtspflege, welches mit der alleinigen Fokussierung auf gelehrte Juristen nicht voll erfasst werden kann. In diesem Zusammenhang erscheint es sinnvoll und notwendig, das Forschungsfeld – über die bisherigen Untersuchungen zu gelehrten Juristen hinaus – um den Bereich der von ungelehrten Rechtspraktikern ausgeübten Rechtspflege zu erweitern und so Recht als Teil einer Kultur zu verstehen, innerhalb derer auch gerade die ungelehrte Rechtspflege eine Schlüsselposition für die Rechtssuchenden einnahm.

An diesem Punkt setzt die vorliegende Untersuchung an, deren Anliegen es folglich ist, sich den Trägern der deutschsprachigen weltlichen Rechtspflege anzunähern. Im Vorfeld bedarf es der Klärung, wie diese Träger im 16. Jahrhundert zu bezeichnen sind und ob für sie – vor dem Hintergrund unterschiedlicher Bildungsstufen – der Begriff des Juristen verwendet werden kann.

In der historischen Dimension trat der Begriff des Juristen im Alten Reich das erste Mal um 1300 in dem Moralgedicht *Der Renner* von Hugo von Trimberg in Erscheinung.[12] Auch wenn in diesem die Bezeichnung nicht explizit auf solche Juristen zurückgeht, die römisches oder kanonisches Recht studiert hatten, so ist diese Annahme naheliegend. Die Bezeichnung lehnt sich an die mittellateinische Form „iurista" an und fällt in den Zeitraum, in dem sich gelehrte Juristen seit dem 12. Jahrhundert von Norditalien ausgehend verbreiteten.[13] Spätere Quellenbelege stützen diese Vermutung. In einer Reformschrift von 1439 drückte der Autor über den ‚weltlichen' Studieneifer von Klerikern seinen Unmut aus: Diese *„studirent yetz der welt mer dann got; ainer will ain jurist sein, der ander ain artzt"*.[14] So sah sich Martin Luther in der eingangs zitierten Predigt von 1530 dazu veranlasst, explizit klarzustellen, dass er mit Juristen nicht nur die Gelehrten meinte.[15] Ferner wurden 1574 die Schöffen des

---

12 Siehe Vers 8525–8555 in Ehrismann (Hrsg.), Renner (1970). Vgl. dazu auch Lieberwirth, Juristen, böse Christen, in: HRG², Band II (2012), Sp. 1427 f.; Herberger, Juristen, böse Christen, in: HRG¹, Band II (1978), Sp. 481–484 sowie Holenstein, Juristen, in: Lexikon des Mittelalters, Band V (1991), Sp. 816, jeweils m. w. N.

13 Vgl. dazu Lieberwirth, Latein im Recht (1996), S. 157, worin „iurista" mit „Rechtswissenschaftler" gleichgestellt wird. Vgl. auch Wieacker, Privatrechtsgeschichte (1967), S. 118, wonach mit dem Begriff Jurist im sog. Renner ausschließlich gelehrte Juristen gemeint waren. Vgl. zur Entstehung eines gelehrten Juristenstandes in Bologna und Modena insgesamt Fried, Entstehung des Juristenstandes (1974).

14 Koller (Hrsg.), Reformation Kaiser Siegmunds (1964), Textfassung V, S. 223.

15 Luther, Eine Predigt / Marti. Luther / das man Kinder zur Schulen halten solle (1530), Das Ander teil (unpaginiert): „*Wenn ich aber von den Juristen sage / meine ich nicht allein die Doctores / sondern das gantze handwerck / als Cantzeler / Schreiber / Richter / Fursprechen / Notarius vnd was zum rechte des regiments geho[e]ret / Auch die grossen*

Leipziger Schöffenstuhls, überwiegend doctores, in einer Fundationsurkunde als *„gelerte und erfarne juristen“*[16] bezeichnet.

Wenngleich diese Quellenauswahl eine begriffsgeschichtliche Untersuchung nicht ersetzt, deutet sie doch auf eine starke Korrelation zwischen dem Juristenbegriff und juristischer Gelehrsamkeit hin.[17] Dieser Begriffsinhalt deckt sich mit der Verwendung des Juristenbegriffs in heutiger historischer Forschungsliteratur, die mit dem Begriff des Juristen Personen bezeichnet, die Recht studiert haben.[18] Insofern ist also die juristische Ausbildung an einer Rechtsschule oder an einer Universität der Bedeutung von ‚Jurist‘ immanent.[19]

Für die vorliegende Untersuchung ergibt sich daraus eine entscheidende terminologische Konsequenz. Die Bezeichnung als ‚Jurist‘ ist für die Träger der weltlichen Rechtspflege im 16. Jahrhundert inadäquat. An der weltlichen Rechtspflege waren im deutschsprachigen Raum in hohem Maß Personen beteiligt, die

---

Hansen / so man die Rethe zu hofe nennet / Denn sie vben auch das werck der rechten odder das ampt der Juristen“.

16 Distel, Verfassungsgeschichte des Schöppenstuhls, in: ZRG-GA 10 (1889), S. 90.

17 Vgl. auch Heyne (Bearb.), Jurist, in: Deutsches Wörterbuch, Band 10 (1877), Sp. 2403, wonach ein Jurist jemand ist, *„der jura studiert oder studiert hat*“.

18 Im Deutschen Rechtswörterbuch finden sich unter dem Eintrag ‚Jurist‘ zwölf Fundstellen. ‚Jurist‘ wird dort als „an einer Juristenfakultät ausgebildeter Rechtskundiger“ definiert. Vgl. Jurist, www.deutsches-rechtswoerterbuch.de, (zuletzt aufgerufen am 29.03.2015). Vgl. auch die Definition bei Köbler, Jurist, in: Zielwörterbuch (2009), S. 478: „Jurist ist der planmäßig rechtswissenschaftlich ausgebildete Rechtsgelehrte“. Siehe auch die Definition von Holenstein, Juristen, in: Lexikon des Mittelalters, Band V (1991), Sp. 815: „Das in den Volkssprachen zuerst im Dt. um 1300 auftauchende Wort J. [Jurist, P.W.] bezeichnet den an einer Rechtsschule mehr oder weniger gründlich ausgebildeten Kenner der gelehrten Rechte“. Vgl. auch zum Verständnis von Juristen als Gelehrte Goheen, Mensch und Moral (1990), S. 118; Burmeister, Studium der Rechte (1974), S. 7; Genzmer, Hugo von Trimberg (1954), S. 307; Dilcher, Juristenstand (1997), S. 164.

19 Siehe auch Willoweit, Juristen (1996), S. 226; Becker, Beata justorum translatio (1996), S. 19. In diesem Sinn auch Bellomo, Europäische Rechtseinheit (2005), S. 45, nach dem „die Berufsbezeichnung des Juristen, wie sie dann im 12. Jahrhundert üblich wurde“ im frühen Mittelalter noch nicht existierte. Dies vorausgesetzt, wäre der Ausdruck ‚gelehrter Jurist‘ (skeptisch dazu Schlosser, Professionalisierung des Juristenstandes (2005), S. 107) streng genommen eine Tautologie. Da sich diese begriffliche Präzisierung jedoch in der Forschung bislang nicht flächendeckend durchgesetzt hat und sich dadurch zur unmissverständlichen Abgrenzung von anderen in der Rechtspflege tätigen Personengruppen eignet, wird dieser Ausdruck auch im Folgenden auftreten.

nur wenig oder gar keine universitären Rechtskenntnisse aufweisen konnten.[20] Aufgrund dessen vermag der Begriff des ,Juristen' die Praxis der Rechtspflege nicht in ihrer gesamten Bandbreite abzudecken und birgt überdies die Gefahr ein begriffliches Vorverständnis in verfälschender Weise auf den Untersuchungszeitraum zu projizieren.[21] Um dieser Gefahr zu begegnen, empfiehlt es sich, einen historisch neutralen Begriff für die Träger der Rechtspflege zu verwenden.

Die neuere rechtshistorische Forschung hat das skizzierte Bedeutungsdefizit des Juristenbegriffs erkannt und mit dem Begriff des Rechtspraktikers unlängst eine sprachlich präzise Alternative erarbeitet.[22] Als Rechtspraktiker sind alle Personen zu verstehen, die Funktionen in der Rechtspflege übernahmen, unabhängig davon, woher sie ihre Rechtskenntnisse erworben hatten.[23] Mit dieser Definition werden die Träger der weltlichen Gerichtsbarkeit unter einem Sammelbegriff zusammengefasst, der betont, wie heterogen die Wissensbestände der jeweiligen Personen in der Rechtspflege waren, ohne auf die von der älteren Forschung verwendete, teils abschätzige Terminologie (etwa „*juristisches Proletariat*") zurückzugreifen.[24] Unter

---

20 Vgl. dazu Trusen, Anfänge (1962), S. 234 f.; Döhring, Rechtspflege (1953), S. 61; Schennach, Gesetz und Herrschaft (2010), S. 86 m. w. N. Zu Richtern Schumann, Von teuflischen Anwälten (2011), S. 452 m. w. N. In dieser Hinsicht unterscheidet sich im 16. Jahrhundert die deutschsprachige weltliche Gerichtsbarkeit von der Kirchengerichtsbarkeit oder der gelehrten Gerichtsbarkeit in Italien grundlegend. Vgl. zur Kirchengerichtsbarkeit Brundage, Professional Canonists, in: ZRG-KA 81 (1995), S. 26–63. Siehe zur italienischen Rechtspflege, in der bereits seit Anfang des 13. Jahrhunderts flächendeckend gelehrte Richter urteilten, Lepsius, Von Zweifeln zur Überzeugung (2003), S. 4 f.

21 Vgl. zum allgemeinen Mangel an juristisch-gelehrtem ausgebildetem Personal in der Rechtspflege des 16. Jahrhunderts Schumann, Rechtsexperten (2008), S. 444 f. m. w. N. sowie ausführlich zu Richtern Stölzel, Entwicklung (1872; ND 1964), S. 235–385. Nach Willoweit, Rezeptionen (2002), S. 159, war juristisch gebildetes Personal an den Stadt- und Landgerichten vor dem 16. Jahrhundert die Ausnahme. Vgl. dazu auch Berthold/Hahn/Schultze (Hrsg.), Zwickauer Stadtrechtsreformation (1935), S. 4.

22 Vgl. zur Unschärfe des Juristenbegriffs Schumann, Von teuflischen Anwälten (2011), S. 470, Anm. 131; Kramer, Deutschsprachige Rechtsliteratur (2010), S. 235 f.

23 Siehe Schumann, Rechtsexperten (2008), S. 448, Anm. 18; ferner Moraw, Juristen im Dienst (1986), S. 78. In diesem Sinn wurde „Praktiker der Rechtspflege" auch schon verwendet von Wiegand, Plus Petitio (1973), S. 20, sowie „Praktiker des Rechts" von Weitzel, Laienurteiler (2000), S. 54.

24 Die Rede von ,plumpen' „Halbgelehrten" oder gar von einem „juristische[n] Proletariat" war der älteren Forschung immanent. Stellvertretend für viele andere etwa Brunnenmeister, Bambergensis (1879), S. 144: „Die Klasse der Halbgelehrten war somit der einzige Kanal, durch den die Gelehrsamkeit der wissenschaftlichen Juristen,

den Begriff des Rechtspraktikers fallen gelehrte Juristen zunächst genauso wie ungelehrte Praktiker der Rechtspflege.[25]

Es handelt sich hierbei um einen Begriff, den die Quellen des 16. Jahrhunderts in dieser Form nicht aufweisen. Allerdings wurde der Begriff „*Practici*“ in unterschiedlichen Quellen wiederholt in einem Kontext verwendet, der aufzeigt, dass es den Zeitgenossen nicht fernlag, von der praktischen justiziellen Tätigkeit auf eine Personengruppe zu schließen.[26]

An den niedrigeren Gerichtsinstanzen in den Territorien des Alten Reichs waren die ungelehrten Rechtspraktiker tätig[27] – eine Tatsache, die es erschwert, sie als Gruppe in ihrer Gesamtheit zu fassen, was sich auch in der geringen Anzahl dazu erschienener Forschungsarbeiten widerspiegelt.[28] Im Hinblick auf die Träger der Rechtspflege im deutschsprachigen Bereich sind zwar die Forschungen

---

freilich oft genug durch plumpe Hände getrübt und verunreint, den unteren Schichten des Volkes, sowie den Untergerichten zuströmte“. STINTZING, Geschichte der Literatur (1867; ND 1959), S. XXII-XXVIII, spricht von der „Klasse der Halbgelehrten und Halbwissenden“, deren „Ungeschicklichkeit“ zu Missständen in der Rechtspflege führte. Vgl. zur abwertenden Terminologie in der älteren Forschung SCHUMANN, Rechtsexperten (2008), S. 457 f.

25 WUNDERLICH, Protokollbuch (2011), S. 61, verwendet den Begriff für den gelehrten Juristen Mathias Alber zur Zeit seiner Anstellung als Assessor am Reichskammergericht. Eine andere Verwendung findet sich bei SCHLOSSER, Professionalisierung des Juristenstandes (2005), S. 105, der ungelehrte „Rechtspraktiker“ und gelehrte „Berufsjuristen“ gegenüberstellt, um den Bildungsunterschied besonders zu betonen. Vgl. ferner BRUNDAGE, Legal profession (2008), S. 6, der den Begriff „legal practitioners“ für gelehrte römische Juristen verwendet. Mit dem Sammelbegriff Rechtspraktiker wird demgegenüber in vorliegender Arbeit dem speziellen Umstand Rechnung getragen, dass sowohl Gelehrte wie auch Ungelehrte im 16. Jahrhundert zeitgleich die Rechtspflege ausübten.

26 So in der Vorrede von HEYDEN/BRANT/DRAUDT, Revocirter Richterlicher Klagspiegel (1601), Bl. I^{r}, in der Georg Draudt von der Rechtsanwendung der „*Practicis*“ an den Gerichten berichtet. Auf dem Titelblatt von ROTSCHITZ/SCHULTES, Processvs Iuris (1598) ist etwa die Rede vom „*Beru[e]hmten Practici D. Michalis Teuberi*“. Erst später scheint mit dem Begriff „*Juris Practicus*“ speziell ein Rechtsbeistand gemeint worden sein. Im 18. Jahrhundert wurde in Samuel Oberländers *Lexicon Juridicum Romano-Teutonicum* unter „*Juris Practicus*“, jemand verstanden „*der den Leuthen in Rechts=Sachen dienet*“. Siehe OBERLÄNDER, Lexicon Juridicum Romano-Teutonicum (1753; ND 2000), S. 412.

27 SCHUMANN, Rechtsexperten (2008), S. 444 f. m. w. N.

28 Zum Forschungsstand bezüglich der einzelnen Tätigkeitsfelder von Rechtspraktikern siehe unten *Erster Teil, III*, S. 22.

zu den höchsten Reichsgerichten weit gediehen[29] – allerdings lag der Schwerpunkt der Rechtspflege unter dem „sozialgeschichtlichen Gesichtspunkt des Betroffenseins der Bevölkerung" an den kleineren Gerichten der Territorien,[30] weshalb speziell die dortigen Rechtspraktiker einer genaueren Betrachtung unterzogen werden sollten. Zusammenfassend widmet sich die vorliegende Arbeit den zentralen Tätigkeitsfeldern von Rechtspraktikern, namentlich Richtern und Rechtsbeiständen[31] im 16. Jahrhundert, wobei insbesondere die ungelehrten Rechtspraktiker an den niedrigeren Instanzen der weltlichen Rechtspflege[32] in den Fokus genommen werden sollen.

III. Forschungsstand zu den Rechtspraktikern

Die Rechtsprechung in den Instanzen der weltlichen Rechtspflege hatte die gesellschaftsstabilisierende Funktion, per Streitentscheidung anhand eines rechtlichen Verfahrens zu gerechten Urteilen zu kommen. Insofern waren die rechtsprechenden Institutionen und die daran mitwirkenden Personen maßgeblich an der Verwirklichung des Rechts beteiligt – eine Tatsache, die es nahelegt, ihnen einen hohen Stellenwert innerhalb der rechtshistorischen Forschung einzuräumen. Wie es realiter um den Forschungsstand zu Rechtspraktikern bestellt ist, wird im Folgenden zunächst überblickartig nachgezeichnet (1.), bevor kurz auf die

---

29 Insbesondere sei hier auf die 1973 gegründete Reihe *Quellen und Forschungen zur höchsten Gerichtsbarkeit im Alten Reich* verwiesen, deren derzeitige Herausgeber Anja Amend-Traut, Friedrich Battenberg, Albrecht Cordes, Ignacio Czeguhn, Peter Oestmann und Wolfgang Sellert bislang bereits auf über 50 erschienene Bände zurückblicken können. Nicht nur bei den jüngeren Veröffentlichungen ist eine Tendenz zur Thematisierung von Rechtspraktikern zu beobachten. Beispielhaft sind dafür die Untersuchungen von Jahns, Richter I (2011); Baumann, Advokaten und Prokuratoren (2006); Jahns, Richter II (2003) sowie etwa Baumann/Oestmann/Wendehorst/Westphal (Hrsg.), Reichspersonal (2003), wie auch ein Sammelband von Sellert (Hrsg.), Stellung des Richters (1985), zu nennen.

30 Zitat nach Kern, Gerichtsordnungen (1991), S. 2; siehe dazu auch Döhring, Rechtspflege (1953), S. 3.

31 Eine zusammenhängende Untersuchung sonstiger Rechtspraktiker, etwa von Stadtschreibern oder des Notariats wäre eine wünschenswerte Ergänzung der Geschichte der Rechtspflege. Trotz einer internationalen Tagung und einschlägiger bibliographischer Vorarbeiten zum Notariat, ist eine solche Arbeit bislang nicht erschienen. Vgl. für die bibliographischen Vorarbeiten Harms, Geschichte des Notariats (2007) sowie für die Forschungsergebnisse der Tagung zur Geschichte des Notariats in Bonn Schmoeckel/Schubert (Hrsg.), Handbuch zur Geschichte des Notariats (2009).

32 Vgl. zur äußeren Gerichtsverfassung unten, *Dritter Teil, I, 1*, S. 98.

bestehenden Schwächen der bisherigen Forschungen zu Richtern und Rechtsbeiständen eingegangen wird (2).

1. Richter und Rechtsbeistände in der rechtshistorischen Forschung

Dem großen Einfluss auf die Verwirklichung des Rechts entsprechend ist der mittelalterliche Richter zum Gegenstand neuerer deutscher Forschungsarbeiten geworden. Lepsius untersuchte anhand der Zeugenabhandlung von Bartolus de Sassoferrato das Richterleitbild und den richterlichen Spielraum bei der Wertung der Fakten im Zusammenhang mit dem Prinzip der freien richterlichen Beweiswürdigung,[33] während Drüppel eine eingehende Untersuchung des Stadtrichteramtes im Mittelalter durchgeführt hat.[34] Zuletzt wurde durch Kannowski ein Richterbild des 14. Jahrhunderts anhand der Buch'schen Glosse zum Sachsenspiegel herausgearbeitet.[35] Besonders erwähnenswert sind die bei Johann von Buch zu beobachtenden Einflüsse des römisch-kanonischen Rechts in Auseinandersetzung mit dem Sachsenspiegelrecht. Die Buch'sche Glosse „schwankt zwischen diesen beiden Modellen [mittelalterliches dinggenossenschaftliches Verfahren und gelehrter, römisch-kanonischer Prozess, PW] zwanglos hin und her, ohne den Verdacht aufkommen zu lassen, das eine könne das andere ausschließen".[36]

Für den hiesigen Untersuchungszeitraum sind die Träger der weltlichen Rechtsprechung hingegen nur von der älteren Forschung betrachtet worden.[37] Eine auch in den späteren Arbeiten wiederkehrende Sichtweise stellte vor allem auf den Status der Richter als Beamte ab.[38] Exemplarisch dafür steht die Studie Rosenthals aus dem späten 19. Jahrhundert über das Gerichtswesen Bayerns, in der die Umwandlung von Richtervasallen zu Richterbeamten beschrieben wurde.[39]

---

33 Lepsius, Von Zweifeln zur Überzeugung (2003), S. 140–197, 208–219. Vgl. zum Richter nach Quellen des gelehrten mittelalterlichem Rechts auch Nörr, Romanisch-kanonisches Prozessrecht (2012), S. 9–18.

34 Drüppel, Iudex civitatis (1981), S. 3.

35 Kannowski, Buch'sche Glosse (2007), S. 107–151.

36 Kannowski, Buch'sche Glosse (2007), S. 123.

37 Anderes gilt für die kirchliche Gerichtsbarkeit. Hier liegt eine neuere Monographie vor, die sich eingehend mit den mittelalterlichen Ursprüngen der kirchlichen Rechtspflege auseinandersetzt: Brundage, Legal profession (2008). Vgl. näher dazu unten *Zweiter Teil, I, 1*, S. 31.

38 Vgl. für das königliche Kammergericht Krause, Grundsätze des Berufsbeamtentums (2008), S. 104–110.

39 Rosenthal, Geschichte des Gerichtswesens (1889; ND 1968), S. 552–583.

Die umfangreichste rechtshistorische Studie zu Richtern und Schöffen wurde ebenfalls im 19. Jahrhundert von Stölzel verfasst.[40] Seine Untersuchung *Die Entwicklung des gelehrten Richtertums in den Territorien* legte besonderen Wert auf die universitären Beeinflussungen der Rechtsprechung – sei es durch universitär geprägte Elemente der Gerichtsverfassung oder eine entsprechende Ausbildung der Akteure.[41] Die von Stölzel formulierten Entwicklungslinien zur Rezeptionsforschung entsprechen weitestgehend noch dem heutigen Erkenntnisstand und fanden Eingang in die großen Gesamtdarstellungen zur Rezeption.[42] Trotz dieses Verdienstes ist die deutschnational eingefärbte Sichtweise eine problematische Erscheinung der Zeit, in der Stölzels Untersuchung entstand. Er prognostiziert in seiner Schlussbetrachtung die ‚Entsagung' von der „Herrschaft des römischen Rechtes" und vertritt die Meinung, dass „die Rechtsprechung wie die Gerichte dem Volke wieder zu[geführt würden], welchem sie durch das eindringende römische Recht entfremdet waren".[43] Stölzel stellt die Pole ‚gelehrt' und ‚ungelehrt' gegenüber und setzt diese teilweise mit ‚fremd' und ‚deutsch' gleich, was zu einer stark kontrastierenden Darstellung führt. Die Wechselwirkungen zwischen diesen Polen kennzeichnet er zwar als „vermittelnde Elemente", jedoch ohne dabei auf die verschiedenen möglichen ineinander übergehenden Bildungsstufen der Richter und Schöffen einzugehen, die zwischen juristisch ‚gelehrt' und ‚ungelehrt' bestanden. Der tatsächlich mögliche Wissensstand dieser Rechtspraktiker bleibt im Dunkeln.

Die einzige neuere Darstellung des „Richtertums" bietet Döhring 1954 in seiner *Geschichte der deutschen Rechtspflege seit 1500*. Hierin beleuchtet er das Amt

---

40 Stölzel, Entwicklung (1872; ND 1964).

41 Die Arbeit besteht aus drei Teilen, die das Rechtsstudium (S. 1–133), die Gerichtsverfassung (S. 137–231), und das gelehrte Richtertum nach Gerichtsinstanzen sortiert (S. 235–385) thematisieren.

42 Stölzel sah die Rezeption des römisch-kanonischen Rechts als „einen der wunderbarsten Acte, die je im Geistesleben eines Volkes sich vollzogen haben", Stölzel, Entwicklung (1872; ND 1964), S. 1. Döhring, Rechtspflege (1953), S. 35, weist auf die „grundlegende Bedeutung" von Stölzels Forschungen hin. Wieacker, Privatrechtsgeschichte (1967), S. 175–189, verarbeitet in seinem Kapitel „Das Vordringen der gelehrten Rechtsprechung" die ältere Literatur, bezieht sich dabei auf Stölzel und hebt auch Döhrings Geschichte der Rechtspflege hervor. Laufs, Rechtsentwicklungen (2006), S. 67, nennt in der Auflistung relevanter Literatur, die dem Kapitel „Die Anfänge des deutschen Juristenstandes" vorangeht, ebenfalls Stölzels Untersuchung.

43 Stölzel, Entwicklung (1964, Nachdruck der Ausgabe Stuttgart 1872), S. 612 f. Die früher verbreitete These von der Entfremdung zwischen Volk und Recht durch das römisches Recht widerlegt Sellert, „... der Pöbel [...]" (2006), S. 387–400.

der Richter und Schöffen makrospektivisch in zehn Unterkapiteln vom 16. bis ins 20. Jahrhundert.[44] Döhring verarbeitet das ältere Schrifttum zum Thema und bringt – wie Rosenthal und Stölzel – der „beamtenmäßige[n] Organisation des Richtertums" großes Interesse entgegen.[45] Zwar wird von Döhring bemerkt, dass die „Justiz bis ins 18. Jahrhundert zum großen Teil von ungelehrten oder halbgelehrten Richtern wahrgenommen" wurde, jedoch ist zu kritisieren, dass die gemeinsame Darstellung von Richtern verschiedenster Gerichtsbarkeiten und Bildungsstufen zu einem unspezifischen Richterbild führt.[46] Insbesondere verschwimmen die Besonderheiten der einzelnen Perioden durch die auf mehrere Jahrhunderte angelegte, longue durée-Perspektive des Werkes.[47]

Eine auf das Reichskammergericht ausgerichtete Untersuchung der dortigen Richter in zwei Teilen hat jüngst Jahns vorgelegt.[48] Darin untersucht sie neben dem Gericht selbst auch dessen Personalverfassung und das Gruppenprofil der Richter, die allerdings als Richterelite von den Rechtspraktikern der niedrigeren Instanzen, die vorliegend besonders interessieren, zu unterscheiden sind.[49]

Ansonsten sind diverse kurze, auch neuere Texte zu verzeichnen, die sich auf die Richtertugenden und die damit verbundenen Wertvorstellungen fokussieren, aber nur bedingt den hiesigen Untersuchungszeitraum betreffen.[50]

---

44 Döhring, Rechtspflege (1953), „*Das Richtertum*", S. 35–110.

45 Döhring, Rechtspflege (1953), S. 38; vgl. dazu auch die Unterkapitel „Bildung eines einheitlichen Richterstandes", S. 42–45, „Richter und Staat, S. 46–49, „Rechte und Pflichten aus dem Dienstverhältnis", S. 65–71 sowie „Dienstaufsicht und Dienstzucht", S. 105–110, die allesamt von einem Dienstverhältnis zwischen Richter und Staat ausgehen und damit für den Untersuchungszeitraum nur sehr beschränkt aussagekräftig sind.

46 Döhring, Rechtspflege (1953), S. 37.

47 Kritik im Hinblick auf ein Gesamtbild der Darstellung übte Michaelis, Besprechung zu Erich Döhring, Geschichte der deutschen Rechtspflege seit 1500, in: ZRG-GA 71 (1954), S. 475 f.

48 Jahns, Richter I (2011) und Jahns, Richter II (2003).

49 Dasselbe gilt für den auf die Höchstgerichtsbarkeit ausgerichteten Sammelband von Sellert (Hrsg.), Stellung des Richters (1985). Vgl. ferner die Beiträge von Sellert, Richterbestechung (1994), S. 329–348; Ders., Richterliche Unabhängigkeit (1996), S. 118–132, die ebenfalls die Höchstgerichtsbarkeit untersuchen.

50 Eine ikonographische Untersuchung von Richtertugenden bietet Ostwaldt, Aequitas und Justitia (2009), S. 130–159. Die ‚Richteridee' untersucht mit Schwerpunkt auf der Aufklärungszeit Küper, Richteridee (1967). Für einen Beitrag zur Wahl der Schöffenkollegien und der gerichtlichen Funktionsträger im Alten Reich siehe Battenberg, Dinggenossenschaftliche Wahlen (1990), S. 271–321. Berufsethische Vorgaben des Richteramts vom 14.-16. Jahrhundert beschreibt für Schweden Schmidt,

Für die Rechtsbeistände ergibt sich ein ähnliches Bild. Vergleichbar mit Stölzels Richterdarstellung, prägt eine umfangreiche Arbeit von 1905 – Weißlers *Geschichte der Rechtsanwaltschaft* – mit kleineren Korrekturen den Forschungsstand bis heute. Darin beschrieb der Autor in 62 Kapiteln eine Entwicklung der Rechtsbeistände von frühmittelalterlichen „Rechtweisern“, über „Advokaten und Prokuratoren“ bis hin zu modernen „Rechtsanwälten“. Nach Weißlers Interpretation vollzog sich diese Entwicklung in der Weise, dass sich „die Prokuratur“ (als prozessuale Stellvertretung) der „deutsche[n] Rechtsanschauung“ (Wortführer eines Anwesenden) ‚anbequemte‘.[51] Trotz dieser nicht unproblematischen Sichtweise, die suggeriert, dass sich das ‚fremde‘ Rechtsinstitut Prokurator aktiv an das ‚einheimische‘ Recht anpasst, (während Weissler selbst vorher darlegt, wie die Analogie zwischen Prokurator und Fürsprecher durch begriffliche Gleichsetzungen in den Quellen erfolgte) erweist sich Weißlers Werk dank seiner hohen Dichte an Quellen aus dem 15. und 16. Jahrhundert noch heute für den Untersuchungsgegenstand als ergiebig, wenngleich für die anderen Perioden durchaus Ergänzungsbedarf besteht.[52] Nur kurze Zeit später erschien eine umfangreiche Untersuchung von Rosenberg zur *Stellvertretung vor Gericht*, die den dogmatischen Grundlagen der prozessualen Stellvertretung in unterschiedlichen Epochen vom klassischen römischen bis in das damals geltende Recht nachspürt.[53] Der Schwerpunkt liegt dabei eindeutig auf der Stellvertretungslehre. Insofern bietet dieses Werk mit Blick auf das Bild der Rechtsbeistände nur in dieser Hinsicht Erkenntnisgewinn.[54] In Döhrings *Geschichte der Rechtspflege seit 1500* aus dem Jahr 1953 erfolgt eine Darstellung der dort so genannten „Sachwalter“. Auf etwa 60 Seiten beschreibt der Autor unterschiedliche Gesichtspunkte zu Rechtsbeiständen, wobei die getroffenen

---

Richterregeln (1966), S. 87–106. Fragen der richterlichen Rechtsbeugung vom 16.-18. Jahrhundert behandelt Schmidt-Speicher, Rechtsbeugung (1982), S. 20–33. Für das Frühmittelalter vgl. noch Siems, Richter in frühmittelalterlichen Rechtsquellen (1995), S. 509–563.

51 Weissler, Geschichte der Rechtsanwaltschaft (1967, Nachdruck der Ausgabe Leipzig 1905), S. 168.

52 Vgl. die Kritik bei Cordes, Helfer vor Gericht (1998), S. 177 Anm. 1. Cordes distanzierte sich von Weißlers Ergebnissen zum mittelalterlichen Fürsprecher insofern, als dieser schon früh berechtigte Kritik bezüglich seiner Quelleninterpretation erfuhr, und ihm Cordes zufolge nur eine quellenferne Darstellung der Frühzeit gelang. Trusen, Advocatus (1977), S. 1235 f. übte bezogen auf das gelehrte Recht ebenfalls Kritik an der Darstellung Weißlers.

53 Rosenberg, Stellvertretung im Prozess (1908).

54 Vgl. zur Stellvertretung aus der aktuellen rechtshistorischen Forschung Schmoeckel, Entwicklung der Stellvertretung (2009), S. 107–135 m. w. N.

Aussagen speziell zum 16. Jahrhundert insgesamt eher spärlich und quellenarm sind, was wiederum der weitläufigen Anlage des Werks auf mehrere Jahrhunderte geschuldet ist. Neuere monographische Arbeiten liegen nicht vor.[55]

1977 untersuchte Trusen in einem Beitrag das Amt des Advokaten anhand einer Quelle vom Ende des 13. Jahrhunderts; allerdings ohne näher auf die weltliche Gerichtsbarkeit einzugehen, während Nörr in einer neueren Untersuchung zum romanisch-kanonischem Prozessrecht Prozessvertreter und Advokaten nach mittelalterlich-gelehrtem Recht knapp beschreibt.[56] Ein neuerer Beitrag von Cordes greift die bisherige Forschungslage auf und zeichnet ein zwischen rechtsgeschichtlichen Perioden und der weltlichen und geistlichen Gerichtsbarkeit differenzierendes Bild von idealtypischen Tätigkeitsfeldern der Rechtsbeistände, die er zunächst neutral als „Helfer vor Gericht" bezeichnet. Für den hiesigen Untersuchungszeitraum schließt sich Cordes aber weitgehend Weißlers Ergebnissen an.[57] Näheres zu einer Charakterisierung von Rechtsbeiständen der niedrigeren Gerichtsbarkeit im 16. Jahrhundert, etwa zum Wissensstand oder zu sonstigen Aspekten ihrer Tätigkeit, blieb bislang unbearbeitet.

2. Weltliche Rechtspraktiker im 16. Jahrhundert – ein „blinder Fleck"

Der Blick auf die Forschungslage zu Rechtspraktikern hat gezeigt, dass bislang keine neueren monographischen Arbeiten vorliegen, die sich den Richtern und Rechtsbeiständen der weltlichen Rechtspflege in den niedrigeren Instanzen im 16. Jahrhundert widmen.[58] Der Forschungsstand für das 16. Jahrhundert wird weitgehend von älteren Monographien geprägt, denen kollektiv vorzuwerfen ist, nicht präzise genug zwischen den Gerichtsbarkeiten und den Gerichtsinstanzen

---

55 Erwähnt seien noch die Forschungen zu Rechtspraktikern in der Höchstgerichtsbarkeit, die wegen der institutionellen Spezifizität von Reichshofrat und Reichskammergericht wenig Aufschluss über die Rechtsbeistände an den niedrigeren weltlichen Gerichten geben. Vgl. dazu auch die Nachweise oben *Erster Teil, II,* S. 22 Anm. 29. Eine ältere Arbeit zur Geschichte der Rechtsbeistände von Huffmann, Rechtsanwaltschaft (1969) ist auf den rheinischen Bereich beschränkt und deckt recht unspezifisch den gesamten Zeitraum vom Mittelalter bis ins 20. Jahrhundert ab.

56 Trusen, Advocatus (1977), S. 1235–1248; Nörr, Romanisch-kanonisches Prozessrecht (2012), S. 28–36.

57 Vgl. dazu Cordes, Helfer vor Gericht (1998), S. 192.

58 Vgl. aber die vorbildliche Untersuchung der kirchlichen Rechtspflege von Brundage, Legal profession (2008), die durchaus Richter (S. 371–394) und Rechtsbeistände (S. 343–370) zum Gegenstand hat, allerding ausschließlich die professionelle Kirchengerichtsbarkeit des Mittelalters behandelt.

zu differenzieren. Überdies trüben nationalistische Verfärbungen in den älteren Forschungsarbeiten zuweilen die Sicht auf das Verhältnis von ‚fremdem' und ‚einheimischem' Recht. In der Zusammenschau erscheint demnach vor allem das Bild der Rechtspraktiker der niedrigeren Instanzen, ihre Tätigkeitsfelder und ihre unterschiedlichen Bildungsstufen, trotz der hohen Bedeutung für die Rechtspflege, bislang erstaunlich unscharf.[59]

59 Vgl. dazu auch Weitzel, Laienurteiler (2000), S. 53–78, der für die Epoche seit 1200 betont, wie gering die Erkenntnisse der rechtshistorischen Forschung zur Perspektive des ungelehrten Rechts bislang sind.

Zweiter Teil: Forschungsansatz und Quellenauswahl

I. Forschungsansatz

Die Lücken im Forschungsstand zu Rechtspraktikern dürften in einem nicht zu unterschätzenden Maß darauf zurückzuführen sein, dass bislang keine Herangehensweise herausgearbeitet wurde, die einen theoretisch abgesicherten Zugang zur Beschreibung von Rechtspraktikern der niedrigen und mittleren Instanzen in der weltlichen Gerichtsbarkeit[60] ermöglicht. Dafür lohnt ein Blick über die Grenzen der eigenen Disziplin hinaus. So bietet sich für diese Arbeit ein soziologisches Erklärungsmodell der Berufsforschung an: die Professionalisierung. Innerhalb der folgenden Abschnitte wird zunächst dem Konzept der Professionalisierung in der historischen Forschung und seiner Ausrichtung auf Gelehrtengeschichte nachgegangen (1.). Daraufhin wird die terminologische Charakterisierung der Tätigkeitsfelder der Rechtspflege als Beruf oder Amt untersucht (2.). Nach einem Zwischenergebnis, das die Unanwendbarkeit des traditionellen historischen Professionalisierungskonzepts auf den Untersuchungsgegenstand darlegt (3.), wird schließlich erläutert, wie Kriterien von Professionalisierung in dieser Untersuchung als Instrumentarium zu einer Beschreibung der gerichtlichen Tätigkeit von Rechtspraktikern historisiert und operationalisiert werden (4.).

1. Professionalisierung als Erklärungsmodell in der historischen Forschung

„Professionalisierung" ist ein von der Soziologie entwickeltes Forschungskonzept und dient grundsätzlich der Analyse von Expertenberufen anhand feststehender, am Berufsbegriff orientierter Kriterien, wie etwa: universitäre Ausbildung, Qualifizierung durch Examen, klar gegliederte Karriere und Gemeinwohlbezug der Tätigkeit.[61] Die historische Professionalisierungsforschung setzt einen Schwerpunkt auf die Zeit vom 18. bis zum 20. Jahrhundert und wurde sowohl auf akademische als auch auf handwerkliche Berufe angewandt, wobei aufgrund der unterschiedlichen Untersuchungsgegenstände entsprechend divergierende

---

60 Siehe zur Gerichtsverfassung ausführlich unten *Dritter Teil, I, 1*, a, S. 98 ff.

61 Vgl. dazu Dilcher, Juristenstand (1997), S. 166, der zusätzlich folgende Kriterien nennt: Verhaltenskodex, Autonomie in der Bestimmung von Regeln innerhalb des Berufs, hohes Sozialprestige.

Professionalisierungskonzepte zum Tragen kamen.[62] Der Großteil der Forschung konzentriert sich auf das 19. und 20. Jahrhundert.[63] Für die Vormoderne und den Übergang zur Neuzeit liegen weniger einschlägige Arbeiten vor.[64]

In der neueren rechtshistorischen Forschung wird Professionalisierung zwar als eine Erscheinung gesehen, die einen steigenden Einfluss der Rechtswissenschaft auf die Rechtspraxis erklärt und somit in enger Verbindung mit der Verstetigung und Rezeption des „gelehrten Rechts" steht;[65] dennoch blieb ein wichtiger Aspekt unbeachtet.[66] Blickt man auf die große Rezeptionssynthese von Wieacker und andere rechtshistorische Lehrbücher sowie auf neuere Lexikonartikel, so wird Professionalisierung darin bislang als ein reines Modernisierungsphänomen wahrgenommen, dass sich in dem Einzug des gelehrten Rechtspraktikers in die gerichtliche Praxis manifestiert:[67] Dieser juristische Expertengelehrte zieht über die Kirche, die Herrscherhöfe und Städte in die Gerichtsbarkeit ein und etabliert dort das gelehrte, römisch-kanonische Recht – heißt es grob zusammengefasst.[68] Dass allerdings der Typus des ungelehrten Rechtspraktikers in den

62 Vgl. dazu den Überblick bei Ehmer, Professionalisierung, in: Enzyklopädie der Neuzeit, Band 10 (2009), Sp. 431–443 sowie insgesamt Rüschemeyer, Professionalisierung, in: GuG 6 (1980), S. 311–325.

63 Vgl. dazu insgesamt Dipper (Hrsg.), Rechtsberufe im 19. Jahrhundert (2000); Rüschemeyer, Juristen (1976); Siegrist, Advokat, Bürger und Staat (1996) sowie Dilcher, Die preußischen Juristen und die Staatsprüfungen (1986); Stichweh, Professionen, in: Ius commune 19 (1992), S. 279–288.

64 Vgl. etwa Brundage, Legal profession (2008); Schlosser, Professionalisierung des Juristenstandes (2005); Dilcher, Juristenstand (1997), S. 167–175.

65 Vgl. dazu Avenarius, Gelehrtes Recht, in: HRG², Band II (2012), Sp. 31, 35; Oestmann, Gelehrte Richter, in: HRG², Band I (2008), Sp. 27–31; Schirmer, Gelehrte Räte, in: HRG², Band II (2009), Sp. 23–27; Ebert, Jurist, in: Enzyklopädie der Neuzeit, Band 6 (2007), Sp. 190; Stolleis, Römisches Recht, in: Akademie Journal 2 (2002), S. 54 f.

66 Ein allgemeiner Überblick zu historischer Professionalisierungsliteratur findet sich bei Jaeger (Hrsg.), Professionalisierung, in: Enzyklopädie der Neuzeit, Band 10 (2009), Sp. 438 f.

67 Diese Erklärung entspricht dem Rationalisierungs- bzw. Modernisierungsparadigma, das auch sozialgeschichtlichen Forschungen über Gelehrte im Mittelalter zu Grunde lag. Vgl. dazu Rexroth, Kulturgeschichte der Gelehrten (2010), S. 10 f.

68 Vgl. dazu Wieacker, Privatrechtsgeschichte (1967), S. 175 f.; Eisenhardt, Deutsche Rechtsgeschichte (2008), S. 96–99; Laufs, Rechtsentwicklungen (2006), S. 68–70; Lange/Kriechbaum, Römisches Recht im Mittelalter, Bd. 2 (2007), S. 961; Oestmann, Gelehrte Richter, in: HRG², Band I (2008), Sp. 28–30; Avenarius, Gelehrtes Recht, in: HRG², Band II (2012), Sp. 32–37. Vgl dazu auch Schlosser, Professionalisierung des Juristenstandes (2005), S. 103–118.

mittleren und niedrigen Gerichtsinstanzen noch bis ins 18. Jahrhundert stark vertreten war, wird dabei entweder übergangen oder nicht mit der nötigen Beachtung versehen.[69]

Der Fokus der mit Professionalisierung zusammenhängenden Arbeiten liegt eindeutig auf der Gelehrtengeschichte. So untersucht ein Sammelband etwa die Professionalisierung herrschaftlichen Handelns in vormoderner Zeit, den Ausbau der Verwaltung und den Anteil der gelehrten Juristen am Prozess der Staatswerdung.[70] Fried untersucht die gelehrten Juristen Bolognas und Modenas im 12. Jahrhundert, während Horn einen Überblick über die soziale Stellung und die Funktion studierter Juristen von 1100–1500 gibt.[71] Aus prosopographischem Blickwinkel werden in zwei Untersuchungen die späteren „Berufsbilder" und die juristischen Karriereabläufe von Rechtsstudenten des 15. Jahrhunderts bzw. von Juristen des 16.-18. Jahrhunderts erforscht.[72] Diese Arbeiten stellen, wenn überhaupt, nur marginal auf die Rechtspflege ab. Demgegenüber hat Brundage in einer beachtenswerten Untersuchung vorbildlich gezeigt, wie Professionalisierungsfragestellungen auf den Bereich der kirchlichen Rechtspflege angewandt werden können.[73] Der Unterschied zur weltlichen Rechtspflege liegt allerdings darin, dass in der weltlichen Rechtspflege keine so stark steuernde Zentralgewalt, wie die Kirche, handelte und überdies die kirchlichen Rechtspraktiker durchgängiger einer gelehrten Bildungsstufe zuzurechnen sind.[74]

---

69 Vgl. aber Schumann, Rechtsexperten (2008), S. 444 f.; Görgen, Rechtssprache (2002), S. 64–67.

70 Schnur (Hrsg.), Rolle der Juristen (1986). Vgl. dazu auch Gramsch, Erfurter Juristen (2003), S. 5, 381, 441 m. w. N.

71 Horn, Berufsjuristen (1978); Fried, Entstehung des Juristenstandes (1974). Ferner skizzierte Schlosser, Professionalisierung des Juristenstandes (2005), S. 103–118, in einem kurzen Beitrag den Einzug des gelehrten Juristen in die Rechtsprechung und Verwaltung.

72 Gramsch, Erfurter Juristen (2003), S. 6–32; Ranieri, Professionalisierung als Forschungsaufgabe, in: Ius Commune 13 (1985), S. 83–101.

73 Brundage, Legal profession (2008). Dabei handelt es sich um das bemerkenswerte Ergebnis langjähriger wissenschaftlicher Beschäftigung mit dem römisch-kanonischen Recht und der Kirchengerichtsbarkeit durch den Autor. Vgl. für einen kurzen Überblick zur Professionalisierung der Kirchenjuristen auch Brundage, Professional Canonists, in: ZRG-KA 81 (1995), S. 26–63.

74 Vgl. dazu Trusen, Anfänge (1962), S. 104–106; Burmeister, Studium der Rechte (1974), S. 7 f. Siehe zu den Unterschieden zwischen kirchlicher und weltlicher Gerichtsbarkeit auf dem Gebiet der Gerichtsverfassung unten *Dritter Teil, I, 1,* S. 98–101.

Aus alldem wird deutlich, dass die deutschsprachigen Träger der Rechtspflege an den weltlichen Gerichten im 16. Jahrhundert im Hinblick auf Professionalisierung bislang nicht ausdrücklich erforscht wurden. Sieht man das Konzept der Professionalisierung als ein theoretisches Beschreibungsmodell für die Entwicklung an, bei der Tätigkeiten einen „berufsförmigen Charakter" annehmen,[75] so scheint es sich für eine Anwendung auf die Rechtspflege durchaus zu eignen. Da der Vorgang der Professionalisierung eine wesentliche Rolle für die Ausdifferenzierung des gesamten Rechtssystems einnimmt und das Phänomen insgesamt seit dem ausgehenden Mittelalter beobachtet werden kann, steht zu vermuten, dass entsprechende Auswirkungen auch in der weltlichen Rechtspflege abbildbar sind.[76]

In der vorliegenden Arbeit werden Kriterien des Professionalisierungskonzepts an die Erforschung von Rechtspraktikern der weltlichen Gerichtsbarkeit im 16. Jahrhundert angelegt. Besondere Beachtung erfährt vorliegend die niederinstanzliche, überwiegend unstudierte Rechtspraxis. Insofern wird Professionalisierung mitnichten allein empirisch als Einzug des gelehrten Rechtspraktikers im Sinne einer Funktionselite untersucht werden; es geht hierbei nicht um das reine „Sich-Durchsetzen von Expertenberufen"[77] etwa in Form einer (statistischen oder narrativen) Gesamterfassung gelehrter und ungelehrter Juristen an verschiedenen Gerichten,[78] sondern – kurz gesagt – vielmehr darum, wie sich die Rechtspraktiker auf Grundlage einer hermeneutischen Methode untersuchen lassen und wie die ‚Berufs'-Bilder von Richtern und Rechtsbeiständen zu charakterisieren sind. Da dieser Ansatz von der Forschung bislang nicht vertreten worden ist, erwächst die im Folgenden zu klärende Frage, wie die Professionalisierung überhaupt in der vorliegenden Untersuchung im Hinblick auf weltliche Rechtspraktiker konkret beobachtet werden kann und mit welchen Begrifflichkeiten zu operieren sein wird.

---

75 Vgl. dazu Ehmer, Professionalisierung, in: Enzyklopädie der Neuzeit, Band 10 (2009), Sp. 431.

76 Ranieri, Professionalisierung als Forschungsaufgabe, in: Ius Commune 13 (1985), S. 88; Herborn, Entwicklung der Professionalisierung (2002), S. 29.

77 Schwinges, Professionalisierung gelehrter Tätigkeit (2001), S. 493.

78 Vgl. für einen solchen Ansatz die auf gelehrte Richter fokussierte Untersuchung von Stölzel, Entwicklung (1872; ND 1964), insb. S. 162 f., 233–385.

2. Beruf oder Amt

Im Rahmen der Professionalisierungsforschung steht die Frage nach der Berufsmäßigkeit einer Tätigkeit im Mittelpunkt.[79] Der Beruf beschreibt in der Moderne „eine qualifizierte und dauerhafte Erwerbstätigkeit, die [...] durch ein mehr oder weniger klar bestimmtes Aufgabenfeld abgegrenzt ist und als solche auf einer spezifischen Ausbildung fußt".[80] Im Vorfeld gilt es zu klären, ob die Rechtspflege im 16. Jahrhundert diese Kriterien überhaupt erfüllte.

Die Situation im Untersuchungszeitraum, vor allem in der weltlichen Niedergerichtsbarkeit, stellte sich so dar, dass in der Regel die Richter ebenso wenig wie die Rechtsbeistände eine fundierte juristische Ausbildung erfahren hatten und ihre Tätigkeit in der Rechtspflege neben ihrem eigentlichen, meist handwerklichen oder landwirtschaftlichen, Lebenserwerb ausübten.[81] Diese Rechtspraktiker besaßen vor dem Hintergrund fehlender Lateinkenntnisse

---

79 Vgl. dazu etwa McClelland, Zur Professionalisierung (1985), S. 237, dessen Schärfung des Professionalisierungskonzepts ebenfalls zunächst von der Berufsmäßigkeit der Tätigkeit ausgeht.

80 Definition nach Sokoll, Beruf, in: Enzyklopädie der Neuzeit, Band 2 (2005), Sp. 43. Wortgeschichtlich war der Berufsbegriff im 16. Jahrhundert in dieser Form nicht etabliert. Es handelt sich um eine Begrifflichkeit Martin Luthers, der Beruf zunächst als Berufung von Gott verstanden hat. Vgl. dazu Suda, Ethik Luthers (2006), S. 142, 144 f. Vgl. zum Berufsbegriff aus historisch-soziologischer Perspektive auch McClelland, Zur Professionalisierung (1985), S. 235 f.

81 Vgl. dazu Knape, Dichtung, Recht und Freiheit (1992), S. 155 f.: „Das Gerichtswesen allerdings lag traditionell in Laienhand. [...] In Straßburg war beispielsweise der Buchdrucker Georg Messerschmidt von seiner Zunft seit ca. 1540 als Richter ans Stadtgericht entsandt worden. Er kann als typisch für jene Laienrichter angesehen werden, in deren Hände die Prozesse mit geringerem Streitwert, teilweise noch bis zum 19. Jahrhundert, gelangten". Laienbeteiligung im Gerichtswesen der spätmittelalterlichen Stadt entspricht dem Befund von Arlinghaus, Genossenschaft (2006), S. 161, wonach sich „die Vielfalt an Gerichten und Zuständigkeitsbereichen primär aus der genossenschaftlichen Struktur der Kommune herleiten läßt" und sich diese genossenschaftliche Struktur auch in der Besetzung einzelner Gerichte widerspiegelt. Etwa am Göttinger Stadtgericht waren die Richter des 16. Jahrhunderts vornehmlich keine gelehrten Juristen, sondern Apotheker, Böttcher oder Weinhändler. Siehe dazu Wittram, Gerichtsverfassung (1966), S. 102.

meist geringe Kenntnisse vom „gelehrten Recht" dessen Anwendung sie vor besondere Schwierigkeiten stellte.[82]

Doch auch die Tätigkeiten von graduierten oder gar promovierten Juristen, die etwa an den Reichsgerichten tätig waren, lassen sich nur schwer in die moderne Kategorie Beruf einordnen. Deren Karriereabläufe waren von Orts- und Stellungswechseln geprägt, bei denen sie auch ihre Tätigkeitsfelder, etwa als Rechtsbeistand oder Richter hin zu anderen Aufgaben in den Reichs- und Landesverwaltungen wechselten.[83]

Insofern lässt sich für die weltliche Rechtspflege feststellen, dass die genannten Berufskriterien der spezifischen Ausbildung und der qualifizierten und dauerhaften Erwerbstätigkeit in dieser Deutlichkeit nicht vorlagen.[84] Im Ergebnis ist ein solcher Berufsbegriff daher grundsätzlich dafür ungeeignet, die weltliche Rechtspflege im Rezeptionszeitalter zu beschreiben: Es lagen unterschiedlichste Ausbildungswege vor und die Ausübung der Rechtspflege (im Hinblick auf ein bestimmtes Tätigkeitsfeld) diente in der Regel nicht als ausschließliche und dauerhafte Erwerbstätigkeit.[85]

Diesem Befund entsprechend wird das Erreichen des Höhepunktes der juristischen Professionalisierung in der Forschung zu Recht verhältnismäßig spät in der Moderne verortet. Nach Ranieri ist „die endgültige Profilierung des heutigen Berufsbildes des Juristen [...] erst am Schluß eines säkularen Vorgangs gegen Ende des 18. Jahrhunderts zu sehen, im Rahmen der endgültigen Professionalisierung der vormodernen Berufe".[86] Wenn keine neuzeitlich verstandene Berufsmäßigkeit in der Rechtspflege des 16. Jahrhunderts vorlag, stellt sich zunächst die Frage, welche Alternative für eine terminologische Charakterisierung der Tätigkeit der Rechtspraktiker in Betracht kommt.

---

82 Vgl. dazu Weinreich, Zivilprozeß (2004), S. 167. Die aus den verschiedenen Bildungshorizonten resultierende Situation wird am Beispiel des Basler Stadtgerichts äußerst anschaulich von Hagemann, Laiengericht und gelehrtes Recht, in: ZNR 27 (2005), S. 1–27, skizziert.

83 Vgl. dazu Ranieri, Professionalisierung als Forschungsaufgabe, in: Ius Commune 13 (1985), S. 95, m. w. N.; Jahns, Juristenkarrieren, in: Blätter für deutsche Landesgeschichte 131 (1995), S. 122 f.; Ackermann, Johannes Reuchlin (1999), S. 223 f.

84 Vgl. allgemein zum Fehlen eines Arbeitsmarktes für Universitätsbesucher und Absolventen im 16. Jahrhundert Schwinges, Professionalisierung gelehrter Tätigkeit (2001), S. 482.

85 Vgl. zur terminologischen Problematik von juristischen ‚Berufen' im Mittelalter auch Gramsch, Erfurter Juristen (2003), S. 380–384.

86 Ranieri, Professionalisierung als Forschungsaufgabe, in: Ius Commune 13 (1985), S. 88.

Auffällig ist, dass der Begriff des Amtes in Quellen des 16. Jahrhunderts im Kontext mit den Tätigkeitsfeldern der Rechtspflege überaus häufig auftritt; man kann die Beschreibung der gerichtlichen Funktionen als Ämter deutlich beobachten.[87] Dies verwundert nicht weiter, weil die Ausübung von Gerichtsbarkeit Herrschaftsverwirklichung darstellt, die „seit je mit den Begriffen des Amtes [...] charakterisiert wird".[88]

Allerdings ist der Begriff des Amtes mehrdeutig und bedarf in diesem Zusammenhang einer Präzisierung. Der Artikel „Amt" im *HRG* stellt für den Untersuchungszeitraum vor allem auf die lehensrechtlichen Bindungen aus dem fränkischen Reich ab, die innerhalb der Reichs- und Landesherrschaften durch ein neues Amtsrecht abgelöst wurden.[89] Dieses Verständnis begreift Amt als einen herrschaftlichen Bezirk quasi in seiner verfassungsrechtlichen Bedeutung. Vorliegend soll diese Semantik von Amt jedoch nicht weiter zum Einsatz kommen, da in den untersuchten Quellen mit dem Begriff Amt eindeutig nicht dieser Zusammenhang, sondern die Beschreibung von Tätigkeitsfeldern in der Rechtspflege im Vordergrund steht. Damit unterscheidet sich dieser auf die Tätigkeitsfelder der Rechtspflege abzielende Amtsbegriff, von einer politisch-institutionellen Semantik von Amt, die stärker auf administrative Herrschaftsverwirklichung abzielt als auf das Tätigkeitsfeld selbst.[90]

---

87 Heyden/Brant/Draudt, Revocirter Richterlicher Klagspiegel (1601), S. 34 [alle Hervorhebungen PW]: *„Vom* ***Ampt*** *des Richters"*, S. 56: *„Es ist aber fleissig zu mercken / daß das Richterlich* ***Ampt*** *auff mancherley Weiß vnterscheiden wirdt"*. Lauterbeck, Regentenbuch (1559), Bl. CXCVI[v]: *„Von Richtern vnd jrem* ***Ampt****"*. Perneder, Gerichtlicher Process (1556), Bl. II[v]: *„Von Ordenlichen Richtern vnd derselben* ***Ampt****"*. Perneder, Gerichtlicher Process (1556), Bl. XVIII[r]: *„Der Aduocaten* ***ampt*** *ist an ihm selbst ehrlich"*. Gobler, Gerichtlicher Process (1536), Vorrede: *„Ein Leyischer Procurator / der da sein Practic auß diesen Teutschen Tractaten will lernen* [...] *daß er wisse was seinem* ***ampt*** zůstehe". Knaust, Gerichtlicher Fewerzeugk (1562), Kapitel 1 (unpaginiert): *„Denn er soll Richtig vnnd Recht mit den Sachen vmbgehen / vnd in seinem* ***Ampt*** *gerecht sein"*. König, Processus und Practica (1541), Bl. XXXIX[r]: *„WEJL das* ***Ampt*** *des Procuratoris oder Anwalden"*. Weitere Beispiele ließen sich problemlos anführen.

88 Willoweit, Landesherrschaft (1983), S. 81.

89 Vgl. dazu Wilde, Amt, in: HRG², Band I (2008), Sp. 208 f.

90 Vgl. zur Abgrenzung das Verständnis von Amt als Teil der „spätmittelalterlich-frühneuzeitlichen Amtsverfasung mit räumlich definierten, regionalen Amtsbezirken", Klingebiel, Lokale Amtsträger (2002), S. 36, m. w. N. sowie Willoweit, Verfassungsgeschichte (2009), S. 84, der Amt unter anderem als ein administratives Organisationsmodell mit der „Bündelung von Herrschaftsrechten" charakterisiert.

Wortgeschichtlich liegt der Verwendung des Amtsbegriffs für die Rechtspflege eine maßgebliche rechtsliterarische Tradition zu Grunde: Bereits in den prozessualen Schriften des Mittelalters war der Begriff des „officium" weit verbreitet und wurde zunächst auf den Kläger, den Beklagten und den Richter bezogen, was der Definition des Gerichtsverfahrens als „actus trium personarum" entspricht.[91] Die mittelalterlichen Prozessualisten beschrieben anhand des Begriffs des „officium" die Wirkungsbereiche und Handlungsmaßstäbe aller Prozessbeteiligten. Insbesondere fanden sich bereits bei ihnen tiefergehende Ausführungen zum Richteramt („officium iudicis").[92] Daneben wurde auch der Wirkungsbereich der Rechtsbeistände anhand des Begriffs „officium" geschildert.[93]

Die Quellen des 16. Jahrhunderts folgen insofern der mittelalterlichen prozessrechtsliterarischen Tradition und bezeichneten die Tätigkeitsfelder von Richtern und Rechtsbeiständen (in Übersetzung von „officium") als Ämter. Dementsprechend wird im Folgenden der Amtsbegriff in dieser Weise verwendet und steht demnach für die Bezeichnung und für die Handlungsmaßstäbe der Tätigkeitsfelder von Richtern und Rechtsbeiständen.[94]

3. Zwischenergebnis

Aus dem Vorangegangenen wird deutlich, dass Professionalisierung bislang recht einseitig als eine Modernisierungserscheinung anhand der Verbreitung von Gelehrten verstanden wurde. Daneben zeigt sich auch, dass die Tätigkeitsfelder der

---

91 Vgl. dazu Nörr, Stellung des Richters (1967), S. 8–11; Litewski, Der römisch-kanonische Zivilprozeß (1999), S. 85 f.

92 Siehe dazu Nörr, Stellung des Richters (1967), S. 11, 82: „Das officium iudicis umfaßt die verschiedensten Tätigkeiten und Funktionen, die dem Richter im Laufe des Verfahrens obliegen, seien sie sachentscheidender, seien sie prozeßleitender Natur". Vgl. dazu auch Litewski, Der römisch-kanonische Zivilprozeß (1999), S. 137, der in diesem Zusammenhang auf die Bedeutung der Schriften Tancreds und Roffredus' hinweist. Siehe auch zu den officia in Durantis Speculum Lange/Kriechbaum, Römisches Recht im Mittelalter, Bd. 2 (2007), S. 419. Vgl. jüngst zum officium iudicis Nörr, Romanisch-kanonisches Prozessrecht (2012), S. 54–57.

93 Vgl. dazu Litewski, Der römisch-kanonische Zivilprozeß (1999), S. 180–182.

94 So wird auch in der Forschung unter „Amt" eine durch Tätigkeitsmerkmale fest umrissene Aufgabe verstanden, die nach bestimmten Normen festgelegte Pflichten und Privilegien in ihren jeweiligen sozialen Zusammenhängen überliefert. Vgl. dazu Willoweit, Landesherrschaft (1983), S. 82; Willoweit, Verfassungsgeschichte (2009), S. 85; Heyen, Amt und Rationalität (2004), S. 51. Vgl. zur Unterscheidung von „officium" und „beneficium" bei kirchlichen Richtern (Offizialen) Wolter, Amt und Officium, in: ZRG-KA 74 (1988), S. 255 f.

Rechtspflege nicht als Berufe ausgeübt worden sind. Eine treffende Bezeichnung für die gerichtliche Betätigung der Rechtspraktiker im Rezeptionszeitalter bietet der zeitgenössische Begriff des Amtes, verstanden in seiner ‚beruflichen' und nicht politisch-institutionellen Dimension.[95] Insgesamt wird Amt in der historischen Forschung als ein erstes Konzept von Beruf wahrgenommen[96] und dementsprechend kann es auch in der Rechtspflege als Vorstufe der späteren juristischen Berufe ausgemacht werden. Bislang wurden die Ämter in der weltlichen Rechtspflege im Hinblick auf Professionalisierung von der Forschung mit keinerlei Beachtung versehen.[97]

Allein die notwendige begriffliche Unterscheidung zwischen Beruf und Amt zeigt auf, dass ein auf den Untersuchungsgegenstand angepasster Professionalisierungsansatz zum Einsatz kommen muss. Eine einfache Übertragung des soziologischen Forschungsansatzes ist überdies schon aus dem Grund nicht möglich, weil es an Daten fehlt, die die empirische Grundlage für eine solche Untersuchung bilden könnten. Die weitere Problematik einer historischen Anwendung wird am Beispiel der von Dilcher beschriebenen Kriterien zur Professionalisierung deutlich, die für moderne Berufe analytisches Potenzial bereithalten mögen, jedoch für die Vormoderne nicht ohne Weiteres leistungsfähig sind.[98] Denn Charakteristika, wie eine klar gegliederte Karriere, Monopolstellung in einem Tätigkeitssektor, Qualifikation durch Studium und Nachweis durch Examina, lagen im Wandel vom Spätmittelalter zur Frühen Neuzeit noch nicht vor.[99] Vor allem ist es notwendig, die verschiedenen Bildungsstufen in der Rechtspflege zu berücksichtigen, da die Rechtspflege besonders in den niedrigeren Instanzen keineswegs ausschließlich von gelehrten Juristen ausgeübt wurde. Es ist daher nötig, das Konzept der Professionalisierung für den Untersuchungszeitraum angemessen zu historisieren.[100] Im Folgenden wird dargelegt, welche

---

95 Vgl. dazu auch den Eintrag im Deutschen Rechtswörterbuch, der die Vielfalt der Begriffsbedeutungen im historischen Kontext aufzeigt. Das hiesige Verständnis, das auf rechtspraktische Ämter abzielt, entspricht etwa dem Gliederungspunkt II., der von der Bedeutung „Dienst“ und „Tätigkeit“ umfasst. Siehe dazu Schröder/von Künssberg (Bearb.), Amt, DRW, Band I (1914–1932), Sp. 544–557.

96 Vgl. dazu Sokoll, Beruf, in: Enzyklopädie der Neuzeit, Band 2 (2005), Sp. 43 f.

97 Vgl. etwa die Kritik an fehlenden Untersuchungen zu weltlichen Gerichten von Munzinger, Rezension zu: Legal profession, Forum Historiae Iuris, http://www.forhistiur.de/zitat/1105munzinger.htm (zuletzt aufgerufen am 29.03.2015) (2011), Sp. 15.

98 Siehe oben *Zweiter Teil, I, 2,* S. 33–36.

99 Vgl. zu den Kriterien Dilcher, Juristenstand (1997), S. 166.

100 Obgleich der Abschluss der Profilierung von juristschen Berufsbildern erst im späten 18. Jahrhundert verortet wird, ist die Professionalisierung dennoch ein Phänomen,

Professionalisierungskriterien für die Fragestellung dieser Untersuchung operationalisierbar sind.

4. Fragestellung dieser Untersuchung

Die Ämter in der Rechtspraxis des 16. Jahrhunderts lassen sich nicht einfach auf das Schema der hergebrachten historischen Professionalisierungskriterien hin untersuchen. Das liegt neben den genannten Gründen daran, dass die Gerichtsbarkeit in dieser Zeit noch nicht durchgängig von gelehrten Juristen ausgeübt wurde und andererseits auch die Institutionen der Rechtspflege keiner flächendeckenden staatlichen Kontrolle unterlagen, die eine abschließende Professionalisierung bewirkte.[101]

Nichtsdestotrotz kann das Konzept der Professionalisierung auch für auf den Bereich der weltlichen Rechtspflege im 16. Jahrhundert in mehrfacher Hinsicht fruchtbar gemacht werden. Zwar lässt sich nicht nach den Inhalten der universitären Ausbildung fragen, aus denen die Rechtspraktiker ihr juristisches Fachwissen schöpften, da die meisten Rechtspraktiker nicht studiert hatten. Dennoch lässt sich auf der Ebene der juristischen Kompetenz nach den Rechtskenntnissen der ungelehrten Rechtspraktiker fragen, um so die Wechselwirkungen zwischen gelehrtem Wissen und ungelehrter Praxis zu beobachten. Bei der Analyse des juristischen Fachwissens wird zudem der Aspekt der Rezeption römisch-kanonischen Rechts eingehend behandelt, indem geprüft wird, welche Wissensbestände des römisch-kanonischen Rechts von der weltlichen Rechtspflege des 16. Jahrhunderts rezipiert werden konnten.[102] Die leitende Frage ist dabei, inwiefern sich das gelehrte Recht aus dem universitären und kirchlichen Kontext löste und in die Ideenwelt der weltlichen Rechtspflege Eingang fand.

Zusätzlich kann noch ein weiteres dem Professionalisierungskonzept angehörendes Kriterium für diese Untersuchung Ertrag bringen. Zum Fachwissen treten bei Rechtspraktikern ethische Maßstäbe hinzu, die ebenfalls normative

---

das seit dem ausgehenden Mittelalter zu beobachten sei. Vgl. dazu Herborn, Entwicklung der Professionalisierung (2002), S. 29.

101 Vgl. dazu Ranieri, Professionalisierung als Forschungsaufgabe, in: Ius Commune 13 (1985), S. 83–101. Vgl. zur staatlichen Regulierung der Rechtsbeistände im 18. Jahrhundert in Preussen auch Hermann, Die „Freien Berufe" (1971), S. 51–55. Siehe für weitere Literatur zur Professionalisierung in der Moderne oben *Zweiter Teil, I, 1*, S. 30 Anm. 63.

102 Siehe zur Einordnung des Rezeptionsbegriffs unten *Dritter Teil, III, 1*, S. 134–137.

Vorstellungen enthalten.[103] Auf der Ebene solcher ethischen Vorgaben kann aufgezeigt werden, welche Ideen die Ausübung der Rechtspflege neben den juristischen Vorgaben zusätzlich begleiteten.

Dies verspricht insofern tiefere Einblicke in die Tätigkeitsfelder, als insgesamt auf den Idealen von Kompetenz und Ethik die spezifische Rolle gründet, die die Rechtspraktiker mit Ausübung ihrer Ämter einnahmen.[104] Die Ämter anhand der geschilderten Kriterien zu untersuchen ermöglicht in der Zusammenschau, einen Blick auf die sonst so schwer zu fassenden Rechtspraktiker zu werfen, die die Träger der weltlichen Rechtspflege waren, und nachzuvollziehen, nach welchen Vorgaben sie das Recht umsetzen sollten. Von daher rücken für die vorliegende Untersuchung diese zwei in der Vormoderne greifbaren Professionalisierungskriterien in den Vordergrund: die Rechtskenntnisse und die ethischen Vorgaben.[105] Anhand der Kriterien wird ein Bild von den Rechtspraktikern gezeichnet werden, das ihre professionelle Prägung veranschaulicht. Es wird dabei insofern auch der Kritik am Professionalisierungsmodell Rechnung getragen, als mit Blick auf die Bildungshorizonte der Rechtspraktiker und die ihnen entgegentretende juristische Wissensordnung besonders das bislang vom Professionalisierungsmodell vernachlässigte Kriterium des Wissens konkret in die Darstellung einbezogen werden wird, ohne – wie bislang – allein auf die universitär erlernte juristische Gelehrsamkeit abzustellen.[106] Dem bisherigen Verständnis von Professionalisierung nach kennzeichnet eine universitäre Ausbildung die klassischen Professionen.[107] Demgegenüber wird hier für einen

---

103 Arbeits- bzw. Berufsethik ist ein wesentlicher Bestandteil, der dem Professionalisierungskonzept innewohnt. Vgl. dazu Ehmer, Professionalisierung, in: Enzyklopädie der Neuzeit, Band 10 (2009), Sp. 431 f. Siehe dazu auch McClelland, Zur Professionalisierung (1985), S. 238, 247.

104 Vgl. ausdrücklich dazu für den rechtshistorischen Bereich Brundage, Professional Canonists, in: ZRG-KA 81 (1995), S. 29. Siehe auch Brundage, Problems in Legal Ethics (2008), S. 859 m. w. N. Vgl. allgemein zur Verflechtung von Berufen und Ethik Kultgen, Ethics and professionalism (1991), S. 3–15.

105 Die Herausbildung einer Berufsethik und der Nachweis von Rechtskenntnissen sind auch bei Dilcher, Juristenstand (1997), S. 166 sowie Ranieri, Professionalisierung als Forschungsaufgabe, in: Ius Commune 13 (1985), S. 88 f. konstituierende Kriterien der Professionalisierung.

106 Vgl. zur Kritik am funktionalistischen Konzept der Professionalisierung, insb. zur Nichtberücksichtigung des Wissens innerhalb dieser Konzepte Stehr, Wissensgesellschaften (1994), S. 376 f.

107 Vgl. dazu Ehmer, Professionalisierung, in: Enzyklopädie der Neuzeit, Band 10 (2009), Sp. 432 sowie Pfister, Professionalisierung, in: Enzyklopädie der Neuzeit,

speziellen historischen Bereich danach gefragt, welche Rolle das Fachwissen in der Rechtspraxis, also Rechtswissen, einnehmen konnte und welche relevanten Inhalte an ungelehrte und/oder unerfahrene Rechtspraktiker im 16. Jahrhundert vermittelt wurden. Zusammen mit den ethischen Vorgaben wird dieser Ansatz die Untersuchung der rechtspraktischen Ämter leiten. Eine Darstellung der aufgeworfenen Aspekte erfordert zunächst aber die Auswahl eines tragfähigen Quellencorpus, das insbesondere Aufschluss über die überwiegend ungelehrte Rechtspflege der niedrigeren weltlichen Instanzen verspricht.

II. Quellenauswahl – Rechtsvielfalt und Praktikerliteratur

Diese Überschrift zur Quellenauswahl ist aus zwei Gründen in bewusster Anlehnung an eine neuere Untersuchung zur Rezeption von Oestmann gewählt worden[108]: Zum einen charakterisiert das Schlagwort der Rechtsvielfalt den Rechtszustand im Untersuchungszeitraum überaus treffend und wird deshalb erläutert. Zum anderen wirft der so charakterisierte Zustand die Frage auf, wie mit der Vielfalt in der Rechtspflege umgegangen werden konnte, weil eine Rechtsanwendung schließlich die Kenntnis von einschlägigen Normen und deren richtiger Anwendung voraussetzt. Nur vor diesem Hintergrund sind die rechtspraktischen Ämter des 16. Jahrhunderts überhaupt begreifbar. Insofern ist zunächst darzulegen, was die Rechtsvielfalt auszeichnete (1.) und welche Folgen sich daraus für die Quellenauswahl für eine Untersuchung von Rechtspraktikern ergeben (2). Daraufhin wird der Forschungsstand zu den untersuchten Quellen geschildert (3.), und die einzelnen ausgewählten Werke werden dargestellt (4.). Das Kapitel schließt mit einer Bewertung der Quellen (5.).

1. Rechtsvielfalt – Römisch-kanonisches Recht und Partikularrecht

Die Rechtsvielfalt bestand im Rezeptionszeitalter flächendeckend im gesamten deutschen Sprachraum: Während im nordöstlichen Teil des Reiches etwa das

---

Band 10 (2009), Sp. 434–436. Vgl. auch PARSONS, Professions, in: International encyclopedia of the social sciences, Band 12 (1968), S. 536, wonach das Sonderwissen institutionalisiert abgeprüft wird und sich die Universitäten zum Mittelpunkt der Institutionalität der „professional world" entwickelt haben. Siehe dazu auch die Übersicht bei MCCLELLAND, Zur Professionalisierung (1985), S. 247.

108 OESTMANN, Rechtsvielfalt vor Gericht (2002). Vgl. dazu die Besprechungen von SAILER, Rezension zu: Rechtsvielfalt vor Gericht, Forum Historiae Iuris, http://fhi.rg.mpg.de/rezensionen/0402sailer.htm (zuletzt aufgerufen am 06.03.2012) (2004) und WEITZEL, Rezension zu: Rechtsvielfalt vor Gericht, in: ZRG-GA 124 (2007), S. 600–603.

Lübecker oder insbesondere auch das sächsisch-magdeburgische Recht zu weiter Verbreitung gekommen waren, entstanden mit den südwestdeutschen Stadtrechtsreformationen weitere Rechtsquellen unter der Redaktion von gelehrten Rechtspraktikern.[109] Dazu kamen unzählige lokale Ausprägungen des Rechts in Statuten, Gewohnheiten oder Rechtsaufzeichnungen der unterschiedlichen territorialen Einheiten.[110] Daneben bestand, gewissermaßen überregional, das römisch-kanonische Recht, das seit dem 12. Jahrhundert zunächst durch die italienische Rechtswissenschaft und ab dem 14. Jahrhundert auch im deutschsprachigen Raum an den Universitäten entwickelt und gelehrt wurde.[111] Demnach ergab sich eine Vielfalt des Rechts in erster Linie daraus, dass Rechtsmassen unterschiedlichen Ursprungs zeitgleich nebeneinander bestanden.

Das Verhältnis der Rechtsmassen zueinander lässt sich anhand der Begriffe ius commune und ius particulare ermessen. Dabei umfasst die Bezeichnung ius commune keinen statisch definierten Umfang bestimmter Normen, sondern ist „stets im Kontrast auf das jeweilige Partikularrecht zu beziehen“, also eine nur relational zu bestimmende Rechtsmasse.[112] Beim römisch-kanonischen Recht handelte es sich um das „allgemeinste, für alle Rechtssubjekte innerhalb der Sphären der beiden mittelalterlichen Universalmächte Kaiser und Papst verbindliche Recht“.[113] Weil es „von den Gerichten beim Fehlen von spezielleren Rechten als generelles, allen Rechtskreisen gemeines und überall verwertbares Recht angewendet wurde“, stellte es sich in der Praxis als subsidiäres ius commune gegenüber den spezielleren Partikularrechten dar.[114]

In deutscher Übersetzung von ius commune entstand der Begriff des gemeinen Rechts, der sich in den Quellen des 16. Jahrhunderts wiederfindet: Gemeines Recht bestand nach einem Praktikerhandbuch aus „*den alten Ro[e]mischen Keyserlichen vnd Ba[e]pstlichen Rechten / die bey vns das gemeine Recht genennet werden*“, und war demnach in diesem Fall also als römisch-kanonisches Recht

109 Vgl. dazu etwa den Überblick bei Wieacker, Privatrechtsgeschichte (1967), S. 189–201.

110 Stolleis, Römisches Recht, in: Akademie Journal 2 (2002), S. 54.

111 Vgl. aus dem großen Feld einschlägiger Darstellungen dazu nur Lange, Römisches Recht im Mittelalter, Bd. 1 (1997) und Lange/Kriechbaum, Römisches Recht im Mittelalter, Bd. 2 (2007), jeweils m. w. N. Vgl. dazu auch Sellert, Zur Rezeption (1998), S. 115–166, m. w. N. Siehe zur Rezeption römisch-kanonischen Rechts unten *Dritter Teil, III*, S. 133–201.

112 Lepsius, Ius Commune, in: HRG^2, Band II (2012), Sp. 1333.

113 Lepsius, Ius Commune, in: HRG^2, Band II (2012), Sp. 1333.

114 Luig, Gemeines Recht, in: HRG^2, Band II (2012), Sp. 61 f.

zu klassifizieren.[115] Die Reichskammergerichtsordnung von 1495 schrieb in § 3 seinen Richtern und Beisitzern unter anderem ebenfalls die Anwendung des *„Reychs gemainen Rechten"* vor, wovon allerdings außer römisch-kanonischem Recht auch die Reichsgesetze umfasst waren.[116] Weitere Rechtstexte entstanden anhand *„der geschriben Kaiserlichen vnnd Pa[e]bstlichen / gemainen vnnd auch sundern Land vnnd Stet rechten"*, also sowohl auf der Grundlage von römisch-kanonischen Recht als auch auf Partikularrecht. Damit wurde die allgemeine Dichotomie zwischen gemeinem römisch-kanonischen Recht (*„geschriben Kaiserlichen vnnd Pa[e]bstlichen / gemainen"*) und Partikularrecht (*„sundern Land vnnd Stet rechten"*) angesprochen.[117]

Eine Generalisierung des rechtlichen Inhalts ist hierbei nicht möglich, denn gemeines Recht ist ebenso wie ius commune eine nur in Relation zu bestimmende Rechtsmasse. Trotzdem dürfte die in der Forschung weit verbreitete Vorstellung, dass das gemeine Recht (ius commune) in vielen Fällen das römisch-kanonische Recht (teils – wie am Reichskammergericht – unter Einschluss der Reichsgesetze) sei,[118] in den meisten Fällen zutreffend sein.

In der Rechtsprechung konnte die Frage nach dem Anwendungsvorrang zwischen partikularem und gemeinem Recht aufkommen: In der Theorie ergab sich nach der in Italien entwickelten sog. Statutenlehre zwar ein Anwendungsvorrang des lokalen Partikularrechts vor dem römisch-kanonischen Recht (das speziellere

---

115 Knaust, Gerichtlicher Fewerzeugk (1562), Vorrede (unpaginiert).

116 „Des Richters vnd der Beisitzer Eidt. Item, die all sollen zuvor vnnser Ku[e]nigklichen oder Keißerlichen Mayestat globen vnd zu den Heyligen schweren, vnnserm Ku[e]nigklichen oder Keyßerlichen Camer=Gericht getrewlich vnd mit Fleys obzusein, vnnd nach des Reychs gemainen Rechten [...] zu richten". Zit. nach Schmauss/von Senckenberg, Sammlung der Reichs-Abschiede, Band 2 (1747), S. 7. Vgl. dazu Luig, Gemeines Recht, in: HRG^2, Band II (2012), Sp. 68.

117 Perneder, Gerichtlicher Process (1556), Vorrede (unpaginiert).

118 Coing, Älteres gemeines Recht (1985), S. 4, versteht unter ius commune das römisch-kanonische Recht „wie es von der europäischen Rechtswissenschaft seit Bologna ausgestaltet wurde und in der Praxis zur Anwendung kam". Vgl. dazu auch Luig, Gemeines Recht, in: HRG^2, Band II (2012), Sp. 68, wonach gemeines Recht „(ius commune) in erster Linie das auf den Gesetzbüchern des oström. Kaisers Justinian und den Gesetzen der (röm.-kath.) christlichen Kirche beruhende" Recht war. Vgl. auch Schlosser, Professionalisierung des Juristenstandes (2005), S. 105, wonach die Forschung unter Ius Commune oder Gemeinem Recht - verkürzt gesprochen – das römisch-kanonische Recht versteht.

Recht ging dem allgemeineren vor);[119] obgleich theoretisch so vorgesehen, führte diese Lehre in der Praxis jedoch nicht zwingend zu einer Bevorzugung des lokalen Rechts: der Magdeburger Schöffenstuhl lehnte etwa die Anwendung lokalen Partikularrechts, soweit es sich um Gewohnheitsrecht handelte, auf seine Urteile konsequent ab, während am Leipziger Schöffenstuhl durchaus lokales Partikularrecht noch vor Regelungen des römisch-kanonischen Rechts zur Anwendung kam.[120] Nach Wunderlichs neuesten Erkenntnissen zum Reichskammergericht wurde die Statutenlehre dort in der ersten Hälfte des 16. Jahrhunderts grundsätzlich befolgt.[121] Oestmann kommt für dasselbe Gericht in der zweiten Hälfte des Jahrhunderts zu dem Ergebnis, dass die Parteien sich auf die für sie jeweils günstige Rechtsnorm beriefen, unabhängig davon, ob es sich um Partikularrecht oder römisch-kanonisches Recht handelte.[122]

Hervorzuheben ist aber, dass partikulares und römisch-kanonisches Recht, auf das gesamte Rechtsleben gesehen, wegen ihres unterschiedlichen Ursprungs zwar unterschiedliche Rechtsmassen, jedoch keine voneinander getrennt zu betrachtenden oder gar miteinander konkurrierenden Größen sind. Dies wird deutlich, wenn man auf die Rechtsordnung, das meint das Repertoire an möglichen heranzuziehenden Rechten, im Rezeptionszeitalter blickt. Aus dieser Perspektive standen die Rechtsmassen häufig in gegenseitiger Ergänzung zueinander, und fanden am Reichskammergericht oder an territorialen Gerichten Anwendung.[123] Insgesamt ist die Forschung schon vor längerer Zeit zu dem Ergebnis

---

119 Vgl. für einen Überblick SCHULZE, Statutarrecht, in: HRG[1], Band IV (1990), Sp. 1922–1926. Siehe grundlegend dazu WIEGAND, Rechtsanwendungslehre der Rezeptionszeit (1977).

120 PÄTZOLD, Leipziger Schöffenspruchsammlung (2009), S. 83.

121 WUNDERLICH, Protokollbuch (2011), S. 213–216.

122 OESTMANN, Rechtsvielfalt vor Gericht (2002), S. 65 f. Damit ist die ältere Vermutung, dass die Rechtsbeistände „im Zweifel, wo immer es ging, lieber mit dem ihnen vertrauten gemeinen Recht argumentiert haben werden“ in diesem Fall widerlegt. Zit. nach KIEFNER, Rezeption (privatrechtlich), in: HRG[1], Band IV (1990), Sp. 980.

123 § 3 der RKGO von 1495, wonach die Richter und Beisitzer dazu verpflichtet waren, „nach des Reychs gemainen Rechten, auch nach redlichen, erbern und leydlichen Ordnungen, Statuten vnd Gewonheyten der Fu[e]rstenthumb, Herrschaften und Gericht, die fu[e]r sy bracht werden [...] zu richten“. Zit. nach SCHMAUSS/VON SENCKENBERG, Sammlung der Reichs-Abschiede, Band 2 (1747), S. 7. In territorialer Hinsicht sollten etwa die Richter am Leipziger Schöffenstuhl, nach der Fundationsurkunde von 1574 „nach gemeinen kaiserlichen und landublichen sächsischen rechten, so vil derer in unsern landen durch bestetigten, bewerten

einer „gedachte[n] Identität gemeinen und partikularen Rechts", gekommen, die unabhängig von dem Entstehungskontext der jeweiligen Rechtsquelle vorlag.[124]

Insbesondere lässt sich an der volkssprachlichen Rechtsliteratur des 16. Jahrhunderts das für den Untersuchungszeitraum charakteristische Zusammenspiel der unterschiedlichen Rechtsmassen ablesen. In der Vorrede zum *Laienspiegel* beschreibt Sebastian Brant, dass der Autor sein Werk

> *auss geschriben Ba[e]pstlichen vnd Kaiserlichen rechten vnd bewa[e]rten ůbungen menigfaltiger gebreüche vnd Practiken / Gaystlicher vn weltlicher / hohen vn nidern gerichten / ho[e]fe vnd Cantzleyen der fürsten / Stett vn lande* [...] *getzogen* [habe].[125]

Mithin flossen hier neben römisch-kanonischem Recht auch partikulare Rechtsgewohnheiten in den *Laienspiegel* ein.

Beispielhaft ist dafür auch eine Quelle aus dem sächsischen Rechtskreis zu nennen: nach dem Titelblatt des *Processus und Practica der gerichtsleuffte* ist die dortige Darstellung

> *nach dem gebrauch Sechsischer Landart / aus den gemeinen Ba[e]pstlichen / Keiserlichen vnd Sechsischen Rechten / Durch D Chilianum Ko[e]nig etwan zusamen gezogen.*[126]

Die genannte Trias von kanonischem (*Ba[e]pstlichen*) Recht, römischem, unter Umständen auch reichsgesetzlichem (*Keiserlichen*) sowie lokal geltendem sächsischen Recht (*Sechsischen Rechten*) erfuhr in diesem Werk eine gemeinsame Darstellung. Hinzu kommt, dass das Partikularrecht bereits im 16. Jahrhundert in unterschiedlichem Umfang von römisch-kanonischem Recht durchsetzt war, was eine inhaltliche Grenzziehung zwischen römisch-kanonischen Recht und Partikularrecht erschwert.[127]

Das bedeutete aber nicht zwingend eine Entschärfung der Problematik bei der Rechtsanwendung: Bei voneinander abweichenden Regelungen der Rechtsmassen, konnte es im Fall des Konflikts (insbesondere, wenn unklar war, ob das partikulare Recht eine Lücke enthielt) zu Überlagerungen kommen, wobei die beschriebene Rechtsvielfalt überdies zu einer ‚Vielschichtigkeit' des Rechts

---

gebrauch eingefuret und nicht reprobiret sein" richten. Zit. nach Distel, Verfassungsgeschichte des Schöppenstuhls, in: ZRG-GA 10 (1889), S. 90.

124 Vgl. dazu Ebel, Über Legaldefinitionen (1974), S. 123–128, Zitat S. 126. Vgl. auch Krause, Besprechung von: Über Legaldefinitionen, in: ZRG-GA 92 (1975), S. 307.

125 Tenngler, Laienspiegel (1509), Vorrede (unpaginiert).

126 König, Processus und Practica (1541), Titelblatt.

127 Vgl. zu diesem Angleichungsvorgang Kroeschell/Cordes/Nehlsen-von Stryk, Deutsche Rechtsgeschichte 2 (2008), S. 247–251 m. w. N.

führte, was Hagemann anschaulich anhand von Rechtsstreitigkeiten in Basel darstellt.[128]

Im Untersuchungszeitraum besteht eine unauflösliche Spannung zwischen den Rechtsmassen, zwischen dem gelehrtem römisch-kanonischem Recht und dem Partikularrecht in der Rechtsanwendung.[129] Um der Vielschichtigkeit des Rechts innerhalb der Rechtsvielfalt nachzugehen und den entstandenen Spannungen nachzuspüren, ist es daher notwendig, Quellen zu erschließen, die den Wissensstand der Rechtspraktiker besonders gut abbilden. Denn bislang ist weitgehend ungeklärt, wie der Zugang der Rechtspraktiker an den niedrigeren Gerichten zu diesen Rechtsmassen überhaupt aussah und welches Rechtswissen sie qualifizieren konnte.

2. Vielfalt der Rechtsquellen – Rechtsliteratur, Praktikerliteratur und ihr Verhältnis zu legislativen Rechtstexten

Im Rezeptionszeitalter ist unter den schriftlichen Rechtsquellen zwischen legislativen Rechtstexten,[130] Gerichtsakten und Rechtsliteratur zu unterscheiden. Bei letzterer lässt sich zwischen gelehrter Rechtsliteratur, die, überwiegend auf Latein

---

128 Vgl. dazu die markanten Rechtsfälle bei HAGEMANN, Vielschichtiges Recht (2009), S. 125–166 sowie insgesamt HAGEMANN, Laiengericht und gelehrtes Recht, in: ZNR 27 (2005), S. 1–27.

129 Vgl. dazu HEYDEN/BRANT/DRAUDT, Revocirter Richterlicher Klagspiegel (1601), Vorrede (unpaginiert): „*Es sind zu diesen unseren Zeiten die Rechten dermassen gestiegen / vnnd durch deren vielfa[e]ltige Scribenten [...] verwirret / daß man bald weder auff Vniuersiteten vn hohen Schulen ein gewisses Ius theoricum, noch weniger bey den Practicis, vn also endlich an den Gerichte Ius forense, mehr haben vnd gebrauchen kann / in massen solches nit allein Sonnenklar ma[e]niglich vor augen / sonden auch an jetzo bey den vornembsten Rechtsgelehrten selbst der ho[e]chsten Klagen eine ist / vielmehr aber von den armen Partheyen / so sich in diesen schno[e]den vnd geschwinden La[e]ufften deß Rechts vnd Gerichten gebrauchen mu[e]ssen / in der that beschwer vnd schmertzlich genug erfahren vnd befunden wird*“. Der Autor zeichnet das Bild einer aufs Ganze gesehen kaum überschaubaren Rechtslandschaft, der ein eindeutiger Fluchtpunkt fehlt. Die Perspektive auf eine einfache Klärung der Streitsache bleibt wegen des Fehlens einer eingegrenzten Rechtsmasse aus. Vgl. zum gelehrten Recht AVENARIUS, Gelehrtes Recht, in: HRG^2, Band II (2012), Sp. 31–37.

130 Dieser Begriff wird anstatt des Gesetzesbegriffes verwendet, weil er demgegenüber auch untergesetzliche Normen, die von einem oder mehreren Machtträgern erlassen worden sind, umfasst. Vgl. für die fehlende Unterscheidung zwischen Gesetz und untergesetzlicher Normgebung in vorkonstitutioneller Zeit MERTENS, Gesetz, in: HRG^2, Band II (2012), Sp. 294.

verfasst, der Rechtswissenschaft an den Universitäten und der gelehrten Rechtsprechung zuzuordnen ist, und volkssprachiger Rechtsliteratur differenzieren.[131] Insofern sich gedruckte deutschsprachige Rechtsliteratur, wie sogleich dargelegt wird, speziell an Rechtspraktiker richtete, wird sie im Folgenden als Praktikerliteratur bezeichnet,[132] ohne, dass damit gesagt sein will, es gebe keine anderssprachige Praktikerliteratur. Mit dem Adressatenkreis der Rechtspraktiker kommt ihr eine hervorgehobene Bedeutung für die vorliegende Untersuchung zu. Unter dem Sammelbegriff Praktikerliteratur werden hier folglich solche deutschsprachigen Drucke verstanden, deren Zielsetzung es war, den an den Gerichten tätigen Rechtspraktikern nützliches Wissen zu vermitteln.[133]

Die Adressaten der Praktikerliteratur ergeben sich in der Regel aus den Titelblättern der Werke, wie etwa im *Klagspiegel* (um 1493):

> *Clag.antvuort.vnd ußgesprochne vrteyl gezogen usz geystliche vnd vueltlichen rechten. Do durch sich eyn yeder. er sey clager. antworter. oder richter vor vnrechter that. handelung. vnd fürnemen hûten mag.*[134]

Vorliegend werden neben Richtern auch die klagende („*clager*“) sowie die beklagte Partei („*antworter*“) als Adressaten genannt. Noch weiter werden die Adressaten im *Laienspiegel* (1509) gefasst:

> *Sonnder allain schlechten layen / es seyen weltlich richtter vorgeer / beysitzer / vrtailsprecher / radtgeben / schreiber / clager / antwurter / zeügen / gewalthaber / redner vnd ander gerichtz oder radtz person* [...].[135]

In diesen frühen Werken der Praktikerliteratur sind mit den Parteien und Zeugen alle Beteiligten an einem Rechtsstreit als Adressaten genannt. Die späteren Werke der Praktikerliteratur wenden sich allerdings stärker an Rechtspraktiker, was etwa an dem Titel eines Exemplars des *Revocirten Klagspiegels* von 1601 abzulesen ist:

> *Teudtscher Revocirter Richterlicher Klagspiegel / darinnen das ganze Ius forense, was so wol an Obern als Untergerichten / jedweder Richter / Urtheilsprecher / Referent und*

131 Vgl. für einen Überblick zur lateinisch-gelehrten Rechtsliteratur Horn, Legistische Literatur (1973), S. 261–364; Nörr, Literatur (1973), S. 383–397.

132 Vgl. dazu Schumann, Rechts- und Sprachtransfer (2013), S. 137 f. sowie insb. zu den Adressaten deutschsprachiger Rechtsliteratur Schumann, Rechtsexperten (2008), S. 456–458.

133 Zum Forschungsstand zur deutschsprachigen Rechtsliteratur siehe unten *Zweiter Teil, II, 3*, S. 54–61.

134 Heyden, Klagspiegel (um 1493), Titelblatt.

135 Tenngler, Laienspiegel (1509), Vorrede, Bl. 9r.

Gerichts Beysäß / Als auch die Partheyen / deren Advocaten, Procuratores, und andere so mit und bey Gerichtlichen handlungen zu thun / wissen sollten / [...].[136]

Als nützlich wurden die Werke nicht nur für unerfahrene Praktiker angepriesen, sondern sie wurden darüber hinaus auch bereits tätigen Rechtspraktikern empfohlen, da

also nunmehr in dieser Edition gegenwertigs wercks beyde Practica vn Theorica Iuditiorum / forensiumq; controuersiaru bei eynander zulernen ist / vnd nit alleyn die schlechten vnd angehenden / sonder auch die geschickten vnnd geu[e]bten Procuratores hierinen deß sie gebessert sein mo[e]gen / zufinden haben.[137]

Wolfgang Hunger, Rechtsprofessor in Ingolstadt, rühmt das Werk *Gerichtlicher Process* von 1556 – wohl nicht zuletzt als Werbemaßnahme – in der Hoffnung besonders hoch, es würde auch bei gelehrten Juristen Anklang finden:

Vnnd ist in summa alles so dieser zeit bey vns zů ordenlichem Process in recht geho[e]rig / der gestalt hierinn verfaßt vnnd fürgemalet / das zůgleich gelerte vnnd vngelerte / so vor gericht zů handlen haben / besunder nutzlichen bericht auß disem Bůch empfahen mugen.[138]

Die Rechtsvielfalt im Untersuchungszeitraum wurde in der *Practica und Process der Gerichtsleufte* von 1541 als Argument für einen weiten Adressatenkreis herangezogen:

Solche Practica die weil sie nicht alleine den Aduocaten / Procuratoribus vnd Gerichtspersonen dieser Sechsischen Landart / sondern auch den jenigen / da man die Keiserlichen Recht gebraucht / vn dem gemeinen manne zu anweisunge seins Rechten gantz richtig vnd nu[e]tzlich ist /[139]

Die Praktikerliteratur weist gegenüber den anderen Rechtsquellen des Untersuchungszeitraums bestimmte Vorzüge auf. Während Gerichtsakten in der Regel

---

136 Heyden/Brant/Draudt, Revocirter Richterlicher Klagspiegel (1601), Titelblatt.

137 Gobler, Der Gerichtlich Proceß (1542), Vorrede Bl. 1^{v}. Auch der Laienspiegel wandte sich bereits über die Parteien hinaus deutlich an praktizierende und an unerfahrene Rechtspraktiker. Siehe Tenngler, Laienspiegel (1509), Bl. 2^{v}: „*Auff das die so der geschribn recht oder u[e]bungen der gericht erfarn anzaig dardurch ermanet / auch die so des weder gelernt noch erfarn wa[e]rn / etwas damit sy vnderwisen wurden / haben mochten*".

138 Perneder, Gerichtlicher Process (1556), Titelblatt.

139 König, Processus und Practica (1541), Vorrede (unpaginiert). Die Neuauflage einer Bearbeitung von 1588 in Heidelberg, also deutlich außerhalb des sächsischen Rechtskreises, lässt, soweit das Werk auch dort Abnehmer fand, darauf schließen, dass dieses Argument nicht abwegig war.

den „Kampf ums Recht“[140] an einem oder mehreren Gerichten darstellen und daher nicht viel Ertrag für die Frage nach Rechtspraktikern und ihrem allgemeinen Wissensstand versprechen, sind legislative Rechtstexte in dieser Hinsicht generell aufschlussreicher.[141] Aus der Fülle dieser Texte ragen zwei besonders einflussreiche hervor. Auf Reichsebene ist es vor allem die Reichskammergerichtsordnung (RKGO), die in den unterschiedlichen Fassungen ab 1495 mit Angaben zum Verfahrensablauf einschlägig war, und die durch ihre Ausstrahlungswirkung als Ordnung des höchsten Gerichts im Reich, besondere Wirkmacht im Untersuchungszeitraum entfaltete.[142] Das zweite bedeutende Reichsgesetz, das sogar über die Grenzen des Alten Reiches hinaus Beachtung gefunden hat, ist die Peinliche Gerichtsordnung Kaiser Karls des V. (PGO, sog. Carolina, 1532), die mit dem Anspruch verfasst worden ist, die gesamte Strafrechtspflege zu verbessern.[143] Von den jeweiligen Rechtsanwendern, also den Richtern und Rechtsbeiständen am Reichskammergericht und den Richtern über Strafsachen sind Kenntnisse dieser Rechtsordnungen abverlangt worden. Will man aus diesen Quellen jedoch Schlüsse auf den Wissensstand des größeren Teils der Rechtspraktiker an den niedrigen und mittleren Instanzen ziehen, haftet den Rechtstexten allerdings jeweils ein Manko an: die RKGO galt nur höchstinstanzlich und die PGO deckte nur einen besonderen Teilbereich des Rechts, das Strafrecht, ab. Sie ließen sich zwar im Hinblick auf die Rechtskenntnisse durchaus ergänzend heranzuziehen, werden indes allein den Untersuchungsgegenstand nicht greifen können.

---

140 Oestmann, Geistliche und weltliche Gerichte (2012), S. 1, 9 f., 737.

141 Zuweilen wird in der Forschung der Begriff ‚Rezeptionsgesetz‘ für legislative Rechtstexte aus dem Zeitalter der praktischen Rezeption verwendet, vgl. etwa Schmidt, Strafrechtspflege (1965; ND 1995), S. 111; Roth, Inzest, in: HRG², Band II (2012), Sp. 1299; Coing, Auslegung von Rezeptionsgesetzen, in: ZRG-RA 56 (1936), S. 264–277. Bei den ‚Rezeptionsgesetzen‘ kann zwischen den Ebenen des Reichs, der Territorien und kleinerer lokaler Einheiten, wie etwa den Städten unterschieden werden. Vgl. dazu die Einteilung bei Stobbe, Rechtsquellen 2 (1864; ND 1965). Eine umfassende Auflistung von Rechtsordnungen auf dem Gebiet der Policeyordnungen bietet das seit 1996 von Karl Härter und Michael Stolleis herausgegebene „Repertorium der Policeyordnungen der Frühen Neuzeit“. Ein kleiner Überblick zu Rechtsordnungen findet sich bei Holzborn, Gesetzespublikation (2003), S. 32–110.

142 Vgl. dazu Laufs, Reichskammergerichtsordnung (1976), S. 50 m. w. N.

143 Vgl. zur Peinlichen Gerichtsordnung (Carolina) insgesamt: Lieberwirth, Carolina, in: HRG¹, Band I (1971), Sp. 592–595; Lieberwirth, Constitutio Criminalis Carolina, in: HRG², Band I (2008), Sp. 885–890.

Vor diesem Hintergrund eignet sich die eingangs erwähnte Praktikerliteratur für eine Charakterisierung von Rechtspraktikern im Untersuchungszeitraum besonders gut. Ihre Ausrichtung auf Rechtspraktiker schuf einen breiten Diskurs, der nicht speziell lokal ausgerichtet war, sondern sich an jegliche, vor allem aber ungelehrte Rechtspraktiker aus dem gesamten deutschsprachigen Raum richtete. Zudem finden in der Praktikerliteratur verschiedene Rechtsgebiete ihre Berücksichtigung.

Der Aspekt der breitgefächerten geographischen Ausrichtung korrespondiert zudem mit einer technischen Neuerung der Zeit, die sich auf die Verbreitung der Werke auswirkte. Die Etablierung des Buchdrucks spielte im Untersuchungszeitraum auf dem gesamten Gebiet literarischer Wissensvermittlung eine entscheidende Rolle.[144] Insbesondere waren juristische Drucke bereits in Zeiten von Inkunabeln sehr begehrt und machten etwa 25% der gesamten Produktion aus.[145] Dabei gehörten volkssprachliche Drucke von Anbeginn des Buchdruckes zum Repertoire der Drucker.[146] Der Wandel von der Handschrift zum Druck ermöglichte es ab Ende des 15. Jahrhunderts, mit dem Massenartikel des gedruckten Buches einen erheblich breiteren Adressatenkreis zu erreichen, als dies zuvor der Fall war.[147] In der neueren Forschung wird im Hinblick auf einzelne Werke der Praktikerliteratur von juristischen „Bestsellern"[148] gesprochen.

Eine Auswertung speziell deutschsprachiger Praktikerliteratur erscheint zudem deshalb für diese Untersuchung besonders lohnend, weil die gelehrte juristische Literatur von der Mehrzahl der Rechtspraktiker nicht verstanden werden konnte. Dies war der Sprachbarriere geschuldet, die zwischen der Gelehrtensprache Latein und den lateinunkundigen Rechtspraktikern bestand.[149] Dieser sprachliche Aspekt leitet über zur Vermittlungsfunktion der Praktikerliteratur.

Inhaltlich wird nicht – wie in Gerichtsakten – darüber gestritten, was Recht sei. Stattdessen wird den Rechtspraktikern großenteil Unstreitiges vermittelt, was die Grundlage für Erkenntnisse über das potentielle Rechtswissen dieser

---

144 Vgl. dazu Schneider, Buch als Wissensvermittler (2005), S. 63–78. Vgl. zu den Änderungen, die der Wechsel von der Handschrift zum Druck mit sich brachte Eisenstein, Druckerpresse (1997), S. 231–252. Siehe dazu auch Füssel, Druckmedien (2005), S. 57–62.

145 Neddermeyer, Juristische Werke (2002), S. 659.

146 Vgl. dazu Koppitz, Buchproduktion, in: Gutenberg Jahrbuch 62 (1987), S. 16.

147 Vgl. dazu Augustyn, Handschrift und Buchdruck (2003), S. 7.

148 Deutsch, Rethorica und Formulare teütsch, in: Neue Beiträge zur Pforzheimer Geschichte 2 (2008), S. 31.

149 Vgl. dazu Hattenhauer, Lingua vernacula (1991), S. 49 f., 64–68.

Gruppe bildet. Insbesondere ist es dieser Aspekt der zielgerichteten Vermittlung, worin sich die Darstellung des Rechts in der Praktikerliteratur von anderen Quellen unterscheidet, und der es überhaupt erst ermöglicht, die Inhalte außeruniversitärer Rechtsvermittlung an Rechtspraktiker zu erfassen. Der didaktische Auftrag, Wissen zu vermitteln, indem Erklärungen und Erläuterungen das Recht verständlich machen, hat gegenüber der reinen Normwiedergabe einen erheblichen Mehrwert. Aufgrund dieser Vorzüge, erscheint es lohnend, den Schwerpunkt der Quellenauswahl für diese Untersuchung auf deutschsprachige Praktikerliteratur zu legen.

Fraglich ist, inwiefern neben der Praktikerliteratur auch legislative Rechtstexte herangezogen werden können und wie das grundsätzliche Verhältnis der Praktikerliteratur zu diesen Texten zu bewerten ist. Im Hinblick auf den Aspekt der Volkssprache, lässt sich ähnliches Erkenntnispotential für deutschsprachige legislative Rechtstexte feststellen, zu deren Adressaten ebenfalls lateinunkundige, ungelehrte Rechtspraktiker zu zählen sind.[150] Eine Analyse des Verhältnisses der Rechtstexte, also legislativer Rechtstexte und Praktikerliteratur zueinander mag verdeutlichen, in welcher inhaltlichen und funktionalen Nähe sie zueinander standen.

Der Oberbegriff, unter den sowohl legislative Rechtstexte als auch Praktikerliteratur zu fassen sind, ist: Rechtstext, also ein Normen enthaltender Text. Zwischen den Rechtstexten lassen sich neben greifbaren Unterschieden auch bedeutende Gemeinsamkeiten ausmachen – mit Folgen für diese Untersuchung.

Es ist bereits angedeutet worden, dass die unterschiedlichen Rechtsmassen in der Rechtsanwendung im Untersuchungszeitraum miteinander verschmolzen.[151] Nach Simons „usualen Rechtsgeltungsverständnis", das die Verhältnisse in ihrer Historizität gut erfasst, haben wir es mit „einer gleichzeitigen ‚Geltung' einer überstaatlichen Rechtsordnung gelehrter Provenienz, eines territorialen Rechts und unter Umständen sogar noch eines lokalen Rechts gewohnheitsrechtlicher Art" zu tun.[152] Es mag in diesem Zusammenhang darauf hingewiesen werden, dass nicht nur eine Verschmelzung der Rechtsmassen in der Rechtsanwendung festzustellen ist. Auf der medialen Ebene des Rechts lässt sich, wenn nach dem Verhältnis der Rechtsquellen zueinander gefragt wird, ebenfalls eine Verschmelzung feststellen, sodass die Unterschiede zwischen legislativen Rechtstexten und Rechtsliteratur teilweise schwer auszumachen sind.

---

150 Vgl. dazu HATTENHAUER, Lingua vernacula (1991), S. 64–66.

151 Siehe oben, *Zweiter Teil, II, 1*, S. 43.

152 SIMON, Geltung, in: Rg 7 (2005), S. 112.

Ein erster Unterschied ergibt sich zwar im Hinblick auf den Entstehungskontext der Texte: Die Praktikerliteratur das sind Rechtstexte, die auf dem Buchmarkt vertrieben wurden und nicht, wie ein legislativer Rechtstext, durch einen Gesetzgeber bereitgestellt wurde. Daraus lässt sich ein rechtstheoretischer Unterschied bezüglich des Geltungsanspruchs ableiten. Während legislative Rechtstexte auf Grund von Befehlsgewalt gelten sollten,[153] wurde der Praktikerliteratur keine Geltung durch hoheitlichen Befehl zuteil, sondern durch eine gewisse Anerkennung der enthaltenen Rechtsmassen in der Praxis.[154]

So erscheinen die Unterschiede zwischen Praktikerliteratur und legislativen Rechtstexten zunächst beträchtlich: Es liegen verschiedene Entstehungskontexte vor und der rechtliche Geltungsanspruch fußt scheinbar auf unterschiedlichen Fundamenten.

Dennoch ist eine „scharfe Trennung zwischen ‚Rechtsliteratur' und Gesetzgebung", der Zeit fremd gewesen, wie Schumann zutreffend feststellt.[155] Der 1499 in Druck gegangenen Wormser Stadtrechtsreformation, einem legislativen Rechtstext, wird etwa ein Anspruch auf Allgemeingültigkeit, also nicht nur für Worms, zugesprochen, was sie mit anderen Rechtsdarstellungen, „die weniger Gesetz als Lehrbuch für Richter und Laien sein sollten", vergleichbar macht.[156] Görgen weist auf die „funktionale Kohärenz in makrostruktureller Hinsicht" zwischen Rechtsordnung und Rechtsliteratur im 16. Jahrhundert hin und erkennt

---

153 Vgl. dazu Simon, Geltung, in: Rg 7 (2005), S. 100–137, der mit dem Konzept eines ‚usualen Rechtsgeltungsverständnisses' Gesetze und deren unterschiedliche Geltungsweisen beschreibt. Dabei sei es eine moderne Vorstellung, den Geltungsgrund von legislativen Rechtstexten in dem ordnungsgemäßen Abschluss des gesetzlich vorgeschriebenen Verfahrens zu sehen – historisch sei vielmehr von einem „faktischem Gebrauch", einer „Observanz" als Anschauung zum Geltungsgrund auszugehen.

154 Ebel, Geschichte der Gesetzgebung (1988), S. 65: „Je häufiger aber die Juristen ihre Weisheiten auf das Corpus Juris, die Schöffen ihr Urteil auf den Sachsenspiegel oder das geschriebene Landrecht, die Ratsherren auf das Stadtbuch stützten, desto mehr fertigte sich die Gewohnheit, in der geschriebenen Quelle ein verbindliches Gesetz zu sehen, ohne Rücksicht auf die Art seiner Entstehung." Siehe zur Diskussion über die Geltung römisch-kanonischen Recht in Gesetzes- oder Literaturform Haferkamp, Rezeptionsdeutungen (2007), S. 26–28. Siehe auch zur Diskussion über die Geltung des gemeinen Rechts im 18. Jahrhundert Daniel, Gemeines Recht (2003), S. 101, 125.

155 Schumann, Rechtsexperten (2008), S. 455; Vgl. dazu auch Schumann, Rechts- und Sprachtransfer (2013), S. 149 f.

156 Battenberg, Wormser Reformation, in: HRG[1], Band V (1998), Sp. 1536. Vgl. dazu auch Schumann, Rechtsexperten (2008), S. 455 f.

darin eine „rechtssytematisch begründete[n] Parallelität der Texte".[157] Ebel ordnet Landrechte des 16. Jahrhunderts, also legislative Rechtstexte, gar in die Gattung „Lehrbuch mit Gesetzeskraft" ein, was wiederum auf eine fließende Grenze zwischen Rechtsliteratur und legislativen Rechtstexten hindeutet.[158] Brauneder konstatiert quasi umgekehrt, dass österreichische Juristenschriften (also Rechtsliteratur) des 16. Jahrhunderts, „Regeln formulieren, die als Rechtsnormen angesehen werden - und zwar von den Verfassern sowohl wie vom Publikum".[159]

Insbesondere wird deutlich, dass es die inhaltlichen Übereinstimmungen waren, welche die Vergleichbarkeit herstellten.[160] Diese Übereinstimmungen dürften nicht zuletzt darauf zurückzuführen sein, dass auch die Rechtsmassen in der Rechtsanwendung miteinander verschmolzen - weil so partikulare legislative Rechtstexte mit gemeinem römisch-kanonischen Recht durchsetzt waren - genau wie Teile Rechtsliteratur.

Zwischen den ineinander übergehenden Rechtsmassen und den schwer voneinander abzugrenzenden Quellengattungen ließe sich insofern ein Zusammenhang herstellen, der möglicherweise mit der zwar subsidiären aber universellen Geltung des römisch-kanonischen Rechts einhergeht. Denn diese Rechtsmasse war auch ohne expliziten Herrscherbefehl als geltendes Recht anerkannt.[161] Somit

---

157 Görgen, Rechtssprache (2002), S. 44.

158 Ebel, Über Legaldefinitionen (1974), S. 126.

159 Brauneder, Juristenschriften des 16. Jahrhunderts (1986), S. 639.

160 Die Ähnlichkeiten sind auf den „sich immer weiter durchsetzende[n] Einfluß des römisch-italienischen Rechts", der sich sowohl in den Gesetzen als auch in der Literatur der Zeit niederschlug, zurückzuführen - wie Deutsch, Klagspiegel (2004), S. 435, betont.

161 Vgl. zur Geltung Bucher, Rechtsüberlieferung (2000), S. 417 f.; Coing, Älteres gemeines Recht (1985), S. 12 f., 91–102; Immel, Typologie der Gesetzgebung (1976), S. 63 f. Siehe auch Wieacker, Privatrechtsgeschichte (1967), S. 140, der die Geltung kraft einer *translatio imperii* unter Verweis auf Krause, Kaiserrecht und Rezeption (1952) zutreffend ablehnt und ebenfalls davon ausgeht, dass die Geltung des römischen Rechts „[...] nicht etwa erst aus einem rechtsetzenden Akt der öffentlichen Gewalt näher begründet werden müsse". Vgl. in diesem Zusammenhang zur sog. Lotharischen Legende Wieacker, Privatrechtsgeschichte (1967), S. 145; Daniel, Gemeines Recht (2003), S. 104–107. Vgl. zur subsidiären Geltung gemeinen Rechts in legislativen Rechtstexten Immel, Typologie der Gesetzgebung (1976), S. 63–65. Siehe zur Geltungsweise der Texte auch Ebel, Über Legaldefinitionen (1974), S. 111, 126: „Der Geltungsrang der Juristenmeinungen [verbot] schon der Idee nach eine vom gemeinen Recht bewußt abweichende Gesetzgebung als Rechtsänderung". Nach Ebel, der Landrechte des Rezeptionszeitalters analysiert hat, waren diese zwar Gesetze, bei denen allerdings „ein Bewußtsein eigener, gesetzter Geltung nicht im

erscheint der Unterschied zwischen legislativen Rechtstexten und der Praktikerliteratur hinsichtlich der Geltung nicht so groß, wie es womöglich zunächst den Anschein machte.

Ein interessantes Beispiel mag die schwere Grenzziehung zwischen Rechtsliteratur und legislativen Rechtstext noch auf eine andere Weise erläutern: 1476 wurden in die erste in Rom hergestellte Druckausgabe des Corpus Iuris Civilis, dessen Geltung nicht auf Befehlsgewalt zurückging, und damit vorliegend als Rechtsliteratur einzuordnen ist, Gesetze Heinrichs des VII. gegen Majestätsverbrechen aufgenommen. Damit ist ein zeitgenössischer legislativer Rechtstext in die Rechtsliteratur hineineditiert worden, womit die Abgrenzung der Quellengattung verschwamm.[162]

Was folgt aus alldem für diese Untersuchung? Neben der Tatsache, dass ein Rechts- und Gesetzesbegriff des 16. Jahrhunderts, wird er an modernen Verhältnissen gemessen, konturlos wird,[163] lässt sich aus diesem Befund eine weitere Schlussfolgerung ziehen. Wenn trotz der unterschiedlichen Entstehungshintergründe der Rechtstexte eine gewisse Strukturähnlichkeit festgestellt wird, erlaubt dies, Praktikerliteratur und legislative Rechtstexte vorbehaltlos nebeneinander als Quellen heranzuziehen, um den Rechtskenntnissen der Rechtspraktiker auf den Grund zu gehen.

Darüber hinaus vermag die Strukturähnlichkeit der Rechtstexte ein Erklärungsmoment für den großen Erfolg der Praktikerliteratur liefern, die ähnlich

---

modernen Sinn vorhanden" war. Vgl. zum Geltungsgrund des ius commune auch MEDER, Ius non scriptum (2008), S. 118 f. Verschiedene Ansätze von Geltungsgründen zum ‚Gemeinen Recht' mit Schwerpunkt auf der Diskussion im 18. und 19. Jahrhundert untersucht DANIEL, Gemeines Recht (2003), S. 98–185, Zusammenfassung S. 184 f.

162 Diese und weitere „editorische Komplettierungsversuche" beschreibt BAUMGÄRTNER, Kontinuität und Wandel (1997), S. 175 f.

163 Insbesondere für das Mittelalter liegen diesbezüglich Studien vor, die eine Übertragung des modernen Rechtsbegriffes missbilligen. Entsprechende Vorbehalte dürften für frühmoderne ‚Rezeptionsgesetze' begründet sein. Vgl. etwa zur Kritik an der Anwendung eines modernen positivistischen Rechtsbegriffes auf das Mittelalter das Ergebnis von PILCH, Rahmen der Rechtsgewohnheiten (2009), S. 530–534 sowie insgesamt den Sammelband CORDES/KANNOWSKI (HRSG.), Rechtsbegriffe im Mittelalter (2002). Siehe zum Verständnis von ‚Rezeptionsgesetzen' DIESTELKAMP, Gesetz und Gewohnheitsrecht (1977), S. 1–33. Siehe auch das instruktive Beispiel zu den Schwierigkeiten einer rechtshistorschen Begriffsbestimmung des Gesetzesbegriffs SCHENNACH, Gesetz und Herrschaft (2010), S. 109–111, der ebd., S. 138–221, einen rechtshistorischen Gesetzesbegriff entwickelt.

wie legislative Rechtstexte in der Praxis Anerkennung fand und so Autorität ausstrahlte.[164]

3. Forschungsstand – deutschsprachige Praktikerliteratur im Urteil Stintzings und der heutigen Rechtsgeschichte

Der derzeitige Forschungsstand zur deutschsprachigen Praktikerliteratur ist das Ergebnis der Entwicklung der letzten anderthalb Jahrhunderte, in denen die Forschung vor allem von einem großen Namen geprägt wurde. Die Auswirkungen dieser pionierhaften Forschungsarbeit von Stintzing[165] sind heute noch sichtbar, wenngleich sich in neuester Zeit eine eigenständige Forschungsrichtung etabliert, die die althergebrachten Forschungspfade verlässt und neue Fragen an die Quellen anlegt.[166] Erstaunlicherweise liegt trotz dieser langen Beschäftigung mit Werken deutschsprachiger Praktikerliteratur heute noch vieles im Dunkeln – sowohl im Hinblick auf einzelne Werke,[167] als auch hinsichtlich ihrer Gesamtheit.[168]

---

164 Dieses Phänomen lässt sich in historischer Sicht, wie auch heute, mit Jansens Konzept der „Textual authorities“ beschreiben. Auch in heutiger Zeit üben nicht-legislative Rechtstexte, wie etwa der Zivilrechtskommentar Palandt, einen enormen Einfluss auf die Rechtspraxis aus. Vgl. dazu JANSEN, Legal authority (2010), S. 28–34 (in historischer Sicht für das CIC), S. 43 (zum Konzept der „Textual authorities“) und S. 121–126 (in heutiger Sicht für den Palandt) sowie im Ergebnis S. 138: „As a result, it has been seen that legal authority, i.e. the abstract status and formal weight of a text in legal argument, results from and is determined by complex processes of recognition in legal discourse. Not only the authority of non-legislative reference texts and learned commentaries, but also the authority of judicial decisions and of the state's legislation ultimately depends on their reception by the legal profession“.

165 STINTZING, Geschichte der Literatur (1867; ND 1959).

166 Insgesamt mit Blick auf „Kulturtransfer“ in der Praktikerliteratur SCHUMANN, Rechts- und Sprachtransfer (2013), S. 158–161; hinsichtlich einzelner Werke vgl. den Sammelband DEUTSCH (HRSG.), Ulrich Tenglers Laienspiegel (2011) sowie DEUTSCH, Klagspiegel (2004).

167 Auf den Forschungsstand zu einzelnen, hier ausgewählten Werken wird unten *Zweiter Teil, II, 4,* S. 62–87, eingegangen.

168 SCHUMANN, Rechtsexperten (2008), S. 457 f. Nach BRESSLER, Schuldknechtschaft (2004), S. 169 Anm. 111, zeigen sich im „Bereich der sächsischen Literatur vor Carpzov [...] erhebliche Forschungslücken“. Vgl. auch RANIERI, Juristische Literatur (1982), S. 307 f., der die fehlende bibliographische Erschließung juristischer Literatur beklagt.

Als Beginn rechtshistorischer Auseinandersetzung mit Werken deutschsprachiger Praktikerliteratur kann Stintzings Untersuchung über ‚populäre Rechtsliteratur' aus dem 19. Jahrhundert ausgemacht werden. Darin wurden vor allem Werke wie der sog. *Klagspiegel* oder der *Laienspiegel* untersucht sowie der bis heute zentral verwendete Begriff der ‚populären Rechtsliteratur' geprägt.[169] Unter diesem Begriff verstand Stintzing solche Drucke, die dem „Bedürfnis nach elementarer Belehrung und populärer Aushülfe" entsprachen, unabhängig davon, in welcher Sprache sie erschienen waren.[170] Obwohl Stintzing bereits in seiner Einleitung zu dieser Studie selbst festgestellt hatte, dass jene Definition wohl keine ganz eindeutige Unterscheidung erlaube, konnte diese Einschränkung die Kritik späterer Forscher an seiner Auswahl nicht entschärfen.[171] Als problematisch sind die Zusammenfassung inhaltlich unterschiedlicher, vor allem sowohl lateinischer wie auch deutschsprachiger Drucke und die zeitliche Zäsur Stintzings, der bereits im *Laienspiegel* 1509 den Endpunkt dieser ‚Gattung' konstatierte, angesehen worden.[172] Denn einerseits dürften lateinische und volkssprachliche Schriften jeweils unterschiedliche Adressaten angesprochen haben und andererseits erscheint der Endpunkt willkürlich gewählt. Obwohl noch weitere Kritikpunkte gegen seine Untersuchung eingewandt wurden, auf die in vorliegender Untersuchung nicht näher eingegangen werden muss, hat sich der Begriff der ‚populären Rechtsliteratur' in der Rechtsgeschichte etabliert.[173]

---

169 Stintzing, Geschichte der Literatur (1867; ND 1959), S. XXXVII–LII.

170 Stintzing, Geschichte der Literatur (1867; ND 1959), S. L f.

171 Dass mit der Kategorie „populäre Literatur" keine scharfe Trennlinie zu anderen Gattungen gezogen werden kann, deutete Stintzing selbst an, indem er feststellte, dass die Grenze im Einzelfall nur nach subjektivem Ermessen gefunden werden könne und das Wort „populär" unterschiedlichen Interpretationen zugänglich sei. Stintzing, Geschichte der Literatur (1867; ND 1959), S. L f.

172 Dass die Einteilung Stintzings für volkssprachliche Rechtsliteratur nicht ohne Anpassung übernommen werden kann, betont auch Bressler, Schuldknechtschaft (2004), S. 169, Anm. 112. Kritik an der Eingrenzung äußert auch Knape, Dichtung, Recht und Freiheit (1992), S. 157 f. Schon Coing, Römisches Recht (1964), S. 137 Anm. 682, bemerkte, dass Stintzing mit seiner Einteilung „sehr Verschiedenartiges und Unvergleichbares" zusammenfasste.

173 Siehe Erler, Populäre Rechtsliteratur, in: HRG[1], Band III (1984), Sp. 1825–1828. Vgl. ferner zur Kritik am Begriff wegen Nichtberücksichtigung von Handschriften Seckel, Geschichte der populären Literatur (1898; ND 1967), S. 15. Vgl. zur Kritik am Rezeptionsverständnis Stinzings Trusen, Anfänge (1962), S. 128 f.; Wieacker, Privatrechtsgeschichte (1967), S. 148, Anm. 84, S. 171, Anm. 5.

Trotz der Mängel an seiner Definition von ‚populärer Rechtsliteratur' ist es zweifelsohne Stintzings Verdienst, dass Teile deutschsprachiger Praktikerliteratur überhaupt erst in die rechtshistorische Forschung Eingang fanden.

In den großen Rezeptionssynthesen des 20. Jahrhunderts wurde diese Praktikerliteratur als das vermittelnde Element zwischen Wissenschaft und Praxis dargestellt.[174] Allerdings blieben tiefergehende und über Stintzing hinausgehende Studien zur deutschsprachigen Praktikerliteratur zunächst aus: Obwohl sich eine Nennung der Werke in Coings großem *Handbuch der Quellen und Literatur* grundsätzlich angeboten hätte, ist dies nicht erfolgt.[175] Bis heute sind die Werke nicht gemeinsam erfasst und verzeichnet worden.[176]

Die wichtige Funktion, welche den deutschsprachigen juristischen Schriften in den Rezeptionssynthessen für die Rechtspflege attestiert wurde, steht in einem groben Missverhältnis zum Grad ihrer Erforschung.[177] Die Gründe für das Ungleichgewicht zwischen Bedeutung und Erforschung sind vielfältig. Am augenfälligsten tritt zunächst das Urteil des Pioniers auf dem Gebiet – Stintzing – in den Vordergrund, der, obwohl er deren Bedeutung durchaus anerkannte,[178] über die

---

174 Wieacker, Privatrechtsgeschichte (1967), S. 169–173; Coing, Römisches Recht (1964), S. 206–208.

175 Der darin enthaltene Beitrag von Söllner, Literatur in Deutschland (1977) enthält keinen eigenen Abschnitt zur deutschsprachigen Rechtsliteratur. Allerdings werden auf den S. 501–614 vereinzelt Autoren und Werke erwähnt. Nach Sellert, Geschichte des Kalumnieneids (2009), S. 490, fand diese juristische Literatur von der rechtshistorischen Wissenschaft bisher wenig Bachtung.

176 Ein Projekt zur Erfassung deutschsprachiger Rechtsliteratur von 1450–1650 hat die Rechtshistorikerin Eva Schumann (Göttingen) vor einigen Jahren vorbereitet, vgl. dazu den Projektbericht von Kramer, Deutschsprachige Rechtsliteratur (2010), S. 235–243. Das Projekt wurde mangels Förderung durch die DFG vorläufig zurückgestellt.

177 Vgl. dazu Schumann, Rechtsexperten (2008), S. 457 f. Siehe dazu auch Erler, Populäre Rechtsliteratur, in: HRG[1], Band III (1984), Sp. 1826: „Die große Verbreitung dieser deutsch geschriebenen Literatur ist über ihren engeren zeitgebundenen Zweck hinaus insofern bedeutsam, als sie den romanistischen Rechtsinhalt erstmalig in der deutschen Sprache erschließt". Nach Wieacker, Privatrechtsgeschichte (1967), S. 170, liegt in „der Geschichte der juristischen Druckschriften [...] ein gutes Stück Rezeptionsgeschichte". Nach Stintzing, Geschichte der Literatur (1867; ND 1959), S. XLVI, ist die populäre Rechtsliteratur „die unentbehrliche Ergänzung des schwerfälligen und fragmentarischen akademischen Unterrichts". Vgl. für die hohe Bedeutung auch Troje, Gobler, Justin, in: HRG[1], Band I (1971), Sp. 1727.

178 Siehe dazu Stintzing, Geschichte der Rechtswissenschaft (1880; ND 1957), S. 78: „Und nicht gering ist ihre geschichtliche Bedeutung: denn ohne sie hätte sich die

populäre Rechtsliteratur schrieb, dass „die Einbürgerung des römischen Rechts gerade dem Wirken der Mittelmäßigkeit ohne höhere Leitung überlassen blieb" und dadurch das „römische Recht nicht wenig verstümmelt und verunstaltet" worden sei.[179] Im Übrigen war ihm zufolge die Vermittlung des Rechts „verworren, oberflächlich und geistlos dargestellt" und barg die Gefahr, „daß sich jetzt der völlig ungebildete Theil des Publicums in die Rechtspflege eindränge und mit halbverstandenem Wissen die Verwirrung noch vergrößere".[180]

Deutschsprachigen juristischen Schriften des Rezeptionszeitalters haftet seit jener Untersuchung ein gewisser Makel von Unwissenschaftlichkeit an, der sicherlich auch auf diese negative Bewertung zurückzuführen ist.[181] Um die Stichhaltigkeit dieser Bewertung zu überprüfen, gilt es nachzuzeichnen, wie Stintzing zu jenem Standpunkt gelangte. Interessanterweise übernahm Stintzing hier gewissermaßen die Aussagen von Ulrich Zasius (1461–1535), über den er zuvor eine umfangreiche Biographie verfasst hatte.[182] Zum besseren Verständnis dieser Kritik ist eine Rückschau auf den Untersuchungszeitraum nötig. Zasius kritisierte bereits im 16. Jahrhundert deutschsprachige Rechtsliteratur heftig und sprach sich auch allgemein vehement gegen eine Übersetzung der lateinischen Rechtsquellen und damit gegen eine deutsche Darstellung des römisch-kanonischen Rechts aus.[183]

Nun ließe sich annehmen, dass die Kritik Zasius' auf der Befürchtung beruhe, dass die gelehrten Juristen, zu denen er auch gehörte, die juristische Deutungshoheit verlieren könnten, wenn das Expertenwissen der Rechtswissenschaft

---

Reception des römischen Rechts schwerlich vollenden können, weil nur durch sie die Kluft ausgefüllt wurde, welche zwischen der von Italien überkommenen gelehrten Jurisprudenz und dem bürgerlichen Leben Deutschlands bestand".

179 Stintzing, Geschichte der Literatur (1867; ND 1959), S. XXIII.

180 Stintzing, Ulrich Zasius (1857; ND 1961), S. 156.

181 Vgl. dazu Schumann, Rechtsexperten (2008), S. 457 f. sowie Döhring, Rechtspflege (1953), S. 289 f.

182 Stintzing, Ulrich Zasius (1857; ND 1961).

183 Vgl. dazu Stintzing, Ulrich Zasius (1857; ND 1961), S. 155 f.: Nach Zasius' Ansicht sei es „recht gut, wenn die Gesetze nicht allzu plan und deutlich redeten, damit nicht jeder Idiot sich darüber hermachen könne." Darüber hinaus verdienten diejenigen Züchtigung, „welche jetzt die Wissenschaft des Civilrechts, die sie selbst kaum von außen kennen gelernt hätten, in die Muttersprache und allerlei Spielereien übertrügen; denn nicht genug, daß sie selbst völlig unwissend seien, machten sie auch Andere zu Narren". Es handelt sich um eine von Stintzing vorgenommene Übersetzung der lateinischen Stelle von Zasius, Lucubrationes (1518), S. 17.

popularisiert würde.[184] Demnach hätte es aber das Anliegen aller gelehrten Juristen sein müssen, deutschsprachige Rechtsliteratur abzulehnen. Tatsächlich ist die ablehnende Haltung Zasius' aber auch darauf zurückzuführen, dass sie Teil einer zeitgenössischen Auseinandersetzung unter Humanisten war. Seine Aussagen bezogen sich deutlich auf die deutschsprachigen Schriften von Thomas Murner, mit dem Zasius und andere Humanisten im Streit waren.[185] Vor diesem Hintergrund ist Zasius Kritik nicht als Pauschalkritik an volkssprachlichen Übersetzungen zu werten. Vielmehr lässt der deutlich auf Murner abstellende Wortlaut auf eine persönliche Abneigung im Rahmen einer Gelehrtenfehde schließen.

Ein Schüler von Ulrich Zasius, der Ingolstädter Rechtsprofessor Wolfgang Hunger, sah sich jedenfalls nicht aus Gründen einer etwaigen Statuserhaltung von juristischer Deutungshoheit daran gehindert, deutschsprachige Rechtsliteratur herauszubringen, und das, obwohl er seinen Lehrer höchst verehrte.[186] Dennoch war er durch Zasius' Ansicht einem Rechtfertigungsdruck ausgesetzt, mit dem er in seinem Werk umgehen musste.[187]

Zurückkehrend zu Stintzings negativer Bewertung stellt sich die Frage, ob er die Ansicht Zasius' aus mangelnder Distanz einfach übernommen und pauschalisiert hat, oder ob es weitere Anhaltspunkte dafür gibt, die seine negative Beurteilung dieser Literatur rechtfertigen.

Ein weiterer Anhaltspunkt für die Aburteilung der deutschsprachigen Rechtsliteratur ergibt sich aus der Forschungsposition, aus der Stintzing heraus arbeitete. Als Lebenswerk hatte sich der Forscher nichts Geringeres zum Ziel gesetzt, als die

---

184 Ein Überschreiten der Sprachbarriere von der Gelehrtensprache Latein ins Deutsche rief Vorbehalte seitens Gelehrter verschiedener Fachrichtungen gegenüber einer Übersetzung des Fachwissens hervor. Vgl. allgemein dazu SCHREINER, Laienbildung, in: ZHF, Band 11 (1984), S. 278–287 und insb. zu Ulrich Zasius S. 283–285.

185 Obwohl ERLER, Thomas Murner (1956), S. 96, noch annahm, Zasius' Urteil über Murner hing „nicht von persönlichen Verstimmungen und Feindschaften" ab, widerlegen neuere Forschungsergebnisse diese Aussage. Nach ROWAN, Ulrich Zasius (1987), S. 64, 66 f., solidarisierte sich Zasius mit Straßburger Juristen (vor allem mit Wimpfeling und seinen Schülern), die im Streit mit Murner waren. Vgl. zur Verbindung von Zasius und Wimpfeling bereits STINTZING, Ulrich Zasius (1857; ND 1961), S. 29 f. Vgl. zu Murners kritisiertem Werk RÖHL, Bilder (2005), S. 295–298.

186 Wolfgang Hunger studierte 1533 in Freiburg und lernte dort Ulrich Zasius kennen. Nach Zaisus' Tod verfasste Hunger ein Klagegedicht auf den Tod seines Lehrers. Vgl. dazu WINTERBERG, Die Schüler von Ulrich Zasius (1961), S. 45 f.

187 Dazu siehe unten *Zweiter Teil, II, 4, f,* S. 80.

Geschichte der Rechts*wissenschaft* zu schreiben.[188] Besonders entscheidend ist die Art und Weise, wie Stintzing sein Werk aufbaute. Denn seine Fortschrittsgeschichte der Jurisprudenz richtete ihr Hauptaugenmerk der Anlage des Werks entsprechend auf die „großen" Juristen und ihre wissenschaftlichen Leistungen für das System der Rechtswissenschaft.[189] Der Ausrichtung folgend wurde hauptsächlich nach den dogmatischen Leistungen Einzelner und nicht etwa nach einer didaktischen Aufbereitung juristischen Wissens für die Praxis gesucht.[190] Sein Blick war gewissermaßen verengt auf herausragende Rechtswissenschaftler und unter dem Gesichtspunkt der „Wissenschaftlichkeit" musste Praktikerliteratur abwertend als defizitär beurteilt werden,[191] was den „Glanz" der lateinischen juristischen Werke von Gelehrten und deren wissenschaftlichen Leistungen noch verstärkte.[192] Aus dieser Sichtweise wurde eine Erzählweise, die mit der ihr innewohnenden Frage nach „Wissenschaftlichkeit" bis heute fortwirkt:[193] Im HRG-Artikel zur populären

---

188 STINTZING, Geschichte der Rechtswissenschaft (1880; ND 1957).

189 Stintzing selbst beschreibt im Vorwort seine Vorgehensweise: „Daher ist namentlich den biographischen Theilen besondere Sorgfalt gewidmet, wobei es mir neben Feststellung des Thatsächlichen hauptsächlich darum zu thun war, die **bedeutenderen Männer als wissenschaftliche** und persönliche **Individualitäten** erscheinen zu lassen." STINTZING, Geschichte der Rechtswissenschaft (1880; ND 1957), S. V, [Hervorhebungen, PW]. Der spätere Herausgeber Ernst Landsberg charakterisiert es als ein „große[s] Werk", dessen Grundmotiv die „Geschichte der **wissenschaftlichen Reception** des Römischen Rechtes in Deutschland" sei. LANDSBERG, Stintzing, Johann August Roderich von, in: ADB, Band 36 (1893), S. 251, [Hervorhebung, PW].

190 Anzuerkennen ist dabei jedoch die Leistung von STINTZING, Geschichte der Rechtswissenschaft (1880; ND 1957), vereinzelt Autoren von deutschsprachiger Praktikerliteratur überhaupt zu berücksichtigen: So stellt er unter anderem wichtige Autoren immerhin kurz dar: Rotschitz (S. 559 f.), König (S. 560 f.), Knaust (S. 564–566), Perneder (S. 573–579), Gobler (S. 582–586), Damhouder (S. 604–606). Vgl. näher zu den Autoren und ihren Werken unten *Zweiter Teil, II, 4,* S. 62–87.

191 Vgl. dazu STINTZING, Geschichte der Rechtswissenschaft (1880; ND 1957), S. 80 f., über Praktikerliteratur wiederum mit Bezug auf zeitgenössische Humanisten: „Sieht man auf den wissenschaftlichen Gehalt der Mehrzahl dieser Schriften, so begreift man wohl die Klagen eines Zasius und Melanchthon über die ‚Pest der verderbten juristischen Sudelei'".

192 Vgl. dazu auch DÖHRING, Rechtspflege (1953), S. 289 f., der beschreibt, dass der Literaturzweig des ‚populären Schrifttums' bisher fast ausschließlich vom Standpunkt der Wissenschaftsauffassung des 19. Jahrhunderts betrachtet worden ist und insofern die abfälligen Beurteilungen zumindest relativiert werden müssten.

193 Vgl. zu solchen Großnarrativen in der historischen Forschung REXROTH, Meistererzählungen (2007), S. 1–15.

Rechtsliteratur wird die inhaltliche Beschränktheit der Literatur durch die „Neigung" charakterisiert, sich „gegenüber dem Recht als einem schwierigen Felde der Wissenschaft mit leichterem Gepäck zu begnügen".[194] Auch in Forschungsarbeiten wird Praktikerliteratur im Vergleich mit der rechtswissenschaftlichen gelehrten Literatur ein „erstaunlicher Niveauverlust" und ein „verständnisloses ‚Abschreiben' bzw. Umändern der italienischen Vorbilder" attestiert.[195] Insofern prägt Stintzings auf ‚Wissenschaftlichkeit' ausgerichtetes Forschungsinteresse die Meinung über deutschsprachige Praktikerliteratur des 15. und 16. Jahrhunderts bis heute.

Der derzeitig lückenhafte Forschungsstand hat nach Köbler schließlich noch einen weiteren Grund, der in der disziplinären Aufspaltung der Rechtsgeschichte in Deutschland in eine römische und eine deutsche zu suchen ist.[196] Während sich das Hauptinteresse der Einen auf antike Quellen und das gelehrte Recht richtete und die Anderen an mittelalterlichen deutschen Rechtsquellen arbeiteten, stand deutschsprachige Rechtsliteratur mit römisch-kanonischen Inhalten buchstäblich zwischen den (Lehr-)Stühlen.

Insofern leidet die ältere Forschungslage an einer Mischung aus abfälliger Beurteilung von Stintzing und einem dadurch hervorgerufenen sowie von disziplinärer Unzuständigkeit beförderten mangelnden Interesse an weitergehenden Studien zu diesem Thema. Daraus lässt sich schlußfolgern, dass bei der weiteren Erforschung deutschsprachiger Praktikerliteratur weniger nach elaborierten juristischen Konzepten zu suchen, noch in der Bewertung allein nach den Maßstäben einer nicht weiter explizierten juristischen ‚Wissenschaftlichkeit' zu urteilen ist, sondern andere Wege eingeschlagen werden müssen, um die althergebrachte Forschungsbahn zu verlassen.[197]

---

194 Erler, Populäre Rechtsliteratur, in: HRG[1], Band III (1984), Sp. 1835.

195 Kollmann, Begriffs- und Problemgeschichte (1996), S. 334. Zur didaktischen Funktion der Praktikerliteratur siehe unten *Zweiter Teil, II, 5*, S. 88–94.

196 So die einleuchtende Erklärung von Gerhard Köbler in der Rezension zu Deutsch (Hrsg.), Ulrich Tenglers Laienspiegel (2011), unter http://www.koeblergerhard.de/ZIER-HP/ZIER-HP-01-2011/UlrichTenglersLaienspiegel.htm (zuletzt aufgerufen am 29.03.2015). Schon Mitte des 20. Jahrhunderts bemerkte Döhring, Rechtspflege (1953), S. V, dass die Neuzeit in der Rechtsgeschichte eine untergeordnete Rolle spielte, weil in der Forschung unter anderem „die reinen Formen des deutschen und römischen Rechts mehr verlockten, als ihre Mischbildungen seit der Rezeption".

197 Vgl. jetzt dazu etwa das Modell des Kulturtransfers beschrieben bei Schumann, Rechts- und Sprachtransfer (2013), S. 158–171.

Unter Beachtung dieser Prämissen kommen neueste Forschungen aus rezeptionsgeschichtlicher Sicht zu einem differenzierterem Werturteil über die Qualität der Werke. Sie heben die Bedeutung für eine Breitenwirkung der Rezeption römisch-kanonischen Rechts hervor und stellen damit auf den rezeptionsgeschichtlich höchst bedeutsamen Aspekt der Wissensvermittlung ab.[198] Jüngste Forschungen zu deutschsprachiger Praktikerliteratur belegen, dass dieses Vorgehen fruchtbar ist und zu tieferen Erkenntnissen führt. Demgemäß zeigt Deutsch in seiner unlängst erschienenen Studie über den *Klagspiegel* wirkungsvoll auf, wie ein ursprünglich gelehrter juristischer Diskurs anhand deutschsprachiger Praktikerliteratur in die weltliche Rechtspraxis eingeführt werden konnte und welche besonderen Leistungen der Autor Heyden dafür erbracht hat.[199] Dabei markiert der *Klagspiegel* den Anfangspunkt einer Hochphase der praktischen Rezeption, in der deutschsprachige Drucke mit juristischen Inhalten zu weiter Verbreitung gekommen sind.[200] Schumann betont in einem neueren Beitrag die wissensvermittelnde Funktion deutschsprachiger Rechtsliteratur, arbeitet die Adressaten heraus und weist schließlich auch auf die Bedeutung dieser Literatur für die Formierung einer deutschen Rechtssprache hin.[201] Mit zwei jüngst erschienenen Werken zu Tennglers *Laienspiegel*, einer Monographie über den Inquisitionsprozess von Burret und einem von Deutsch herausgegebenen Sammelband mit interdisziplinären Beiträgen ist offensichtlich erneut Interesse an den Werken aufgekommen.[202]

Insgesamt deutet sich nunmehr über ein Jahrhundert nach Stintzings Pionierleistung eine eigenständige Hinwendung unter Einnahme einer neuen Forschungsperspektive zu volkssprachlicher Praktikerliteratur an. Insofern erscheint es durchaus lohnenswert, deutschsprachige Praktikerliteratur (auch über den *Klag-* und *Laienspiegel* hinaus) genauer zu erforschen und für rechtsgeschichtliche Fragestellungen heranzuziehen. Insbesondere bietet es sich an, die

198 Siehe näher dazu unten *Zweiter Teil, II, 5,* S. 88–94.

199 Deutsch, Klagspiegel (2004). Vgl. auch für das Formular- und Kanzleiwesen Deutsch, Rethorica und Formulare teütsch, in: Neue Beiträge zur Pforzheimer Geschichte 2 (2008), S. 31–75.

200 Deutsch, Klagspiegel (2004), S. 614. Zur Bedeutung der ‚populären Rechtsliteratur' als Teil eines Bildungsprogramms vgl. Schmidt-Wiegand, Populärjurisprudenz (2007), S. 537 f.

201 Schumann, Rechtsexperten (2008), S. 450–460. Vgl. jetzt auch Schumann, Rechts- und Sprachtransfer (2013).

202 Burret, Inquisitionsprozess (2010); Deutsch (Hrsg.), Ulrich Tenglers Laienspiegel (2011).

Praktikerliteratur auf ihre Aussagen über Rechtspraktiker näher zu untersuchen und damit die Ämter von Richtern und Rechtsbeiständen und schließlich die praktische Umsetzung des Rechts zu beleuchten.

4. Praktikerliteratur als Quellencorpus – Ausgewählte Werke der Praktikerliteratur

Mithilfe der Praktikerliteratur sollte der breite Adressatenkreis in der weitgehend ungelehrten Rechtspflege über das gesamte 16. Jahrhundert und darüber hinaus mit praktischem Rechtswissen versorgt werden. Mit einer Einordnung von deutschsprachiger Praktikerliteratur in das grobmaschige Raster der ‚populären Rechtsliteratur' wäre wegen der berechtigten Einwände gegen die Definition Stintzings nicht viel gewonnen.[203] Für die vorliegend im Fokus stehenden Quellen ist der Begriff der ‚populären Rechtsliteratur' daher nicht hilfreich.

Die Quellenauswahl dieser Untersuchung orientiert sich daher nicht am Begriff der ‚populären Rechtsliteratur', sondern anhand zweier formaler Kriterien: der Sprache und dem Erscheinungsjahr der Drucke. Entsprechend sind, wenn im Folgenden von Praktikerliteratur die Rede ist, vorliegend erstens nur deutschsprachige Drucke gemeint, die zweitens auch weit über das Erscheinungsjahr des *Laienspiegels* im 16. Jahrhundert hinaus gedruckt wurden und Rechtspraktikern nützliches Wissen vermittelten, womit nicht gesagt sein will, dass es keine anderssprachige und früher oder später erschienene Praktikerliteratur gab.

Damit wird hier der Kritik an den begrifflichen Unschärfen von ‚populärer Rechtsliteratur' durch eine sprachliche Eingrenzung und zeitliche Ausweitung Rechnung getragen. Für die vorliegende Untersuchung sind wegen der Vielzahl vorhandener Schriften exemplarische auflagenstarke Werke vom Beginn, aus der Mitte und gegen Ende des Jahrhunderts ausgewählt worden. Die hohe Auflagenzahl belegt ihre Signifikanz; es darf davon ausgegangen werden, dass die Quellen in der Praxis benutzt worden sind.[204]

---

203 Siehe oben *Zweiter Teil, II, 3*, S. 55.

204 Unter dem Stichwort „Dokumentationsstand" geht Simon, Geltung, in: Rg 7 (2005), S. 130 f., auf den Zusammenhang zwischen Verbreitung und Präsenz gedruckter legislativer Rechtstexte in der Frühmoderne und der Bereitschaft der Gerichte, diese Normen anzuwenden, ein. Wird diese Vorstellung auf die Praktikerliteratur übertragen, so ist auch hier wegen des hohen „Verbreitungs- und Vervielfältigungsgrad[es]" von einer „Präsenz und Greifbarkeit bei Gericht" und bei den Rechtspraktikern auszugehen. Vgl. allerdings auch zu den Grenzen einer an der Verbreitung von Literatur gemessenen Signifikanz am Beispiel gemeinrechtlicher Literatur Holthöfer, Funktionsweisen gemeinrechtlicher Kommunikation (1972), S. 135–137.

a. *Conrad Heydens Klagspiegel (um 1470)*

Eines der ersten gedruckten Rechtsbücher für Praktiker war der sog. *Klagspiegel*, dessen Autor lange Zeit unbekannt war.[205] Dank der neuesten Untersuchung zum Klagspiegel von Deutsch, darf die die Frage der Autorschaft nunmehr als weitgehend geklärt betrachtet werden. Auch über Inhalt und Quellen unterrichtet diese Studie umfassend.[206] Diese gute Forschungslage macht den Klagspiegel zu einer Ausnahmeerscheinung innerhalb der deutschsprachigen Rechtsliteratur des Rezeptionszeitalters. Als Autor gilt nunmehr Conrad Heyden, der erheblich früher lebte als die anderen Autoren der hier untersuchten Praktikerliteratur: seine Lebenszeit wird vom Ende des 14. bis etwa zur Mitte des 15. Jahrhunderts datiert, während die anderen Autoren im 16. Jahrhundert lebten.[207] Trotz der vor dem Untersuchungszeitraum liegenden Lebensspanne Heydens fand sein unter dem Namen *Klagspiegel* bekannt gewordenes Werk (Erstdruck um 1470) im 16. Jahrhundert mit 17 Auflagen weite Verbreitung.[208] Deutsch geht von einer Stückzahl aller gedruckten Auflagen in Höhe von über 20.000 Exemplaren aus.[209] Der Humanist Sebastian Brant (1457–1521) spielte eine wichtige Rolle für die Verbreitung des von ihm 1516 so getauften *Richterlich Clagspiegel*, dessen ursprünglicher Titel *Clag.antvuort.vnd ußgesprochne vrteyl gezogen usz geystliche vnd vueltlichen rechten* lautete.[210] Fälschlicherweise wurde er vereinzelt als Überarbeiter oder gar Verfasser bezeichnet.[211] Tatsächlich trug Brant zwar zur Veränderung des Klagspiegels bei: neben orthographische Änderungen, stellte er Allegationen (Fundstellenverweise) aus dem Text an den Seitenrand und fügte

205 Vgl. dazu Koehler, Klagspiegel, in: HRG[1], Band II (1978), Sp. 855–857.

206 Deutsch, Klagspiegel (2004). Vgl. überblickartig zum Inhalt S. 1–3. Vgl. zur Autorschaft Heydens S. 127–222. Siehe eingehend zum Inhalt und zu den benutzten Quellen S. 223–568.

207 Geb. um 1385, gest. 1444. Vgl. insgesamt zum Leben Heydens Deutsch, Klagspiegel (2004), S. 127–219, zu den Lebensdaten S. 220–222.

208 Zitiert wird nach der digital vorhandenen Ausgabe der Bayerischen Staatsbibliothek (BV035011950): Conrad Heyden, Clag. antvuort. vnd dßgesprochne vrteyl gezogen vß geystlichen vnd vueltlichen rechten, Straßburg, um 1493.

209 Deutsch, Klagspiegel (2004), S. 11–16.

210 Vgl. zur Bezeichnung durch Brant auch die Reimvorrede des Klagspiegels von 1516: „*Mich hat gemustert doctor Brant / Vnd den Clagspiegel recht genant*". Heyden, Richterlich Clagspiegel (1516), Reimvorrede. Vgl. eingehend zur Rolle Brants bei den Klagspiegel Auflagen ab 1516 Deutsch, Sebastian Brants Beitrag (2010), S. 90–98. Siehe zum Leben und zur juristischen Praxis Brants auch Knape, Dichtung, Recht und Freiheit (1992), S. 181–214 und S. 130–133 zum Klagspiegel.

211 Vgl. dazu Deutsch, Sebastian Brants Beitrag (2010), S. 76 f., 97.

fehlende Titelüberschriften ein.[212] Als entscheidende Eingriffe Brants sind aber die Namensgebung und eine geschickte Parallelisierung mit dem *Laienspiegel* zu werten, die den Erfolg des Werkes maßgeblich befördert haben dürften.[213] Insgesamt sprechen die Leistungen Brants eher dafür, ihn nicht als Bearbeiter, sondern als Herausgeber des Klagspiegels zu bezeichnen.[214]

Für den Autor Conrad Heyden, der als Stadtschreiber von Schwäbisch Hall amtierte, ist ein Studium in Erfurt nachgewiesen, wo römisches Recht gelehrt wurde. Danach erfolgte vermutlich eine Ausbildung an einer Kanzleischule.[215] In der Stellung als Stadtschreiber gehörte Heyden zur lokalen Funktionselite. Er war nicht nur mit dem städtischen Schriftguts befasst, sondern verfügte darüber hinaus über fundierte Rechtskenntnisse, die ihn zur Prozessvertretung der Stadt vor auswärtigen Gerichten befähigten.[216] Insofern konnte Heyden sowohl Kenntnisse im römischen Recht, als auch praktische Rechtskenntnisse vorweisen, die sich in der Abfassung seines *Klagspiegels* niederschlugen.[217]

Das Werk verwertet in zwei Teilen (Traktaten) gesondert das Zivilrecht sowie das Zivilprozessrecht und das Strafrecht mit dem dazugehörigen Prozessrecht auf etwa 330 Seiten im Quartformat.[218] Der Form nach enthält der zivilrechtliche Traktat 178 durch Überschriften voneinander getrennte Titel, die überwiegend römisch-rechtliche Klagearten und ihre Voraussetzungen zum Gegenstand haben und entsprechende Formulierungsbeispiele in direkter Rede bereitstellen;

---

212 Kurioserweise unterliefen dem berühmten Juristen Brant bei den Titelüberschriften teilweise juristische Fehlgriffe. Vgl. dazu Deutsch, Sebastian Brants Beitrag (2010), S. 93.

213 Vgl. dazu Heyden, Richterlich Clagspiegel (1516), Dedikation von Brant: „*Der Leyenspiegel hoher acht / Den mein freünd tegler hat gemacht /* [...] *Was dort gebrist das findt er hie / Was zů de gerichts gang dient vn wie*".

214 Vgl. dazu Deutsch, Sebastian Brants Beitrag (2010), S. 97.

215 Detailliertere Angaben zum Studienverlauf und der praktischen Ausbildung sind nicht bekannt. Vgl. zu Studium und Kanzleischule Heydens Deutsch, Klagspiegel (2004), S. 128–133.

216 Vgl. dazu und zur Gerichtspraxis Heydens Deutsch, Klagspiegel (2004), S. 115, 179–198.

217 Vgl. zu weiteren Stadtschreibern (etwa Ulrich Zasius, Johannes Purgoldt oder Sebastian Brant) als Redaktoren und Verfasser von städtischen Ordnungen, Rechtsbüchern und Chroniken Deutsch, Klagspiegel (2004), S. 115–117.

218 Heyden, Klagspiegel (um 1493), Erster Traktat: Bl. I^r-$CXVII^r$, Zweiter Traktat Bl. $CXVII^r$-CLV^v.

der strafrechtliche Teil enthält 59 Titel.[219] Als Vorlage des zivilrechtlichen Traktats fungierte das Werk *De libellis iuris civilis* des italienischen Juristen Roffredus.[220]

Obwohl auf Deutsch verfasst und an einen Adressatenkreis in der weltlichen Rechtspflege außerhalb der Universität gerichtet, gehört der Klagspiegel zu den komplexeren Werken der Praktikerliteratur, die eine Kenntnis im Umgang mit Rechtsstreitigkeiten voraussetzen.[221] Mit lateinischen Titelüberschriften wurden in den jeweiligen Klagearten die Tatbestandsvoraussetzungen und Ausnahmen aus dem gelehrten Recht mit Verweisen auf juristische Fachliteratur genannt.[222] Zwar wurde das Auffinden bestimmter Titel – der praktischen Ausrichtung entsprechend – mit Hilfe eines Registers erleichtert; hingegen fehlte zunächst eine systematische Darstellung des Prozessablaufs und der am Prozess beteiligten Personen.

Diese starke Ausrichtung auf Klagformeln wurde Anfang des 17. Jahrhunderts ergänzt. Über ein Jahrhundert nach dem Erstdruck gelangte der Klagspiegel 1601 in neuer Darstellungsform unter dem Titel *Teudtscher Revocirter Richterlicher Klagspiegel* in Umlauf.[223] Der Frankfurter Jurist Georg Draudt nahm darin neben einer sprachlichen Anpassung eine enorme inhaltliche Erweiterung vor.[224] So enthielt die Bearbeitung nunmehr in einem neuen, über hundert Seiten starken Teil eine systematische Darstellung von prozessualen Abläufen. Zudem erfolgten zusätzlich zur sprachlichen Anpassung inhaltliche Veränderungen: zwei ältere, aus der von Brant herausgegebenen Auflage

219 Deutsch, Klagspiegel (2004), S. 223 f., 439.

220 Vermutlich kam Heyden in einer Kanzleischule in Kontakt mit dem Werk. Vgl. zu Roffredus Leben und seinen Werken als Vorlage Deutsch, Klagspiegel (2004), S. 226–232, 440–444.

221 Vor diesem Hintergrund ist das oben bereits angeführte Zitat, in dem ausdrücklich alle an einem Rechtstreit Beteiligten als Adressaten genannt werden, („*Clag. antvuort.vnd ußgesprochne vrteyl gezogen usz geystliche vnd vueltlichen rechten. Do durch sich eyn yeder. er sey clager. antworter. oder richter vor vnrechter that. handelung. vnd fürnemen hůten mag*“, Heyden, Klagspiegel (um 1493), Titelblatt) eher als Anpreisung zu werten. Tatsächlich diente das Werk einem Fachpublikum in der Rechtspflege. Vgl. allgemein zu den Adressaten deutschsprachiger Rechtsliteratur Schumann, Rechtsexperten (2008), S. 456–458.

222 Deutsch, Klagspiegel (2004), S. 225–249, kann neben dem Corpus Iuris Civilis und der Bibel die Benutzung von Werken von Roffredus, Azo, Martinus de Fano, Johannes de Blanosco und Guilelmus Durantis detailliert nachweisen.

223 Thesaurus (seu promptuarium) totius practicæ iuris civilis et criminalis, Das ist: Teudtscher Revocirter Richterlicher Klagspiegel, Frankfurt 1601.

224 Vgl. zu Draudt Franck, Draudius, Georg, in: ADB, Band 5 (1877), S. 383.

entnommene Teile wurden teilweise neu angeordnet.[225] Damit schien der aus der Mode gekommene und zu diesem Zeitpunkt seit nahezu 40 Jahren nicht mehr gedruckte Klagspiegel auf den Stand der Zeit gebracht worden zu sein, um mit den in der Zwischenzeit hinzugekommenen Werken der deutschsprachigen Praktikerliteratur auf dem Buchmarkt in Konkurrenz treten zu können.[226] Vor allem durch die Ergänzung um den prozessualen Verfahrensablauf näherte sich der *Revocirte Klagspiegel* an die anderen, zwischenzeitlich hervorgegangenen Werke der Praktikerliteratur an.

b. Ulrich Tennglers Laienspiegel (1509)

1509 erschien die erste Ausgabe des *Laienspiegels*, der als Parallelwerk des *Klagspiegels* gilt.[227] Obwohl der *Laienspiegel* in den historischen Wissenschaften durchaus Beachtung fand,[228] konnte der bisherige Forschungsstand jüngst um weitere Ergebnisse bereichert werden, womit das Werk als außerordentlich gut erforscht gelten darf.[229] Neues ergab sich zunächst insbesondere für die Biographie des *Laienspiegel*-Autors Ulrich Tenngler.[230]

---

225 HEYDEN/BRANT/DRAUDT, Revocirter Richterlicher Klagspiegel (1601), Buch 1.

226 HEYDEN/BRANT/DRAUDT, Revocirter Richterlicher Klagspiegel (1601), Vorrede (unpaginiert): „*Dieweil aber* […] *solcher Richterspiegel vor vnser hiesige Landsart in etwas am stylo, truck vnd edition obsolet worden / So ist* […] *das Werck […] nunmehr repurgiret / in ein newe bequeme Ordnung / auch hohe teutsche sprach vnd stylum, vnd letzlich in diesen newen nu[e]tzlichen abtruck / character vnd form gebracht / dz es gleichsam wie ein gantz new opus mu[e]hsamlich auffs new refingirt vnd zugerichtet / auch darfu[e]r geachtet vnd gebraucht werden mag*".

227 Siehe dazu oben *Zweiter Teil, II, 4, a*, S. 64 Anm. 213. Vgl. dazu auch DEUTSCH, Klagspiegel (2004), S. 117, 430–433. Die Einflussnahme Brants auf den Laienspiegel wird kontrovers beurteilt. Noch KNAPE, Dichtung, Recht und Freiheit (1992), S. 129, sah die Rolle Brants als die eines „Mentors, fachmännischen Gutachters und werbewirksamen Förderers" an, ohne dafür weitergehende Belege anzuführen. Dahingegen betont DEUTSCH, Sebastian Brants Beitrag (2010), S. 89 f., Brants Beitrag beschränke sich lediglich auf die Abfassung einer anpreisenden Vorrede ohne eine weitergehende Einflussnahme auf das Werk selbst.

228 Vgl. dazu KOEHLER, Laienspiegel, in: HRG[1], Band II (1978), Sp. 1357–1361.

229 Vgl. dazu DEUTSCH (HRSG.), Ulrich Tenglers Laienspiegel (2011); BURRET, Inquisitionsprozess (2010).

230 Geb. um 1441, gest. 1521/22. Vgl. für die folgenden Angaben SEITZ, Biographie von Tenngler (2011). Bisherige biographische Angaben von KLEINSCHMIDT, Epitaphium, in: Daphnis 6 (1977), S. 41–64, wurden durch Seitz teilweise berichtigt. Siehe dazu DEUTSCH, Laienspiegel - zur Einführung (2011), S. 12–16. Vgl. für ältere Angaben KLEINSCHMIDT, Tenngler, Ulrich, in: Verfasserlexikon, Band 9 (1995),

Ulrich Tenngler wurde um 1441 in Südwestdeutschland geboren. Er war 1467/69 zunächst als Gerichtsschreiber in Heidenheim a. d. Brenz tätig, bevor er dort als Schreiber eines Kastners, das heißt eines „für die Einnahme und für die Verwaltung der grundherrlichen Gefälle zuständigen herrschaftlichen Beamten" arbeitete.[231] Nach einer Zwischenstation von 1479–1483 als Stadtschreiber in Nördlingen, kehrte Tenngler zunächst zurück nach Heidenheim, um dort nunmehr selbst als Kastner zu arbeiten. Diese Stellung verließ er jedoch und war ab 1496 Landvogt in Graisbach und Höchstädt a. d. Donau. Tenngler's Karriere entwickelte sich folglich von der Erledigung einfacherer Schreibertätigkeiten, über das Stadtschreiberamt bis hin zur Übernahme der Rechtsprechung als Kastner und schließlich als Landvogt.[232] Sein Lebensende wird nunmehr auf 1521/1522 datiert, was insofern bedeutsam ist, als ihm demnach auch die neue Ausgabe des Laienspiegels von 1511 zuzurechnen ist.[233]

Der Laienspiegel von 1509 umfasst etwa 340 Seiten im Quartformat und ist in drei Bücher geteilt, denen ein Inhaltsverzeichnis voransteht.[234] Das erste Buch behandelt hauptsächlich die Rechtstellung von unterschiedlichen Personen „*so zů weltlicher regierung* [...] *gewonndlichen gebraucht werden*".[235] Da darin die Eide von Richtern, Beisitzern und Rechtsbeiständen und die an sie gestellten Anforderungen dargestellt werden, ist dieser Abschnitt im Hinblick auf die Rechtspraktiker besonders inhaltsreich.[236] Allerdings erörtert Tenngler darüber hinaus etwa auch Aspekte des städtischen Regiments sowie erb- und

Sp. 690–696; EISENHARDT, Tengler, Ulrich, in: ADB, Band 37 (1894), S. 568–570 sowie KLEINHEYER/SCHRÖDER (HRSG.), Juristen (2008), S. 433–436, m. w. N.

231 Zit. nach SEITZ, Biographie von Tenngler (2011), S. 58.

232 Vgl. zum Tätigkeitsfeld und zur Bezeichnung des Landvogtamts SEITZ, Biographie von Tenngler (2011), S. 74–76. Üblicherweise verrichtet der Landvogt Verwaltungs- und Rechtsprechungsaufgaben. Vgl. dazu HOKE, Landvogt, in: HRG[1], Band II (1978), Sp. 1597 ff. Vgl. dazu auch DEUTSCH, Laienspiegel - zur Einführung (2011), S. 13 f.

233 Der bisherige Forschungsstand nahm 1511 als sein Todesjahr an. Neueste, voneinander unabhängige Untersuchungen verlegen Tennglers Tod auf etwa zehn Jahre später. Vgl. dazu SEITZ, Biographie von Tenngler (2011), S. 81; FUCHS, Locher und Tenngler (2011), S. 110 f.; DEUTSCH, Laienspiegel - zur Einführung (2011), S. 14.

234 Zitiert wird nach der digital vorhandenen Ausgabe (VD16 T 337): Layen Spiegel Von rechtmässigen ordnungen in Burgerlichen vnd peinlichen regimenten, Augsburg 1509.

235 TENNGLER, Laienspiegel (1509), Bl. 9[r]. „*Layenspiegels erst tail*": Bl. 15[r]-71[v].

236 TENNGLER, Laienspiegel (1509), Bl. 15[r]-Bl. 28[r].

vormundschaftsrechtliche Fragen.[237] Der zweite Teil „*Von gerichtlicher ordnung vn menigerlay formen / in burgerlichen sachn*" enthält eine Beschreibung des zivilprozessualen Ablaufs eines Gerichtsverfahrens von der Ladung über das Beweisrecht bis zur Appellation und Vollstreckung.[238] Er enthält zusätzlich neben Ausführungen zur Gerichtszuständigkeit noch zahlreiche Prozessformulare, wie etwa Klagformeln, den Gefährdeeid und eine „*Form*" zur Ablehnung des Gerichts.[239]

Am Ende des zweiten Teils ist ein sog. Teufelsprozess angefügt, anhand dessen der ordentliche Ablauf eines am römisch-kanonischen Verfahren orientierten Zivilprozesses einprägsam und in einer narrativen Struktur eingebettet dargestellt wird.[240] Der dritte Teil des *Laienspiegels*, „*von peinlichen sachen / wie man vmb übelthat* […] *handlen mag*", bezieht sich auf das Strafrecht.[241] Diese inhaltlichen Schwerpunkte werden durch humanistische Paratexte in Form von deutschen und lateinischen Vor- und Beschlussreden umrahmt.[242]

Die Zielrichtung seines Werkes machte Tenngler, der selbst kein studierter Jurist war, in der Vorrede deutlich: das römisch-kanonische Recht sollte ungelehrten Rechtspraktikern vermittelt werden.[243] Dabei griff der Autor in den ersten beiden

---

237 Vgl. dazu das Inhaltsverzeichnis, TENNGLER, Laienspiegel (1509), Bl. 10ʳ f. sowie DEUTSCH, Laienspiegel - zur Einführung (2011), S. 21.

238 Vgl. dazu das Inhaltsverzeichnis, TENNGLER, Laienspiegel (1509), Bl. 11ʳ-12ᵛ.

239 TENNGLER, Laienspiegel (1509), Bl. 9ᵛ. „*Layenspiegels ander tail*": Bl. 71ᵛ-117ᵛ.

240 TENNGLER, Laienspiegel (1509), Bl. 9ᵛ: „*Vnd damit ain geteütschter process zwischn der junckfraw Marie als versprecherin des menschlichen geschkechts / in beyspil weiß gedicht von mer verstentnuß wegn zů gefůrt*". Vgl. zu den Teufelsprozessen SCHUMANN, Von teuflischen Anwälten (2011), S. 431–473.

241 TENNGLER, Laienspiegel (1509), Bl. 9ᵛ. „*Layenspiegels drit tail*": Bl. 132ʳ-166ʳ. Siehe zur Einteilung des Laienspiegels KLEINHEYER/SCHRÖDER (HRSG.), Juristen (2008), S. 435.

242 Die Paratexte waren: Eine deutsche Vorrede und ein deutsches Gedicht von Sebastian Brant; Eine lateinische Vorrede und ein lateinisches Gedicht von Jakob Locher; Zwei Einleitungstexte von Ulrich Tenngler und am Ende des Druckes ein lateinisches Schluss-Carmen mit Tenngler Akrostichon. Vgl. dazu eingehend KNAPE, Der humanistische Geleittext (2011), S. 117–132.

243 TENNGLER, Laienspiegel (1509), Bl. 8ᵛ: „*Aber so die gemainen recht zu hilff den gemelten gebotten in hailigen Concilien / auch durch die obersten ho[e]upter gaistlicher vn weltlicher stend / so tieff vnd wolgegründt / auch etwo der leuff vn redlicher vrsach halbn ferrer mit neüwen satzungen vn edicten erkla[e]rt / gemeert vnd verendert / durch die rechtweisen vn gelerten menigfaltiklich geleütert / geziert vn alles in scharpffem latein dermassen beschribn / das sy den vngelertn layen / damit das weltlich recht an mer enden im hailigen reich geu[e]bt / vnuerstendig vn mißlich ist / dasselb latein*

Büchern vorwiegend auf das *Speculum Iudiciale* von Durantis zurück, um seine Mischung aus praktischem Handbuch und theoretischem Lehrbuch für Praktiker zu verfassen.[244] Den Erfolg auf dem Buchmarkt belegen die fünfzehn in Augsburg und Straßburg gedruckten Auflagen des Laienspiegels, die zwischen 1509 und 1560 erschienen waren.[245] Aus heutiger Sicht markiert der *Laienspiegel* – entgegen Stintzings Ansicht – keinen Endpunkt der volkssprachlichen Popularisierung römisch-kanonischen Rechts.[246] Tatsächlich gehören *Klag-* und *Laienspiegel* der ersten Phase deutschsprachiger Praktikerliteratur an, denen noch weitere Werke mit derselben Stoßrichtung folgten.

c. *Georg von Rotschitz' Processus Juris (1529)*

Der *Processus Juris* erschien noch zeitgleich mit Drucken des *Klagspiegels* und des *Laienspiegels* in zahlreichen Auflagen in Leipzig[247], Augsburg[248] und Bautzen[249]. Das kleinformatige Werk ist auf dem Gebiet des sächsischen Rechts entstanden und bildet die Vielfalt des in der sächsischen Praxis vorherrschenden

---

in verfenckliche teütsch fürzulegen / das ain slechter lay in yeder sach gründtlich nach geschribn rechten zů ratn vn vrtailn / sondern mu[e]ssen sich allain auß der rechtweisen rat / auch jrer angebornen fromkait / weiser vernunfft vnd gebürlicher u[e]bung dem rechten vergleichen".

244 Vgl. dazu Deutsch, Laienspiegel - zur Einführung (2011), S. 22 f. Teilweise gelang die Vermittlung des römisch-kanonischen Rechts wegen eigenen Verständnisschwierigkeiten bei Tenngler nicht. Vgl. dazu und eingehend zum ersten und zweiten Teil des Laienspiegels Nörr, Zivilprozess im Laienspiegel (2011), S. 235–241. Die Thesen von Stintzing, Geschichte der Literatur (1867; ND 1959), S. 439–441, es wären die Magdeburger Fragen sowie der Ordo iudiciarius „Antequam" als Quellen benutzt worden, wurden von Nörr, Zivilprozess im Laienspiegel (2011), S. 237 und Kannowski, Laienspiegel, Magdeburger Fragen und Schwabenspiegel (2011), S. 212–218, widerlegt. Vgl. näher zum Speculum von Durantis unten *Zweiter Teil, II, 5,* S. 90 f.

245 Ab 1511 erschien eine um Reichsgesetze und auch inhaltliche Ergänzungen erweiterte Ausgabe mit dem Titel Neü Layenspiegel. Vgl. zur Verbreitung des Laienspiegels durch den geschäftstüchtigen Buchführer Johannes Rynmann Künast, Drucklegung „Laienspiegel" (2011), S. 139–162. Vgl. zur Verbreitung auch Duntze, Verleger (2007), S. 124–127.

246 Stintzing, Geschichte der Literatur (1867; ND 1959), S. XLVII.

247 1529 (Erstdruck), 1530, 1531, 1543, 1555. Zitiert wird nach der digital vorhandenen Ausgabe (VD16 ZV 23065): Processus Juris deutzsch ader Ordnunge der Gerichtsleuffte, Leipzig 1543.

248 1530, 1532, 1535, 1545.

249 1559, 1561, 1565, 1573. Ein weiterer Druck erschien 1587 in Zittau.

Rechtszustandes ab.[250] Im Unterschied zum Inhalt des *Klag-* und *Laienspiegels*, gingen römisch-kanonisches Recht und das sächsische Recht hier eine Verbindung ein, die auf die Tradition des Sachsenspiegels in den sächsischen Gebieten zurückzuführen ist.[251] Wenngleich auch materielles sächsisches Recht im Anhang beigefügt ist, bildet der gelehrte römisch-kanonische Prozess mit sächsischen „Einsprengseln" die Basis der Darstellung des *Processus Juris*.[252]

Als Verfasser gilt mit Georg von Rotschitz eine Person, über die wenig Biographisches bekannt ist.[253] Zum Zeitpunkt des Erscheinens des *Processus Juris* war er Freybergischer Kanzler.[254] Sein Werk hat er ausweislich *der* Vorrede *„zu forderunge Gemeynen nutzes versammlet vnd approbiert"*.[255] In der Forschung wurde aufgrund jener Formulierung die Urheberschaft Rotschitz' in Frage gestellt.[256] Als eigene schöpferische Leistung kommt allerdings die in der Vorrede genannte kompilatorische Zusammenstellung in Betracht, insofern kann er zu Recht als Verfasser angesehen werden.[257] Sein Bildungshintergrund bleibt im Dunkeln,

---

250 Das Format entspricht in etwa Klein-Oktav. Vgl. zum Werk Stintzing, Geschichte der Rechtswissenschaft (1880; ND 1957), S. 560.

251 Vgl. allgemein dazu Ebel, Sächsisches Recht, in: HRG[1], Band IV (1990), Sp. 1248–1250. Vgl. aus der neueren Forschung Kannowski, Buch'sche Glosse (2007), worin das Aufeinandertreffen der Rechtstradition des Sachsenspiegels und des römisch-kanonischen Rechts vielfach thematisiert wird.

252 So zutreffend Bressler, Schuldknechtschaft (2004), S. 180.

253 Geb. unbekannt, gest. 1536. Vgl. zu biographischen Quellen über Rotschitz die Nachweise bei Muther, Geschichte der Rechtswissenschaft (1876; ND 1961), S. 382 f. Neuere Forschungsergebnisse zu Werk und Autor liegen, abgesehen von den Angaben zur Personalexekution bei Bressler, Schuldknechtschaft (2004), S. 174–180, nicht vor. Vgl. ebd. zur Biographie S. 175 f. mit Verweisen auf die ältere Literatur.

254 Rotschitz, Processus Juris deutzsch (1543), Vorrede.

255 Rotschitz, Processus Juris deutzsch (1543), Vorrede.

256 Vgl. dazu Bressler, Schuldknechtschaft (2004), S. 175; Stintzing, Geschichte der Rechtswissenschaft (1880; ND 1957), S. 560; Muther, Geschichte der Rechtswissenschaft (1876; ND 1961), S. 383.

257 Rotschitz, Processus Juris deutzsch (1543), Vorrede (unpaginiert): *„Ist vnter andern die ich behendt vnd gelesen / dis gegenwertige (so von hochgelerten vnd der recht woluorstendigen Doctorn zusammen getragen vnd beweret) meins wenigen vorstandes E. G. begyr zu erfullen vn genug zu thuen"*. Ob es sich, wie die ältere Forschung vermutete, um eine Übersetzung handelt, wird ohne Anhaltspunkte auf eine konkrete Vorlage nicht zu beantworten sein, da die Darstellung den prozessualen Verfahrensschritten folgt, die jahrhundertelang zur juristischen Fachkonvention gehörten. Vgl. zu dieser Vermutung Stintzing, Geschichte der Rechtswissenschaft (1880; ND 1957), S. 560.

wobei eigene Angaben und der Inhalt des Werks auf eine gewisse gelehrt-juristische Bildung schließen lassen.[258] Dafür sprechen auch die auf nahezu jeder Seite vorhandenen Allegationen auf römisch-kanonische Quellen oder auf die Glossen zum sächsischen Weichbild.

Der *Processus Juris* besteht aus einem zivilprozessualen (etwa 180 Seiten) und einem strafrechtlichen Teil (etwa 80 Seiten) sowie einem rund 150 Seiten starken Anhang. Im zivilprozessualen Abschnitt folgt die Darstellung den Terminen des römisch-kanonischen Prozessablaufs, die in 44 Artikeln erläutert werden.[259] Der zweite Abschnitt greift in elf Artikeln einzelne strafrechtliche Fragen heraus und besteht zu ¾ aus einer Erläuterung der Vorgehensweise zur peinlichen Befragung.[260] Schließlich enthält der umfangreiche Anhang Erläuterungen zum Wergeld, und eine Darstellung von erbrechtlichen Thematiken.[261] Ein vorangestelltes Register informiert über den Inhalt des Werks, das Rechtspraktiker an mehreren Stellen direkt thematisiert.[262] Dies entspricht dem Adressatenkreis, der zunächst auf dem Titelblatt sehr weit skizziert, dann aber noch auf Personen, die typischerweise mit Rechtsfällen befasst sind, reduziert wird.[263] Für weitergehende Hinweise

---

258 So erläutert Rotschitz, sich zwar mit gelehrtem Recht auseinandergesetzt zu haben, bezeichnet sich jedoch selbst als Schüler und betont dabei zugleich seine geringen Rechtskenntnisse. ROTSCHITZ, Processus Juris deutzsch (1543), Bl. CXXXVI^{r}: „*Dieweil E. G. frage / welche an mich zu entscheide gelanget / fast weitleufftig / vnd die Doctores ader Lerer der Recht / derynne alwege nicht eynig / wie sie denn ynn viel fellen nicht cocordiren ader vber eyn trage etc. sondern zu offtermalen / ein ytzlicher / nach deme er yn geschriebene rechten gelesen vn die vorstanden / seine opinion vnd meynuge gru[e]ndet / stellet vnd heldet gleicher weise vn also will ich auch nicht als ein doctor ader lerer / sondern al einem eynfeltigen vn geringe vorstandes schu[e]llern gebu[e]ret / Wie ich die vorgetragene frage gelesen / eingenommen / vn vorstande / anzeige vn so[e]lche meinen vorstandt / meynen Preceptorn / Leermeystern vnd allen Hochgelarten vnd großuorstendigen / der Rechte / zuuobessern / vntergeben haben*".

259 ROTSCHITZ, Processus Juris deutzsch (1543), Bl. I^{r}-Bl. LXXXIX^{r}.

260 ROTSCHITZ, Processus Juris deutzsch (1543), Bl. LXXXIX^{v} -CXXXI^{v}, peinliche Befragung ab Bl. C^{v}. Vgl. zum strafrechtlichen Teil auch WÄCHTER, Criminalistische Literatur, in: ArchCrimR NF 3 (1836), S. 142.

261 ROTSCHITZ, Processus Juris deutzsch (1543), Bl. CXXXI^{v}-CCV^{r}.

262 Es finden sich vor allem *Exceptiones* gegen die Richter und Rechtsbeistände, aber etwa auch Fragen zur Vollmacht oder Urteilsfindung. Vgl. ROTSCHITZ, Processus Juris deutzsch (1543), Bl. VIII^{r}, X^{r}, XII^{v}, LXII^{r}.

263 ROTSCHITZ, Processus Juris deutzsch (1543), Titelblatt: „*Du seyst wehr du wo[e]llest / keuff vnd liess mich*". Vorrede: „*Allen vnd itzlichen Oberkeiten / Herschafften / vnd der selbigen / Ampt=leuten / Rethen / Steten / Bu[e]rgernieystern / Richtern /Scho[e]pffen / Rathsmannen / Viertelmeistern / Gemeinden offenbaren Notarien / Stadt / vnd*

verweist das lateinische Randbemerkungen enthaltende Werk zum Schluss darauf, juristische Literatur oder Rechtsverständige zu konsultieren.[264]

Ab 1598 erschien eine von Jacob Schultes besorgte Bearbeitung des *Processus Juris* in vier Auflagen, woran eine „*Instruction und Formula des Gerichtlichen Processes*" angefügt war.[265] Der Inhalt des *Processus* veränderte sich dabei nicht – lediglich die Darstellungsform wurde überarbeitet.[266]

d. *Justin Goblers Gerichtlicher Process (1536)*

Justin Gobler war ein graduierter Jurist und Rechtspraktiker des 16. Jahrhunderts.[267] Er erlangte erste Rechtskenntnisse an den Universitäten in Mainz und Erfurt, bevor er Stadtschreiber in Koblenz wurde. 1535 erreichte er den Grad eines Lizentiaten an der Universität von Orléans, um anschließend eine Tätigkeit als Professor in Trier auszuüben. Nachdem er 1544 seine Promotion abgeschlossen

---

Gerichtstsschreibern / Auch allen andern / waser wirden / wesens / adder standes die seint / so bey vnd vor den o[e]berkeiten / herrschafften / yhren Amptleuten / Rethen / Gerichts haltenr / vnd Vorwaltern / eynigerley rechtfertigung ytziger ader zuku[e] nfftiger zeit zu sichen vnd zu fordern haben".

264 Rotschitz, Processus Juris deutzsch (1543), Bl. CCV^{r}: „*Wer hie von auch weittere wissenschafft begert / der mag die Rechts bůcher / vnd rechuorstendigen zu fernerm bericht vnd rathe gebrauchen*".

265 Schultes lobt in der Vorrede die Benutzbarkeit und die hohe Autorität des Werks für Rechtsprechung und Herrschaftspraxis. Rotschitz/Schultes, Processvs Iuris (1598), Vorrede (unpaginiert): „[…] *das gemelter Proceß mir jederzeit für andern dieser Lande Scriptoribus practicis sehr nutz vn dienstlich gewesen vnd noch ist. Inmassen er dan auch sonsten bey menniglich die authoritet hat / das auff seine meinung nicht allein offtmals in judicijs gesprochen / sondern auch die hohe Obrigkeit in ero[e]rtertung zweiffelhafftiger felle / seine autoritatem pro ratione zuweilen gebrauchen thut*". Vgl. zur Person Schultes: Landsberg, Schultes, Jacob, in: ADB, Band 32 (1891), S. 691 f.

266 Die vormals lateinischen Randbemerkungen wurden an den Anfang der Artikel gestellt und durch auf sie verweisende Randziffern ersetzt. Rotschitz/Schultes, Processvs Iuris (1598), Vorrede (unpaginiert): „*Endlich vnd vber dieses habe ich auch einen jeden Artickel in seine gewisse numeros abgetheilet / vnd bey einem jeden Artickel kurtze Summarien hinzu gethan / Alles zu dem ende / damit so viel mu[e]glich / hierinne ein volkommene ordentliche jedoch kurtze vnd gru[e]ndliche anleitung zum Gerichtlichen Proceß / so wol in Bu[e]rgerlichen als Peinlichen sachen menniglich fu[e]rgestellet wu[e]rde*". Zudem überprüfte Schultes ausweislich der Vorrede die Allegationen nach den Originalen und ergänzte die Angaben.

267 Geb. 1503, gest. 21.04.1567. Vgl. zu den folgenden biographischen Angaben Deutsch, Gobler, Justin, in: HRG^{2}, Band II (2009), Sp 438–440; Troje, Gobler, Justin, in: HRG^{1}, Band I (1971), Sp. 1726–1729.

hatte, trat Gobler als Hofrichter, Kanzler und Rat unter verschiedenen Dienstherren in Erscheinung. Schließlich zog er 1559 nach Frankfurt, wo er 1567 verstarb. Neben dieser juristischen Karriere war Gobler vielseitig literarisch als Übersetzer, Kompilator und Herausgeber aktiv, was sowohl für juristische als auch für nichtjuristische Schriften gilt.[268]

Die rechtshistorische Forschung war noch bis in die 1970er Jahre von einer regelrechten „Gobler-Verachtung" geprägt.[269] Es kann festgestellt werden, dass die jüngere Forschung Gobler mit einer aufgeschlosseneren Haltung begegnet.[270] Eine umfassende Untersuchung zu Autor und Werk steht allerdings – so wie für die meisten der hier untersuchten Quellen – weiterhin aus.

Der erste ihm zugeschriebene volkssprachliche Druck aus dem Bereich der Praktikerliteratur war der 1536 erschienene *Gerichtliche Process*: mit mehr als zehn Auflagen bis 1594 ein überaus erfolgreiches Werk.[271] Dessen Entwicklungsverlauf zeichnet sich allerdings gleich in mehrerlei Hinsicht durch eine besondere Dynamik aus. Zunächst ist schon die Frage der Verfasserschaft unklar. Obwohl in der Vorrede des Erstdrucks von 1536 ein Ich-Erzähler berichtet, ergibt sich weder daraus, noch aus dem Titelblatt ein Name. Vielmehr noch, lässt die Vorrede Zweifel daran aufkommen, ob überhaupt von Verfasserschaft im Sinne von Urheberschaft gesprochen werden kann, denn es wird berichtet, dass es sich offenbar um eine Kompilation verschiedener Quellen handele.[272] Die Frage, wer diese Kompilation

---

268 Siehe die Zusammenstellung bei DEUTSCH, Gobler, Justin, in: HRG^2, Band II (2009), Sp. 439.

269 So TROJE, Gobler, Justin, in: HRG^1, Band I (1971), Sp. 1727. Dort wird auch der Grund für die damals vorherrschende Haltung dargelegt: Nach einem Zerwürfnis mit „große[n] humanistische[n] Gelehrte[n]", kam es von deren Seite zu ‚Anfeindungen', in denen die „Gobler-Verachtung" wurzelte. Allerdings erkannte schon TROJE (ebd.) an, das literarische Werk Goblers sei „von enormer Bedeutung für die Rezeption". Vgl. für weitere Nachweise für die Kritik an Gobler DEUTSCH, Klagspiegel (2004), S. 433 Anm. 1372.

270 Vgl. dazu DEUTSCH, Klagspiegel (2004), S. 433–435 sowie DEUTSCH, Gobler, Justin, in: HRG^2, Band II (2009), Sp. 438–440. Eine Abneigung oder gar Verachtung ist in diesen Abschnitten ebenso wenig enthalten, wie etwa eine besondere Sympathie für Gobler.

271 Zitiert wird nach den digital vorhandenen Ausgaben: Gerichtlicher Proceß, Frankfurt 1536 (VD16 G 2296) und der Ausgabe der Universitätsbibliothek Heidelberg: Der Gerichtlich Proceß, Frankfurt 1542 (VD16 G 2298).

272 GOBLER, Gerichtlicher Process (1536), Vorrede (unpaginiert): „[…] *hab ich auff bitt viler eerlichen Personen / hierinn mich dieser mu[e]he beladen / vnnd alle solliche Proceß / auch lo[e]bliche vnd rechtmessige Gerichtsordnung ettlicher Stett vnnd*

durchgeführt hat, blieb in den folgenden sechs Auflagen unbeantwortet, bis Gobler sich in der Vorrede zur Auflage von 1567 selbst dazu äußerte. Darin gab er bekannt, zu diesem „*Gerichtlichen Proceß* […] *sonderlich gerathen / vrsach geben / vn verholffen*" zu haben.[273] Seitdem wird das Werk ihm zugeschrieben.

Die Einstellung Goblers zu volkssprachlicher Literatur erscheint ambivalent, blickt man auf die eingangs des *Gerichtlichen Processes* geäußerte Pauschalkritik an Übersetzungsliteratur.[274] Er kritisierte die weitverbreiteten mangelhaften Werke der Praktikerliteratur stark, was ihn jedoch letztlich dazu bewogen haben will, selbst ein besseres Buch herauszubringen, das vor allem ungelehrten Prokuratoren Nutzen bringen sollte.[275] Indem er eine höhere Benutzbarkeit seines *Gerichtlichen Processes* postulierte, legitimierte er den durch ihn durchgeführten Transfer lateinischen Rechtswissens ins Deutsche. Eine weitere Legitimationstaktik bestand darin, die Rechtspraktiker stets darauf hinzuweisen, in wichtigen

---

Herrschafften im heyligen Reich / zusamen verglichen / vnnd auß iedem das best vnd gegründtest gezogen / auch was in einem gemangelet / auß dem andern erstattet". Vgl. zum gegenüber Gobler erhobenen Vorwurf des Plagiats Deutsch, Klagspiegel (2004), S. 433, m. w. N. Gobler selbst scheint mit dem Plagiatsvorwurf gerechnet zu haben, heißt es doch erstmals in der unpaginierten Vorrede zur Ausgabe von 1542 rechtfertigend: „*Deßgleichen will ich auch dich / günstiger Leser gepetten haben / do wo[e]lst gegenwertige Edition mit gleicher gu[e]tigkeyt als hieuor die Erste / annemen vnd entpfahen / vnd darin alle ding zum besten verstehn vnd außlegen / In sonderheyt aber wo[e]llest ga[e]ntzlich daruor halten / daß solch Edition niemants zu verachtung / noch zu abbruch seins verdienten lobs oder vndertruckung seines namens / sonder alleyn dem gemeynen nutzen zu gůt trewer vnd gantz freuntlicher meynung beschehen sei*".

273 Gobler, Gerichtliche Process (1567), Vorrede (unpaginiert).

274 Gobler, Gerichtlicher Process (1536), Vorrede (unpaginiert): „*GVnstiger Leser / wiewol ich selbs der meynung bin / das ich mir deren fleiß so sich bemu[e]hen alle künste vnd schrifften auß dem Latein in das Teutsch zubringen / vnnd meniglichen gemeyn zumachen / nit gefallen lasse / Dweil ein solichs nit alleyn zu verkleynerung vnd verachtung der selben künsten thůt reychen / sonder auch so statlich vnnd fruchtbarlich / als wol von no[e]tten / oder sich gepu[e]ret / nimmer mehr geschehen mag*".

275 Gobler, Gerichtlicher Process (1536), Vorrede (unpaginiert): „*So habe ich doch dißmals den Gerichtlichen Proceß auff Teutsch zubeschreiben / derhalben fürgenommen / Dieweil der selbig nun verschienen Jaren zu mehrmalen vnd von vilen auch im Teutschen ist an tag geben worden / vnd doch gemeynlich so mangelbar das es schier besser sein mo[e]cht / solichs were entweder dar vnderblieben / oder aber mit dem fleiß vnd volkommenheyt beschehen / das es den Leyen / welchen damit solt gedienet sein / hette zu rechtem brauch vnd nutzen gedeien mo[e]gen*".

Fällen gelehrten Rat einzuholen.[276] Gobler war dadurch vor dem Vorwurf gefeit, eine mangelhafte Rechtspflege zu befördern, da er den ungelehrten Rechtspraktikern die Einschränkung auferlegte, sich im Zweifel nach der gelehrten Expertise der Juristen zu richten.

Inhaltlich wurden die einzelnen Auflagen, die lateinische Marginalien und vereinzelte Allegate auf juristische Literatur aufweisen, beständig erweitert. Die Erstauflage mit rund 270 Seiten Text im Quartformat wurde zunächst 1538 um ein „*ordenlichen / volkommen vnd nützlichen Register*", ein Inhaltsverzeichnis, ergänzt. Die folgende Auflage von 1542 erfuhr eine wesentliche inhaltliche Umgestaltung. Während die Vorauflagen noch aus drei Teilen (kurz: Prozess, Klagen und Exceptionen) bestanden, wurde die Neuauflage mit nur zwei Teilen veröffentlicht, ohne allerdings an Seitenzahlen einzubüßen.[277] Der die Klagen enthaltende Teil, eine Abschrift aus dem *Klagspiegel*, wurde mit der Begründung herausgenommen,[278] dass er dem Bildungsstand des anvisierten Adressatenkreises nicht entspräche, schwer verständlich und deshalb zur Vermittlung ungeeignet sei.[279] Nunmehr behandelte der erste Teil weiterhin den Verfahrensgang

---

276 Gobler, Gerichtlicher Process (1536), Vorrede (unpaginiert): „*Doch sol es gar nit darfür gehalten werdenn / daß es also mitt disem Bůch / darin der Gerichtlich Proceß* [...] *angezeygt würdt / außgericht sei / vnnd ein ieder Procurator darauß so vil nemenn mo[e]ge / das er demnach dür sich selbst ein iede sach ko[e]nne meystern / vn der gelerten rath weither nit werde bedorffen / Dann ob wol hierin der kern berschibener Rechten einuerleibt / vnd an tag geben worden / ist doch derselbig nit einem ieden gleich klar vnnd verstendtlich / sonder hat alles sein sondere meynung vnd verstandt / wie dann sollichs auß ta[e]glicher erfarunng ist leichtlich abzunemen. Derhalb so will ich aller Procuratores / so jre rag nit studiret / sonder auß solichen Teutschen Bu[e]chern jre Practic lernen vnd gründen wo[e]llen / diß orts fleissig ermanet vnd gebetten haben / das sie sich vff dises vnd dergleichen verteutschtes Recht nit allweg verlassen / noch wenen wo[e]llen / sie habens eben wol vnd genůg verstanden / sonder so offt von no[e]tten / vnnd sonderlich so die Sach ettwas weitleufftig / scharpff oder wichtig / sich zu den gelerten fu[e]gen / vnnd dieselbe mit rath vnd beistand der Aduocaten / handeln*".

277 Der Umfang von ursprünglich etwa 270 Seiten erweiterte sich mit der Auflage von 1542 sogar auf etwa 400 Seiten.

278 Dem Klagspiegel ähnliche Klagformeln fanden allerdings Eingang in den ersten Teil der Neuauflage. Vgl. dazu Deutsch, Klagspiegel (2004), S. 433 f.

279 Gobler, Der Gerichtlich Proceß (1542), Vorrede (unpaginiert): „*Vnd habe demnach in dieser Edition den Ersten vnd Dritten teyl voriger Edition / damit die materien desto weniger vo eynander zerstrewet weren / zusamen gezogen / den zweyten teil aber / nemlich von den Actionibus / gar herauß gelassen / auß vrsachen / daß solchs theyl mehr zu erklerug der Rechten dienlich / dann dem Gerichtlichen Proces / wie der*

(„*Practicen aller vnd ieder Gerichtlicher Terminen*"), während der zweite Teil stärker auf materielle Rechtsfragen („*Theorica / mit anzeygung vn erkla[e]rung viler gůter Doctrinen / Regulen vnd Cautelen*") einging.[280] Nochmal um knapp vierzig Seiten schwoll die nächste Ausgabe von 1549 an, indem ihr ein Abschnitt über den „*Proceß in Peinlichen / Criminal vnd Malefitz Gerichten*" hinzugefügt wurde.[281] Hierbei handelt es sich um eine Übernahme von Perneders strafrechtlichem Werk.[282]

Obwohl vornehmlich an Prokuratoren gerichtet, wurden in allen Auflagen neben den Rechtsbeiständen auch Richter als funktionale Träger der Rechtspflege thematisiert.[283]

e. Kilian Königs Processus und Practica der gerichtsleuffte (1541)

Kilian König lebte um die Wende des 15. und 16. Jahrhunderts. Nachdem der Rat seiner Heimatstadt Zwickau ihm 1491 ein Studienstipendium gewährte, trat

---

gehalten werden sol / angeho[e]rig geacht werden mag. Vnd ist zwar solchs zweytteyl auch so weitlaufftig vnnd so eyns schweren verstands / daß es doch den gemeynen Procuratoribus (welchen dan fürnemlich solcher Process zůr vnderweisung zůgericht worden) on weiteren bericht der Aduocaten vnd Rechtgelerten / nit sonderliche grossen nutz geperen kundt".

280 Gobler, Der Gerichtlich Proceß (1542), Titelblatt. In der Zusammenschau beider Teile ergab sich eine Erweiterung des Adressatenkreises. Nunmehr sollten nicht mehr ausschließlich unerfahrene Prokuratoren, sondern auch eingearbeitete Prokuratoren aus dem Werk Kunde ziehen können. Gobler, Der Gerichtlich Proceß (1542), Vorrede (unpaginiert): „[…] *also nunmehr in dieser Edition gegenwertigs wercks beyde Practica vn Theorica Iuditiorum / forensiumq; controuersiaru bei eynander zulernen ist / vnd nit alleyn die schlechten vnd angehenden / sonder auch die geschickten vnnd geu[e]bten Procuratores hierinen deß sie gebessert sein mo[e]gen / zufinden haben*".

281 Gobler, Der Gerichtlich Proceß (1549), Titelblatt.

282 Perneder, Von straff vnnd Peen aller vnnd yeder Malefitzhandlungen ain kurtzer bericht (1544). Vgl. dazu Stintzing, Geschichte der Rechtswissenschaft (1880; ND 1957), S. 584. Die Aussage Stintzings (ebd.), der zweite Teil von Goblers Druckausgabe von 1549 enthielte „nicht Anderes […] als Perneder's ‚Gerichtlichen Proceß'" (also den zivilprozessualen Teil) ist hingegen zu revidieren. Tatsächlich hat eine Überprüfung ergeben, dass Goblers Druck von 1549 zwar einen Titel aus Perneder, Gerichtlicher Process (1556), Bl. LXXIII^{v} enthält, aber ansonsten identisch ist mit seinem Druck von 1542. Da die Erstauflage von Perneders zivilprozessualen Werk erst 1544 erschien, hat Gobler hier nicht in diesem Umfang kopieren können, wie Stintzing es behauptete.

283 Vgl. explizit über Rechtspraktiker Gobler, Der Gerichtlich Proceß (1542), Bl. I^{r} f., VI^{r}-VII^{v}, XCIX^{v}-CIII^{v}, CV^{v}-CXII^{v}.

der nunmehrige Doktor beider Rechte 1498/99 als Schöffe, später als Syndikus der Stadt und Armenprokurator in Erscheinung.[284] König verfasste den *Processus und Practica der gerichtsleufšte* im Auftrag des Zwickauer Rats ausweislich einer Ratsrechnung bereits um 1503/1504.[285] Erst fünfzehn Jahre nach seinem Tod wurde sein Werk 1541 erstmals und in der darauffolgenden Zeit noch in zahlreichen Auflagen gedruckt.[286] Der Erstdruck von 1541 wurde noch im selben Jahr um fünf teils zusammenhängende Rechtstexte zum Erb- und Strafrecht erweitert.[287] Bearbeitete Ausgaben erschienen noch bis ins 17. Jahrhundert.[288]

Der Begriff der Gerichtsleuff(t)e im Titel bezeichnet den Gang des Verfahrens und umfasst in diesem Fall die Gewohnheiten des einheimischen Gerichtsgebrauchs.[289] Dies spiegelt sich im Verweis auf die „*practicen vnd vbungen*" in der Vorrede wider, in der die rechtlichen Inhalte des Werks charakterisiert wurden.[290]

---

284 Geb. um 1470, gest. 25.1.1526. Vgl. die insgesamt wenigen biographischen Angaben bei Muther, Geschichte der Rechtswissenschaft (1876; ND 1961), S. 108 Anm. 1. Dem weitgehend folgend Bressler, Schuldknechtschaft (2004), S. 169 f.; Stintzing, Geschichte der Rechtswissenschaft (1880; ND 1957), S. 560 f. sowie Berthold/Hahn/Schultze (Hrsg.), Zwickauer Stadtrechtsreformation (1935), S. 7–16.

285 Berthold/Hahn/Schultze (Hrsg.), Zwickauer Stadtrechtsreformation (1935), S. 11 f.

286 1541 (3x), 1550 (3x), 1555, 1567, 1571, 1572, 1577, 1581, 1588 (2x), 1594. Zitiert wird nach der digital vorhandenen Ausgabe: Processus vnd Practica der gerichtsleuffte, Leipzig 1541 (VD16 K 1847).

287 König, Processus und Practica (1541), Bl. CCCVII^{v}-CCCLXIII^{r}: „*Von etlichen penen vnd leiblichen straffen / nach gemeinen vnd Sechsischen Rechten*", „*Von dem Baume der angebornen Mageschafft / darnach man zu Sachsenrechte erbe nimpt vnd gibt*", „*Wie man peinlich Nothalsgerichte recht hegen / auffgeben / met dem zetergeschrey oder geru[e]ffte vnd leibzeichen gebaren sol*", „*Peinlich process in vbernechtiger vnd vnu[e]bernechtiger clagen / bis auff die execution / Acht oder festunge*", „*Peinlich acht vrteil vnd brieff*", „*Process wie man sich nach Sachsenrecht aus der Acht oder festunge wircken vnd zihen sol*". Vgl. dazu die Aufzählung bei König, Processus und Practica (1541), im Anschluss an das Stichwortregister (unpaginiert).

288 1599, 1612, 1625.

289 Vgl. dazu Bressler, Schuldknechtschaft (2004), S. 168. Siehe zum Begriff Dickel/Speer (Bearbeiter), Lauft, in: DRW, Band VIII (1991), Sp. 774 f.

290 König, Processus und Practica (1541), Vorrede, Bl. Aiii^{r}: „*Darinne werden die ordentlichen text / vnd bewerten glossen beider rechte / vnd die gemeinen Beschlu[e]ss vnd wahne der Rechtslerer / auch der gebrauch Sechsischer Rechte (welche in Landrecht / Weichbild vnd Lehnrecht verfasset sein) sampt der Fu[e]rstenho[e]ffe Sechsischer art / vnd des Obern Sechsischen Hoffgerichts / vnd fu[e]rnemlichsten Scho[e]pffenstu[e]len / etlichen sonderlichen practicen vnd vbungen / trewlich vnd wol allegiret / gehandelt vnd angezogen*".

Hervorzuheben ist die Entstehung im sächsischen Rechtskreis, also in einem Umfeld, das bereits seit dem Sachsenspiegel über eine eigene Tradition schriftlicher Rechtsquellen verfügte. Es waren sächsisches Recht und römisch-kanonisches Recht in Gebrauch und im Einzelfall konnte noch zusätzlich lokales Recht hinzutreten.[291] Diese Rechtsvielfalt nährte das Bedürfnis nach einer verbindlichen Rechtsaufzeichnung, aus dem zunächst der *Processus* Königs und später die Zwickauer Stadtrechtsreformation 1539/69 entstanden sind.[292]

Das umfangreiche Buch ist in drei Teile gegliedert, die wiederum insgesamt in 138 Kapitel untergliedert sind.[293] Der erste Teil beschreibt zunächst die Gerichtspersonen. Die Ausführungen zu Richtern und Schöffen sowie zu Rechtsbeiständen umfassen insgesamt 17 Kapitel.[294] Im Anschluss daran folgt eine Darstellung des Prozessablaufs, die mit der Ladung und der Klage die *praeparatoria iudiciorum*, also die den Prozess vorbereitenden Schritte behandelt.[295] Der zweite Teil setzt die Darstellung mit Schwerpunkt auf dem Beweisrecht fort.[296] Im dritten Teil werden Appellation, Urteil, und die sich daraus ergebenden Rechtsfolgen erörtert.[297]

Der Text selbst zeichnet sich durch zahlreiche Verweise auf gelehrte Literatur aus, die innerhalb der Sätze eingefügt wurden. Mit diesen Allegationen knüpft das deutschsprachige Werk an die gelehrte Schrifttradition der Rechtswissenschaft an, die dem Verfasser aus seiner Studienzeit bekannt war.[298] Sein Buch wurde auch vom Leipziger Schöffenstuhl, der in diesem Zeitraum mit gelehrten Juristen besetzt war, in seinen Gutachten zitiert, was für das hohe Ansehen spricht, das es im Gebiet des sächsischen Rechts im 16. Jahrhundert genossen

---

291 Vgl. dazu EBEL, Sächsisches Recht, in: HRG[1], Band IV (1990), Sp. 1248–1250.

292 Vgl. dazu die anschaulichen Quellenbelege bei BERTHOLD/HAHN/SCHULTZE (HRSG.), Zwickauer Stadtrechtsreformation (1935), S. 8–11 sowie zur Datierung der Stadtrechtsreformation S. 22–31.

293 Während die erste Druckausgabe von 1541 schon rund 380 Seiten im Folio Format umfasste, wurde das Format der zweiten Druckausgabe aus demselben Jahr deutlich reduziert, was zu einem Umfang von über 800 Druckseiten führte. Das Anwachsen des Umfangs war allerdings nicht ausschließlich auf die Verkleinerung des Formats zurückzuführen. Der zweiten Ausgabe waren etwa 60 Folio-Seiten neu hinzugefügt worden.

294 KÖNIG, Processus und Practica (1541), Bl. XXIX^{v}-LIX^{r}.

295 KÖNIG, Processus und Practica (1541), Bl. LIX^{v}-CXXVIII^{v}.

296 KÖNIG, Processus und Practica (1541), Bl. CXXIX^{r}-CCXIX^{v}.

297 KÖNIG, Processus und Practica (1541), Bl. CCXX^{r}-CCCVII^{r}.

298 In der Vorrede wird betont, dass „*die allegata nachgesucht / corrigiret vnd restituiret*“ worden seien. KÖNIG, Processus und Practica (1541), Bl. Aiii^{r}.

hat.[299] Schließlich ist im Hinblick auf die Benutzbarkeit das ausführliche Sachregister am Ende des Buches zu erwähnen, das es ermöglichte, eine gewünschte Thematik auf einen Blick im Buch wiederzufinden.

f. Andreas Perneders Gerichtlicher Process (1544)

Andreas Perneder lebte in der ersten Hälfte des 16. Jahrhunderts.[300] Bekannte wichtige Stationen seines Lebens waren die Einschreibung an der Ingolstädter Universität 1518 sowie die späteren Tätigkeiten als Stadtprokurator und als Unterrichter am Hofgericht in München.[301] Diesen Stationen folgte 1534 die Ernennung zum Hofrat des bayrischen Herzogs Wilhelm IV. bis zu Perneders Lebensende 1543.[302] Es wird vermutet, dass Perneder durch seinen recht frühen Tod daran gehindert war, ein Gesamtwerk deutschsprachiger Rechtsliteratur fertigzustellen, das alle Rechtsgebiete umfassen sollte.[303] Tatsächlich decken die Schriften Perneders verschiedene Teilbereiche des Rechts, wie etwa das Prozess- und Privatrecht[304], das Lehnrecht[305] sowie auch das Strafrecht[306] ab, was die Vermutung stützt, dass Perneder ein diese Rechtsgebiete umfassendes Handbuch herstellen wollte. 1544, also schon recht bald nach seinem Tod, erschienen Perneders Schriften erstmals, was das Verdienst des Ingolstädter Professors Wolfgang Hunger (d. Ältere) war.[307]

Dieser hatte eigenen Angaben zufolge die Manuskripte Perneders überarbeitet und herausgegeben, was keine Selbstverständlichkeit war.[308] Als Schüler

299 Vgl. dazu PÄTZOLD, Leipziger Schöffenspruchsammlung (2009), S. 85.

300 Geb. um 1500, gest. 19.12.1543. Für biographische Angaben zu seinem Leben vgl.: LUIG, Perneder, Andreas, in: NDB, Band 20 (2001), S. 192 f.; LUIG/RAIL, Perneder, Andreas, in: HRG[1], Band III (1984), Sp. 1579–1585 sowie EISENHART, Perneder, Andreas, in: ADB 25 (1887), S. 384–387.

301 LUIG/RAIL, Perneder, Andreas, in: HRG[1], Band III (1984), Sp. 1580.

302 Vgl. dazu LUIG, Perneder, Andreas, in: NDB, Band 20 (2001), S. 192 f.

303 So bereits EISENHART, Perneder, Andreas, in: ADB 25 (1887), S. 384. Ihm folgend LUIG, Perneder, Andreas, in: NDB, Band 20 (2001), S. 192 f.

304 PERNEDER, Gerichtlicher Process (1544).

305 PERNEDER, Der Lehenrecht kurtze und aygentliche Verteütschung (1544).

306 PERNEDER, Von straff vnnd Peen aller vnnd yeder Malefitzhandlungen ain kurtzer bericht (1544).

307 Vgl. zum Leben Hungers WOLFF, Ingolstädter Juristenfakultät (1973), S. 122 f.

308 Hunger korrigierte und ergänzte, eigenen Angaben in der Vorrede zum *Gerichtlichen Process* zufolge, mühevoll die Verweise auf die gelehrte Literatur, die im Manuskript Perneders enthalten waren, bevor er sie in den Druck gab. PERNEDER, Gerichtlicher Process (1556), Vorrede (unpaginiert): *„In welchem ich in vberlesung vnd emendierung des zůgeschickten Exemplars (so nach dem Original in eil abgeschriben geweßt)*

von Ulrich Zasius sah sich Hunger nämlich einem Rechtfertigungsdruck ausgesetzt, überhaupt deutschsprachige Rechtsliteratur herauszubringen.[309] Dies rührte daher, dass sein berühmter akademischer Lehrer sich vehement gegen die Übersetzung von lateinischen Rechtsquellen ausgesprochen hatte.[310] Hunger fand eine Form, Perneders Werke, die er als „*Verteütschungen*" bezeichnete, zu rechtfertigen, indem er darauf abstellte, dass in den vorliegenden Werken nicht universitäre Dogmatik, sondern der Praxis angemessener Rechtsstoff vermittelt wurde.[311] Zudem sei bei der Abfassung eine hohe sprachliche wie auch fachliche Kompetenz an den Tag gelegt worden,[312] so dass der Inhalt auch

---

warlich nit wenig fleiß / vnd arbait angewendt / vrsach merers thails das in demselben gleich wol zimlich gůte / aber doch mancher hand geschrift gewesen / vnd fast alle der substituten / die nit vil an gůtem Teütsch verstanden / vnd noch weniger in dem Latein vnnd Allegationibus Juris / die ich an gar vil orten hab mu[e]ssen bessern vnd ergentzen / zů geschweigen was die druckerey mit jren falseten auffsehenß vnd mu[e]e bedarff".

309 Vgl. zu Hunger und Zasius Winterberg, Die Schüler von Ulrich Zasius (1961), S. 45 f.

310 Zum Hintergrund der Kritik von Zasius siehe oben *Zweiter Teil, II, 3*, S. 57 Anm. 183. Hunger selbst betonte die negative Einstellung vieler Gelehrter und insb. Zasius' deutschsprachiger Rechtsliteratur gegenüber. Perneder, Summa Rolandina (1544), Widmungsbrief Hungers (unpaginiert): „*Wiewol etlich der hochgelerten / vnder wo[e] lchen auch mein lieber Preceptor / der weytberu[e]mbt Doctor / Weylend herr Vlrich Zasius seliger / die verteütschung der Kayserlichen geschriben Rechten nit loben wo[e] llen*".

311 Perneder, Summa Rolandina (1544), Widmungsbrief Hungers (unpaginiert): „*So ist jetzgemeltes meines Preceptors seligen / auch anderer gelerten vnd recht weisen hierinn mainung nit anders zůversteen / dan so man inn verteütschung kein vernünfftige vnderschid oder wal helt / vnd des jhenig für die hand nimbt / so allain den Rechtsgelerten inn die schůl geho[e]ret / vnnd dem gemainen mann durch ainiche verdolmetschung inn verstand zůbringen vnmüglich*".

312 Perneder, Summa Rolandina (1544), Widmungsbrief Hungers (unpaginiert): „*Oder wann sich solcher arbeit die anmassen / wo[e]lche der Rechten selbs kain volkomen wissen / oder die jr Teütsch schlecht dem Latein nach richten / oder sonst die kunst / u[e]bung noch genad des zierredens / vnd aygentlich etwas inn die feder zůbringen / nit haben: wie dann bey vnsern zeitten / inn verteütschung der Rechten / aller vn jeder jetzgemelter stucken / Exempel durch den Druck außgangen / wo[e]lche vnlieblich / auch one not weiter anzůregen vn zůentdecken / dieweyl sie den verstendigen zůuor genůgsam bewist / vnnd lautter an dem tag ligen. Das aber inn vorgedachten zwayen Tractaten / vnd gleichermaß in allem andern / so ich newlicher zeit in Weyland Herrn Ander Perneders namen hab drucken lassen / diser gebrechen jrgent kainer erscheine / bezeüg ich mich auff das werck selbs*".

one vil scharpfsinig disputieren / mu[e]hsam vnderweisung / spitzig aufmercken / oder sorgfeltig vn schwer nachgedencken wol mügen verstanden werden.[313]

In diesem Sinne wird Perneder von Wolfgang Hunger als ein

> *Mayster / der nit allein ain Jurist gewesen aus langer erfarung vnd vilfeltigem gebrauch / auch nit allein in den bu[e]chern gelegen / wie man der beider art vil findet / sonder welcher zů gleich fleyssig vnnd wol studieret / un sein kunst in allerlay gerichtliche vbung / vngeua[e] rlich biß in xx. jar ta[e]glich an das werck gelegt /*[314]

charakterisiert. Die Erfahrung als Praktiker trug also neben dem Studium zur juristisch-fachlichen Kompetenz bei und zählte als erwähnenswerte Eigenschaft des Autors.

Wohl auch dank der anpreisenden Worte fanden die Werke Perneders großen Absatz:[315] Der für diese Untersuchung einschlägige, das Zivilverfahren behandelnde *Gerichtliche Process* ist seit 1544 in über 15 Druckauflagen aufgegangen und seine weiteren Werke erfreuten sich ebenfalls großer Beliebtheit.[316] Häufig als Konvolut mit den weiteren Werken Perneders zusammengebunden,[317] wird im *Gerichtlichem Process* auf etwa 200 Seiten im Quartformat das römisch-kanonische Zivilverfahren dargestellt.[318] Im ersten der sechs Teile werden zunächst die Grundlagen der Rechtspflege, also Rechtspraktiker und Gerichte erläutert, bevor im Zusammenhang mit der Klageerhebung verschiedene Klagearten, die Ladung und die Folgen von Säumnis erklärt werden.[319] Viel umfassender, als es etwa im *Klag-* und *Laienspiegel* der Fall war, stellen die weiteren Teile die folgenden Verfahrensabschnitte bis hin zur Appellation und Vollstreckung dar und gehen dabei auch auf spezielle Einzelfragen ein.[320] Insgesamt finden sich

---

313 Perneder, Summa Rolandina (1544), Widmungsbrief Hungers (unpaginiert).

314 Perneder, Gerichtlicher Process (1556), Vorrede (unpaginiert).

315 So bemerkt Hunger über Perneder: „*Vnder anderm hat er ainen gerichtlichen Proceß / als vil ich verstee / dermassen artlich vnd fleissig gestelt / hinder jme lassen / das bißher in gantzer hoch Teutscher nation (wiewol deren vnzelich in druck außgangen) nit vil deßgleichen an den tag kommen seind*“, Perneder, Gerichtlicher Process (1556), Vorrede (unpaginiert).

316 Siehe dazu Eisenhart, Perneder, Andreas, in: ADB 25 (1887); sowie Stintzing, Geschichte der Rechtswissenschaft (1880; ND 1957), S. 573 f.

317 Stintzing, Geschichte der Rechtswissenschaft (1880; ND 1957), S. 574–576.

318 Zitiert wird nach der digital vorhandenen Ausgabe: Gerichtlicher Process, Ingolstadt 1556 (VD16 P 1483).

319 Perneder, Gerichtlicher Process (1556), Bl. I^{r}-XXVII^{v}.

320 Perneder, Gerichtlicher Process (1556), 2. Teil: Zur Form der Klage (Bl. XXVII^{r}-XLI^{r}), 3 Teil: Einreden (Bl. XLI^{v}-LII^{r}), 4. Teil: Gegenklage, Litis contestatio, Positionen

deutsche und lateinische Überschriften und typologisch vom Fließtext abgesetzte Allegate auf gelehrte Literatur wie das *Speculum* von Durantis.[321] Zudem dienen zusammenfassende Randbemerkungen einer schnellen Orientierung und auch ein ausführliches Register erhöht die Benutzbarkeit des Werkes, dem Hunger einen hohen fachlichen Anspruch zuschrieb.[322] Das den Werken Perneders aus Zeiten der älteren rechtshistorischen Forschung anhaftende Stigma der „Unwissenschaftlichkeit" dürfte mittlerweile überwunden sein, wenngleich eingehende neuere Untersuchungen zum *Gerichtlichen Process* und den anderen Werken Perneders weiterhin ausstehen.[323]

g. *Heinrich Knausts Fewerzeugk Gerichtlicher Ordnunge Process und Läuffe (1558)*

Heinrich Knaust wurde 1521/24 in Hamburg geboren und studierte die Artes liberales in Wittenberg.[324] Ein juristisches Studium ist für den sich selbst als „*Doktor beider Rechte*" Bezeichnenden allerdings nicht nachgewiesen.[325] Erfahrung im

---

und Artikel (Bl. LII^{v}-LIX^{v}), 5. Teil: Beweise (Bl. LX^{r}-LXX^{v}), 6. Teil: Urteil, Appellation, Vollstreckung (Bl. LXXI^{r}-XCVII^{v}).

321 Hierbei betont Hunger allerdings die Eigenständigkeit des Werkes, das auch stellenweise auf die Reichskammergerichtsordnung und weitere Territorialrechte, also die bestehende Praxis, einging und Formulare bereithielt. PERNEDER, Gerichtlicher Process (1556), Vorrede (unpaginiert): „*Es ist auch hierinn nit allain das grosse meer aller practica vnd gerichtlicher u[e]bung Speculator gleich als in ainen kurtzen begriff gezoge / oder Papiensis schlecht von wort zů wort verteutschet / sonder auch aller hand Libell vnd klagen in der form gestalt vnd fürgemalet / wie sie in Teütscher nation gebreüchlich sein. Zůdem / welchs ich für besonder fruchtbar vnd dienstlich achte / so seyen hierinn allenthalb an gelegnen orten mit eingefu[e]rt des Heiligen reichs vil vnnd mancherlay newe gar geu[e]bte vnd breuchliche ordnung / belangend den gerichtlichen Proceß in allerlay person / sachen vnd klagen*".

322 Sogar gelehrten Juristen sollte das Werk dienen. PERNEDER, Gerichtlicher Process (1556), Titelblatt: „*Vnnd ist in summa alles so dieser zeit bey vns zů ordenlichem Process in recht geho[e]rig / der gestalt hierinn verfaßt vnnd fürgemalet / das zůgleich gelerte vnnd vngelerte / so vor gericht zů handlen haben / besunder nutzlichen bericht auß disem Bůch empfahen mugen*".

323 Vgl. dazu und für eine Literaturzusammenstellung die Verweise bei LUIG/RAIL, Perneder, Andreas, in: HRG^{1}, Band III (1984), Sp. 1584 f.

324 Geb. 1521/24, gest. um 1580. Die umfassendsten biographischen Angaben zu Heinrich Knaust finden sich in der Biographie von MICHEL, Heinrich Knaust (1903; ND 2010).

325 So im Deckblatt einer „*Fewerzeugk*"-Ausgabe von 1564. Zur Frage der Graduierung ablehnend MICHEL, Heinrich Knaust (1903; ND 2010), S. 120–125. Ferner

Umgang mit rechtlichen Streitigkeiten sammelte der Rechtspraktiker als Advokat am Berliner Kammergericht sowie als Syndikus in verschiedenen Anstellungen.[326] Knaust hat vielfältige juristische und nichtjuristische Schriften auf Deutsch und Latein veröffentlicht.[327] Aus der juristischen Literatur ist sein *Fewerzeugk Gerichtlicher Ordnunge Process und Läuffe*, auch *Gerichtlicher Fewerzeugk* bekannt, seit 1558 mit zehn nachweisbaren Auflagen die erfolgreichste Schrift.[328]

Das „*Bu[e]chlin*", wie Knaust es selbst bezeichnet, ist ein kleinformatiger Druck und umfasst in der Auflage von 1562 etwa 130 Seiten.[329] Darin werden, in 36 Kapitel unterteilt, zunächst kurz die Gerichtspersonen und ihre Ämter dargestellt, bevor der prozessuale Ablauf des Gerichtsverfahrens wiedergegeben wird. Eigenen Angaben zufolge, handelt es sich bei dem Text um Vorlesungsmitschriften.[330] Er stellt den römisch-kanonischen Prozess von der Ladung bis hin zur Appellation dar und steht damit in einer Überlieferungslinie mit den anderen Werken der hier untersuchten Praktikerliteratur, wenngleich diese in der Regel tiefgehender und aufgrund des größeren Umfangs nicht so preiswert gewesen sein dürften.[331] Von der Forschung ist das Buch trotz der vielen Auflagen kaum

---

dazu MUTHER, Geschichte der Rechtswissenschaft (1876; ND 1961), S. 395, sowie AHRENS, Heinrich Knaust, in: NDB 12 (1979), S. 167 f.

326 Vgl. dazu AHRENS, Heinrich Knaust, in: NDB 12 (1979), S. 167 f. sowie FRANCK, Knaust, Heinrich, in: ADB, Band 16 (1882), S. 272–274.

327 SCHRÖDER (HRSG.), Knaust, Heinrich, in: Lexikon der hamburgischen Schriftsteller, Band IV (1866), S. 84–99 enthält ein ausführliches Werkverzeichnis.

328 Der VD 16 Katalog verzeichnet insgesamt sechs Auflagen. Diese Angaben sind unvollständig: neben sieben vorhandenen Auflagen aus dem 16. Jahrhundert besorgte der Bearbeiter Peter Friderius ab 1594 noch weitere drei Auflagen des Werkes.

329 Zitiert wird nach den digital vorhandenen Ausgaben: Gerichtlicher Fewerzeugk, Frankfurt 1562 (ausgewiesen als VD 16-K1397) sowie Gerichtlicher Fewerzeugk oder erstes A.B.C und Lehrbüchlein aller Gerichtlichen Ordnung, Proceß und Sachen, Frankfurt 1568 (ausgewiesen als VD 16-K1399). Die Höhe des Buchrückens beträgt bei der Ausgabe von 1562 nur etwa 14 cm, was dem Format Klein-Oktav entspricht.

330 KNAUST, Gerichtlicher Fewerzeugk (1562), Vorrede (unpaginiert): „*weil ich vor etlich jaren / zu besonderm meinem gebrauch / der memori halben / mir selbst ein kurtz verzeichniß des u[e]blichen Gerichtlichen lauffs zůgerichtet*".

331 In der Vorrede rechtfertigt sich Knaust dafür, ein weiteres deutsches Werk zum Prozess geschrieben zu haben: „*mo[e]chte es wunder neme / wie ich darzů ka[e]me / daß ich / wie mann sagt / Iliada post Homerum, schreiben wollte / vnd nach so vil herrlichen / treflichen / feinen Processen / hoher geleerter Leuth / mich gelusten lassen / allererst ein sonderliches inn dem fall zumachen vn an den tag zugeben [...] Ich gestehe vnnd bekenne es / daß meines Fewerzeugks nicht von no[e]ten gewesen*

beachtet worden.[332] Die Schrift enthält stichwortartige lateinische Marginalien und im Fließtext eingebettete Allegationen auf römisch-kanonische Rechtsquellen. Den späteren Ausgaben fügte Knaust zusätzlich Traktate und teils Übersetzungen anderer Werke an, so dass die Ausgabe von 1572 auf über 650 Seiten anschwoll.[333] Besonderes Interesse wecken darunter vor allem die angefügten Texte „*Vermahnung an die Richter / das sie auß beschriebenen Rechten* [...] *vrtheil sprechen sollen*" und „*Cauteln vnd Regulen der Procuratoren*", die spezielle Anweisungen für Rechtspraktiker enthielten.[334] Der Abschnitt zum prozessualen Gerichtsablauf blieb aber inhaltlich unverändert. Weitere Auflagen des Werks erfuhren seit 1594 bis 1616 eine Bearbeitung durch den Rechtsprofessor Peter Friderus.[335]

h. Joos de Damhouders Practica Gerichtlicher Handlunge in Bürgerliche Sachen (1575)

Joos de Damhouder wirkte als Rechtspraktiker im 16. Jahrhunderts in den heutigen Niederlanden.[336] Er studierte seit 1524 in Löwen und Orleans und erreichte

---

wer / Es sindt ordenlicher vnnd wolgegru[e]ndeter Proceß gnůg allenthalben vorhande". Dennoch entschied er sich zur Publikation „*vnnd solche quasi Tabulae von etlichen gůtten Freunden gesehenn vnd gelobt / auch zu publicirn gebetten worden [...] habe ich mich zuletzt erbitten angehalten vnnd bey die arbeyt bringen lassen*". Knaust, Gerichtlicher Fewerzeugk (1562), Vorrede (unpaginiert). Die Rechtfertigung, zur Publikation durch Dritte gebracht worden zu sein, war ein gängiger Topos bei der volkssprachigen Vermittlung gelehrten Wissens. Vgl. dazu Habermann, Deutsche Fachtexte (2001), S. 205.

332 Vgl. aus der neueren Forschung nur Bressler, Schuldknechtschaft (2004), S. 179 Anm. 168.

333 So enthält die Ausgabe von 1572 eine Übersetzung von Johann Oldendorps *Progymnasmata fori, secundum constitutionem Principum nostrorum* von 1548, in der Oldendorp den prozessualen Ablauf nach der Reichskammergerichtsordnung für Studenten verfasste. Siehe Knaust, Fewerzeugk Gerichtlicher Ordnunge (1572), Bl. 154^{r}-182^{r}.

334 Beide enthalten in der Ausgabe Knaust, Gerichtlicher Fewerzeugk (1568), Bl. 174^{v}-226^{r}.

335 Vgl. zu Friderus Muther, Friderus, Peter F., in: ADB, Band 7 (1878), S. 385.

336 Geb. 1507, gest. 1581. Zu seiner Biographie siehe Strubbe, Joos de Damhouder, in: TRG 38 (1970), S. 1–23; Feenstra, Damhouder, Joos de, in: Stolleis (Hrsg.), Juristen (2001), S. 158 f.; Bauer, Joos de Damhouder (2000), S. 269 f.; Monballyu/Opsommer, Art. Damhouder, Joos de, http://www.historicum.net/no_cache/persistent/artikel/1588-1/ (zuletzt aufgerufen am 29.03.2015).

den Grad eines Lizentiaten beider Rechte, bevor er um 1531 in seine Heimatstadt Brügge zurückkehrte.[337] Nach seinem Studium betätigte sich Damhouder dort als Advokat, Rat und Gerichtsschreiber.[338] 1551 wurde er Rat und Kommissar der Finanzen in Brüssel.[339] Im deutschen Sprachraum erschienen drei seiner Werke jeweils in Frankfurt am Main.[340] Das für diese Arbeit einschlägige Werk, die *Practica gerichtlicher Handlunge in Bürgerliche Sachen* ist eine Übersetzung von Damhouders *Praxis rerum civilium* (Antwerpen 1567), die 1575 von dem damaligen Rechtsstudenten Johann Vetter ins Deutsche übersetzt wurde.[341] Der deutsche Übersetzer Vetter hatte seine Mühe mit der autorisierten Übersetzung und sah überdies die Gefahr zeitgenössischer Kritik.[342] Doch die vermeintlich große Nachfrage überwog letztlich die aufkommenden Zweifel.[343]

---

337 Bauer, Joos de Damhouder (2000), S. 272; Feenstra, Damhouder, Joos de, in: Stolleis (Hrsg.), Juristen (2001), S. 158 f.

338 Feenstra, Damhouder, Joos de, in: Stolleis (Hrsg.), Juristen (2001), S. 168 f.

339 Strubbe, Joos de Damhouder, in: TRG 38 (1970), S. 11.

340 Patrocinium Puppillorum von Vormundtschafften, Wie dieselben, Recht verwaltet und den Pflegekindern treuwlich und fleissig vorgestanden werden solle, 1576, 1580, 1595; Practica Gerichtlicher Handlunge in Bürgerliche Sachen, 1575, 1581, 1591; Praxis rerum Criminalium, 1565, 1571, 1575, 1581, 1591. Vgl. dazu Bauer, Joos de Damhouder (2000), S. 281 f.

341 Bauer, Joos de Damhouder (2000), S. 286.

342 Damhouder, Practica gerichtlicher handlunge (1575), Vorrede (unpaginiert): „*Demnach aber in außfu[e]hrung des Wercks selbs / vnd (also zusagen) in recessu viel mehr difficulteten vnd verdrießliche mu[e]he / sich befunden vnd era[e]ugt / dann es sich erstes malß / vnnd eusserlichem schein nach / ansehen liesse / beuorab dieweil der Author dieses Buchs / Herr Jost Damhouder / mit dessen vorwissen vnd meynung / gegenwertige Translation fu[e]rgefasset / vnnd an die handt genommen worden /* [...] *Dann auch vnnd zum andern / in erwegung vnnd betrachtung / daß ich vilelleicht etwas vngewegene vnnd scharpffe Censores vnnd Aristarchos oder Richtere von den Hochuerstendigen vnnd Gelehrten / mit dieser Translation vnnd verteudtschung vber mich erwecken wu[e]rde / So bin ich zu mehr malen bedacht / vnd gentzlich bey mit entschlossen gewesen / die fedder widerumb abzuthun / vnd den Stylum oder calamum zu reprimirn / vnd von angefangenem Werck der verteudtschung ganzt vnnd gar abzulassen*".

343 Damhouder, Practica gerichtlicher handlunge (1575), Vorrede (unpaginiert): „[...] *so wu[e]rde gewißlich diese* [Practica, PW] *in Burgerlichen sachen / auch angenem / vnnd gleichßfals lieb vnd werth sein: sonderlich dieweil / als vor langest / etwan einmal den Buchfu[e]hrern ein wohn fu[e]rhabender verteutschung auffgethan worden / seit der zeit hero / so viel nachfragens darnach beschehen / vnnd dieselbige von vielen / auch zu mehr malen / fleissiglichen vnnd begierlichen gesucht / vnnd begert worden*".

Im Hinblick auf die Urheberschaft ist das Werk allerdings nur bedingt Damhouder zuzuordnen.[344] Bei Damhouders *Praxis rerum civilium* handelte es sich wiederum in weiten Teilen um eine Übersetzung, die der flämische Rechtspraktiker Damhouder von dem Traktat *Corte instructie in civile Saeken* des Filips Wielant angefertigt und erweitert hatte.[345] Einzigartig unter den Werken der untersuchten Praktikerliteratur ist der Vorgang der doppelten Übersetzung: von einer Volkssprache ins Lateinische und daraufhin ins Deutsche.

Sehr ausführlich wird in der Practica auf etwa 680 Folioseiten der Gerichtsablauf dargestellt. Zunächst erfolgen Ausführungen zum richterlichen Amt und allgemein zum gerichtlichen Prozess.[346] Ab dem XXVI. Kapitel beginnt eine Darstellung des Gerichtsablaufs in zehn Terminen: von Beratung, Ladung, Säumnis über die Klagübergabe, Kriegsbefestigung, Beweise, Einreden bis hin zum Urteil, dem sich die Vollstreckung anschließt.[347] Neben den Richtern[348] werden im Zuge der Darstellung auch die Rechtsbeistände thematisiert.[349] Das Ziel des Werkes war es, den Prozessablauf „*auch den ungelehrten Gerichtspersonen / fleissig eingebildet / und fast gemein und bekannt*“ zu machen.[350] Zu diesem Zweck wurde das Verfahren nach römisch-kanonischen Recht dargestellt, wenngleich sich vereinzelte Hinweise auf flämische Gewohnheiten finden.[351] Nur ein neuerer Beitrag

344 Zitiert wird nach der digital vorhandenen Ausgabe: Practica Gerichtlicher Handlunge in Burgerliche Sachen, Frankfurt 1575 (VD16 D 57). Darin enthalten: *Praxis rerum civilium* und *Praxis rerum criminalium*.

345 Filips Wielant (1441–1520) studierte 1457 die Artes in Paris und 1462 Zivilrecht in Löwen. Vgl. dazu Opsommer, Wielant, Filips, in: Stolleis (Hrsg.), Juristen (2001), S. 671 f. Siehe zum Traktat auch Schaap, Corte instructie (1927). Vgl. zum Verhältnis zwischen Wielants Vorlage und Damhouders erweiterter Ausgabe Bauer, Joos de Damhouder (2000), S. 280 f. Eine wörtliche Überschneidung ergibt sich überdies zwischen Damhouders Praxis rerum criminalium und einem Carolinen-Kommentar Justin Goblers. Vgl. dazu Kantorowicz, Goblers Karolinen-Kommentar (1904), S. 21.

346 Damhouder, Practica gerichtlicher handlunge (1575), Kapitel I-XXVI, S. 1–57.

347 Damhouder, Practica gerichtlicher handlunge (1575), S. 58. Vgl. zum Inhalt auch Bauer, Joos de Damhouder (2000), S. 282–285.

348 Damhouder, Practica gerichtlicher handlunge (1575), Kap. II-IX, S. 2–24.

349 Damhouder, Practica gerichtlicher handlunge (1575), Kap. LXXXIIII-XCIX, S. 208–241.

350 Damhouder, Practica gerichtlicher handlunge (1575), Vorrede, (unpaginiert).

351 Damhouder, Practica gerichtlicher handlunge (1575), Vorrede (unpaginiert): „*Wann ich dann auch selbs in außfu[e]hrung des Wercks befunden / daß diese Practic mehrer theils / auß den gemeinen beschriebenen Kayserlichen Rechten / vnnd deren fu[e]rnehmen Lehrern vnnd Scribenten genommen / vnd in einen*

untersucht die *Practica gerichtlicher Handlunge* und legt den Schwerpunkt auf die bildlichen Darstellungen; weitergehende deutsche Untersuchungen liegen nicht vor.[352]

5. Merkmale, Bewertung und Erkenntnismöglichkeiten von Praktikerliteratur

Obwohl sich die Frage der Rechtsanwendung als eines „der Kernprobleme der Rezeptionszeit"[353] einer generellen Antwort entziehen dürfte, ist doch der Blick auf die Vermittlung des Rechtswissens ein entscheidender Schritt, der wenigstens zu einer Annäherung an die Möglichkeiten der Rechtsanwendung in der Rechtspflege beiträgt. Dafür bieten sich die rechtsvermittelnden Quellen des Untersuchungszeitraums, im Speziellen die ausgewählte Praktikerliteratur besonders gut an. Sie spricht den Untersuchungsgegenstand gleich in dreifacher Weise an: erstens sind die Rechtspraktiker Adressaten dieser Literatur, zweitens werden ihre Ämter darin thematisiert, drittens ist sie von Rechtspraktikern verfasst worden. Überdies war sie in der Regel nicht speziell lokal ausgerichtet, was gebietsübergreifende Einblicke ermöglicht. Dank der deutschsprachigen Aufbereitung sind es insbesondere die Ämter der ungelehrten lateinunkundigen Rechtspraktiker der mittleren und niedrigen Instanzen, über die die Werke Aufschluß geben können.

Die Auswahl der vielaufgelegten Bücher der Praktikerliteratur deckt verschiedene Regionen ab, wodurch ein großer Teil des deutschen Sprachgebiets erfasst wird.[354]

Auf Seite der Verfasser stehen mit Ausnahme von Ulrich Tenngler ausschließlich gelehrte Juristen aus dem 15. und 16. Jahrhundert. Mit ihren beruflichen Tätigkeiten als Schreiber, Advokaten und Syndici, sowie – in Richterstellung – als Räte, Schöffen und Vögte zeichnen sich die Autoren dieser Praktikerliteratur jedoch auch durch ihre Praxiserfahrung aus. Als Adressaten der Werke werden

---

ordentlichen vnd fo[e]rmlichen Gerichtlichen Proceß zusammen gezogen / vnd derwegen fast auff ein jedtweder Gericht gestellet / vnnd formiert / ausserhalb etlicher wenigen miteingefu[e]rten Gebreuchen".

352 Bauer, Joos de Damhouder (2000), S. 269–318.

353 Oestmann, Rechtsvielfalt vor Gericht (2002), S. 5.

354 Weitere Werke, wie etwa Freigius, Neüwe Practica Iuris (1574), Zobel, Sachsenspiegel Auffs newe vbersehen (1582); Vigelius, Richterbüchlein (1578), Schultes/Teuber, Instruction des gerichtlichen Processes (1623), werden nur vereinzelt hinzugezogen.

hingegen überwiegend ungelehrte Rechtspraktiker anvisiert, nur ein Werk empfiehlt sich ausdrücklich auch angehenden und sogar gelehrten Juristen.[355]

Schon die Überlegungen zum Forschungsstand machten deutlich, dass die Bewertung der Werke nach einem – wie auch immer verstandenem – Kriterium von ‚Wissenschaftlichkeit' nicht weiterführend ist.[356] Ertragreicher erscheint es bezüglich dieser Quellen einen Schwerpunkt auf den Vermittlungsvorgang und die damit einhergehende schöpferische Leistung der Verfasser zu legen.[357]

Der prinzipiellen Etikettierung als ‚unwissenschaftlich', wie sie von der älteren Forschung vorgenommen wurde, steht aber auch die akademische Ausbildung auf der Autorenseite der untersuchten Werke entgegen. Infolgedessen sollen die ausgewerteten Werke nachstehend kurz gemeinsam charakterisiert und einer Neubewertung unterzogen werden, aus der sich ihr Nutzwert speziell für die vorliegende Untersuchung sowie für die allgemeine rechtshistorische Forschung erschließt.

Bislang hat die Forschung versäumt zu fragen, ob es sich bei der deutschsprachigen juristischen Praktikerliteratur des Untersuchungszeitraums um eine eigene Gattung von Rechtsliteratur handelt.[358] Unzweifelhaft bleibt allerdings – wird nur mit dem Sammelbegriff der Rechtsliteratur operiert, der lateinische und deutsche Schriften zusammenfasst – die selbständige Entwicklung der

---

355 PERNEDER, Gerichtlicher Process (1556), Vorrede, Bl. a iii^{r}: „*Nun ist aber den verstendige vn geu[e]bte wol bewust / wie vil ainne angeende Iuristen (er werde ain Richter / Rath / Beysitzer / Aduocar oder Procurator) daran gelegen / das er verstentlich / formlich vn mit deütlichen worten auch in Teütscher sprach von seiner profession wisse zu reden / wo[e]lchs ain jeder in disem Proceß meines bedunckens gar ainen rainen wol formierten patron vnd ebenbild haben mag*". Siehe zu den Adressaten auch oben *Zweiter Teil, II, 2*, S. 46 f.

356 Siehe dazu oben *Zweiter Teil, II, 3*, S. 58–60.

357 Vgl. zu diesem Ansatz, der aus der „Kulturtransfer"-Debatte abgeleitet wurde, SCHUMANN, Rechts- und Sprachtransfer (2013), S. 158–161.

358 Deutschsprachige Rechtsliteratur ist bislang nicht Gegenstand einer typologischen Untersuchung gewesen. Allerdings ist es unzulässig, Kriterien zur Rechtsliteratur aus anderen Perioden schematisch auf das Zeitalter der praktischen Rezeption zu übertragen. Vgl. kritisch zu einer Übertragung von für frühere Perioden entwickelten Kriterien HORN, Legistische Literatur (1973), S. 314: „Die Typologie muß sich in erster Linie an der historischen Individualität der hier betrachteten Epoche und des dort anzutreffenden Materials orientieren". Vgl. zu den Schwierigkeiten einer Typologie von Rechtsliteratur für die Zeit des 16.–18. Jahrhunderts SÖLLNER, Literaturtypen, in: Ius Commune 2 (1969), S. 174–176. Zum Forschungsstand und zur Abgrenzung der deutschsprachigen Praktikerliteratur vom Begriff der ‚populären Rechtsliteratur' siehe oben *Zweiter Teil, II, 3*, S. 54–62.

deutschsprachigen Praktikerliteratur unbeachtet. Die Werke deutschsprachiger Praktikerliteratur sind zunächst das Produkt einer weiterreichenden Entwicklung in der Textproduktion: In der Frühmoderne[359] kam es zu einer volkssprachlichen Popularisierung von lateinischen Schriften, die unter anderem Rechtsliteratur erfasste.[360]

Obgleich die Werke mit dem Sprachwechsel vom Lateinischen in die Volkssprache einen Rezipentenwechsel herbeiführten, bleibt der fachliche Anspruch, wenn auch in unterschiedlich starker Ausprägung, erhalten.[361] Er ist zurückzuführen auf die prinzipielle Funktion dieser Werke, die darin bestand, Rechtswissen (mit Schwerpunkt auf dem römisch-kanonischen Recht) zu vermitteln. Der fachliche Anspruch lässt sich anhand des Inhalts und des formalen Aufbaus der Werke veranschaulichen, wobei Parallelen, aber auch Unterschiede zu lateinisch-gelehrter, praktisch ausgerichteter Rechtsliteratur deutlich werden.

Der inhaltliche Schwerpunkt der vorliegenden Werke liegt auf dem Prozessrecht, das in allen Werken zentral behandelt wird. Eine Ausnahme stellt

---

359 Volkssprachliche Rechtstexte waren keine Neuerung dieser Periode. Bereits im 13. Jahrhundert war der Sachsenspiegel auf Mittelniederdeutsch zu hoher Verbreitung gekommen, ihm folgten zunächst weitere Rechtsbücher und schließlich waren die im Untersuchungszeitraum aufkommenden legislativen Rechtstexte ebenfalls in der Volkssprache verfasst. Vgl. zur volkssprachlichen Verschriftlichung des Rechts im 13. Jahrhundert Bertelsmeier-Kierst, Kommunikation und Herrschaft (2008), S. 12–21, 62 (Zitat): „Das plötzliche Anwachsen volkssprachlicher Schriftlichkeit auf dem Gebiet des Rechts ist offenbar in engem Zusammenhang mit der Kodifizierung des kanonischen Rechts zu sehen. Vor allem seit dem vierten Laterankonzil (1215) setzte eine allgemeine Verschriftlichungswelle des Rechts ein, von der praktisch alle west- und mitteleuropäischen Länder im Laufe des 13. Jahrhunderts erfaßt wurden".

360 Vgl. zur Popularisierung lateinischer Texte in frühneuhochdeutschen Drucken Friedrich, „Historia animalium" (1995), S. 144 m. w. N. Vgl. für einen Überblick zur historischen Fachprosaforschung Habermann, Deutsche Fachtexte (2001), S. 69–87 sowie S. 503–520 zum Verhältnis von Deutsch und Latein in naturkundlich-medizinischen Texten der Frühen Neuzeit.

361 Vgl. in diesem Sinne bereits Wieacker, Privatrechtsgeschichte (1967), S. 171, wonach an Rechtspraktiker adressierte deutschsprachige Literatur als Fachliteratur zu kennzeichnen ist. So auch Knape, Dichtung, Recht und Freiheit (1992), S. 153. Dieses Ergebnis bleibt zutreffend, wenngleich auch in der literaturwissenschaftlichen Forschung eine Diskussion über die Grenzen von Fachliteratur im Gange ist. Siehe dazu Seelbach, Rezension zu: Deutsche Fachliteratur, in: Arbitrium 2 (2009), S. 171 sowie Schnell, Besprechung von: Deutsche Fachliteratur, Beiträge zur Geschichte der deutschen Sprache und Literatur 132 (2010), S. 272 f.

hierbei der *Klagspiegel* dar, der zwar ein Kapitel zum Gerichtsverfahren enthält, im Übrigen jedoch die materiellrechtlichen Voraussetzungen von Klagen in den Vordergrund stellt.[362] In seiner Neubearbeitung von 1601 folgte der Klagspiegel allerdings den anderen Werken der deutschsprachigen Praktikerliteratur, indem ein eigener abgeschlossener Abschnitt zum Prozessrecht hinzugefügt wurde. Bemerkenswert ist bei allen Werken, dass der verhandelte Inhalt den Aufbau der Texte bestimmt; dass also die chronologische Aufeinanderfolge der prozessualen Schritte stets die Darstellung leitet.[363] Unter diesem Gesichtspunkt steht die volkssprachliche Praktikerliteratur in einer Traditionslinie mit gelehrten lateinischen Schriften für Rechtspraktiker.[364] Als sich das römisch-kanonische Prozessrecht im 12. Jahrhundert zu formieren begann, etablierte sich eine Form der juristischen Darstellung im Rahmen der ersten selbständigen Prozessrechtswerke, der ordines iudiciarii/iudiciorum.[365] Darin fand sich eine Darstellung des Prozessrechts, die sich am chronologischen Ablauf eines Gerichtsverfahrens orientierte. Die enthaltenen Vorstellungen zur Verfahrensdurchführung gliederten den Prozess in Verfahrensabschnitte.[366] Im 13. Jahrhundert erlebte diese gelehrte, aber auf die gerichtliche Praxis ausgerichtete Literatur ihren Höhepunkt im *Speculum Iudiciale* von

---

362 Obwohl der Klagspiegel als prozessrechtliches Werk bezeichnet werden kann, unterscheidet er sich in dieser Hinsicht stark von den anderen untersuchten Werken. Vgl. zum Verfahrensrecht im Klagspiegel Deutsch, Klagspiegel (2004), S. 274–289; 288–400 sowie zum materiellrechtlichen Schwerpunkt S. 402.

363 Für den prozessualen Ablauf des römisch-kanonischen Gerichtsverfahrens siehe jetzt eingehend Nörr, Romanisch-kanonisches Prozessrecht (2012).

364 Vgl. dazu Holthöfer, Literaturtypen, in: Ius Commune 2 (1969), S. 163. Siehe zur Gattung der praxisbezogenen Rechtsliteratur Holthöfer, Literatur (1977), S. 318 f. sowie Söllner, Literatur in Deutschland (1977), S. 578. Bezeichnenderweise für den Forschungsstand zur volkssprachlichen Rechtsliteratur fehlt in dem wichtigen Grundlagenwerk von Helmut Coing (Hrsg.), Handbuch der Quellen und Literatur (1973–1988), ein entsprechender Abschnitt mit einer Aufstellung von praxisbezogener Rechtsliteratur in Deutschland.

365 Vgl. näher dazu Nörr, Literatur (1973), S. 383–386. Siehe zur Entstehung der Prozessrechtliteratur Fowler-Magerl, Ordo iudiciorum (1984), S. 9–31. Vgl. dazu auch Litewski, Der römisch-kanonische Zivilprozeß (1999), S. 64; Schlinker, Litis Contestatio (2008), S. 58 f.

366 Lepsius, Von Zweifeln zur Überzeugung (2003), S. 24: „Damit lag eine logische Struktur des Prozesses vor, der die Darstellung der Materie in den Prozeßhandbüchern folgte“. Vgl. zur frühen Literatur zum Prozess auch Lange, Römisches Recht im Mittelalter, Bd. 1 (1997), S. 128 m. w. N., 443–445.

Guillelmus Durantis.[367] Die umfangreiche Kompilation der vorangegangenen Werke zum Prozessrecht entwickelte sich in so hohem Maße zum Referenzwerk des römisch-kanonischen Prozesses, dass ihr zugesprochen wird, eine weitgehende Stagnation der Dogmatik des Prozessrechts bewirkt zu haben.[368]

Das *Speculum Iudiciale* behandelt im ersten Buch auf etwa 345 großformatigen Seiten die am Prozess beteiligten Personen und ihre Ämter. Im zweiten Buch folgt auf 570 Seiten die Darstellung des Ablaufs eines Gerichtsverfahrens.[369] Der didaktisch sinnvolle Gedanke, die Ämter der Gerichtspersonen und die sonstigen Prozessbeteiligten zu erklären und mit einer Darstellung des Prozesses zu verbinden, fand weitgehend Eingang in die hier untersuchten Werke der Praktikerliteratur.[370] Eine dem *Speculum Iudiciale* ähnlich breite Darstellung in Form einer Übersetzung existiert allerdings nicht; vielleicht auch deshalb, weil die Benutzung des *Speculums* trotz des durchschlagenden Erfolgs des Werks als umständlich gewertet werden kann.[371]

Die hier untersuchten Werke der Praktikerliteratur lassen sich im Hinblick auf die Tiefe der Darstellung in zwei Gruppen einteilen. Die eine beschreibt den Prozess recht ausführlich und eingehend,[372] während die Werke der anderen

---

367 Vgl. zu Durantis LEPSIUS, Durantis, Guillelmus (um 1230–1296), in: HRG², Band I (2008), Sp. 1168–1170; SOETERMEER, Wilhelm Durand, in: BBKL, Band XXII (2003), Sp. 1527–1539 sowie VON BETHMANN-HOLLWEG, Civilprozeß (1874), S. 203–212.

368 Vgl. dazu SCHLINKER, Litis Contestatio (2008), S. 146 sowie NÖRR, Literatur (1973), S. 394. Siehe zur Bedeutung auch LANGE/KRIECHBAUM, Römisches Recht im Mittelalter, Bd. 2 (2007), S. 481: „Was nach ihm erschienen ist, trägt weitgehend epigonenhafte Züge".

369 Vgl. zum Inhalt des Speculum Iudiciale VON BETHMANN-HOLLWEG, Civilprozeß (1874), S. 213–220; LANGE/KRIECHBAUM, Römisches Recht im Mittelalter, Bd. 2 (2007), S. 483–486.

370 Diese Einteilung des Stoffes war eine Neuschöpfung des Speculum. Vgl. dazu LANGE/KRIECHBAUM, Römisches Recht im Mittelalter, Bd. 2 (2007), S. 419. Vgl. für weitere, auf Durantis Speculum folgende gelehrte Werke zum Prozessrecht STINTZING, Geschichte der Literatur (1867; ND 1959), S. 197–258; VON BETHMANN-HOLLWEG, Civilprozeß (1874), S. 225–265.

371 In der Literatur wird das Speculum Iudiciale wegen seiner Weitschweifigkeit, der fehlenden Systematik und Widersprüchen in der Darstellung kritisiert. Vgl. dazu LANGE/KRIECHBAUM, Römisches Recht im Mittelalter, Bd. 2 (2007), S. 482 f.; STINTZING, Geschichte der Literatur (1867; ND 1959), S. 197.

372 Dazu sind in dieser Reihenfolge die Werke von Damhouder, König, Perneder und Gobler zu zählen. Erst die bearbeitete Fassung des Klagspiegels, der Revocirte Klagspiegel von 1601, reiht sich ebenfalls in diese Gruppe ein, da das ursprüngliche Werk keinen eigenen Prozessrechtsteil beinhaltete.

Gruppe als eher nivellierende Synthesen des römisch-kanonischen Prozessrechts einzuordnen sind.[373] Freilich sind die der zweiten Gruppe angehörenden komprimierten Darstellungen des Prozessrechts nicht einseitig als schlichter Mangel von Wissenschaftlichkeit, sondern durchaus auch als bewusste Anpassungen im Hinblick auf Anforderungen bei der Benutzung zu qualifizieren.[374]

Explizite oder implizite didaktische Reduktionen (Nivellierungen) sind in der deutschsprachigen Praktikerliteratur auf den veränderten Adressatenkreis zurückzuführen.[375] Die Bildungsstufe ungelehrter beziehungsweise lateinunkundiger Rechtspraktiker findet hierin Berücksichtigung und rechtfertigt eine vereinfachende Darstellung.[376]

Neben dem Inhalt hebt noch ein typographisches Merkmal den fachlichen Anspruchs hervor. Ebenso wie gelehrte Praktikerliteratur enthält auch die volkssprachliche Praktikerliteratur Allegationen, also juristische Verweise, die als Marginalien am Rand oder im Text selbst erscheinen.[377] Besonders häufig wird Durantis *Speculum* allegiert, daneben bilden die römischen Rechtsquellen sowie weitere römisch-kanonische Rechtsliteratur gelehrter Provenienz die

---

373 Hierzu gehören der Laienspiegel sowie die Werke von Knaust und Rotschitz.

374 Die Grenzen der Vermittelbarkeit wurden von den Autoren selbst thematisiert. Siehe dazu Gobler, Gerichtlicher Process (1536), Vorrede (unpaginiert): „*Nun kann es gleich wol nit sein / das in solchen sachen / das geschriben Recht betreffen / einiger Ley vollkommen bericht erlangen mo[e]ge / Aber so vil mag er dannochter wol erlangen / das er ein gemeynen verstandt der sachen hab / auch das jenig so jm von den gelerten gerathen würdt / desto gründtlicher verneme vnd dem nachkomme*“. Siehe auch Tenngler, Laienspiegel (1509), Bl. 71[v]: „[...] *aim yeden versteendigen wo er anders durch rechtlich ordnug vnd proceß gerecht vrtailen / will nott sein zůwissen* [...] *was das recht in latin genant jus* / [...] *vn wiewol solchs in disem klaynen layschen bůchlin nit allerding lauter begriffen. son8 die kust des rechtn ist bey den hochgeleerte vn erfaren / mit allem fleiß zůsůche*“. Siehe auch Rotschitz, Processus Juris deutzsch (1543), Bl. CXXV[r]: „*Vnd sey hiermitt daruon zu kurtzem bericht genug gesagt / wer weiter vnterweisunge darff / der findet die ynn beschriebenen o[e]rdentliche Rechtsbu[e]chern / aldo sich eyn yeder seyner notdurfft ferner zuerhole / Nach deme es vnmu[e]glich der selbigen ynnhalt mit diesem kurtzen bu[e]cheleyn tzu beschliessen*“.

375 Vgl. zur nivellierenden Bearbeitung von Texten als Anpassungsleistung bei veränderten Adressaten Schreiber, Übersetzung und Bearbeitung (1993), S. 294–298.

376 Vgl. dazu im Zusammenhang mit Teufelsprozessen Ott, Rechtspraxis und Heilsgeschichte (1983), S. 35–40.

377 Vgl. dazu Kantorowicz, Allegationen (1935; ND 1970), S. 81. Siehe dazu auch Wesenberg/Wesener, Privatrechtsgeschichte (1985), S. 114, wonach die Allegationen als Quellenbelege gegen die Einordnung von deutschsprachiger Rechtsliteratur als ‚volkstümliche' Literatur sprechen.

Hauptgruppen der juristischen Verweise. Während die tiefergehenden Werke sich ihrer häufig bedienen, finden sich in den schlichteren Werken entsprechend weniger Verweise. Allerdings verzichtet keines der untersuchten Werke gänzlich auf die Allegationen, was wiederum darauf schließen lässt, dass die Werke in der Absicht verfasst worden sind, als juristische Fachtexte zu gelten.

Angesichts der Parallelen zur lateinischen praktischen Rechtsliteratur, wird man den fachlichen Anspruch dieser deutschsprachigen Werke kaum leugnen können.[378] Hier wie dort wird römisch-kanonisches Recht vermittelt, bei beiden handelt es sich um Zusammenstellungen „von Handlungsnormen und Erklärung von typischen Geschehensabläufen, deren Beachtung und Kenntnis für die richtige Versehung bestimmter Aufgabenbereiche erforderlich sind" und beide enthalten eine „Schilderung des ordentlichen Prozeßablaufs".[379] Eine besondere Situation ergibt sich noch für die Werke von Rotschitz und König, da sie in ihren Darstellungen des römisch-kanonischen Prozesses auch sächsisches Recht berücksichtigen, sowie für Damhouders *Practica*, die flämische Eigenheiten berücksichtigt.[380]

Neben dem fachlichen Aspekt sticht vor allem die praktische Ausrichtung der untersuchten Werke hervor. Sie zeigt sich insbesondere anhand von Inhaltsverzeichnissen und Registern, die einen punktuellen Zugriff auf benötigte Informationen ermöglichten. Besondere Bedeutung kommt überdies den rechtlichen Formularen zu, die als Vorlagen genutzt werden konnten und die schriftliche Gerichtspraxis abbildeten.[381] Schließlich darf auch nicht vergessen werden, dass einige der volkssprachlichen Werke lateinische Marginalien enthielten, die der Leserorientierung dienten, indem sie den Inhalt des Textes

---

378 Schmidt, Frankfurter Offizin (1996), S. 158, bewertet die Werke als „Fachliteratur, die sich allerdings nicht nur an die Gelehrten des Standes, sondern eher an die breite Schicht nicht an Universitäten studierten Laien wandte".

379 So die Definition von „Practica" nach Holthöfer, Literatur (1977), S. 318.

380 Siehe oben *Zweiter Teil, II, 4, c, e,* S. 69–72, 76–79 zu Rotschitz und König.

381 Vgl. etwa die zahlreichen Klagformeln bei Heyden, Klagspiegel (um 1493) oder etwa bei Tenngler, Laienspiegel (1509), Ladung (Bl. 74[v]f.), Klagformeln (Bl. 75[v]-83[v]), Exceptionen (Bl. 84[r]-85[r]), Gefährdeeid (Bl. 90[v]), Urteil (Bl. 101[r]) und noch weitere. Spätere Werke der Praktikerliteratur enthielten ebenfalls Formulare. Gobler, Gerichtlicher Process (1536), Vorrede (unpaginiert), betont die Aktualität seiner Formulare: „*Es würt sich aber befinden / das* [...] *mancherley gůte vnd gegründete Formularien / nit auß dem Latein vnd Speculatore (wie dann der vorigen etliche gethan haben) nach dem Bůchstaben verdolmetscht / sonder auß dem gemeynen brauch / wie derselbig ietziger zeit in den fürnemsten vnd namhafftigsten Consistorien gehalten würdt / gezogen / ordenlich hinzů gesetzt worden seien*".

verknappt widergaben. Dies zeigt einen hervorzuhebenden Effekt dieser Werke auf: Sie führten in die lateinische juristische Fachterminologie ein und bezeugen gleichzeitig insofern die Institutionalisierung einer (einheitlichen) deutschen Rechtssprache, als lateinische juristische Fachbegriffe in den Werken deutschsprachige Entsprechungen erhalten.[382]

Während von Stintzing zum Teil vertreten wurde, der *Laienspiegel* bildete einen Endpunkt ab, von dem an überwiegend gelehrte Juristen die Rechtspflege übernahmen, zeichnet das spätere Erscheinen zahlreicher, in vielen Auflagen vorhandener deutschsprachiger Werke, ein entschieden anderes Bild von der Rechtspflege.[383] Es verdeutlicht, dass durchaus weiterhin ungelehrte Rechtspraktiker die Rechtspflege ausübten.[384] Die dabei benutzten Werke oszillieren zwischen lehrbuchartiger Einführungsliteratur und Literatur mit dem höheren fachlichen Anspruch, auch rechtserfahrenen Praktikern zu dienen.

Mit der Heranziehung dieser Literatur lässt sich besonders gut ergründen, wie die dem römisch-kanonischen Recht entstammende – und somit lateinische – juristische Wissensordnung in der überwiegend deutschsprachigen weltlichen Gerichtspraxis zur Anwendung kommen sollte. Der didaktischen Ausrichtung entsprechend liegt der Praktikerliteratur bezüglich des Rechtswissens von Rechtspraktikern eine hohe Aussagekraft zu Grunde, die überdies durch die hohe Verbreitung der Werke noch zusätzlich zunimmt.

Sieht man auf das im Text verkörperte Bildungskapital, das nunmehr anscheinend auf eine einfache, aber jedenfalls auf eine günstigere Art als durch ein Studium erlangt werden konnte, wird der Anreiz zum Kauf dieser Werke deutlich.[385]

---

382 Vgl. allgemein zu deutscher Rechtsprache in Praktikerliteratur SCHUMANN, Rechtsexperten (2008), S. 458–460; ERLER, Populäre Rechtsliteratur, in: HRG[1], Band III (1984), Sp. 1826.

383 So STINTZING, Geschichte der Literatur (1867; ND 1959), S. XLVII. Vgl. auch KNAPE, Dichtung, Recht und Freiheit (1992), S. 155, wonach fälschlicherweise die Rechtspflege bereits gegen Ende des 16. Jahrhunderts auf gelehrte Juristen übergegangen sein soll.

384 Vgl. dazu HEYDEN/BRANT/DRAUDT, Revocirter Richterlicher Klagspiegel (1601), Vorrede (unpaginiert): „*Weil aber* [...] *dieser zeit in jetzt gewo[e]hnlicher hohen Reichs vn Oberteutschen Sprach vnd Cantzleystylo fast wenig beschrieben / sonder mehrertheils alles in Lateinischer Sprach tractirt wird / vn aber der gemeine Ley / von dem dan die allermeiste Vrtheilsprecher vn Sachenfu[e]hrer ist genomen / vn leider in diesen geschwu[e]rigen zeite ta[e]glich mit hauffen sich in Gerichte gebrauchen mu[e]ssen lassen*".

385 Vgl. dazu SCHMIDT, Frankfurter Offizin (1996), S. 12.

Die Praktikerliteratur kann also in rechtshistorischer Dimension über die Vermittlung und Verstetigung des römisch-kanonischen Verfahrens an den Gerichten sowie über die Rechts- und Gerechtigkeitsvorstellungen der Zeitgenossen Aufschluss geben. Solche Erkenntnisse decken gleichsam in einer sozialgeschichtlichen Dimension auf, wie ungelehrte gerichtliche Akteure dem gelehrten Anspruch nach einem ordentlichen Verfahren in der Rechtspraxis Rechnung tragen konnten, indem nachvollziehbar wird, welches Rechtswissen ihnen in der Praktikerliteratur entgegentrat. Somit wird der Blick von den gelehrten Quellen – wenn man so will – der Höhenkammliteratur der Jurisprudenz, abgewandt und stattdessen auf die Handbücher der Praxis gelenkt, die von den Rechtspraktikern herangezogen und verstanden wurden, da sie nicht in Latein verfasst waren.

Dritter Teil: Die Rechtspraktiker an den Gerichten der weltlichen Gerichtsbarkeit

I. Einleitung

In der Gesamtheit ihrer Aussagen entwirft die Praktikerliteratur ein Bild von den Tätigkeitsfeldern der weitgehend ungelehrten Funktionsträger der weltlichen Rechtspflege, das vorliegend näher beleuchtet werden soll. Von Interesse ist hierbei, was die rechtspraktischen Ämter charakterisierte – insbesondere was über die Voraussetzungen der Tätigkeit, Rechtskenntnisse und die ethischen Anforderungen der deutschsprachigen Rechtspraktiker im 16. Jahrhundert festgestellt werden kann. Dabei sind die Rechtspraktiker per definitionem aufs engste mit der Institution Gericht und Gerichtsbarkeit verbunden.

Als globales Kulturphänomen wurzelt die Institution Gericht in dem Bedürfnis organisiert-gemeinschaftlicher Kräfte, den durch Streitigkeiten ihrer Mitglieder gestörten internen Rechtsfrieden in geordneten Bahnen mit friedlichen Mitteln wiederherzustellen.[386] Die Eindeutigkeit mit der diese Definition den Zweck von Gerichten richtig benennt, steht in einem gewissen Kontrast zur bunten Vielfalt der Erscheinungsformen, die die Gerichte am Übergang vom späten Mittelalter zur Frühen Neuzeit hatten.[387] Die spezifischen Ausprägungen der unterschiedlichen Gerichte hatten natürlich Einfluss auf die Rechtspraktiker, deren Tätigkeit von den institutionellen Eigenheiten an den Gerichten geprägt war. Insofern ist es, bevor auf die Rechtspraktiker eingegangen werden kann, notwendig, eine kurze Beschreibung der Gerichtsbarkeit, innerhalb derer die Rechtspraktiker agierten, um grob zu veranschaulichen, welche Rahmenbedingungen die weltliche Rechtspflege begleiteten (1.). Es ist sodann zu klären, wie Richter und Rechtsbeistände begrifflich zu fassen sind (2.), bevor der Untersuchungsgegenstand schließlich anhand eines ‚Dreischritts' aus universellen persönlichen Anforderungen (II.),

---

386 Illian, Gericht, in: Lexikon des Mittelalters, Band IV (1989), Sp. 1322. Ähnlich Battenberg, Dinggenossenschaftliche Wahlen (1990), S. 276 f., wonach das Schöffengericht die Funktion hatte, den verletzten Rechtsfrieden in einem formalisierten Verfahren wiederherzustellen.

387 Vgl. zur Schwierigkeit einer Definition wegen der historisch konkreten Erscheinungsformen Lück, Gericht, in: HRG^2, Band II (2012), Sp. 132.

juristischem Fachwissen (III.) und ethischen Anforderungen (IV.) genauer unter die Lupe genommen werden kann.

1. Zur Gerichtsverfassung

Anhand des Begriffs der Gerichtsverfassung[388], der zur Beschreibung von Gerichtsbarkeit verwendet wird, werden die Unterschiede von geistlicher und weltlicher Gerichtsbarkeit deutlich. Konkret wird hier unter „äußerer Gerichtsverfassung" die Organisation und das Ineinandergreifen verschiedener Gerichte verstanden, während „innere Gerichtsverfassung" den internen Aufbau der Gerichte bezeichnet.[389] Vorliegend stehen die Rechtspraktiker der weltlichen Gerichtsbarkeit, die von der geistlichen Gerichtsbarkeit abzugrenzen ist,[390] im Fokus.

Auf der Ebene der äußeren Gerichtsverfassung spiegelt sich zunächst die Vielfalt der Gerichte. Da das Recht zur Gerichtsbarkeit ein originäres Herrschaftsrecht ist, waren verschiedene Machtträger, die sich mit ihren jeweiligen politischen Herrschaftsinteressen gegenüber stehen konnten, darum bemüht, je eigene Gerichte zu etablieren. Auch weil es sich um ein verpfändbares Recht handelte,[391] entsprach die äußere Gerichtsverfassung bei weltlichen Gerichten nicht einem homogenen Aufbau, ähnlich dem der mittelalterlichen Kirchengerichte,[392] sondern ähnelte einem Mosaik aus verschiedenen Gerichtsherren und Zuständigkeiten. Der mittelalterlichen Idealvorstellung einer hierarchisch strukturierten Gerichtsverfassung mit dem König an der Spitze,[393] standen höchst verwickelte politische Machtverhältnisse im 16. Jahrhundert gegenüber,[394] von denen die Aus-

---

388 Gerichtsverfassung bedeutet allgemein „die Organisation, Besetzung, Zuständigkeit, (Selbst-)Verwaltung, Zusammenarbeit, Öffentlichkeit, Sitzungspolizei, Sprache, Beratung und Abstimmung der Gerichte". Definition nach WEITZEL, Gerichtsverfassung, in: Enzyklopädie der Neuzeit, Band 4 (2006), Sp. 546 f.

389 Vgl. zum Begriff und zur Gerichtsverfassung in Spätmittelalter und Früher Neuzeit auch LÜCK, Gerichtsverfassung, in: HRG², Band II (2009), Sp. 192–219. Siehe zur Gerichtsverfassung im Übergang von Mittelalter zur Frühen Neuzeit auch KERN, Geschichte des Gerichtsverfassungsrechts (1954), S. 11–38, mit zahlreichen Verweisen auf ältere Literatur.

390 Vgl. jetzt dazu die Untersuchung von OESTMANN, Geistliche und weltliche Gerichte (2012), S. 4–13, die die „Längsspaltung des Gerichtswesens" anhand von Streitigkeiten um die Zuständigkeit sichtbar macht.

391 Vgl. dazu STÖLZEL, Entwicklung (1872; ND 1964), S. 26 f.

392 Vgl. dazu BRUNDAGE, Legal profession (2008), S. 126–151.

393 Vgl. dazu KERN, Geschichte des Gerichtsverfassungsrechts (1954), S. 15.

394 Vgl. dazu WILLOWEIT, Verfassungsgeschichte (2009), S. 116–143 sowie WEITZEL, Gerichtsverfassung (1987), S. 333–345.

übung des Hoheitsrechts der Gerichtsbarkeit abhing.[395] Sehr grob vereinfacht ist bei der weltlichen Gerichtsbarkeit von drei Machtzentren auszugehen, die versuchten, ihre eigene Gerichtsbarkeit zu institutionalisieren und die Gerichtsherrschaft auszubauen: dem König, den Territorialherren sowie den Städten. Neben diesen Herrschaftsträgern fungierten grundsätzlich etwa die reichsunmittelbaren Herren, der landsässige Adel, Handwerkerinnungen, Gemeinden, Bürger, Bischöfe, Klöster und Universitäten sowie weitere Personen und Verbände als Gerichtsherren mit eigener Gerichtsbarkeit.[396] Im deutschsprachigen Raum lag insgesamt eine Vielzahl von Gerichten unterschiedlicher Trägerschaft vor.[397] Bei dieser Situation konnte leicht Streit um die Zuständigkeit entflammen, wenn eine Partei den Gerichtszwang eines Gerichtsherrn nicht anerkannte. Bei der Erläuterung der Gerichtszuständigkeiten, die Perneder in seinem Praktikerhandbuch unter der Überschrift „*Von gerichtlichem Zwang vnd gewalt aller Richter in gemain*" behandelt, konstatiert der Autor, nach kurzem Verweis auf die Gerichtsbarkeit von Papst und Kaiser sowie verschiedenen anderen Gerichtsherren:

> *das alles / vnd sonderlich was Iurisdiction vnd Oberkait / ain jeder stand für sich selbst habe / wirdet durch die / so der rechtuerstendig / weitter außgelegt.*[398]

Der Auszug verdeutlicht, dass der Autor hier keine abschließende Darstellung geben wollte und es liegt die Annahme nahe, den Grund dafür darin zu sehen, dass Fragen der Rechtsprechungsgewalt („*Iurisdiction vnd Oberkait*") besonders strittig und auslegungsbedürftig („*wirdet* [...] *weiter außgelegt*") waren.[399]

---

395 Vgl. dazu die Ergebnisse von Oestmann, Geistliche und weltliche Gerichte (2012), S. 723–728, wonach bei Streitigkeiten um die Gerichtsgewalt von den jeweiligen politisch-religiösen Verhältnissen in den Territorien auszugehen ist.

396 Vgl. dazu Lück, Die kursächsische Gerichtsverfassung (1997), S. 273. Die Entwicklungen zu einer hierarchischen Gerichtsverfassung im 15. und 16. Jahrhundert untersucht Weitzel, Gerichtsverfassung (1987), S. 333–345. Vgl. zur genossenschaftlichen Struktur innerhalb der städtischen Gerichtsbarkeit Arlinghaus, Genossenschaft (2006), S. 155–181.

397 Vgl. dazu den guten Überblick bei Lück, Gerichtsverfassung, in: HRG², Band II (2009), Sp. 192–206. Döhring, Rechtspflege (1953), S. 12, gibt das Beispiel, dass an einem kleinen Dorf bis zu zehn verschiedene Gerichtsherren beteiligt waren.

398 Perneder, Gerichtlicher Process (1556), Bl. VI^{v}.

399 Weitere Hinweise zur Gerichtszuständigkeit finden sich bei Perneder, Gerichtlicher Process (1556), Bl. VII^{r} f. Angaben zur Iurisdictio und eine ausführliche Beschreibung des flämischen Gerichtsaufbaus bietet Damhouder, Practica gerichtlicher handlunge (1575), S. 6–17.

Die Rechtsprechungsgewalt der Richter folge aus dem „Gerichtszwang", beschreibt der Autor weiter.[400] Zum Gerichtszwang wird ausgeführt:

> *Vnd ein solcher ordenlicher gewalt vnd gerichtszwang / wirdet je zů zeiten durch Kayerlicher Mayestat. Jtem durch gesatz vnd statut / Jtem durch alt herkommen / vnd gebreüch / vnnd dann durch gemein befelch aller sachen / vnd gerichtlicher jrrung gegeben.*[401]

Demnach konnte der Gerichtszwang entweder hoheitlich oder legislativ angeordnet sein („*durch Kayerlicher Majestat*", „*durch gesatz vnd statut*") oder er wurde schlicht durch die hergebrachte Herrschaftspraxis bestimmt („*durch alt herkommen / vnd gebreüch*").

Einhergehend mit den sich ändernden Herrschaftsverhältnissen konnte sich also auch die äußere Gerichtsverfassung ändern. Für den Untersuchungszeitraum ist von der Forschung jedoch noch eine weitere entscheidende Beobachtung gemacht worden. Es etablierte sich etwa seit der Mitte des 15. Jahrhunderts ein Instanzenzug, der sich, jedenfalls in den größeren Territorien zumeist als dreistufiger Instanzenzug darstellte.[402] Soweit die Annahme zutrifft, dass die Rechtspraktiker an den höchsten Instanzen über hinreichende Rechtskenntnisse verfügt haben, um jedenfalls auf die einfacheren Werke der Praktikerliteratur zu verzichten, darf im Gegenzug angenommen werden, dass wohl vornehmlich die Rechtspraktiker der niedrigen und mittleren Gerichte hierauf zurückgriffen.

Bei einem Blick auf die innere Gerichtsverfassung (neuerdings auch als Binnenstruktur bezeichnet)[403] der weltlichen Gerichte werden Unterschiede zur geistlichen Gerichtsbarkeit sichtbar, die für die rechtspraktischen Ämter bedeutsam waren. Dabei steht nicht das Modell der Rechtsprechung – schöffengerichtliches Verfahren oder Einzelrichter –, welches bei der Unterscheidung zwischen Richtern und Schöffen relevant und als ein Unterscheidungsmerkmal zwischen weltlicher und geistlicher Rechtsprechung gesehen wird,[404] im Mittelpunkt. Der bedeutendere Unterschied liegt darin, dass im Hinblick auf die Besetzung der Ämter bei der weltlichen Gerichtsbarkeit von einem eher breiteren Bildungsspektrum, als in

---

400 Perneder, Gerichtlicher Process (1556), Bl. II^r: „*DEr ist vnnd haißt ein ordenlicher Richter / der auß sein selbst recht vnd gerechtigkait / oder auß verleihung Kayserlicher Mayestat / als des Obersten haupts / den gerichtszwang in gmain durchauß u[e]ben mag*".

401 Perneder, Gerichtlicher Process (1556), Bl. II^r.

402 Weitzel, Art. Instanzenzug, in: HRG^2, Band II (2012), Sp. 1264–1265.

403 Vgl. dazu Lück, Gericht, in: HRG^2, Band II (2012), Sp. 134 f.

404 Vgl. zum schöffengerichtlichem Verfahren unten *Dritter Teil, I, 2, a*, S. 103–106. Siehe zur Kirchengerichtsbarkeit und zum dortigen selbsturteilenden Richter Müssig, Recht und Justizhoheit (2009), S. 76–79.

der geistlichen Gerichtsbarkeit, auszugehen ist: Wenngleich neuere Forschungen zu Recht vor einer zu pauschalen Sichtweise warnen, nach der, bildlich gesprochen, ein hochprofessionelles gelehrtes Kirchengericht im 16. Jahrhundert einem ungelehrten weltlichen Gerichtsverfahren nach Art einer Dingversammlung gegenübergestellt wird,[405] so darf dennoch bei den geistlichen Gerichten des 16. Jahrhunderts von einem durchgängigen Grad der „Akademisierung" ausgegangen werden, der in der weltlichen Gerichtsbarkeit nicht vorlag.[406] Die weltliche Gerichtsbarkeit hatte keine derart präzise bildungsspezifische Normierung auf dem Gebiet des Zugangs zu rechtspraktischen Ämtern erfahren, wie es für die geistliche Gerichtsbarkeit schon seit der zweiten Hälfte des 13. Jahrhunderts der Fall war.[407] Konsequenz dieses Unterschiedes war es im Untersuchungszeitraum, dass in der weltlichen Rechtspflege ein breites juristisches Bildungsspektrum – von ungelehrt bis hochgelehrt – angetroffen werden konnte.

Es ist eine unvermeidbare Begleiterscheinung des gewählten Ansatzes und der untersuchten Quellen, dass in dieser Untersuchung keine räumlich spezifischen Institutionalisierungsprozesse an den Gerichten selbst beobachtet werden. Dies muss Detailstudien vorbehalten bleiben, die konkrete Entwicklungen in der Rechtspflege einzelner Städte oder größerer Gebiete analysieren.[408] Es ist zu wünschen, dass noch mehr solcher Arbeiten die bestehenden Forschungslücken auffüllen. Solche Arbeiten sind sicherlich geeignet, zur Geschichte der Rechtspflege beizutragen und bestechen durch die Dichte ihrer Beschreibungen. Demgegenüber sollte die Anlage dieser Untersuchung den Vorteil für sich verbuchen dürfen, gebietsübergreifende Aussagen für einen längeren Zeitraum treffen zu

---

405 Vgl. dazu Oestmann, Geistliche und weltliche Gerichte (2012), S. 727 f. In einer ähnlichen Richtung (gegen die Überbetonung der Vorreiterrolle der Offizialatsgerichte und damit einer professionellen geistlichen Gerichtsbarkeit) relativiert Gramsch, Erfurter Juristen (2003), S. 508–512 die bedeutende Vorreiterrolle der Offizialate anhand seiner Forschungsergebnisse zur rechtlichen Ausbildung der Offiziale im nord- und mitteldeutschen Raum.

406 Nach den Ergebnissen von Gramsch, Erfurter Juristen (2003), S. 511, war das Bischofsgericht ab 1450 gelehrt. Demgegenüber verschärften sich vergleichbare Bildungsanforderungen an die Richter am Reichskammergericht erst im Verlauf des 16. Jahrhunderts. Siehe dazu unten *Dritter Teil, III, 3*, S. 139–141.

407 Vgl. für eine Darstellung der spezifischen Bildungsanforderungen in der geistlichen Gerichtsbarkeit Brundage, Legal profession (2008), S. 287–292 und Trusen, Gelehrte Gerichtsbarkeit der Kirche (1973), S. 467–479.

408 Vgl. dazu etwa Isenmann, Funktionen und Leistungen gelehrter Juristen (2007), S. 243–322, etwa auch Arlinghaus, Genossenschaft (2006), S. 155–186 sowie insgesamt Hagemann, Vielschichtiges Recht (2009).

können und damit die Ämter der weltlichen Rechtspflege im 16. Jahrhundert auf einer übergeordneten Ebene in den Blick zu bekommen.

2. Bezeichnungen und Funktionen von Richtern und Rechtsbeiständen in der Praktikerliteratur

Der Untersuchungszeitraum zeichnet sich bezogen auf die Bezeichnungen von Richtern und Rechtsbeiständen dadurch aus, dass eine einheitliche deutsche Rechtssprache sich noch nicht etabliert hatte.[409] Hieraus resultierte eine große Vielfalt an Rechtstermini, die sich auch in den Bezeichnungen von Rechtpraktikern widerspiegelt. Überdies bestanden beinahe unzählige Möglichkeiten der inneren Gerichtsverfassung, dh. der Personalstruktur an den Gerichten, zeitgleich nebeneinander, wobei sich in zeitlicher Hinsicht überdies einzelne Gerichte unterschiedlich entwickeln konnten. Dies erschwert es, festzulegen, welche zeitgenössischen Erscheinungen heute als Richter und als Rechtsbestände anzusehen sind.

Hinsichtlich der Richter konnten unterschiedliche Funktionen wahrgenommen werden: die Verhandlungsleitung mit oder ohne Entscheidungsbefugnis, die alleinige Entscheidungsbefugnis oder eine Mitentscheidungsbefugnis als Schöffe. Der Vorteil eines auf die Funktion abstellenden Ansatzes liegt darin, dass unabhängig von den Bezeichnungen, die semantischen Verschiebungen unterliegen können, und unabhängig von den verschiedenen Ausprägungen der Personalstruktur an den Gerichten auf die richterliche Tätigkeit abgestellt wird. Dies soll es ermöglichen, den historischen Entwicklungen adäquat begegnen zu können. Damit wird die grundsätzliche Frage aufgeworfen, was einen weltlichen Richter im Untersuchungszeitraum ausmacht, und inwiefern es insbesondere Sinn macht, in dieser Untersuchung auch Schöffen als Richter anzusehen (hierzu a.).

Auch für die Rechtsbeistände kennen die Quellen eine Vielzahl von unterschiedlichen Bezeichnungen. Bislang ist ungeklärt, inwiefern den unterschiedlichen Bezeichnungen auch gänzlich unterschiedliche Tätigkeitsfelder oder Funktionen zuzuordnen sind (hierzu b.).

---

409 Vgl. dazu Speer, Historische Lexikographie, in: Lexicographica 5 (1989), S. 87 f., wonach es bereits im Mittelalter eine ausdifferenzierte (wenngleich auch uneinheitliche) deutsche Rechtssprache gab, die im Zuge der Rezeption der lateinischen Rechtssprache dieser gegenüberstand, woraus eine wechselseitige Modifizierung und Abhängigkeit der Wortinhalte resultierte.

a. *Richter im schöffengerichtlichen Verfahren*

Für den Untersuchungszeitraum ist charakteristisch, dass die Rechtsstreitigkeiten in der deutschsprachigen weltlichen Gerichtsbarkeit in der Regel nicht von Einzelrichtern entschieden worden sind. Vielmehr hatten sich in der weltlichen Gerichtsbarkeit unterschiedliche Formen von kollegialen Spruchkörpern institutionalisiert. Sie setzten sich je nach Gericht aus unterschiedlichen Funktionsträgern zusammen, wobei es hinsichtlich der konkreten Zusammensetzung keine allgemeingültige Entwicklung gegeben zu haben scheint.[410] Dem Spruchkörper konnten entweder nur bestimmte, ausgewählte Personen oder sogar die gesamte Gerichtsgemeinde angehören.[411] Die Erscheinungsformen waren so vielfältig, wie es die von politischen Herrschaftsverhälntissen geprägte Gerichtslandschaft selbst war.[412] Zwar kann die Entscheidung durch einen Einzelrichter an den weltlichen Gerichten nicht ganz ausgeschlossen werden, jedoch zählte sie im Untersuchungszeitraum und -gebiet (im Gegensatz zu Norditalien)[413] zu den Ausnahmen.[414]

---

410 Stölzel, Entwicklung (1872; ND 1964) untersuchte die Entwicklung verschiedener Gerichte, darunter größere und kleinere Stadtgerichte sowie Landgerichte und peinliche Gerichte, die sich jeweils nach Anzahl und Auswahl der Schöffen unterschiedlich entwickelten.

411 Die Schöffen haben wie das dinggenossenschaftliche Verfahren ihren Ursprung im Frühmittelalter und treten mit den Gerichtsreformen unter Karl I. um 770 n. Chr. in Erscheinung. Sie wurden in dieser Zeit von Königsboten unter Mitwirkung des Grafen und der Dinggenossenschaft ausgewählt. Ein siebenköpfiges Schöffengericht wurde zum Ausgangspunkt und Vorbild für die städtischen und dörflichen Gerichte, sowie für die überregionalen Zentgerichte. Vgl. dazu Weitzel, Schöffen, in: Hoops Reallexikon, Band 27 (2004), S. 233; Weitzel, Dinggenossenschaft und Recht (1985), S. 898–913; Battenberg, Schöffen, Schöffengericht, in: HRG[1], Band IV (1990), Sp. 1464 f. Ein Dorf in Bayern hielt bis in die Mitte des 16. Jahrhunderts hinein an einem aus allen Dorfgenossen bestehenden Gericht fest. Daran, dass an den Wahlen der Schöffen sowohl die Gerichtsgemeinde als auch ein Herrschaftsträger beteiligt sein konnten, wird auch deren beiderseitiges Interesse an einer kontinuierlichen und stabilen Organisation der Rechtsfindung deutlich, wobei der „gemeinschaftsbildende, den Lebensbereich einer lokalen Gemeinde stabilisierende Faktor im Vordergrund" stand. Vgl. dazu Battenberg, Dinggenossenschaftliche Wahlen (1990), S. 279–321, Zitat S. 320.

412 Vgl. zu einzelnen Gerichten, darunter etwa die Stadtgerichte Magdeburg, Köln, Frankfurt und Nürnberg sowie vieler weiterer Städte und anderer Gerichtsarten, Stölzel, Entwicklung (1872; ND 1964), S. 243–385.

413 Weitzel, Ding, in: HRG[2], Band I (2008), Sp. 1071.

414 Siehe etwa die Variante am Basler Stadtgericht, bei der erst ab einem gewissen Streitwert in Gemeinschaft entschieden wurde, unterhalb dieser Schwelle der Vorsitzende

Als (teilweise) unterschiedliche Funktionsträger werden in den Quellen neben der Bezeichnung als Richter vor allem Urteiler, Assessoren, Beisitzer, Schöffen, und teilweise auch Schultheißen und Vögte genannt.[415]

Bei der Vielfalt der Erscheinungsformen tritt als Gemeinsamkeit lediglich hervor, dass es sich bei den Spruchkörpern regelmäßig um Kollegialorgane handelte.[416] Diese zeichnen sich dadurch aus, dass ein Gremium mit Entscheidungsbefugnis das Urteil auf Frage eines Vorsitzenden erteilte.[417] In der Forschung wird diese Art der Entscheidung als dinggenossenschaftliches Prinzip[418] bezeichnet, was im Grunde ein schöffengerichtliches[419] Verfahren mit getrennten Funktionen (Verfahrens- bzw. Verhandlungsleitung einerseits und Urteils- bzw. Entscheidungsfindung andererseits) meint.

Diese Trennung gilt als Kennzeichen mittelalterlicher Gerichtsbarkeit und besteht in den Prozessordnungen des 16. Jahrhunderts zum Teil fort.[420] Sie folgt formal aus dem Sachsenspiegel (vgl. LandR III, 30, § 2: *„Der Richter soll gleicher*

---

als Einzelrichter fungierte. Vgl. Hagemann, Laiengericht und gelehrtes Recht, in: ZNR 27 (2005), S. 2.

415 Vgl. etwa zur Vielfalt der Begrifflichkeiten das Register von Tenngler, Laienspiegel (1509), darin den Titel: *„Von beysitzern radtgeben vnd vrtailern"*. Vgl. das Cap. XXIII *„Von den Beisitzern oder Scho[e]pffen"* bei König, Processus und Practica (1541), Bl. LVII^{v}, in dem auch *„Assessor"* thematisiert wird. Siehe auch die HGO Braunschweig-Lüneburg (1529/33), Bl. 1^{r} f.: *„Wie unsre hoffgericht mit Richtern vnd Urtheilern besetzt werden soll"*. Das Werk von Damhouder, Practica gerichtlicher handlunge (1575) sei nach seinem Titelblatt *„Allen [...] Oberkeyten / Amptleuthen / Vo[e]gten / Befehlhabern / Schultheissen / Scho[e]ffen / Richtern / Gerichtsverwandten [...] nu[e]tzlich vnd nothwendig zu gebrauchen"*. Vgl. zur Ausübung von richterlichen Funktionen durch Schultheißen und Vögte Stölzel, Entwicklung (1872; ND 1964), S. 149, 159–165.

416 Vgl. dazu die Beschreibungen bei Stölzel, Entwicklung (1872; ND 1964), S. 243–385; Döhring, Rechtspflege (1953), S. 9.

417 Battenberg, Schöffen, Schöffengericht, in: HRG[1], Band IV (1990), Sp. 1467.

418 Ausführlich hierzu Weitzel, Dinggenossenschaft und Recht (1985), S. 57–89. Der Begriff des dinggenossenschaftlichen Verfahrens ist auf Max Weber zurückzuführen und beschreibt unter anderem die für das Verfahren charakteristische Trennung von formaler Prozessleitung und Rechtsweisung. Vgl. dazu Weitzel, Bedeutung der „Dinggenossenschaft" (1985), S. 71–80 sowie Weber, Wirtschaft und Gesellschaft (1980), S. 438 f., 452–455.

419 Vgl. Battenberg, Schöffen, Schöffengericht, in: HRG[1], Band IV (1990), Sp. 1467.

420 Vgl. dazu Döhring, Rechtspflege (1953), S. 35; Ott, Rechtspraxis und Heilsgeschichte (1983), S. 47.

Richter sein allen Leuten, Urteil soll er weder finden noch schelten“)[421] wonach der Richter nicht Urteil finden sollte.[422]

Im Untersuchungszeitraum ist hinsichtlich des richterlichen Personals ebenfalls grundsätzlich von einer Funktionsteilung zwischen Urteils- bzw. Entscheidungsfindung (Schöffen, ggf. Beisitzer, Assessoren) und Verfahrens- bzw. Verhandlungsleitung (Richter im engeren Sinn) auszugehen,[423] wie Quellen belegen.

Der Richter solle sich „*nicht unterstehen allein Urteil sprechen wolle*“, denn:

> *Ferners gehören auch / [...] / zu Bestellung eines vollkommlichen Gerichts / auch andere mehr Personen / so da helffen Urtheil fassen / rathen / vnnd in andere Wege handeln / was vonnöten ist [...] vnnd solche werden zu Latein genennet Assessores [...].*[424]

Generell beschrieb eine weitere Quelle die innere Gerichtsverfassung, also die Zusammensetzung des kollegialen Spruchkörpers:

> *So wirstu ja finden / wenn du fu[e]r Gericht kemmest / das der Richter allein nicht da sitzet / sondern hat seine Scheppen / Assessorn / vnd Beysitzer bey sich /*[425]

Eine Quelle aus dem sächsischen Rechtskreis beschreibt ebenso die kollegiale Zusammensetzung der richterlichen Funktionsträger:

> *ES hat ein jglich ordentlich Gericht seine Rathgeben/Scho[e]pffen vnd Beisitzer / welcher der Richter in seinem process so vor jm gehalten / auch in den vrteilen / so in dem gericht gesprochen werden / zu Rathe gebraucht.*[426]

Weiter beschreibt die Quelle den Ablauf des schöffengerichtlichen Verfahrens in Sachsen:

> *Nu ist der gebrauch in gerichten / nach Sechsischen rechten / die wir halten / das der Richter kein vrteil findet / sondern befihlet das seinen scho[e]pffen / vnd rathgeben ADDE zufinden / Vnd wenn sie das vrteil gefunden haben / als denn mus es der Richter selber aussprechen in seinem namen / vnd nicht in der Scho[e]pffen oder rathgeben namen [...].*[427]

Demnach oblag die Urteilsfindung den Schöffen, während der Richter das Urteil lediglich in seinem Namen aussprechen musste.

---

421 Übersetzung nach Kaller, Sachsenspiegel Übersetzung (2002), S. 110.

422 Vgl. dazu Kannowski, Buch'sche Glosse (2007), S. 107 m. w. N. sowie Weitzel, Ding, in: HRG², Band I (2008), Sp. 1071–1074.

423 Weitzel, Bedeutung der „Dinggenossenschaft“ (1985), S. 72.

424 Heyden/Brant/Draudt, Revocirter Richterlicher Klagspiegel (1601), S. 35, 57.

425 Lauterbeck, Regentenbuch (1559), Bl. CCIIII^r.

426 König, Processus und Practica (1541), Bl. LVII^v.

427 König, Processus und Practica (1541), Bl. LVII^r.

Offenbar hat es jedoch auch Ausnahmen vom Grundsatz der Trennung von Urteilsfindung und Verhandlungsleitung gegeben. Zumindest scheint die Trennung nicht grenzenlos gehandhabt worden zu sein.[428] Dies belegt etwa folgende Stelle aus dem sächsischen Rechtskreis, nach der ein Richter den Urteilsvorschlag der Schöffen bei Fehlerhaftigkeit zurückweisen sollte:

> *Aber in diesem fal mus der Richter auff das vrteil / das sein Schöpffe findet / mit auffmerckung haben / wie es darumb nach gelegenheit der acta stehe / ob es den gleichförmig vnd gemess gefasset sey / vnd bestehen mo[e]ge / Denn findet ime der Schöpffe ein vnrecht vrteil / das sol er nicht zulassen / sondern sol jme sagen / das er sich mit seinen Compen weiter bespreche / anders ist der Richter des vnrechten vrteils teilhafftig.*[429]

Hiernach hatte der die Verhandlung leitende Richter nicht nur die Verhandlungsleitung inne, sondern hatte das Urteil der Schöffen zu kontrollieren („*mit auffmerckung haben [...] ob es den gleichförmig vnd gemess gefasset sey / vnd bestehen mo[e]ge*") und war für die Rechtmäßigkeit mitverantwortlich („*anders ist der Richter des vnrechten vrteils teilhafftig*"). Somit kam auch ihm eine Entscheidungsbefugnis zu. Eine weitere Quelle, die ebenfalls aus dem sächsischen Rechtskreis stammt, trennt wiederum auch nicht scharf zwischen Urteils- bzw. Entscheidungsfindung und Verfahrens- bzw. Verhandlungsleitung und scheint dem Richter eine Teilhabe („*mit*") an der Urteilsfindung eingeräumt zu haben: „*Vnd ein richter mag das vrtel mit seine scho[e]pffen / wue es yhme gefellig finden*".[430]

Hinsichtlich der Unterscheidung der Funktionsträger enthält die Praktikerliteratur unterschiedliche Definitionen des Richters, unter die sich eher noch die die Tätigkeit der urteilsfindenden Schöffen subsumieren lässt, als die des verhandlungsleitenden Vorsitzenden. Wenn etwa definiert wird „*Richter ist / der nach klag und antwort über die Sachen / so jhm vorgebracht werden / urtheylt und richtet*"[431], so erscheint das Urteilen/Richten als das entscheidende Merkmal.

---

428 Vgl. dazu Marquordt, Vier rheinische Prozessordnungen (1938), S. 17 f. Darüber hinaus dürfte bereits zur Zeit des Schwabenspiegels keine trennscharfe Unterscheidung vorgelegen haben. Der Schwabenspiegel (LandR II, 172 Ib) sah nämlich eine Einflussmöglichkeit des Richters bei Unstimmigkeiten vor: Hörte der Richter „*daß ein Urteil gesprochen wird, das ihm und mindestens drei weiteren Leuten nicht rechtens dünkt, soll er sie umstimmen so gut er kann.*" Übersetzung nach Derschka, Der Schwabenspiegel (2002), S. 121.

429 König, Processus und Practica (1541), Bl. LVIII^r f.

430 Rotschitz, Processus Juris deutzsch (1543), Bl. LX^r.

431 Knaust, Gerichtlicher Fewerzeugk (1562), Kapitel I (unpaginiert). Vgl. zum Schwerpunkt der Entscheidungsfindung auch die Richterdefinitionen des Hochmittelalters bei Litewski, Der römisch-kanonische Zivilprozeß (1999), S. 86 f., wonach in der

Parallel dazu heißt es in einer weiteren deutschsprachigen Quelle: *„Richter ist der so der Partheyen Klag unnd Antwoert anhöret / verrichtet unnd mit urtheil endscheydet“.*[432] Auch hier steht die Entscheidung (*„mit urtheil endscheydet“*) bei der richterlichen Tätigkeit stärker im Vordergrund, als die Verhandlungsleitung.

In Anlehnung an das heutige Verständnis des Richterbegriffes, dessen Kern in der Verhandlungsleitung und Entscheidungsherbeiführung durch eine Person liegt,[433] ist es trotz der Funktionsteilung zwischen Verfahrens- bzw. Verhandlungsleitung und Entscheidungs- bzw. Urteilsfindung für diese Untersuchung daher zweckmäßig, die unterschiedlichen Funktionsträger, insbesondere die Schöffen, die synonym als Beisitzer oder Assessoren bezeichnet sein konnten,[434] auch als Richter zu begreifen.[435]

Denn gemeinsames Merkmal aller schöffengerichtlichen Funktionsträger ist jedenfalls der letztlich ausgeübte Rechtszwang, der sich entweder auf der Ebene der Verfahrens- bzw. Verhandlungsleitung, modern gesprochen durch die Verfügungen des Richters, oder auf der Ebene der Entscheidungs- bzw. Urteilsfindung, also dem Urteil selbst und letztlich auch dem Gebot, ihm Folge zu leisten, niederschlug. In der Forschungsliteratur lässt sich nämlich als kennzeichnendes Element für einen funktionalen Richterbegriff ein herbeigeführter Rechtszwang

---

Zusammenschau Richter „eine Person mit Amtscharakter [war], die die Macht zum Erkennen und Entscheiden der Sachen (Streite) in Anlehnung an Recht und Gerechtigkeit hatte“ (S. 87).

432 Heyden/Brant/Draudt, Revocirter Richterlicher Klagspiegel (1601), S. 56.

433 Vgl. zu „Richter“ die Definition in Heidelberger Akademie der Wissenschaften (Hrsg), Deutsches Rechtswörterbuch, Band XI (2007), Sp. 1015: „Richter ist eine Person, die durch die herausgehobene soziale Stellung, ein übertragenes Amt oder die eigene Rechtskenntnis für befähigt gehalten wird, eine Gerichtssitzung zu leiten und strittige rechtliche Sachverhalte zu beurteilen“.

434 Siehe König, Processus und Practica (1541), Bl. LVII^{v}: *„Ein Assessor / Scho[e]pffe oder Beisitzer wirdet der genant / den der Richter zu sich zeucht / das er bey jme im gerichte sitze / vn jme in den hendeln vnterrichtung thue / Rath gebe / vn vrteil finde“.* Vgl. auch Lauterbeck, Regentenbuch (1559), Bl. CCIIII^{r}: *„das der Richter allein nicht da sitzet / sondern hat seine Scheppen / Assessorn / vnd Beysitzer bey sich“.*

435 In diesem Sinn wohl auch Weitzel, Laienurteiler (2000), S. 65 sowie Ostwaldt, Aequitas und Justitia (2009), S. 98 Anm. 558 m. w. N.

ausmachen.[436] Dieser Rechtszwang äußert sich in der Autorität zur Entscheidungsfindung und in der Geltung des Urteils.[437] Der Rechtszwang ging nach hiesigem Verständnis im Untersuchungszeitraum vom gesamten Spruchkörper aus. Im sächsischen Rechtskreis ist derjenige, der das Urteil „fand", jedenfalls ausdrücklich als Richter angesehen worden, wovon der Sachsenspiegel-Kommentar von Zobel zeugt:

> *Der Richter sol ein gleicher Richter sein allen leuten. Du mo[e]chtest sagen / Ich redete dieses nicht recht von den Richtern / dann sie jo niemandt mo[e]gen vnrecht thun / weil hie stehet das sie die vrtel weder finden noch schelden sollen ? Wisse / wer woru[e]ber ein vrtel findet / derselbige ist ein Richter vber dieselbe frage / welche jm zuuorsprechen heimgeschoben ist* [...].[438]

Da gemeinhin den Schöffen die Entscheidungs- bzw. Urteilsfindung zukam („*wer woru[e]ber ein vrtel findet / derselbige ist ein Richter vber dieselbe frage*") und sie dadurch zumindest mittelbar Rechtszwang ausübten, sind sie zweifellos als richterliche Funktionsträger einzuordnen. Ein ähnliches Verständnis zeigt eine andere Quelle:

> *ES werden an vil orten den Richtern / beysitzer vnnd miturthailer von Rahts / vnd besser erwegung / wegen der sachen zůgeordnet / [...] Vnd wiewol jr ainer für sich selbst kainen gerichtszwang hat / so wirdet er doch für ainen mitrichter gehalten /*[439]

---

436 Vgl. dazu Kantorowicz, Der Begriff des Rechts (1963), S. 90; Weber, Wirtschaft und Gesellschaft (1980), S. 441–445 unterschied hingegen zwischen Rechtsfindung und Rechtszwang. Vgl. auch die Darstellung von Weitzel, Dinggenossenschaft und Recht (1985), S. 45–50, 89 f., der für die fränkische Zeit ebenfalls zwischen Urteil als Rechtsfindung und Gebot als Rechtszwang unterschied, jedoch Weber kritisierte (S. 71–89). Vgl. auch zur Verbindung von Recht und Zwang im Mittelalter Pilch, Rahmen der Rechtsgewohnheiten (2009), S. 137–208.

437 Die Existenz von Rechtszwang kennzeichnet Recht, Gericht und Urteil auf der funktionalen Ebene der Rechtsverwirklichung. Die bindende Rechtskonkretisierung eines Urteils wirkt mit eigener „Urteilsrechtskraft". Vgl. dazu Husserl, Rechtsgeltung (1925), S. 138–144. Siehe zum rechtshistorischen Wandel von Urteil und Rechtszwang, die letztlich in ‚staatlichen' Herrschaftsformen miteinander verschmelzen, Weitzel, Dinggenossenschaft und Recht (1985), S. 26 f.

438 Zobel, Sachsenspiegel Auffs newe vbersehen (1582), Bl. CCCLI^r^. Diese Quelle spielt zudem auf die mittelalterliche Rechtspraxis an, in der nach dem Sachsenspiegel der Richter den Verhandlungsvorsitz innehatte, jedoch nicht an der Entscheidungsfindung beteiligt war. Vgl. dazu Weitzel, Ding, in: HRG^2, Band I (2008), Sp. 1071.

439 Perneder, Gerichtlicher Process (1556), Bl. II^r.

Hier werden *„beysitzer“* und *„miturthailer“* trotz fehlendem alleinigen Gerichtszwangs (*„Vnd wiewol jr ainer für sich selbst kainen gerichtszwang hat“*) als *„mitrichter“*, mithin als richterliche Funktionsträger angesehen. Gerichtszwang meint hier jedoch nicht Rechtszwang im obigen Sinne, sondern ist im Kontex mit Gerichtszuständigkeit zu verstehen.[440]

Die funktionale Nähe der richterlichen Tätigkeiten von Schöffen und vorsitzenden Richtern wird überdies in den Gerichtsordnungen und der Praktikerliteratur deutlich, die für beide Funktionsträger denselben Amtseid vorsahen.[441] Dabei konnte es zwischen Schöffen und verhandlungsleitenden Richtern zu personellen Überschneidungen kommen, indem etwa einzelne Schöffen vor Beginn der Verhandlung auch als Richter im Sinne von verhandlungsleitenden Vorsitzenden eingeteilt wurden.[442] Auch im 17. Jahrhundert stellen Quellen die unterschiedlichen Funktionsträger als Richter gleich.[443]

Soweit eine hier untersuchte Quelle den mit der Urteilsfindung betrauten Funktionsträgern die Richtereigenschaft abspricht,

> *Beysitzer / oder wie man sie sonst nennet / Scho[e]ffen vn Ra[e]hte / sind auch keine Richter / sonder dem Richter zugethan / beystendig vnd Rahtgeber*[444]

---

440 Vgl. Perneder, Gerichtlicher Process (1556), Bl. CXXXIIII^{v}: *„Der ist vnnd haißt ain ordenlicher Richter / der auß sein selbst recht vnd gerechtigkait* [...] *den gerichtszwang in gmain durchauß u[e]ben mag“*. Siehe weiter zur Bedeutung im Kontext mit Zuständigkeit oben *Dritter Teil I, 1*, S. 99 f.

441 Vgl. etwa die Kammergerichtsordnung 1471 bei Schmauss/von Senckenberg, Sammlung der Reichs-Abschiede, Band 1 (1747), S. 249 oder die Reichskammergerichtsordnung von 1555, Tit. LVII: *„Von des Ka[e]yserlichen Cammer=richters / und der Beysitzer Eid“*. Zit. nach Schmauss/von Senckenberg, Sammlung der Reichs-Abschiede, Band 3 (1747), S. 79. Auch auf niedrigerer Gerichtsebene waren die Eide parallelisiert, siehe dazu die weitgehenden Übereinstimmungen der Eide bei Tenngler, Laienspiegel (1509), Bl. 16^{v}, 18^{r}, sowie die beinahe identischen Eide für Richter (Art. 3) und Schöffen (Art. 4) in der PGO von 1532, bei Schmauss/von Senckenberg, Sammlung der Reichs-Abschiede, Band 2 (1747), S. 366. Siehe dazu auch Chür Fu[e]rstlicher Pfalz Landtrecht (1582), Der Undergerichts Proceß vnd Ordnung, Bl. 4^{v} f. Vgl. für weitere Nachweise Stölzel, Entwicklung (1872; ND 1964), S. 160 f.

442 Bender, Hofgerichtsordnung (1967), S. 75.

443 Im Württemberger Landtrecht (1626), S. 57, wurden die dem Entscheidergremium angehörigen Personen auch als Richter bezeichnet. Dies trifft ebenso auf die im selben Zeitraum tätigen ehrenamtlichen Schöffen des Basler Stadtgerichts zu. Vgl. dazu Hagemann, Laiengericht und gelehrtes Recht, in: ZNR 27 (2005), S. 2.

444 Damhouder, Practica gerichtlicher handlunge (1575), S. 19.

ist dies wohl auf die Funktionsteilung zwischen Verhandlungsvorsitz und Urteilsfindung bezogen und ändert nichts daran, dass der Rechtszwang letztlich von dem gesamten kollegial verfassten Spruchkörper ausging. Es macht aber zugleich auf einen wichtigen Aspekt aufmerksam: Trotz der funktionalen Nähe der Funktionsträger zueinander im Hinblick auf den Rechtszwang ist eine Differenzierung zwischen vorsitzendem Richter und Schöffe nötig, sobald in fachlicher Hinsicht Aspekte zur Verfahrens- bzw. Verhandlungsleitung angesprochen werden, da diese sich gerade nicht auf den Rechtszwang von Schöffen bezieht, bzw. sie nicht davon umfasst ist. Dementsprechend sind konkrete, den Prozess betreffende Handlungsvorgaben und Ordnungsfunktionen, die in dieser Untersuchung thematisiert werden, ausschließlich an den vorsitzenden Richter adressiert, der das Verfahren und die Verhandlung leitet. Dahingegen werden insbesondere die fachlichen Vorgaben zur Entscheidungs- und Urteilsfindung vornehmlich an die Schöffen gerichtet sein und nur ausnahmsweise den Verhandlungsleiter ansprechen, soweit dieser in die Entscheidung miteingebunden war. Weil die Entscheidungs- und Urteilsfindung, wie oben an den Richterdefinitionen aufgezeigt, einen konstitutiven Teil der richterlichen Tätigkeit ausmacht, sind die Schöffen jedenfalls in die Untersuchung von ‚Richtern' miteinzubeziehen. Hinsichtlich der ethischen Vorgaben an die Richter wird schließlich zu beobachten sein, ob in den Quellen überhaupt eine Differenzierung zwischen den unterschiedlichen richterlichen Funktionsträgern vorgenommen worden ist.

b. Rechtsbeistände

Das 16. Jahrhundert kannte unterschiedliche Formen der Rechtsbeistandschaft, was sich – ähnlich den Richtern – in einer großen terminologischen Vielfalt widerspiegelte.[445] Heutzutage ist Anwalt der Inbegriff von Rechtsbeistandschaft; man kann beobachten, dass die unterschiedlichen Formen von historischer Rechtsbeistandschaft schließlich in der modernen berufsförmig organisierten Rechtsanwaltschaft mündeten.[446] Der Begriff des „*Anwalds*" war auch im Untersuchungszeitraum verbreitet, er machte allerdings nur einen kleinen Teil des

---

445 Vgl. dazu die Darstellung bei Weissler, Geschichte der Rechtsanwaltschaft (1905; ND 1967), bei dem der Abschnitt „Advokaten und Prokuratoren" die Unterabschnitte „Gewalthaber, Vögte, Anwälte" (Kap. 16) und „Weitere Schicksale des Vorsprechertums" (Kap. 20) enthält. Diese Gliederung mit den verschiedenen Bezeichnungen macht deutet darauf hin, wie stark die unterschiedlichen Formen der Rechtsbeistandschaft miteinander zusammenhingen.

446 Vgl. dazu Hartstang, Der deutsche Rechtsanwalt (1986), S. 3–18.

begrifflichen Spektrums für Rechtsbeistände aus und hatte sich noch nicht als übergeordnete Bezeichnung durchgesetzt.[447]

Zu den begrifflich einschlägigen Erscheinungen des 16. Jahrhunderts gehören nach den Quellen aus der weltlichen Gerichtsbarkeit Ausdrücke wie: „*Radtgeben*", „*Fürleger*", „*Fürsprecher*", „*Vorsprecher*" oder allgemeiner „*Gewalthaber*" und „*Redner*".[448] Aus der kirchlichen Gerichtsbarkeit entstammt die Bezeichnung „*Advokat*".[449] Gleichzeitig fasste mit der Rezeption des römisch-kanonischen Rechts die Bezeichnung „*Prokurator*" ebenfalls Fuß in der weltlichen Gerichtsbarkeit.[450] Dabei unterschieden sich nicht lediglich die Begriffe voneinander, sondern teilweise wurde auch zwischen den ausgeübten Funktionen und Aufgaben der Rechtsbeistände differenziert; was im Folgenden anhand eines Beispiels aus dem beginnenden 16. Jahrhundert veranschaulicht wird.

Im *Laienspiegel* werden „*Vorsprechen*", „*Redner*" und „*Fürleger*" als Rechtsbeistände erwähnt, deren Aufgabe es war „*jrn partheyen gerechtikait mainung vn begern fürlegn / raten / oder des widertails willen vn anfechtung widerredn*".[451]

Hier tritt Rechtsberatung („*raten*") deutlich als Aufgabe hervor. Aus der folgenden Überschrift im *Laienspiegel* „*Wie sich ain vorsprech vor dem Richter vnd gericht erzaigen soll*" ergibt sich, dass diese Art von Rechtsbeistandschaft nicht (nur) die außergerichtliche Beratung sondern auch die gerichtliche Beratung umfasste.[452] Ob dabei eine prozessuale Stellvertretung vorgesehen war, lässt sich zunächst nicht feststellen. Ein gesonderter Abschnitt des *Laienspiegels* zur Stellvertretung stellt zunächst keine ausdrücklichen Bezüge zur gerichtlichen Vertretung durch „*Vorsprecher*" her.[453] Dies könnte als Indiz dafür zu werten sein, dass im *Laienspiegel* noch keine prozessuale Stellvertretung vorgesehen war. Die „*Vorsprecher*" wären dann nicht dem römisch-kanonischen Recht, sondern dem deutschrechtlichen Bereich zuzuordnen, in dem Rechtsbeistände aus dem Kreise der Schöffen als Wortführer bei Anwesenheit der Partei vor Gericht agierten und

---

447 Vgl. für den Begriff in Gerichtsordnungen des 16. Jahrhunderts Marquordt, Vier rheinische Prozessordnungen (1938), S. 23–28.

448 Vgl. dazu die sprachgeschichtlichen Untersuchungen von Grubmüller, Advocatus: fürsprech - vogt - advokat (1986); Von Olberg, Anwalt, Vogt und ihre Synonyme (1985); Dückert, ‚Advokat' (1976).

449 Vgl. dazu Dückert, Advokat, in: Deutsches Wörterbuch, Band 1 (1983), Sp. 1543.

450 Vgl. dazu Dückert, ‚Advokat' (1976), S. 271.

451 Tenngler, Laienspiegel (1509), Bl. 20v.

452 Tenngler, Laienspiegel (1509), Bl. 22r.

453 Tenngler, Laienspiegel (1509), Bl. 26r-27r.

keine Stellvertretung ausübten.[454] Prozessuale Stellvertretung ist demgegenüber als eine „Übertragung der prozessualen Rechtsstellung" zu verstehen, „mit der Befugnis zur Vornahme aller Handlungen, die auch von der Partei selbst hätten getätigt werden können, führte sie den Rechtsstreit persönlich".[455] Allerdings war auch eine solche Stellvertretung im *Laienspiegel* vorgesehen, da die Quelle ein Vollmachtsformular für prozessuale Stellvertretung enthält.[456] Unklar bleibt hingegen, ob gerade die „*Vorsprecher*" hier bereits als prozessuale Stellvertreter fungierten, weil die Vollmacht diesen Begriff nicht verwendet.

Wenngleich hier eine strenge Unterscheidung ausbleibt, werden doch die zentralen Formen von Rechtsbeistandschaft anhand des Beispiels erkennbar. Sie lassen sich danach unterscheiden, ob es sich um einen gerichtlichen oder außergerichtlichen Rechtsbeistand handelte und ob Stellvertretung vorlag oder, ob es sich um einen Wortführer handelte, der nur in Anwesenheit seiner Partei gerichtlich tätig werden konnte. Allen gemein war der übergeordnete Zweck in der Rechtspflege – die Unterstützung der Partei in Rechtssachen.

In der Forschung werden die unterschiedlichen Formen der rechtlichen Unterstützung aufgegriffen und mit Bezeichnungen für Rechtsbeistände verknüpft: Es wird das Aufeinandertreffen des „deutschrechtlichen" Vorsprechers im Sinne von Wortführern (gerichtliche Rechtsbeistände, Helfer vor Gericht), und der Advokaten (außergerichtliche Rechtsbeistände) sowie Prokuratoren (prozessuale gerichtliche Stellvertreter) in der Rechtspflege der Frühen Neuzeit beschrieben.[457]

Fraglich erscheint allerdings, ob sich die unterschiedlichen Formen von Rechtsbeiständen in der weltlichen Gerichtsbarkeit bereits im 16. Jahrhundert

---

454 Vgl. dazu OESTMANN, Fürsprecher, in: HRG², Band I (2008), Sp. 1883 f.

455 Definition nach SCHLOSSER, Spätmittelalterlicher Zivilprozess (1971), S. 215. Vgl. insgesamt dazu ROSENBERG, Stellvertretung im Prozess (1908), S. 472–514.

456 TENNGLER, Laienspiegel (1509), Bl. 27ᵛ f.: „*Sy* [...] *Solhen* [...] *biß zů ennd der sachen / an meiner stat vnd in meinem namen zů sůchen vnd ersteen / Clagen / antwurtn gegenclagen ein vnd widerreden zů ho[e]ren / vnd fürzůwendn den Ayde für geua[e]rd zů latein genannt Calumnie* [...]. *Vnd gemainlich alles anders / das ich in aigner person solt oder mo[e]cht / handlen / thůn vnnd lassen /* [...]. *will ich yn mitt aller vnd solher volkomenhait / yetzo alßdenn / vnd denn als yetzo wissentlich hiemit auch gegeben haben*".

457 Vgl. dazu BUCHDA/CORDES, Anwalt, in: HRG², Band I (2008), Sp. 257 f.; VON OLBERG, Anwalt, Vogt und ihre Synonyme (1985), S. 84; CORDES, Helfer vor Gericht (1998), S. 191–193; DÖHRING, Rechtspflege (1953), S. 121; SCHLOSSER, Spätmittelalterlicher Zivilprozess (1971), S. 161; WEISSLER, Geschichte der Rechtsanwaltschaft (1967, Nachdruck der Ausgabe Leipzig 1905), S. 172 f.

so eindeutigen Bezeichungen zuordnen lassen, wie es das beschriebene Schema suggeriert.[458]

Im *Laienspiegel* tragen Rechtsbeistände vielfältige Bezeichnungen:

> *etwo in latein milites / aduocati / causidici / rogati / procuratores / postulates patroni causarum / honorati / Judices Aber in gewonlichn teütsch redner / fürleger o͛d vorsprechen genant.*[459]

Diese Aufzählung zeigt, dass hier die unterschiedlichen Bezeichnungen, denen später funktionale Bedeutungen (Stellvertretung, gerichtliche/außergerichtliche Rechtsbeistandschaft) zugeschrieben wurden, zunächst völlig synonym verwendet wurden – ohne auf etwaige Funktionsunterschiede einzugehen. Und an dem eingangs beschriebenen Beispiel zum „*Vorsprecher*" wurde sichtbar, dass dem Begriff noch keine spezifisch-funktionale Zuordnung beigemessen wurde.[460]

In weiteren deutschsprachigen Quellen aus dem 16. Jahrhundert deutet sich eine stärkere begriffliche Differenzierung an. So werden Advokaten bei Perneder eher als außergerichtliche Rechtsbeistände dargestellt: Es wird beschrieben, dass der Advokat seine Partei beraten soll, ohne, dass Hinweise für ein Auftreten bei Gericht enthalten sind.[461] Prozessuale Vertretung wird hingegen an anderer Stelle thematisiert.[462] Diese prozessualen Vertreter werden synonym als „*Procurator*" und „*Anwald*" bezeichnet.[463] Die Bezeichnung als Vorsprecher oder Fürsprecher im Sinne von gerichtlicher Rechtsbeistandschaft ohne Stellvertretung (Wortführer) findet sich hier nicht wieder.

---

458 Vgl. für die spezifischen Abweichungen der Terminologie von Rechtsbeiständen am Reichskammergericht Döhring, Rechtspflege (1953), S. 121 f.; Weissler, Geschichte der Rechtsanwaltschaft (1967, Nachdruck der Ausgabe Leipzig 1905), S. 121–128, 172 f.

459 Tenngler, Laienspiegel (1509), Bl. 20v.

460 Vgl. dazu auch das Freiburger Stadtrecht (1520), Bl. XIIIr: Unter der Überschrift „*Von den fürsprechen*" berichtet die Quelle von „*Aduocat oder Redner*", ohne streng zu differenzieren.

461 Perneder, Gerichtlicher Process (1556), Bl. 18r: „*So er dann befindet / das die parthey jr fürgeben im fall der notturfft / zů Recht genůg anzaigen vnd darbringen mag / soll ehr jhr ferrer das best rathen*".

462 Perneder, Gerichtlicher Process (1556), Bl. 19r f., zählt die Gerichtshandlungen auf, die explizit in einer Vollmacht enthalten sein müssen, um von prozessualen Vertretern wirksam ausgeübt werden zu können.: „*Erzelung etlicher fa[e]ll / die durch einen Anwalde auff einen gemeynen gewalt / ohn besondern außgetruckten beuelch / nit mo[e]gen verzicht werden*".

463 Perneder, Gerichtlicher Process (1556), Bl. 19r.

Gobler stellt in einer weiteren Quelle ausschließlich auf die prozessuale Stellvertretung ab und bedient sich dabei unterschiedlicher Bezeichnungen. Im gleichen Zusammenhang nennt er den „*Procurator*", den „*Vorspreche*" sowie den „*Anwalt*".[464] Hier hat der „*Vorsprecher*" nicht mehr die ursprüngliche „deutschrechtliche" Bedeutung eines reinen Wortführers, sondern übernimmt eindeutig die Funktion prozessualer Stellvertretung.

Diesen zwei Befunden mag entgegengehalten werden, dass sie jeweils die Praxis aus der Region wiedergeben, in der sie entstanden sind und insofern nur über eine begrenzte Aussagekraft verfügen. Allerdings weisen Quellen aus dem sächsischen und aus dem flämischen Rechtskreis große Ähnlichkeiten dazu auf: die Begriffe „*Procurator*", „*Anwaldt*" und „*Fu[e]rsprechen*" beschreiben die Rechtsbeistandschaft auch ausschließlich als prozessuale Stellvertretung.[465]

Zusätzlich zu der Frage, ob der Rechtsbeistand als Wortführer oder als prozessualer Stellvertreter zu charakterisieren ist, kann noch außergerichtliche Rechtsbeistandschaft hinzutreten, die in der Forschung mit dem Begriff des Advokaten verknüpft wird.[466] Jedoch ist im Untersuchungszeitraum für die weltliche Gerichtsbarkeit auch dieses Begriffsverständnis nicht eindeutig belegbar. Obwohl eine begriffliche Abgrenzung zwischen Prokuratoren und Advokaten in den Quellen vorgenommen wird, finden sich funktionale Überschneidungen im

---

464 Gobler, Der Gerichtlich Proceß (1542), Bl. CIIII[v]: „*Der würdt im Rechten ein Procurator odder Vorspreche genannt / der frembde ha[e]ndel auß befehl des Herren gůtwilliglich zu handeln auff sich nimpt. Vnnd als dann ist einer ein Anwalt oder Procurator / wann er den befehl odder mandat / von dem / welches Sachen er fu[e]ren sol vor Gericht / mündtlich oder durch briefe willig entpfangen vnd angenommen hat*".

465 König, Processus und Practica (1541), Register Stichwort „*Anwalden*" (unpaginiert): „*Anwalde ist / der eins andern sachen vnd handel auff sich zu fu[e]ren nimpt. Vnd wenn einer den befelh die sache zu fu[e]ren entpfangen / als denn ist er ein Anwalde*". Damhouder, Practica gerichtlicher handlunge (1575), S. 208: „*In Bu[e]rgerlichen Sachen / ist beyden Partheyen / nemlich / so wol dem Kla[e]ger / als dem Beklagten / erlaubt / fu[e]r Gericht zu erscheinen / entweder durch vnd fu[e]r sich selbs (wie gemeldt) oder durch sein vollma[e]chtigen Anwaldt vnnd bestelten Procurator. Da dann die eine / oder auch beyde Partheyen keinen Procuratorem haben oder bekommen ko[e]nnen / oder jnen niemandt dienen will / so soll der Richter dem nicht habenden theil einen Procurator vnd Fu[e]rsprechen ex officio, vnd von Ampts wegen geben*".

466 Buchda/Cordes, Anwalt, in: HRG[2], Band I (2008), Sp. 257; Weissler, Geschichte der Rechtsanwaltschaft (1905; ND 1967), S. 110–121.

Punkt der gerichtlichen Rechtsbeistandschaft.[467] Demnach wurde der Advokat noch nicht durchgängig als außergerichtlicher Rechtsbeistand angesehen.[468]

Zusammenfassend ergibt sich folgendes Bild: Die Praktikerliteratur kennt und beschreibt Formen der Rechtsbeistandschaft, die terminologisch noch nicht einheitlich nach den Kriterien Stellvertretung (Prokurator), gerichtliche Rechtsbeistandschaft ohne Stellvertretung (Wortführer: häufig Fürsprecher oder Vorsprecher, aber auch Advokat) sowie außergerichtlicher Rechtsbeistandschaft (erst später: Advokat) unterscheiden.[469] Im 16. Jahrhundert stößt man auf eine begriffliche Bandbreite, die im Spannungsfeld der verschiedenen Bedeutungsmöglichkeiten für Rechtsbeistände steht und die eine eindeutige Zuordnung der Bezeichnungen zu den genannten Funktionen verhindert.[470] Allerdings bestehen erste Ansätze für eine terminologische Unterscheidung zwischen Advokaten und

---

467 Knaust, Gerichtlicher Fewerzeugk (1562), Kapitel II (unpaginiert): Der „*vnderscheidt zwischen einem Aduocaten vnd Procurator ist: Dasß ein Procurator frembde Ha[e]ndel aus Befehl deß Herrn / in abwesen deßselben / gu[e]tlich zu handeln / vorzutragen / vnd zuversorechen auff sich nimpt /* [...] *Ein Aduocat aber redet gemeinlich deß gegenwertigen seines Freunds oder Principalen wort vnd notturfft / schreibet vnd gibt rath in der Sachen / vnd la[e]ßt den Procurator / als den geringern / das Wort*“. Auch bei Knaust, Gerichtlicher Fewerzeugk (1568), Bl. 178^r, wird die Sprachkompetenz von Advokaten hervorgehoben, die gerade in mündlichen Verhandlungen vorteilhaft sein konnte: „*Aduocat / ist ein Jurist vnd Hochgelehrter Mann im Rechten der* [...] *von wegen seiner* [...] *gewaltiger Eloquenz vnd Außrede* [...] *ein Patron / Legat oder Gesanter genenet wirdt* [...] *Darumb / daß er* [...] *jnen in Gerichte mu[e]ndtlich odder schrifftlich dienet*“.

468 Damhouder, Practica gerichtlicher handlunge (1575), S. 234: „*Zu deme allem sol ein jeder Aduocat / welcher entweder mu[e]ndtlich die Sach fu[e]r Gericht fu[e]rbringt / oder die Klag / vnd andere notturft schrifftlich Concipirt / vnd verfasset / drey ding halten*“. Knaust, Gerichtlicher Fewerzeugk (1562), Kapitel II (unpaginiert): „*EIn Aduocat wirdt der genanndt / der eines andern Sache oder Wort in Gericht fu[e]hrt / vnd dem Richter / seines Freundes begeren / schrifftlich oder mu[e]ndetlich vorbringt / jhn vnd seine Sachen vertritt / vnd dem Gegentheil widerspricht*“. Vgl. dazu auch Brundage, Legal profession (2008), S. 350 f., wonach Advokaten im Mittelalter gleichzeitig als Rechtsberater und gerichtliche Wortführer fungierten.

469 Vgl. dazu Buchda/Cordes, Anwalt, in: HRG^2, Band I (2008), Sp. 257 f; Oestmann, Fürsprecher, in: HRG^2, Band I (2008), Sp. 1886.

470 In der Praxis ist darüber hinaus ein gleichzeitiges Nebeneinander der verschiedenen Formen von Rechtsbeiständen belegt: So sind sogar für prozessuale Stellvertreter Wortführer aufgetreten, die die Sache vor Gericht vortrugen. Vgl. dazu Bader, Vorsprecher und Anwalt (1931), S. 31 f.

Prokuratoren, die sich etwa in dem Verbot ausdrückt, gleichzeitig Prokurator und Advokat zu sein.[471]

Damit hat die Begriffsbestimmung gezeigt, dass sich noch keine überregional einheitliche Terminologie für die verschiedenen Rechtsbeistände herausgebildet hatte, obwohl vereinzelte Differenzierungen zu einer allmählichen Schärfung der Begrifflichkeiten führten. Dies bestätigt einerseits das Bild der bisherigen Forschung, die annimmt, dass die unterschiedlichen Formen von Rechtsbeistandschaft im Rezeptionszeitalter nebeneinander bestanden und sich überschneiden konnten.[472] Falsch ist es, indes anzunehmen, dass den einzelnen Bezeichnungen

---

471 Vgl. dazu DAMHOUDER, Practica gerichtlicher handlunge (1575), S. 233 f.: „*So kann vnd mag auch kein Procurator ein Aduocat sein / wie dan auch hergegen kein Aduocat ein Procurator sein sol / oder mag*". GOBLER, Der Gerichtlich Proceß (1542), Bl. VII^v: „*Aduocaten / Wie man solchs wort ietzt versteet / so sein es die welche den Parteien in jr sachen beretig sein / jnen dieselbigen versehen / fu[e] ren / vnd handlen / doch nit mündlich sonder schrifftlich*". Unterschiede zwischen Advokat und Prokurator betonen auch PERNEDER, Gerichtlicher Process (1556), Bl. XVI^v-XIX^v; HEYDEN/BRANT/DRAUDT, Revocirter Richterlicher Klagspiegel (1601), S. 57: „*Zwischen einem Advocaten vnd Procuratorn ist diß der Vnterscheidt. Ein Advocat handelt die Sachen dessen der selbst zugegen ist. Ein Procurator aber handelt die Sachen dessen der abwesendt ist*". Vgl. zum Verbot der gleichzeitigen Ausübung am Reichskammergricht § 29 des Freiburger Reichsabschieds von 1498, bei SCHMAUSS/VON SENCKENBERG, Sammlung der Reichs-Abschiede, Band 2 (1747), S. 45: „*Nachdem sich teglich begiebt, daß ein Procurator des andern Procurators Advocat sein will, und aber der Redner oder Procurator und der Advocaten Aempter underschiedlich sein, auch die Procuratores von Menge der Sachen wegen beyden Empter nit wol vor sein mo[e]gen: Ist geratschlagt, daß fu[e]rohin kein Procurator sich Advocaten-Ampts, und herwiederung kein Advocat sich Procurator-Ampts underfahen soll*". Siehe dazu aus der mitllelalterlichen Rechtslehre auch LITEWSKI, Der römisch-kanonische Zivilprozeß (1999), S. 178 sowie NÖRR, Romanisch-kanonisches Prozessrecht (2012), S. 35. Einen Bildungsunterschied zwischen Advokaten und Prokuratoren beschreibt KNAUST, Gerichtlicher Fewerzeugk (1568), Bl. 180^r: „*Mit den Aduocaten wo[e]llen wir dieses orts nichts zuthůn haben / Denn die zu leren / so mich wol lehren mo[e]chten / erkenne ich mich viel zu schwach vn gering / Allein mit den jungen Juristen vnd Procuratorn / so ta[e] glich lehrgelt geben můssen / vnd mit dem ersten spehr vnd schwert rennen vnnd fechten zu reden vnnd handeln / trage ich keine schewe / vnnd diene jn gern / mit erinnerung etlicher no[e]tigen punct vnd stu[e]ck / die sie fu[e]rnemblich wissen / vnd in Gerichte obseruirn vnd halten můssen*".

472 Siehe oben *Dritter Teil, I, 2, b*, S. 112 Anm. 457.

von Rechtsbeiständen an den weltlichen Gerichten im Untersuchungszeitraum bereits durchgängig bestimmbare Funktionen innewohnten.[473]

Vor dem Hintergrund des Fehlens einer einheitlichen historischen Bezeichnung soll im Folgenden der neutrale Begriff des Rechtsbeistands in einem weiten Verständnis als Sammelbezeichnung beibehalten werden. Darunter werden alle Rechtspraktiker gefasst, die unabhängig von ihrer jeweiligen Bezeichnung und einer präzise bestimmten Funktion für die rechtlichen Belange Dritter im gerichtlichen Streitfall eintraten.

II. Universelle persönliche Anforderungen an Richter und Rechtsbeistände

Wenngleich vor dem Hintergrund der aufgezeigten terminologischen Vielfalt für rechtspraktische Ämter und der eingangs geschilderten Gerichtsvielfalt im Untersuchungszeitraum, nicht ohne Weiteres anzunehmen ist, dass eine pauschale Antwort auf die allgemeine Frage, wer überhaupt an den Gerichten als Rechtspraktiker fungieren konnte, zu finden sein wird, so lässt sich zumindest danach fragen, ob, und wenn ja, welche universellen Vorstellungen von Zulassungsbeschränkungen bestanden.

Für die Zulassung zur Ausübung rechtspraktischer Ämter formulierten die untersuchten Quellen ein Set von universellen persönlichen Anforderungen, die recht gleichförmig und breit überliefert sind. Diese geben Antworten darauf, welche formalen Voraussetzungen für die Ausübung rechtspraktischer Ämter bestanden. Unter universellen persönlichen Anforderungen werden solche Voraussetzungen verstanden, die wie eine Zulassungsbeschränkung zum Amt wirkten und damit als universelle Voraussetzung der Amtsausübung beschrieben wurden und die der Person des Rechtspraktikers anhafteten (deshalb persönlich). Die Anforderungen in der Praktikerliteratur werden im ersten Abschnitt dieses Kapitels (1.) dargestellt. Sie waren auch zwangsbewehrt, womit sich der zweite Abschnitt (2.) beschäftigt. Mit der Richterablehnung, zeitgenössisch „*Recusation*" genannt, konnten Richter, die nicht diese Anforderungen

473 Unvertretbar ist insofern die Ansicht von Weissler, Geschichte der Rechtsanwaltschaft (1905; ND 1967), S. 173, dass den Quellen Verwechslungen unterlaufen seien. Hier scheint die Gefahr groß, dass das Verhältnis von Quellenbefund und Interpretation in das Gegenteil verkehrt wird.

erfüllten, im Wege einer Einrede bzw. durch Eid abgelehnt werden.[474] Parallel dazu konnte gegen gerichtlich auftretende Rechtsbeistände ebenfalls mit einer Einrede („*exceptio procuratoria*“) vorgegangen werden.[475]

1. Einzelne Anforderungen

In der Rechtspflege des Mittelalters und der Frühen Neuzeit waren Frauen grundsätzlich von rechtspraktischen Ämtern ausgeschlossen. Dies bezeugt Perneder: „*als die frawen sollen sich kains gerichtlichen gewalts oder ampts anmassen*“[476] und auch der *Revocierte Klagspiegel* schloss Frauen ausdrücklich davon aus.[477] Erstaunlicherweise waren laut Perneder von dieser Regel Ausnahmen möglich. Er beschreibt, dass nach örtlicher Gewohnheit „*in sollichen fällen durch sie recht gehalten werden*“ konnte.[478] Allerdings nannte Perneder keine zeitgenössischen Beispiele und es liegt die Vermutung nahe, dass er sich letzlich auf eine Stelle aus dem *Liber Extra* (1234) berief.[479] Möglicherweise ging es dabei um Fürstinnen, die ihr Herrschaftsrecht der Gerichtsbarkeit persönlich ausüben konnten.[480] Für den hiesigen Untersuchungszeitraum sind jedenfalls keine Frauen als Richter belegt, wenngleich dieses Herrschaftsrecht und der damit verbundene Anspruch auf Pachtzins

---

474 Vgl. insgesamt dazu Wesener, Richterablehnung, in: HRG[1], Band IV (1990), Sp. 1040–1044. Siehe zur „*Recusation*“ in der untersuchten Praktikerliteratur unten *Dritter Teil, II, 2*, S. 129–131.

475 Vgl. dazu Litewski, Der römisch-kanonische Zivilprozeß (1999), S. 165; Nörr, Romanisch-kanonisches Prozessrecht (2012), S. 29 Anm. 139. Siehe zur „*exceptio procuratoria*“ in der untersuchten Praktikerliteratur unten *Dritter Teil, II, 2*, S. 131.

476 Perneder, Gerichtlicher Process (1556), Bl. III^{r}.

477 Heyden/Brant/Draudt, Revocirter Richterlicher Klagspiegel (1601), S. 57: „*Item Weiber / als welche keine solche Männliche Werck thun sollen. Solche alzumahl können oder mögen kein Richter Ampt führen*“.

478 Perneder, Gerichtlicher Process (1556), Bl. III^{r}: „*Es wa[e]r dann ain solche fraw / der on das der ordenlich gerichtszwang zůstu[e]nde / oder so es der gebrauch desselben orts wa[e]re / so mag in sollichen fa[e]llen durch sie recht gehalten / vnd gerichtlicher ordnung gema[e]ß gehandelt / vnnd geurtaylt / auch das Compromiß verpeent werden*“.

479 X, 1, 53, 4: „In mulierem singularem tanquam in arbitratricem compromitti non potest; secus si mulier habet alias iurisdictionem de iure communi vel consuetudine. Nam tunc etiam super rebus temporalibus ecclesiae potest in eam valide compromitti.“

480 Vgl. dazu Lowitsch, Frau als Richter (1933), S. 25. Siehe allgemein zur fehlenden Gerichtsfähigkeit von Frauen Fehr, Rechtsstellung der Frau (1912; ND 1971), S. 52 f., S. 79.

und Verkaufserlös von ererbten Gerichten durchaus Frauen zustehen konnten.[481] Die Regelungen, nach denen Frauen von der Rechtspflege ausgeschlossen waren, hatten ihre Vorbilder in der antiken Rechtslehre. Nach einer für die persönlichen Anforderungen zentralen Digestenstelle war es bestimmten Personen

> *untersagt, Richter zu sein* [...] *aufgrund des Herkommens den Frauen und den Sklaven, nicht weil es ihnen an Urteilsfähigkeit mangelt, sondern, weil anerkannt ist, daß sie keine bürgerlichen Ämter* [civilia officia] *bekleiden können.*[482]

Demnach durften keine Frauen als Richter auftreten, weil sie von den „civilia officia" ausgeschlossen waren. Noch weiter ging eine andere Digestenstelle:

> *Die Frauen sind von allen bürgerlichen und öffentlichen Dienstleistungen* [officia civilia vel publica] *ausgeschlossen, und darum können sie weder Richter sein, noch ein obrigkeitliches Amt führen, noch gerichtliche Anträge machen, noch für einen Andern eintreten (intercediren), noch als Procuratoren auftreten.*[483]

Wenngleich es sich bei den genannten römischen Prokuratoren in der Quelle nicht um Rechtsbeistände handelte, galt auch in der Praktikerliteratur das Verbot, Frauen als Prokuratoren zuzulassen.[484] In Anlehnung an Dig. 3, 1, 1, 5 formulierte der *Klagspiegel*:

> *Nym war am ersten vmb der scham wille würt der frawen verboten das sie nit verclage sol. sie mag ouch nit wilkůr richter sein. ouch nit ordelicher richter ouch nit procurator* [...].[485]

---

481 Vgl. dazu WETZELL, System des Civilprocesses 3 (1878), S. 418 Anm. 6; DRÜPPEL, Iudex civitatis (1981), S. 96; NÖRR, Romanisch-kanonisches Prozessrecht (2012), S. 14 m. w. N.

482 Dig. 5, 1, 12, 2. Übersetzung nach HARDER, in: BEHRENDS/KNÜTEL/KUPISCH/SEILER (HRSG.), CIC II, Band II (1995), S. 471 f. In den eckigen Klammern sind zur Verdeutlichung die lateinischen Quellenbegriffe, zit. nach KRUEGER, Corpus Iuris Civilis, Band 2 (1959), S. 118, angegeben.

483 Dig. 50, 17, 2pr. Übersetzung nach SCHNEIDER, in: SCHILLING/SINTENIS (HRSG.), CIC I, Band 4 (1832), S. 1264. Vgl. dazu und allgemein zum Ausschluss der Frau vom römischen officium FELDNER, Ausschluss der Frau, in: Revue internationale des Droits de l'Antiquité 47 (2000), S. 381–396. In den eckigen Klammern sind zur Verdeutlichung die lateinischen Quellenbegriffe, zit. nach KRUEGER, Corpus Iuris Civilis, Band 2 (1959), S. 118, angegeben.

484 TENNGLER, Laienspiegel (1509), Bl. 21^{r}: „*Es mag wider ainen vorsprechenn geredt werden / er sey [...] weibisch*". GOBLER, Der Gerichtlich Proceß (1542), Bl. CVI^{v}: „*Aber jr vil werden im Rechten zu Procuratorn nit zůgelassen / als* [...] *Weiber/ Jungfrawen*".

485 HEYDEN, Klagspiegel (um 1493), Bl. CXVIII^{r}. Vgl. dazu Dig. 3, 1, 1, 5: „*An zweiter Stelle ist ein Edikt im Hinblick auf diejenigen erlassen, die nicht in fremder Sache*

Deutlich trat zu Tage, dass Frauen nicht gerichtlich tätig sein und als Rechtsbeistände fungieren durften.[486] Von diesem Verbot, vor Gericht aufzutreten waren dem römischen Recht allerdings Ausnahmen bekannt, die ihren Weg in die Praktikerliteratur fanden:[487]

> *JTem die weibs bilder mo[e]gen kain anwaldschafft auff sich nehmen / auch von jrer Eema[e]ner wegen in Recht nit zůgelassen werde / Es wa[e]r dan die sach also gestalt / das sie solche handlung jnen selbs zů nutz vnd gwin fürnemen / oder darin verwonte partheyen wa[e]re. [...] Deßgleich so die frawen jrer kinde vormunderin sein / so mo[e]gen sie von derowegen wie sich gebürt handlen. Es werden auch nit allein die mu[e]tter / sonder to[e] chter / schwester vn ander gesipt freundin / auch die Eepersone zůgelassen / für jren sun / schwester / brůder vn ander gesipte freunde / auch für jren Eegemahel erledigung zůklagen vnd zůhandlen. [...] So mo[e]gen auch die frawen je zů zeite an jrer a[e]llter stat / so dieselben kranck sein / klag fu[e]ren.*[488]

Demnach durften Frauen – im Fall von Verwandtschaftsbeziehungen, wenn kein anderer Rechtsbeistand herangezogen werden konnte – vor Gericht auftreten.

---

vor ihm auftreten dürfen. In diesem Edikt nennt der Prätor Geschlecht [...]. *Das Geschlecht, indem er den Frauen verbietet, in fremder Sache vor ihm aufzutreten. Und zwar liegt der Sinn dieses Verbots darin, daß Frauen sich nicht entgegen der ihrem Geschlecht angemessenen Schamhaftigkeit in fremde Rechtsangelegenheiten einmischen und nicht die Aufgaben des Mannes wahrnehmen sollen; seine Einführung ist aber durch Carfania verursacht worden, eine ganz üble Person, die in ungehöriger Weise vor dem Prätor auftrat und diesen Magistrat belästigte und dadurch Anlaß für das Edikt gab*". Übersetzung nach Krampe, in: Behrends/Knütel/Kupisch/Seiler (Hrsg.), CIC II, Band II (1995), S. 266. Vgl. zum Carfania exemplum Benke, Women in the Courts, in: Michigan Journal of Gender & Law, vol. 3/1 (1995), S. 203–212.

486 Vgl. auch Heyden/Brant/Draudt, Revocirter Richterlicher Klagspiegel (1601), S. 63: „*Weibs Personen sollen nicht Procuratrices oder Gewaldthaberin seyn*".

487 Vgl dazu Dig. 40, 12, 3, 2: „Wenn aber sonst Niemand vorhanden ist, welcher für ihn streiten kann, dann ist es nothwendig, dass auch der Mutter, oder den Töchtern, oder den Schwestern desselben, und den übrigen Frauenspersonen, welche zur Verwandtschaft gehören, oder auch seiner Ehefrau die Befugniss gegeben werde, den Prätor anzugehen und dies anzuzeigen, damit nach Untersuchung der Sache demselben auch wider Willen geholfen werde". Übersetzung nach Schneider, in: Schilling/Sintenis (Hrsg.), CIC I, Band 4 (1832), S. 224. Siehe auch Dig. 3, 3, 41: „Zuweilen wird nach Voruntersuchung durch den Prätor erlaubt, daß Frauen für ihre Eltern klagen, etwa wenn Krankheit oder Altersschwäche die Eltern hindert und sie niemanden haben der für sie prozessiert". Übersetzung nach Huwiler, in: Behrends/Knütel/Kupisch/Seiler (Hrsg.), CIC II, Band II (1995), S. 295. Vgl. dazu auch Kaser/Hackl, Das römische Zivilprozessrecht (1996), S. 208.

488 Perneder, Gerichtlicher Process (1556), Bl. XVII^r.

Eine regelmäßige Ausübung der Tätigkeit als Rechtsbeistand war außerhalb dieser Sonderfälle jedoch nicht vorgesehen. Die Möglichkeit, vor Gericht aufzutreten, belegt eine weitere Stelle aus der Praktikerliteratur:

> *Weiber wenn die Anwalden seyn / ader vor Gerichte stehen mu[e]gen. Jtem widder das Mandat ist zu setzen / wue der procurator eyn weib were / Denn weiber mu[e]gen nicht procuriren / Alleyne ynn fu[e]nff fellen / Als vor yhre gebrechliche vn krancke Eldern / wue die szo arm / das sie eynen Anwalden nicht mu[e]gen vorlegen / aller sunst keynen bekommen ku[e]nnen. Jtem wen sie als eyn vormu[e]nde yhrer kinder fu[e]rku[e]mpt / ader ynn yhres sones sachen / der yns Recht vorteylt / vnnd sie von diesem vrtell appelirt / vnnd ynn der appellation procedirt / Die andern tzwue / dieweile die yn der vbunge nicht seindt / ist nicht nodt dauon tzu sagen.*[489]

Dieses Beispiel veranschaulicht, wie römisches Recht unter Weglassung zweier Fälle an die Verhältnisse des Untersuchungszeitraums angepasst wurde, indem unzeitgemäße Fälle („*dieweile die yn der vbunge nicht seindt*") ausgelassen wurden („*ist nicht nodt dauon tzu sagen*").[490]

Neben dem Geschlecht war auch die Frage nach dem Mindestalter für Rechtspraktiker entscheidend. In der Praxis dürfte für die Ausübung des Richteramts ein gewisser Reifegrad vorausgesetzt worden sein, dessen erreichen in der Praktikerliteratur bei 20 bis 25 Lebensjahren lag.[491] Dabei variierte das Mindestalter für Richter und Rechtsbeistände in der Praktikerliteratur, was uneinheitlichen Vorstellungen von Volljährigkeitsgrenzen geschuldet sein dürfte.[492] So sah etwa

---

489 Rotschitz, Processus Juris deutzsch (1543), Bl. XII^{v} f.

490 Nicht mehr zeitgemäß war das Auftreten von Frauen in den zwei Fällen (für Freilasser/in und die Kinder und Eltern der Freilasser), die im römischen Recht beschrieben wurden. Insofern wurde hier Dig. 3, 1, 1, 11 adaptiert: „*Sodann fügt der Prätor hinzu: ‚Für einen anderen dürfen sie nicht auftreten, außer für ihre Eltern, für ihren Freilasser und ihre Freilasserin sowie für Kinder und die Eltern ihres Freilassers und ihrer Freilasserin.*' […] *Des weiteren fügt er hinzu: ‚Oder für ihre Kinder, für Bruder und Schwester, Ehefrau, Schwiegervater und Schwiegermutter, Schwiegersohn und Schwiegertochter, Stiefvater und Stiefmutter, Stiefsohn und Stieftochter sowie für ihre Mündel und für den Geisteskranken und die Geisteskranke*'". Übersetzung nach Krampe, in: Behrends/Knütel/Kupisch/Seiler (Hrsg.), CIC II, Band II (1995), S. 269.

491 Vgl. für das Reichskammergericht, bei dem ein Mindestalter von 30 Jahren als angemessen empfunden wurde, obgleich in der Praxis auch jüngere Richter tätig waren, Jahns, Richter I (2011), S. 614–617.

492 Klagspiegel und Laienspiegel gehen für Richter von 25 Jahren aus, während Perneder zwischen 20 und 23 Jahren pendelt. Vgl. ferner den Sachsenspiegelkommentar von Zobel, Sachsenspiegel Auffs newe vbersehen (1582), S. 136: „*Ein Richter sol*

der Sachsenspiegel für Volljährigkeit ein Alter von 21 Jahren vor[493], während der Schwabenspiegel zwar dieselbe Grenze enthielt – jedoch auch bereits einer Prägung durch römisch-kanonisches Recht unterlag.[494] Demgegenüber schrieben einige Stellen aus dem Corpus Iuris Civilis 20 und 25 Jahre vor.[495]

[...] *sein* [...] *nicht unter 21 jaren*". Für Rechtsbeistände werden die Altergrenzen von 25 und 17 Jahren genannt, vgl. dazu Perneder, Gerichtlicher Process (1556), Bl. XVII^{r}: „*Jtem ainer der noch minderja[e]rig vn nit 25. jar alt ist / der mag in gerichtlichen sachen nit anwald sein*"; Knaust, Gerichtlicher Fewerzeugk (1562), Kap. 2 (unpaginiert): „*Item / so einer vnder siebenzehen jaren ist / mag nicht Aduocirn*" und Heyden/Brant/Draudt, Revocirter Richterlicher Klagspiegel (1601), S. 63: „*Ein vnmu[e]ndiger / der vnter fu[e]nff vnnd zwantzig Jahr alt ist / soll kein Procurator oder Gewalthaber jm Rechten [...] seyn*". Auch innerhalb mittelalterlicher Prozessrechtsliteratur waren die Altersgrenzen von 18 und 25 Jahren für Rechtsbeistände verbreitet. Siehe dazu Litewski, Der römisch-kanonische Zivilprozeß (1999), S. 164, 179. Siehe zur mittelalterlichen Volljährigkeitsgrenze der Richter auch die Beispiele bei Drüppel, Iudex civitatis (1981), S. 76–84, wonach teils 21, 24, 25 und sogar 30 Jahre für die Amtsmündigkeit gefordert wurden.

493 Ssp. LandR I, 42, § 1: „Über einundzwanzig Jahre ist der Mann zu seinen Tagen gekommen. [...] Welches Mannes Alter man nicht weiß, hat er Haare in dem Bart und unten und unter jedem Arme, so soll man wissen, daß er zu seinen Tagen gekommen ist". Übersetzung nach Kaller, Sachsenspiegel Übersetzung (2002), S. 40.

494 Vgl. Swsp. LandR I, 86a, wonach der Richter „*nicht unter einundzwanzig und nicht über achtzig Jahre alt sein*" soll. Übersetzung nach Derschka, Der Schwabenspiegel (2002), S. 72. Siehe aber auch Swsp. LehenR, 115c, wo von der aus dem römischen Recht stammenden Grenze von 25 Jahren ausgegangen wird.

495 Vgl. dazu etwa Dig. 4, 8, 41: „Da durch die Lex Iulia bestimmt ist, daß ein Mündiger unter zwanzig Jahren nicht gezwungen werden darf, ein Urteil zu erlassen, ist es auch niemandem erlaubt einen Mündigen unter zwanzig Jahren als Schiedsrichter zu wählen". Übersetzung nach Bund, in: Behrends/Knütel/Kupisch/Seiler (Hrsg.), CIC II, Band II (1995), S. 456. Für die Vollendung des 25. Lebensjahres wird eine Stelle aus den Institutionen herangezogen (1, 23pr.): „Mündige Männer [...] erhalten bis zur Vollendung des fünfundzwanzigsten Lebensjahres Pfleger. Denn sie sind, obschon mündig, doch noch in einem Alter, in dem sie ihre Angelegenheiten nicht allein besorgen können". Übersetzung nach Behrends/Knütel/Kupisch/Seiler (Hrsg.), CIC II, Band I (1997), S. 36. Auch in den Digesten wird ein Alter unter 25 Jahren mit Minderjährigkeit gleichgesetzt, vgl. dazu Dig. 4, 1 8, bei Behrends/Knütel/Kupisch/Seiler (Hrsg.), CIC II, Band II (1995), S. 343. Allerdings findet sich für Rechtsbeistände auch die Untergrenze von 18 Jahren. Vgl. dazu Dig. 3, 1, 1, 3: „Den Anfang hat der Prätor aber mit denjenigen gemacht, denen es gänzlich verboten ist, vor ihm aufzutreten. In diesem Edikt hat er Jugend oder Behinderung als Ausschlußgründe festgelegt; Jugend, indem er einem Minderjährigen unter siebzehn Jahren, der die siebzehn Jahre noch nicht vollendet hat,

Als Ausnahme wurde im *Laienspiegel* betont, dass das Richteramt auch von Minderjährigen ausgeübt werden konnte, sofern dem Gericht „*versteendige*" Beisitzer beigeordnet wären.[496] Eine weitere Besonderheit ergab sich bei Perneder, der bei der Einsetzung des Richters durch einen Papst oder Kaiser auch Minderjährige zuließ.[497]

Eine andere persönliche Anforderung betraf die Gesundheit der Rechtspraktiker. Für Richter dürfte auch diese Vorgabe aus dem *Corpus Iuris Civilis* (Dig. 5, 1, 12, 2) tradiert worden sein. Dort heißt es:

> *Aber nicht alle können von denjenigen als Richter eingesetzt werden, die das Recht haben, einen Richter zu bestellen. Einigen ist es nämlich durch Gesetz untersagt, Richter zu sein, anderen aus natürlichen Gründen, wieder anderen aufgrund des Herkommens: aus natürlichen Gründen zum Beispiel dem, der taub, stumm, dauernd geisteskrank oder unmündig ist, weil all diesen die Urteilsfähigkeit fehlt* [...].[498]

Ebendiese letztgenannten Vorgaben, also Blindheit, Taubheit und Stummheit enthält die Praktikerliteratur durchgängig als Defizite, die einer Ausübung des Richteramtes entgegenstanden.[499] Der *Laienspiegel* bemerkte noch zusätzlich, dass es

---

verbietet, vor ihm aufzutreten, weil er meint, daß erst dies ein geeignetes Alter ist, um in der Öffentlichkeit aufzutreten; in diesem Alter oder etwas später soll Nerva der Jüngere begonnen haben, auch öffentlich Rechtsgutachten zu erteilen". Übersetzung nach Krampe, in: Behrends/Knütel/Kupisch/Seiler (Hrsg.), CIC II, Band II (1995), S. 265.

496 Tenngler, Laienspiegel (1509), Bl. 15v: „*So seind doch etlich person durch gemaine recht gesondert / das die selben vnd ir vztailen zůzeitten für nichtig angefochten vn außgeschlossen werden / als hernach angezeigt ist.* [...] *Item Welche minderja[e]rig / als die xxv. iar nit begriffen Sy wa[e]ren dann mit andern mer versteendigen beysitzern neben ynen fürsehen*".

497 Perneder, Gerichtlicher Process (1546), Bl. CLXXIIIIr. In der späteren Auflage Perneder, Gerichtlicher Process (1556) fehlt diese Bestimmung.

498 Dig. 5, 1, 12, 2. Übersetzung nach Harder, in: Behrends/Knütel/Kupisch/Seiler (Hrsg.), CIC II, Band II (1995), S. 471 f. Vgl. auch zu den allgemeinen Erfordernissen für die Richterfunktion im römischen Formularprozess Kaser/Hackl, Das römische Zivilprozessrecht (1996), S. 195.

499 Heyden/Brant/Draudt, Revocirter Richterlicher Klagspiegel (1601), S. 56 f.: „*Wiewol aber ein jeder tüchtig geachtet wird / deme ein Gericht von der Oberkeit verliehen unnd befohlen wirdt. So sindt doch etliche Persohnen* [...] *welche von dem Richterlichen Ampt abgeseondert werden /* [...] *Item / welche nicht ho[e]ren / Blind / Stumm oder stetigs unsinnig sindt*". Knaust, Gerichtlicher Fewerzeugk (1562), Kapitel I (unpaginiert): „*Drey ding seind / die einen nicht lassen Richter seyn / als Natur / Gesatz / und Sitten. Natur also / wenn einer minderjärig / stum / taub / oder sonst seiner Sinne fast sta[e]ts verru[e]ckt were*".

den Richtern nicht „*irer manheit vnd anderr nodtürfftiger gelider*“ fehlen durfte.[500] Bezüglich der Rechtsbeistände wurden in einigen Werken Parallelen zu diesen gesundheitlichen Anforderungen an die Richter gezogen.[501]

Die nächste persönliche Anforderung für Ausübung des Richteramtes betraf die Stellung der Person im Herrschaftsgefüge: über den Richter durfte nicht die Acht oder der Bann verhängt worden sein.[502] Bei Acht und Bann handelte es sich um ein rechtliches Sanktionsmittel, das seit dem Frühmittelalter angewendet wurde und als Sanktion „das adäquate rechtliche Instrument einer archaischen Rechtsordnung mit ihrem Fehlen eines staatlichen Gewaltmonopols“[503] war – bis zur teilweisen Abschaffung im Jüngsten Reichsabschied von 1654.[504] Bereits im Sachsenspiegel war die Ausübung der Rechtsprechung unter Acht verboten,[505] und auch im Schwabenspiegel fand dieses Verbot seinen Niederschlag.[506]

Der Ausschluss von dem Richteramt, sei es durch die Acht oder wegen Exkommunikation beim Kirchenbann[507], war theoretisch mit dem Verlust der Rechtspersönlichkeit[508] und Gerichtsfähigkeit[509] verbunden. Dieses Ausschlusskriterium

---

500 TENNGLER, Laienspiegel (1509), Bl. 16^r^.

501 TENNGLER, Laienspiegel (1509), Bl. 21^r^: „*Es mag wider ainen vorsprechenn geredt werden / er sey ain stumb / blind vngeho[e]rig allweg vnsinnig* [...] *Darumb ettwo richtter vnnd beysitzer abgetriben werden*“. KÖNIG, Processus und Practica (1541), Bl. XLI^r^: „*Aber jr viel werden im rechten zu Procurator nicht zugelassen / als Eigen leute / Taube / Thoren / Kinder / Weiber /Jüngfrawen etc*“.

502 Im Sprachgebrauch des Untersuchungszeitraums wurden beide Begriffe synonym und teilweise auch gemeinsam in einer Formel verwendete. Vgl. dazu BATTENBERG, Acht, in: HRG², Band I (2008), Sp. 61; KAST, Bann, weltlicher, in: HRG², Band I (2008), Sp. 434; DRÜPPEL, Iudex civitatis (1981), S. 113.

503 BATTENBERG, Acht, in: HRG², Band I (2008), Sp. 61.

504 In § 44 des Jüngsten Reichsabschieds (1654) wird etwa die Rechtsfolge der Acht bei Nichterscheinen trotz gerichtlicher Ladung abgeschafft. Vgl. dazu BATTENBERG, Acht, in: HRG², Band I (2008), Sp. 64.

505 Ssp. LehenR, 71, § 5: „*Derjenige kann kein Gericht halten, den der König in die Acht getan hat*“. Übersetzung nach SCHOTT, Der Sachsenspiegel (1996), S. 333.

506 Swsp. LandR I, 86a: „*Der* [Richter, PW] *soll keine von diesen Eigenschaften haben, die wir hier nennen:* [...] *er soll auch nicht in der Acht oder im Bann sein*“. Übersetzung nach DERSCHKA, Der Schwabenspiegel (2002), S. 72.

507 Vgl. dazu ZAPP, Bann (Kanonistisch), in: LexMA, Band I (1980), Sp. 1416 f.

508 SIUTS, Bann und Acht (1959), S. 7 m. w. N.

509 DRÜPPEL, Iudex civitatis (1981), S. 108.

ist für Richter in frühen Gerichtsordnungen[510] sehr verbreitet gewesen und wurde auch von der Praktikerliteratur, etwa in Tenglers *Laienspiegel*[511], im *Revocirten Klagspiegel*[512], in Perneders *Gerichtlichem Process*[513] und auch bei Rotschitz, in dessen *Processus Iuris,* aufgenommen.[514]

Ein Grund, warum ein weltlicher Richter in Bann geraten konnte, war etwa die Missachtung des „privilegium fori", also die Heranziehung eines Geistlichen vor ein weltliches Gericht.[515] Ein weiterer Grund für die Verhängung des Kirchenbanns liegt in seiner Nutzung als Exekutionsmittel; Schuldverträge konnten mit entsprechenden Klauseln versehen sein.[516] Die Nichtberücksichtigung von Gebannten und Geächteten lässt sich vor dem politischen Hintergrund der Ausübung von Rechtsprechung erklären: War das politische Herrschaftsrecht der Gerichtsbarkeit durch Acht und Bann aberkannt worden, fehlte die Legitimation für die Ausübung des Richteramtes. Praktische Fälle, in denen trotz Bann oder Acht geurteilt wurde, unterstreichen, dass die Wirkung des Verbotes von umkämpften politischen Positionen bestimmt war.[517] Auch gegenüber Rechtsbeiständen wurden Bann und Acht in einigen Werken der Praktikerliteratur als Ausschlussgrund angeführt.[518]

Neben der Acht und dem Bann als Zwangsmitteln wurden in der Praktikerliteratur von den Rechtspraktikern noch weitere Anforderungen abverlangt, die

510 Siehe die Aufzählung bei Drüppel, Iudex civitatis (1981), S. 114 Anm. 6.

511 Tengler, Laienspiegel (1509), Bl. 15v.

512 Heyden/Brant/Draudt, Revocirter Richterlicher Klagspiegel (1601), S. 56.

513 Perneder, Gerichtlicher Process (1556), Bl. XLIIIv.

514 Rotschitz, Processus Juris deutzsch (1543), Bl. LXVIv. Siehe auch Knaust, Gerichtlicher Fewerzeugk (1562), Kapitel 1 (unpaginiert): „*Drey dinge sindt / die einen nicht lassen Richter seyn / als / Natur / Gesatz / un Sitten.* [...] *Gesatz / als wann einer im Bann oder der Acht /* [...] *wer*".

515 Vgl. dazu Drüppel, Iudex civitatis (1981), S. 118.

516 Vgl. dazu Elsener, Exkommunikation als Vollstreckungsmittel (1960; ND 1989), S. 152–164.

517 Vgl. dazu Drüppel, Iudex civitatis (1981), S. 110, 119 f.

518 Tengler, Laienspiegel (1509), Bl. 21r: „*Es mag wider ainen vorsprechenn geredt werden / er sey* [...] *im pan oder acht*". Rotschitz, Processus Juris deutzsch (1543), Bl. Xv: „*Widder so[e]lchen Procuratorn hat der parth tzu Excipirn / das ehr ynn Bann adder ynn der Acht sey*". Heyden/Brant/Draudt, Revocirter Richterlicher Klagspiegel (1601), S. 63: „*Welcher in der Acht oder im Bann ist soll kein Procurator oder Gewaldthaber seyn*".

nicht auf politische, sondern auf gesellschaftliche Akzeptanz ausgerichtet waren. Beispielsweise schloss der *Laienspiegel* Richter aus, die

> *mainaydig / widersprüchig oder in ander weg verunleümbt vnnd zů eeren vntuglich widerzeügt wären [sowie] vmb übelthat peinlich verurtailt oder in offen lastern vnnd vneeren begriffen [waren].*[519]

Bereits im Mittelalter war meineidiges und strafwürdiges Verhalten ein verbreitetes Ausschlusskriterium für die Tätigkeit als Rechtspraktiker, was mit Blick auf den Meineid mit der weitgehenden Mündlichkeit in der Rechtspflege zusammenhängen mag, die ein hohes Maß an Vertrauen in das gesprochene Wort voraussetzte.[520]

Insgesamt wird in den Quellen über verschiedene Ebenen hinweg die Ehre der Rechtspraktiker angesprochen. Bereits im Sachsenspiegel lassen sich dazu Anhaltspunkte finden.[521] Wenngleich nicht streng juristisch definiert, stellte sie auch noch im Untersuchungszeitraum ein Kriterium für die Gerichtsfähigkeit und damit auch für die Fähigkeit zur Urteilsfindung dar.[522] An der Wende zur Neuzeit lassen sich erste Ansätze erkennen, dass Ehre als „Fehlen von Infamie oder sonstigen ehrmindernden Umständen" verstanden wurde.[523] Infamie meint einen Ehrverlust, der entweder aus einem Urteil oder aus unehrlichem Gewerbe bzw. unehelicher Geburt folgte.[524] Auch hier lag eine antike Tradition vor, die teilweise von der Praktikerliteratur übernommen wurde. Perneder, nach dem

---

519 Tenngler, Laienspiegel (1509), Bl. 15v.

520 Vgl. dazu Drüppel, Iudex civitatis (1981), S. 106.

521 Vgl. Ssp. LandR I, 38, § 1: „Berufskämpfer und ihre Kinder, Spielleute und alle, die unecht geboren sind, und die Diebstahl oder Raub sühnen oder zurückgeben und dessen vor Gericht überführt werden, oder die ihr Leben oder Haut und Haar auslösen, die sind alle gerichtsunfähig". Ssp. LandR II, 12, § 3: „Außerhalb des Königsbannes darf jeder Mann, der unbescholten an seinem Recht ist, über den anderen Urteil finden und Urteil schelten wegen einer solchen Sache, die man ohne Königsbann richten kann". Übersetzungen nach Kaller, Sachsenspiegel Übersetzung (2002), S. 38 f., 64. Vgl. insgesamt dazu auch Budde, Rechtlosigkeit (1842), S. 15 f., 121 f.

522 Heyden/Brant/Draudt, Revocirter Richterlicher Klagspiegel (1601), S. 64: „*Ein ehrlose Person soll nicht Procurator seyn / wie dann auch alle die jenigen so nicht Richter / Zeugen oder selbst zu handeln tu[e]glich seyn mo[e]gen / auch im Rechten keine gewalt haben*".

523 Deutsch, Ehre, in: HRG², Band I (2008), Sp. 1227.

524 Becker, Infamie, in: HRG², Band II (2011), Sp. 1212 f. Vgl. insgesamt zur Entstehung des Infamiebegriffs in der klassischen Kanonistik Landau, Entstehung des Infamiebegriffs (1966).

Personen, die etwa *„von vnerbarkeit wegen des Raths entsetzt“*[525] worden waren, keine Richter mehr sein sollten, lehnte sich wahrscheinlich an Dig. 1, 9, 2 an.[526] Ferner heißt es in Knausts *Feuwerzeugk Gerichtlicher Ordnunge* im Kontext mit den Ausschlussgründen zur Eignung zum Richteramt: *„Sitten / darunder werden begriffen die anru[e]chtigen“*, womit ein Bezug zu Dig. 5, 1, 12, 2 hergestellt wurde.[527] Nach Rotschitz konnte ebenfalls ein Rechtsbeistand, der *„offenbarlich anru[e]chtig“* war, abgelehnt werden.[528] Der Begriff *„anru[e]chtig“* meint hierbei Infamie im Sinne von Ehr- und Rechtlosigkeit.[529] In diesem Zusammenhang ließ der *Revocirte Klagspiegel* peinlich Verurteilte weder zum Richteramt noch als Rechtsbeistand zu,[530] und stellte im Übrigen noch fest, dass dem Richter das zustehe, was ein *„Bidermann“* zu tun pflege.[531] Auch Perneder zufolge sollten Rechtsbeistände nicht vorbestraft sein.[532] Damhouder ging nicht so weit alle Verurteilten auszuschließen, jedoch waren für ihn in römischrechtlicher Tradition

---

525 Perneder, Gerichtlicher Process (1556), Bl. XLIII^v^.

526 Dig. 1, 9, 2: „Cassius Longinus meint, daß man demjenigen, der wegen verwerflicher Lebensführung aus dem Senat ausgestoßen und nicht in den vorigen Stand wieder eingesetzt worden ist, nicht gestatten darf, als Richter zu urteilen oder als Zeuge aufzutreten, weil dies die Lex Iulia über die Rückerstattung [bei Vorteilsannahme im Amt] verbietet“. Zudem schlug sich die Regelung in Dig. 5, 1, 12, 2 nieder: „Aber nicht alle können von denjenigen als Richter eingesetzt werden, die das Recht haben, einen Richter zu bestellen […] durch Gesetz ist es demjenigen untersagt, der aus dem Senat ausgeschlossen worden ist“. Übersetzungen nach Raber/Harder, in: Behrends/Knütel/Kupisch/Seiler (Hrsg.), CIC II, Band II (1995), S. 142, 471 f. Vgl. zur römischen Infamie Kaser/Hackl, Das römische Zivilprozessrecht (1996), S. 194. Zu der Ratsmitgliedschaft als Voraussetzung für das mittelalterliche Stadtrichteramt siehe auch Drüppel, Iudex civitatis (1981), S. 80, 135 Anm. 45.

527 Knaust, Gerichtlicher Fewerzeugk (1562), Kapitel I (unpaginiert).

528 Rotschitz, Processus Juris deutzsch (1543), Bl. X^r^: Zu *„abwerffunge ader vorlegunge des procurators adder anwalden dienet […] wue der Procurator adder Anwaldt offenbarlich anru[e]chtig ist“*.

529 Vgl. dazu Schröder/von Künssberg (Bearb.), an'rüch(t)ig, DRW, Band I (1914–1932), Sp. 705.

530 Heyden/Brant/Draudt, Revocirter Richterlicher Klagspiegel (1601), S. 57, 63. Vgl. zum Zusammenhang zwischen Verbrechen und Infamie sowie zu den Rechtsfolgen der Infamie in der kanonischen Rechtslehre Landau, Entstehung des Infamiebegriffs (1966), S. 44–57, 97–120.

531 Heyden/Brant/Draudt, Revocirter Richterlicher Klagspiegel (1601), S. 37.

532 Perneder, Gerichtlicher Process (1556), Bl. XVII^r^: *„Jtem ainer der von wegen begangner vbelthaten peinlich angeklagt wirdet / der mag in gerichtlichen sachen vnnd fa[e]llen nit anwald sein / er habe dann sein vnschuld zu̇uor außgefu[e]rt vnd gepurgiert“*.

neben Mördern, Totschlägern und Meineidigen, auch Wucherer oder Geizhälse nicht zur Richtertätigkeit geeignet.[533]

Schließlich spielte im vom Streit der Konfessionen geprägten 16. Jahrhundert die Religion eine wichtige Rolle für die Besetzung des Richteramtes.[534] In der untersuchten Praktikerliteratur wurde die Konfession allerdings nicht thematisiert – stattdessen wurde eine andere generelle Frage behandelt. Die christlich geprägte Gesellschaft des Rezeptionszeitalters erlaubte den Zugang zu Ämtern der Rechtspflege grundsätzlich nur Christen.[535] Allerdings konnte die Ausübung rechtspraktischer Tätigkeit aus religiöser Sicht nicht ganz unproblematisch sein. Das Verhältnis von Religion und Tätigkeiten in der Rechtspflege thematisierte Gobler eingehend in seinem *Rechten Spiegel*.[536] Er beantwortete darin die Frage, inwiefern es „*den Christen / vor Gericht zuhandeln / vnd mit Weltlichen Sachen vmbzugehen / nit gebüren*".[537] Dabei ging er auf eine Stelle in den Briefen an die Corinther ein, in der Paulus über Konflikte unter Christen berichtet.[538] Die Bibelstelle konnte den Anschein erwecken, eine Beteiligung an Konflikten sei generell unchristlich. Im Ergebnis sei diese Stelle nach Gobler jedoch so auszulegen,

> *daß auch die Gerichtspersone / als Richter / Beisitzer / Advocaten / Procuratores / vnd dergleichen / durch welche die Gericht besetzt vnd verhandelt werden / Vnd on welche die Gericht nit gesein noch bestehn ko[e]nnen / wol Christen sein mo[e]gen vnnd solchs Ampt einem Christen vnverweißlich vnnd vnscha[e]dlich ist / vnnd sich der ordnung Gottes / nemlich der Oberkeyt vnd Gericht / so es im von no[e]ten / zugebrauchen.*[539]

Demnach war die Ausübung einer rechtspraktischen Tätigkeit mit dem Christentum durchaus vereinbar („*einem Christen vnverweißlich vnnd vnscha[e]dlich*").

533 Damhouder, Practica gerichtlicher handlunge (1575), S. 325. Zum Eintritt der Infamie nach dem römischen Recht bei Kapitalverbrechen und infolge von Delikten im Rahmen des Zivilprozesses vgl. Becker, Infamie, in: HRG², Band II (2011), Sp. 1212.

534 Vgl. zum Präsentationssystem des Kameralkollegiums am Reichskammergericht und den konfessionell geprägten Paritätsforderungen im 16. Jahrhundert eingehend Jahns, Richter I (2011), S. 210–234.

535 Zu den wenigen Ausnahmen für das Richteramt bezüglich jüdischer Rechtspraktiker siehe Drüppel, Iudex civitatis (1981), S. 121, 122 Anm. 7.

536 Gobler, Der Rechten Spiegel (1550), Bl. XCVIII^v^.

537 Ebd.

538 Vgl. dazu Döhring, Rechtspflege (1953), S. 111. Die Frage wurde im 16. Jahrhundert diskutiert. Siehe etwa Melanchthon, Ob auch die Christen mit gutem Gewissen vor Gericht handeln und gerichtliche Ordnungen brauchen mögen (1529). Siehe dazu auch Burmeister, Studium der Rechte (1974), S. 25 f. mit weiteren zeitgenössischen Nachweisen zu der Streitfrage, ob ein guter Christ zugleich ein guter Jurist sein könne.

539 Gobler, Der Rechten Spiegel (1550), Bl. XCVIII^v^.

Der mittelalterlichen Tradition folgend, wonach Häretiker vom Gerichtsdienst ausgeschlossen waren, teilte der *Laienspiegel* in dieser Frage mit, dass diejenigen, *„welche nicht geteufft / oder ka[e]tzer“* seien, vom Richteramt auszuschließen waren.[540] Gleichermaßen wurden im *Revocirten Klagspiegel* Ungetaufte und Ketzer vom Richteramt ausgeschlossen.[541]

2. Rechtsfolgen bei Nichterfüllung der Anforderungen

Die Regelungen zur Richterablehnung, die als *„Recusation“* bezeichnet wurde, garantierten die praktische Umsetzung der universellen persönlichen Anforderungen für die Richter.[542] Die Ablehnungsmöglichkeit hatte ihre Anerkennung in der römisch-kanonischen Rechtslehre gefunden und wurde im 16. Jahrhundert in verschiedenen Gerichtsordnungen und Stadt- und Landrechten verschriftlicht.[543] Im Untersuchungszeitraum gab es Richterablehnungen am Reichskammergericht[544], noch bevor entsprechende Regelungen dazu in der RKGO gegeben waren.[545] Auch Teile der Praktikerliteratur legten Zeugnis darüber ab, wie weit die Möglichkeit der Richterablehnung verbreitet und in welcher Art sie ausgeprägt war. So erläuterte Perneder:

> *WAs aber die person des richters oder der rechtsprecher in sonderhait belangt / mûß auch mit ainem besondern form per modu recusationis angezaigt werden / mit meldung*

---

540 Tenngler, Laienspiegel (1509), Bl. 16^r. Vgl. zum mittelalterlichen Amtsausschluss von Häretikern Drüppel, Iudex civitatis (1981), S. 123 m. w. N.

541 Heyden/Brant/Draudt, Revocirter Richterlicher Klagspiegel (1601), S. 57.

542 Um einen parteiischen Prozess zu verhindern, kannte bereits das antike römische Recht die Ablehnung von Richtern. Vgl. dazu Kaser/Hackl, Das römische Zivilprozessrecht (1996), S. 532. Ebenfalls gibt es aus dem hohen Mittelalter Belege dafür, dass befangene Urteiler von der Urteilsfindung ausgeschlossen waren. Vgl. dazu Planck, Gerichtsverfahren im Mittelalter (1879), S. 111. Die tiefgehendste Studie zur Richterablehnung im gelehrten Recht, legte Fowler-Magerl, Recusatio iudicis (1972), S. 709–785, vor. Vgl. dazu auch Litewski, Der römisch-kanonische Zivilprozeß (1999), S. 106–114.

543 Siehe dazu Wesener, Richterablehnung, in: HRG[1], Band IV (1990), Sp. 1042. Vgl. insb. zur Richterablehnung in der mittelalterlichen gelehrten Literatur auch Nörr, Romanisch-kanonisches Prozessrecht (2012), S. 15–18 und eingehend Fowler-Magerl, Recusatio iudicis (1972), S. 709–785.

544 Einen besonderen, politisch-religiösen Hintergrund hatten die Richterablehnungen im Rahmen der Reformationsprozesse wie etwa die 1542 ergangene sog. Generalrecusation des Schmalkaldischen Bundes gegen das Reichskammergericht. Vgl. dazu Fabian (Hrsg.), Urkunden und Akten (1961), S. 12–14.

545 Dick, Entwicklung des Kameralprozesses (1981), S. 77.

bestendiger vn gegrünter rechtmessiger vrsache / derohalb der klager oder der beklagt ainen oder mehr derselbe richter oder rechtsprecher in verdacht hab.[546]

Anschließend wurde dem Leser bei Perneder eine nach weltlichem und kanonischem Recht differenzierende Regelungstechnik für die Ablehnung von Richtern gegeben.[547] Mit der Recusation beschäftigte sich ebenfalls Damhouder, der in seiner *Practica* ein ausführliches Kapitel mit dem Titel „*Wie ein Richter möge verworffen werden*" verfasst hat.[548] Für die darin genannten Gründe wählte der Autor die Oberbegriffe „*Incompetentz*" und „*Verdacht*"; wobei unter Inkompetenz in moderner Terminologie vorwiegend die absoluten und unter Verdacht die relativen Ausschlussgründe verstanden wurden.[549] Die kasuistisch aneinandergereihten Ablehnungsgründe Damhouders sind teilweise identisch mit denen bei Perneder, der allerdings eine abschließende Darstellung der Gründe nicht zum Ziel hatte. Die Diskussion über die Ablehnungsgründe war im Gange und konnte daher von den Autoren nicht abschließend geklärt werden.[550] Jedenfalls macht Damhouder, bei allen Unterschieden der von ihm verarbeiteten römischen, partikularen und kanonischen Rechtsquellen,[551] mit seiner Unterscheidung zwischen

---

546 Perneder, Gerichtlicher Process (1556), Bl. XLII^r.

547 Dabei ging es unter anderem um die Frage, ob die Gründe einen iudex delegatus abzulehnen, auch auf ordentliche Richter zu übertragen sind. Siehe dazu Perneder, Gerichtlicher Process (1556), Bl. XLII^r: „*Doch lassen die weltlichen recht solch recusation nach etlicher gelerten mainung / allain in delegierten / gegeben vnd nit in ordenliche Richtern oder gerichtszwang zů.* [...] *Aber gaistlichen satzungen nach / mag nit allain ain delegierter oder gegebner / sonder auch ain ordenlicher Richert auß vrsache des verdachts recusiert / vnd werden zů außfu[e]rung solliches verdachts willkürlich schidsrichter / dero sich die partheyen mitainander vergleiche / geordnet*". Vgl. zur Richterablehnung insgesamt Perneder, Gerichtlicher Process (1556), Bl. XLII^r-XLIII^r.

548 Damhouder, Practica gerichtlicher handlunge (1575), S. 323–329.

549 Vgl. die Übersicht bei Damhouder, Practica gerichtlicher handlunge (1575) S. 324.

550 Siehe dazu Perneder, Gerichtlicher Process (1556), Bl. XLXII^v: „*Was vnnd wie vil aber vrsach seyen / derohalb die Richter oder vrthailsprecher verdacht vnd recusiert werden mo[e]gen / das wirdet / bey den gelerten an vil orten weitschwaiffig disputiert*".

551 Die unterschiedlichen Auffassungen der Legisten und Kanonisten zur Recusation, die sich im Punkt der Begründungs- und Beweispflicht einer Recusation uneinig waren, sind bei Wetzell, System des Civilprocesses (1861), S. 279 f., insb. S. 280 Anm. 20 aufgeführt. Vgl. dazu auch die zeitgenösssischen Gutachten bei Isenmann, Gelehrte Juristen und das Prozeßgeschehen (2006), S. 366 f. Anm. 192–196. Vgl. dazu und zu anderen Differenzen auch Wesener, Richterablehnung, in: HRG[1], Band IV (1990), Sp. 1041 f.

„Verdacht“ und *„Incompetentz“* deutlich, dass die Recusation sowohl für befangene Richter, als auch für unzulässige Richter die Möglichkeit war, mit der die Parteien Abhilfe schaffen konnten.[552] Gobler wählte hingegen eine andere Terminologie und übersetzte den Ausdruck „Exceptio“ mit *„Außzug“*[553] und stellte die *„Außzug wider einen Richter“* bei *„verdechtlichkeit oder argwonigkeit halben seiner person“* dar.[554] Die Ablehnung selbst konnte als schriftliche Einrede oder in Form eines zu schwörenden Eides ausgeübt werden.[555]

Parallel zur Richterablehnung wurde auch die Möglichkeit, einen Rechtsbeistand abzulehnen, in der Praktikerliteratur kurz dargestellt. Dies sollte im Rahmen einer *„Exception“* also Einrede geschehen und war dann statthaft, wenn eine der universellen persönlichen Anforderungen nicht gegeben war.[556] Zu den universellen persönlichen Anforderungen traten bei Rechtsbeiständen Mängel bei der Bevollmächtigung als Ausschlussgründe hinzu.[557]

---

552 Vgl. zu der Unterscheidung zwischen iudex inhabilis und iudex suspectus auch WESENER, Richterablehnung, in: HRG[1], Band IV (1990). Sp. 1041 m. w. N. Siehe zur richterlichen Befangenheit unten *Dritter Teil, IV, 1, b,* S. 209–221.

553 Vgl. dazu die Definition bei GOBLER, Gerichtlicher Process (1536), Bl. CXXIIII[r]: *„Exceptiones oder außzüge / sein rechtmessige behelff / vrsachen / vnnd gegenwere so vonn einem theyl gegen dem andernn (merertheils aber vonn dem beklagten) inn recht einbracht werdenn / desselben gegentheyls vorhabenn dar=durch zuhindertreiben vnd abzuleinen“.*

554 Siehe dazu GOBLER, Gerichtlicher Process (1536), Bl. CXXV[r]-CXXVI[r].

555 Das sog. „juramentum perhorrescentiae“ konnte von einer Partei geschworen werden und bedurfte nach umstrittener Meinung keines Beweises. Siehe dazu GESTERDING, Rechtsmaterien (1826), S. 87–116; BÜLOW/HAGEMANN, Practische Erörterungen (1807), S. 193–198. Vgl. dazu auch WESENER, Richterablehnung, in: HRG[1], Band IV (1990), Sp. 1042 sowie FOWLER-MAGERL, Recusatio iudicis (1972), S. 730, 736.

556 Vgl. dazu GOBLER, Gerichtlicher Process (1536), Bl. CXXVII[r]: *„Außzug wider einen Procurator oder seinen Anwalt“.* ROTSCHITZ, Processus Juris deutzsch (1543), Bl. X[v]-XII[r]; KÖNIG, Processus und Practica (1541), Bl. XLVI[r] f; DAMHOUDER, Practica gerichtlicher handlunge (1575), S. 332–344.

557 ROTSCHITZ, Processus Juris deutzsch (1543), Bl. X[v] f.: *„Widder so[e]lchen procuratorn hat der parth tzu Excipirn / [...] Jtem / ap der keinen befehel hat / ader der selbige widerruffen sey / den yn diesen fellen / wirdet / der sich vor eynen Anwalt angibt / Eyn falscher procurator ym rechten genant“.* Wichtig war der Grund der Einrede für den Zeitpunkt, an dem sie prozessual eingebracht werden konnte. GOBLER, Gerichtlicher Process (1536), Bl. CXXVII[r], beschreibt, dass Einreden gegen die Person des Rechtsbeistands nur vor der litis contestatio eingebracht werden durften: *„Aber außzüg die geschehen wider die Person so nit Procuratores sein mo[e]gen / als Münch / frawen / oder die noch vnder jren mündigen oder volkomen jaren seind / sollen vor*

3. Zusammenfassung

Antike römischrechtliche, zeitgenössische einheimische sowie christliche Vorstellungen prägten die universellen persönlichen Anforderungen für die Bekleidung von rechtspraktischen Ämtern, die in der Praktikerliteratur breit überliefert sind. Die unterschiedlichen Kriterien reichen von körperlichen Fragen, wie Geschlecht, Alter und Gesundheit bis hin zu Aspekten, die die juristisch-politische (Acht und Bann), gesellschaftliche (Meineid und ‚Ehrbarkeit' sowie Vorstrafen) und religiöse Akzeptanz (Zugehörigkeit zum Christentum) betreffen.[558] Aus den universellen persönlichen Anforderungen ergibt sich, dass als Rechtspraktiker zugelassen wurde, wer ein erwachsener, männlicher Christ, der, ohne schweren gesundheitlichen Einschränkungen zu unterliegen, weder mit Acht noch Bann belegt war und dessen Ehre als unbescholten galt. Diese Anforderungen mögen ob ihrer generellen Natur nicht besonders aussagekräftig sein für das Bild der Rechtspraktiker. Tatsächlich blieben sie über die Jahrhunderte verhältnismäßig konstant und entsprachen weithin den Anforderungen, die seit dem Mittelalter als Voraussetzungen zur Prozessfähigkeit verstanden worden waren.[559] Als zwangsbewehrte Zulassungsbeschränkungen, die durchsetzbar waren, stellen sie jedoch den übergeordneten formaler Rahmen der rechtspraktischen Ämter im Untersuchungszeitraum dar, den die Praktikerliteratur wiedergab.

Die Durchsetzung dieser Anforderungen für Richter konnte die Richterablehnung sicherstellen. Sie war eine von der römisch-kanonischen Rechtslehre elaboriert entwickelte Möglichkeit, welche in der Praktikerliteratur (teilweise) mit besonderem Blick auf die Unterscheidung zwischen Befangenheit (iudex suspectus) und Gerichtsfähigkeit (iudex inhabilis) erklärt wurde. Demgegenüber

---

befestigung des kriegs fürgetragen werden", während Mängel bezüglich der Vollmacht jederzeit geltend gemacht werden konnten: „*AUßzug wider den Procurator / seinen beuelh odder gewalt / mag zu einer ieden zeit / vor vnd nach beuestigung des kriegs / auch nach der Endurteil in der Appellation sach / auch gegen volstreckung der Vrtheil eingebracht werden*". Vgl. generell zur Bevollmächtigung Rosenberg, Stellvertretung im Prozess (1908).

558 Vgl. für Richter auch die weitgehend identischen Kriterien in der Quelle bei Lück, Unterweisung (2008), S. 99 f. sowie Lück, Die kursächsische Gerichtsverfassung (1997), S. 233 f.

559 Vgl. zur Prozessfähigkeit Litewski, Der römisch-kanonische Zivilprozeß (1999), S. 103–106, 179 f.; Drüppel, Iudex civitatis (1981), S. 47–123; Schlosser, Spätmittelalterlicher Zivilprozess (1971), S. 164; Trusen, Gelehrte Gerichtsbarkeit der Kirche (1973), S. 474, 477 f.; Trusen, Advocatus (1977), S. 1247 f.; Nörr, Romanisch-kanonisches Prozessrecht (2012), S. 9–18, 28–36.

ist der Ablehnung von Rechtsbeiständen im Verhältnis zur Richterablehnung wohl eine geringere praktische Bedeutung zu unterstellen, was sich schließlich darin geäußert haben dürfte, dass sie in der Darstellung innerhalb der Praktikerliteratur entsprechend weniger Raum einnahm.

III. Die römisch-kanonischen Rechtskenntnisse von Rechtspraktikern

Der voranstehende Abschnitt zu den universellen persönlichen Anforderungen von Rechtspraktikern enthält bewusst keine Ausführungen zu deren Sonderwissen. Aus rechtshistorischer Perspektive ist die Frage nach dem juristischen Wissen allerdings von zentraler Bedeutung für die Charakterisierung der Rechtspraktiker. Die weltliche Rechtspflege kannte im 16. Jahrhundert noch keine durchgängig normierte Zulassungsbeschränkung, welche auf überprüfbaren Rechtskenntnissen für die Rechtspraktiker fußte, wenngleich an vereinzelten Gerichten durchaus eine Etablierung von juristischen Anforderungen erfolgte.[560] Insgesamt konnte aber in der Rechtspflege des 16. Jahrhunderts das gesamte juristische Bildungsspektrum von ungelehrt bis hochgelehrt angetroffen werden, wobei grundsätzlich davon auszugehen ist, dass die niedrigeren Instanzen von Rechtspraktikern mit niedrigerem Bildungsstand und geringeren Rechtskenntnissen getragen wurden.[561]

Von speziellem Interesse für das im 16. Jahrhundert anzutreffende Rechtswissen ist, inwiefern die ungelehrten Rechtspraktiker römisch-kanonisches Recht rezipierten, das heißt, ob und wie sie vom Rezeptionsprozess erfasst wurden und selbst zu Trägern des Wissens vom gelehrten Recht werden konnten. In diesem Kontext nimmt der Begriff der Rezeption als einer der prominentesten Schlüsselbegriffe in der rechtshistorischen Forschung eine zentrale Rolle ein und erfährt zunächst unter (1.) eine konzise Einordnung, innerhalb derer auch der Ansatz dieses Abschnitts dargelegt wird. Ausgangspunkt der Rezeption römisch-kanonischen Rechts ist die Rechtswissenschaft (2.) und es wird daraufhin skizziert, wie das gelehrte Recht in die weltliche Rechtspflege Eingang fand (3.). Besondere Aufmerksamkeit wird anschließend der Frage gewidmet, welche Auswirkungen dieser Entwicklung sich in der untersuchten Praktikerliteratur manifestierten (4.). Schließlich gilt es im Hinblick auf die Vermittlung des Rechts exemplarisch zu klären, von welchen konkreten Inhalten des römisch-kanonischen Rechts auch ungelehrte Rechtspraktiker Kenntnis haben konnten (5./6.), bevor eine Zusammenfassung die Ergebnisse bündelt (7.).

---

560 Siehe dazu unten *Dritter Teil, III, 3,* S. 139–152.

561 Vgl. für Richter Sellert, Laienrichter, in: HRG[1], Band II (1978), Sp. 1356.

1. Einordnung des Rezeptionsbegriffs

Die Rezeption verschiedener Normen und juristischer Praktiken ist ein klassisches Forschungsfeld der Rechtsgeschichte, das sich zu einem Großteil auf römisch-kanonisches Recht fokussiert.[562] Dem ursprünglichen Wortgebrauch nach, meint Rezeption zunächst eine freiwillige Aufnahme eines Kulturguts. Rechtshistorisch wird der Vorgang der Rezeption des römisch-kanonischen Rechts hingegen als ein ungeplanter sozialer Prozess verstanden, welcher die Rechtsentwicklung vom Mittelalter bis heute unter dem Einfluss gelehrten Rechts prägt.[563] Während sich die ältere Rezeptionsforschung auf die Suche nach Ursachen für die Rezeption begab,[564] kam mit Wieacker ein neues Konzept von Rezeption zum Tragen: Er vertrat die von ihm konzipierte – bis in die heutige Zeit gültige – Verwissenschaftlichungsthese,[565] die von Max Webers Rationalitätsdiktion beeinflusst ist.[566] Bemerkenswert daran ist, dass dieses Rezeptionsmodell eines

---

562 Vgl. dazu Kiefner, Rezeption (privatrechtlich), in: HRG[1], Band IV (1990), Sp. 970–984; Avenarius, Gelehrtes Recht, in: HRG[2], Band II (2012), Sp. 31–37; Luig, Gemeines Recht, in: HRG[2], Band II (2012), Sp. 60–77. Eine bemerkenswerte Bilanz der Rezeptionsforschung bietet Sellert, Zur Rezeption (1998), S. 115–166. Immer noch lesenswert zur Rezeption auch Trusen, Anfänge (1962), S. 1–12, der den Rezeptionsbegriff gänzlich ablehnte, was sich in der Forschung allerdings nicht durchgesetzt hat.

563 Vgl. dazu Schlinker, Rezeption des römisch-kanonischen Rechts, in: Enzyklopädie der Neuzeit, Band 11 (2010), Sp. 201 sowie Coing, Älteres gemeines Recht (1985), S. 7–9.

564 Vgl. dazu Below, Ursachen der Rezeption (1905).

565 Um den Gesamtsinn der Rezeption zu beschreiben, orientierte sich Wieacker, Privatrechtsgeschichte (1967), S. 131 „am Ablauf des zentralen Entwicklungsprozesses: nämlich der Verwissenschaftlichung des deutschen Rechtswesens und seiner fachlichen Träger“. Darunter verstand er „die intellektuelle Rationalisierung des gesamten öffentlichen Lebens: den Austrag politischer und privater Konflikte nicht mehr durch Gewalt, Emotionen oder unreflektierte Lebenstradition, sondern durch logische Erörterung der autonomen juristischen Sachproblematik und durch Entscheidung nach einer daraus gewonnenen rationalen Regel“. Das Modell des Rechtshistorikers zielte darauf ab, „den sozialen, politischen und kulturellen Gesamtsinn der Rezeption“ zu erfasen. Vgl. zur Verflechtung von Wieackers Hermeneutik und seinem Rezeptionsmodell Avenarius, Verwissenschaftlichung (2010), S. 119–180. Siehe zur weitgehenden Anerkennung dieses Modells in der Forschung Sellert, Zur Rezeption (1998), S. 117; Schlinker, Rezeption des römisch-kanonischen Rechts, in: Enzyklopädie der Neuzeit, Band 11 (2010), Sp. 202.

566 Vgl. ausführlich dazu Rückert, Privatrechtsgeschichte (2010), S. 93–96, der aufzeigt, inwiefern in diesem Zusammenhang eine Bezugnahme auf Dahm bzw. Heusler und

Romanisten nicht allein auf das römisch-kanonische Recht abstellt, sondern auch die entsprechende Weiterentwicklung des Partikularrechts, wie sie beispielsweise speziell im Bereich des sächsischen Rechts zu beobachten ist, umfasst.[567] Doch auch das Deutungsschema der Verwissenschaftlichung, welches von Wieacker umfassend und mit bis dahin in der Privatrechtsgeschichte ungewohnter theoretischer Umsicht eingeführt wurde,[568] wurde von der jüngeren Forschung in Frage gestellt, da es als Modernisierungsthese die Gefahr beinhalte, Diskontinuitäten und Widerstände zu stark einzuebnen.[569] Zudem wurde angezweifelt, wie tragfähig und weiterführend die Kernpunkte von Wieackers Deutungschema, eine „intellektuelle Rationalisierung des öffentlichen Lebens", die sich in einer „logischen Erörterung der autonomen juristischen Sachproblematik" ausdrücke,[570] tatsächlich seien.[571]

Als Konsequenz dieser notwendigen, da weiterführenden Beanstandungen versucht Willoweit den Rezeptionsvorgang präziser zu erfassen, indem er den Gesichtspunkt der „Juridifizierung der einheimischen Rechtspraxis" in den Diskurs einbringt.[572] Da dies „dann auch besonders mit ‚Rezeption' im Sinne der ‚Aufnahme' von Rechtsgedanken und -instituten verbunden" sei, „könnte man von einem Rechtstransfer sprechen"; gemeint ist ein Transfer von akademisch institutionalisiertem römisch-kanonischen Recht in die weltliche Gerichtspraxis.[573] Doch ungeachtet einer fehlenden Schärfung des Rechtstransferbegriffs, der teils abgelehnt wird,[574] stellt sich mit Blick auf die Rechtspraktiker, die die

letzlich auch Savigny bestand. Vgl. auch NEHLSEN-VON STRYK, Krise, in: ZRG-GA 117 (2000), S. 3.

567 WIEACKER, Privatrechtsgeschichte (1967), S. 123, 130–132.

568 Vgl. zur Wirkungsweise dieses Rezeptionsmodells RÜCKERT, Privatrechtsgeschichte (2010), S. 93–96, der das Resultat der neuen Deutungsweise aufdeckt und auf die Ideologie in der NS-Zeit bezieht. Mit der Aufspaltung in deutsches „Material" und römische „Form" ermöglichte der Romanist Wieacker eine Rettung und gar einen „doppelte[n] Glanz" von „deutscher Rechtssubstanz" und „römischem Denkvorbild" gleichermaßen.

569 NEHLSEN-VON STRYK, Krise, in: ZRG-GA 117 (2000), S. 3–7, 36–38.

570 WIEACKER, Privatrechtsgeschichte (1967), S. 131.

571 WILLOWEIT, Rezeptionen (2002), S. 153 f.

572 WILLOWEIT, Rezeptionen (2002), S. 156.

573 WILLOWEIT, Rezeptionen (2002), S. 159 f.

574 Vgl. dazu FÖGEN/TEUBNER, Rechtstransfer, in: Rg 7 (2005), S. 38–45, die den Begriff aus systemtheoretischer Perspektive als ungeeignete Kategorie ansehen. Vgl. aber jetzt SCHUMANN, Rechts- und Sprachtransfer (2013), S. 158–171.

Träger der einheimischen Rechtspraxis waren, zunächst die grundsätzliche Problematik, inwiefern es überhaupt lohnt, weiterhin Rezeptionsfragestellungen nachzugehen. Schließlich hat das Phänomen der Rezeption des römisch-kanonischen Rechts insgesamt in der rechtshistorischen Forschung überaus starke Beachtung gefunden.[575]

Dessen ungeachtet beklagt etwa Schlosser, die Forschungsergebnisse zu den Auswirkungen der Rezeption seien weiterhin ergänzungsbedürftig.[576] Isenmann konstatiert, dass die vorhandenen Gesamtanalysen zur Rezeption auf erkenntnistheoretischer Ebene zwar „kaum zu überbieten" seien; jedoch weist er zugleich auf ein bestehendes Forschungsdesiderat auf dem Gebiet der Rezeptionsgeschichte hin.[577] Baumgärtner erklärt gleichermaßen den Rezeptionsprozess als historischen Vorgang als „immer noch nicht hinreichend geklärt".[578] Überdies sei auch in Zukunft auf dem Feld der Rezeption mit Detailforschungen zu rechnen, wie Sellert zutreffend bemerkt.[579]

Insofern darf trotz der umfangreichen Auseinandersetzung mit dem Thema der Rezeption römisch-kanonischen Rechts durchaus von weiterem Forschungsbedarf ausgegangen werden, den neuere Ansätze darlegen. In dieser Hinsicht sieht Willoweit es als eigentliche Aufgabe an, „herauszufinden, welche Lebensbereiche der Gesellschaft aus welchen Gründen und zu welcher Zeit von den gelehrten Rechten erfaßt werden".[580] Denn es gilt bislang als weitgehend ungeklärt, welche Schichten das gelehrte Recht außerhalb der Wissenschaftseliten erreichte, wie Schumann treffend feststellt.[581]

An diesem Punkt setzt die vorliegende Untersuchung an. Es wird untersucht, inwiefern ein Kontakt zwischen Rechtspraktikern der weltlichen Gerichte und dem römisch-kanonischen Recht zu beobachten ist und mit welchen Rechtsinhalten die Rechtspraktiker in der weltlichen Gerichtspraxis des 16. Jahrhunderts

---

575 Nach Stolleis, Römisches Recht, in: Akademie Journal 2 (2002), S. 53, ist über „wohl kein Thema der Rechtsgeschichte […] mehr nachgedacht und geschrieben worden, als über den Einfluß des römischen Rechts in Form des mittelalterlichen und frühneuzeitlichen Ius commune auf die heutige europäische Rechtskultur". Vgl. zum Forschungsstand auch Schumann, Rechtsexperten (2008), S. 443; Sellert, Zur Rezeption (1998), S. 115, 165.

576 Schlosser, Privatrechtsgeschichte (2005), S. 6.

577 Isenmann, Aufgaben, in: OIR 10 (2005), S. 45.

578 Baumgärtner, Kontinuität und Wandel (1997), S. 176.

579 Sellert, Zur Rezeption (1998), S. 166.

580 Willoweit, Rezeptionen (2002), S. 157.

581 Vgl. dazu Schumann, Rechtsexperten (2008), S. 443. Vgl. dazu auch Schlosser, Privatrechtsgeschichte (2005), S. 6.

überhaupt vertraut sein konnten. Wenn Rezeption – mit Wieacker gesprochen – eine Verwissenschaftlichung der fachlichen Träger des Rechtswesens ist,[582] so muss in Anknüpfung an neuere Forschungsansätze danach gefragt werden, ob und wie die weitgehend ungelehrten Rechtspraktiker im 16. Jahrhundert davon erfasst wurden und welcher Stellenwert den Rechtskenntnissen in der Praktikerliteratur überhaupt eingeräumt wurde. Diese Thematik beleuchtet eine bislang wenig beachtete Seite des Rezeptionsbegriffs, nämlich die der Rechtsvermittlung durch Praktikerliteratur, und verspricht Aufschluss darüber, inwiefern vermeintlich nur gelehrte Juristen als alleinige Träger der Rezeption zu werten sind.[583]

2. Die Rechtswissenschaft und das römisch-kanonische Recht seit dem Mittelalter

Die Verbreitung römisch-kanonischen Rechts nahm ihren Ausgang an den mittelalterlichen Universitäten. Im 11. Jahrhundert setzte – im Zuge der Bearbeitung und Interpretation der justinianischen Rechtssammlung (heute unter der Bezeichnung *Corpus Iuris Civilis* bekannt) – eine vertiefte Auseinandersetzung mit dem römischen Recht, insbesondere der Pandekten, ein.[584] In Oberitalien etablierten sich Rechtsschulen,[585] die durch eine scholatische Herangehensweise das römische Recht erschlossen.[586] Der Magister Artium Irnerius (1060–1125) gilt als Begründer der wohl bekanntesten Rechtsschule in Bologna, welche als Vorbild für weitere Universitäten oder universitätsähnliche Einrichtungen fungierte.[587]

582 Vgl. dazu Wieacker, Privatrechtsgeschichte (1967), S. 131.

583 Vgl. zum gelehrten Juristen als Träger der Rezeption Conrad, Deutsche Rechtsgeschichte, Band II (1966; ND 2011), S. 340.

584 „Pandekten" oder auch „Digesten" sind der Teil der antiken römischen Rechtssammlung Kaiser Justinians, in dem die Juristenschriften aus der klassischen Zeit verarbeitet wurden. Vgl. dazu Manthe, Corpus Iuris Civilis, in HRG², Band I (2008), Sp. 901 f.; Lange, Römisches Recht im Mittelalter, Bd. 1 (1997), S. 60–71; Baumgärtner, Kontinuität und Wandel (1997), S. 174.

585 Vgl. zu den Rechtsschulen und den ersten Universitäten Bellomo, Europäische Rechtseinheit (2005), S. 121–130.

586 Zum Beispiel die Rechtsschulen in Bologna, Padua und Modena, die neben weiteren, später hinzugetretenen Ausbildungsstätten wie Pisa, Rom und Paris, großen Anteil an der Rechtslehre hatten. Vgl. dazu Lange, Römisches Recht im Mittelalter, Bd. 1 (1997), S. 48–57.

587 Zu einem kontinuierlichen Rechtsunterricht kam es jedoch wohl erst um 1135 durch die sog. Quattuor doctores in Bologna. Vgl. dazu Köbler, Deutsche Rechtsgeschichte (2005), S. 105 f.; Nörr, Herkunft des Irnerius, in: ZRG-RA 82 (1965), S. 327–329; Fried, Entstehung des Juristenstandes (1974), S. 39, 102–115; Lange,

An derartigen Bildungseinrichtungen institutionalisierte sich ein Rechtsunterricht, der nicht auf römisches Recht beschränkt war, sondern einer Zweiteilung in Legistik und Kanonistik unterlag.[588] Während die Legistik das im Mittelalter wissenschaftlich bearbeitete römische Recht zum Gegenstand hatte, war die Kanonistik die Lehre von der kirchlichen Rechtswissenschaft.[589] Römisches und kanonisches Recht bildeten das ius utrumque, welches im Gegensatz zum vorwissenschaftlichen Recht als das „gelehrte Recht", oder, die Zweigleisigkeit im Namen ausgedrückt, als die „gelehrten Rechte" firmiert.[590]

Die Studenten der gelehrten Rechte fanden ihr Auskommen zunächst überwiegend im Bereich der kirchlichen und weltlichen Verwaltung sowie in der Rechtspflege der Kirche, deren Gerichtsbarkeit damit zu einer gelehrten Gerichtsbarkeit wurde und seit der zweiten Hälfte des 12. Jahrhunderts von den Prozessparteien häufig angerufen wurde.[591] Der gelehrten Gerichtsbarkeit der Kirche, welche aus einem Netz von Gerichten bestand,[592] stand im deutschsprachigen Bereich eine weitgehend ungelehrte Rechtspflege in der weltlichen Gerichtsbarkeit gegenüber, die sich unter dem Einfluss der Wissensordnung des römisch-kanonischen Rechts entwickeln musste.

Römisches Recht im Mittelalter, Bd. 1 (1997), S. 154 f. Zur Vorbildfunktion der Rechtsschule von Bologna vgl. LANGE, Römisches Recht im Mittelalter, Bd. 1 (1997), S. 47 m. w .N. Siehe zur Rechtsschule von Bologna auch BELLOMO, Europäische Rechtseinheit (2005), S. 117 f.

588 Vgl. dazu BURMEISTER, Studium der Rechte (1974), S. 73–78. Vgl. für Bologna SCHMUTZ, Juristen für das Reich 1 (2000), S. 111 f.

589 Vgl. dazu MEYER, Kanonistik, in: HRG², Band II (2012), Sp. 1576–1580; WIEACKER, Privatrechtsgeschichte (1967), S. 71–80; LANGE, Römisches Recht im Mittelalter, Bd. 1 (1997), S. 95–103, 111–117; LANGE/KRIECHBAUM, Römisches Recht im Mittelalter, Bd. 2 (2007), S. 205–207.

590 Vgl. dazu TRUSEN, Anfänge (1962), S. 22–29. Siehe dazu auch AVENARIUS, Gelehrtes Recht, in: HRG², Band II (2012), Sp. 31–37; DOLEZALEK/WUNDERLICH, Jus utrumque, in: HRG², Band II (2012), Sp. 1469–1471. Vgl. zum römisch-kanonischen Recht als Ius Commune im Untersuchungszeitraum oben *Zweiter Teil, II, 1,* S. 41 f.

591 Vgl. zur Institutionalisierung der Kirchengerichtsbarkeit BRUNDAGE, Legal profession (2008), S. 126–163; TRUSEN, Gelehrte Gerichtsbarkeit der Kirche (1973), 467–504. Vgl. zum Tätigkeitsbereich von gelehrten Juristen im Spätmittelalter GRAMSCH, Erfurter Juristen (2003), S. 554–561; SCHMUTZ, Juristen für das Reich 1 (2000), S. 267 f.

592 Vgl. dazu MÜSSIG, Recht und Justizhoheit (2009), S. 79.

3. Die Rechtskenntnisse in der weltlichen Rechtspflege

Im Untersuchungszeitraum setzte eine Dynamik der Umgestaltung der gesamten weltlichen Gerichtsverfassung ein, welche die Aufnahme römisch-kanonischen Rechts in den Territorien wie ein Katalysator beschleunigte. Der Ursprung dieser Entwicklung wird an der Gründung des Reichskammergerichts 1495 festgemacht.[593] Generell war das Reichskammergericht zuständig für Appellationen gegen Urteile territorialer Obergerichte, für Fälle von Rechtsverweigerung und Rechtsverzögerung sowie für auf groben Rechtsverstößen basierende Nichtigkeitsbeschwerden.[594] Daneben waren auch Landfriedensbruch und Streitigkeiten gegen Reichsunmittelbare vor dem Reichskammergericht anhängig. Diese große Bandbreite an Zuständigkeiten deutet den großen Aktionsradius des Gerichts an, wobei die Appellationssachen an Häufigkeit überwogen.[595] Für die weltliche Rechtspflege war wegen der Stellung als Appellationsinstanz die Besetzung mit universitär ausgebildeten Juristen entscheidend. Die Entwicklung der professionellen Besetzung des Reichskammergerichts und ihre folgenreichen Auswirkungen auf die innere und äußere Gerichtsverfassung innerhalb der weltlichen Gerichtsbarkeit lassen sich für den Untersuchungszeitraum deutlich nachzeichnen.

Bereits in der ersten Hälfte des 15. Jahrhunderts, also noch vor Errichtung des Reichskammergerichts, ist die königliche Gerichtsbarkeit gemeinsam von studierten Juristen und ungelehrten Rechtspraktikern ausgeübt worden.[596] 1495

---

593 Insgesamt wird das Reichskammergericht durch seine Besetzung mit gelehrten Juristen und die in der Reichskammergerichtsordnung vorgeschriebene Anwendung der *„gemainen rechte“* als Motor gesehen, der die praktische Anwendung des römischen Rechts im Alten Reich vorantrieb. Vgl. dazu Laufs, Rechtsentwicklungen (2006), S. 72; Kroeschell/Cordes/Nehlsen-von Stryk, Deutsche Rechtsgeschichte 2 (2008), S. 279; Eisenhardt, Deutsche Rechtsgeschichte (2008), S. 133–139, insb. Rn. 204; Isenmann, Zur Rezeption (2004), S. 207; Wieacker, Privatrechtsgeschichte (1967), S. 175–179.

594 Vgl. zu den Zuständigkeiten Laufs, Reichskammergericht, in: HRG[1], Band IV (1990), Sp. 659.

595 Von insgesamt etwa 3400 erfassten Prozessen, die zwischen 1495–1650 am RKG eingingen, sind knapp 2500 als Appellationssachen verzeichnet. Die Daten sind der Datenbank aus dem von Bernd Schildt geleiteten Projekt „Die Rechtsprechung des Reichskammergerichts 1495–1806“ entnommen (http://www.hoechstgerichtsbarkeit.rub.de/, zuletzt aufgerufen am 27.03.2012). Vgl. zum Königsgericht als Appellationsgericht Weitzel, Appellation, in: HRG[2], Band I (2008), Sp. 268–271.

596 Vgl. dazu Moraw, Juristen im Dienst (1986), S. 139 f.; Wieacker, Privatrechtsgeschichte (1967), S. 177. Für die Reichskammergerichtsordnung von 1555 siehe Laufs, Reichskammergerichtsordnung (1976), S. 31.

entstand das Reichskammergericht aus dem königlichen Kammergericht als Gericht der Reichsstände und war zur Hälfte mit gelehrten Juristen und zur anderen Hälfte mit adeligen Beisitzern besetzt.[597] Insoweit bestätigte die Reichskammergerichtsordnung bereits früher vorherrschende Besetzungsverhältnisse; neu war hingegen, dass nun damit begonnen wurde, die Anforderung einer juristischen Ausbildung zu normieren. Die Eingangsvoraussetzungen des juristischen Studiums wurden schrittweise verschärft, bis sie ihren Höhepunkt in den Reichskammergerichtsordnungen von 1548–1555 erreichten, welche ein Universitätsstudium von fünfjähriger Dauer vorschrieben.[598] Hinzu kam die Einführung einer gerichtsinternen Prüfung, eines Examens, das vermutlich schon in der ersten Hälfte des 16. Jahrhunderts gewohnheitsrechtlich durchgeführt wurde.[599] 1570 wurde für die Richter eine Proberelation normiert.[600] Entsprechend sollten auch Rechtsbeistände, wie die Gerichtsordnungen von 1500 und 1555 belegen, ihre „*Geschicklichkeit*“ vor dem Kammerrichter und den Beisitzern nachweisen, bevor sie am Gericht zugelassen wurden.[601] Mithin trat in

---

597 § 1 der Reichskammergerichtsordnung (RKGO) von 1495, SCHMAUSS/VON SENCKENBERG, Sammlung der Reichs-Abschiede, Band 2 (1747), S. 6: [Hervorhebungen PW] „Zum ersten, das CamerGericht zu besetzen mit eynem Richter, der ein Geistlich oder Welltlich Fu[e]rst, oder ein Graf oder Freyherr sey, vnd sechzehen Urtailern, die all wir mit Rat vnd Willen der Samblung yetz hie kiesen werden, auß dem Reych, teu[e]tscher Nacion, dye redlichs, erbers Wesens, Wissens, Ubung, vnd **ye der halb tail der Urtailer der Recht gelert vnd gewirdigt, vnd der ander halb tail auf das geringest aus der Ritterschaft geboren sein sollen**“. Vgl. für die Besetzung des Reichshofrats mit gelehrten und ungelehrten Rechtspraktikern FELLNER, Österreichische Zentralverwaltung (1907), S. 221–223.

598 Vgl. dazu JAHNS, Richter I (2011), S. 464–470.

599 Vgl. dazu JAHNS, Richter I (2011), S. 337–339.

600 Vgl. dazu JAHNS, Richter I (2011), S. 337.

601 RKGO 1500, Tit. XVI: „Als Wir auch merckliche Klag vermercken, daß viel Partheyen in ihren Sachen durch ungeschickte und ungelehrte Procuratores gro[e]ßlich verku[e]rzt und versa[e]umt, und zu Zeiten zu Verlust der Sachen kommen, sind Wir bewegt, dem Versehung zu thun. Setzen, ordnen und wo[e]llen, daß Unser Ko[e]niglicher Cammer=Richter keinen Procurator oder Redner am Cammer=Gericht zulassen oder auffnehmen soll, er sey dann zuvor durch ihn und die Assessores wohl examinirt, und von ihnen in der Lehre, Geschicklichkeit und Erbarkeit vor gnugsam erfunden und erkandt“. Zit. nach SCHMAUSS/VON SENCKENBERG, Sammlung der Reichs-Abschiede, Band 2 (1747), S. 71. RKGO 1555, Teil I, Tit. XVIII: „Als Wir auch mercklich Klag vermercken, daß viel Partheyen in ihren Sachen, durch ungeschickte und ungelehrte Procuratores, gro[e]ßlich zu Verlust und Schaden kommen, sind Wir bewegt, dem Fu[e]rsehung zu thun: Setzen, ordnen und

der höchsten Gerichtsbarkeit zu dem Erfordernis einer universitären Ausbildung die Zulassung am Gericht selbst hinzu, was in Form der Zulassungsprüfung die Hürde in Bezug auf die Qualifikation der Rechtspraktiker am obersten Gericht erhöhte.

Nach den Vorgaben des Richtereids sollten die unterschiedlichen Rechtsmassen, unter denen römisch-kanonisches Recht an erster Stelle genannt wurde, in der Praxis des Gerichts zur Anwendung kommen.[602] Überdies war die Anwendung des *„gemein Rechts"* in einer Subsidiaritätsklausel am Ende der Reichskammergerichtsordnung von 1555 in allen von der Ordnung nicht ausdrücklich geregelten Fällen vorgesehen.[603] Dementsprechend waren im Verlauf des 16. Jahrhunderts – trotz der ursprünglichen Trennung in eine Gelehrtenbank und eine Adelsbank – zunehmend gelehrte Rechtspraktiker als Richter und Rechtsbeistände am Reichskammergericht tätig, welche unzweifelhaft mit römisch-kanonischem Recht vertraut waren und dieses anwenden sollten.[604]

Das römisch-kanonische Recht kam in den niedrigeren Instanzen über das Rechtsinstitut der Appellation zum Tragen, welches über die äußere Gerichts-

---

wollen demnach, daß fu[e]rhin durch Cammer=Richter und Beysitzer u[e]ber vier und zwantzig Advocaten und Procuratores nicht angenommen, darzu daß dieselbige, ehe und zuvor sie zugelassen oder angenommen, durch Cammer=Richter und Assessorn ihrer Lehr / Geschicklichkeit / Redlichkeit / rechter, natu[e]rlicher, ehelicher Geburt / Wesens und Haltens halben, und ob sie der Rechten gewu[e]rdigt, und an welchem Ort, wohl examinirt und derhalben gnugsam erfunden und erkandt werden sollen, mit denen es der religion halben, wie hievor von den assessorn und beisitzern geordnet, auch zu halten". Zit. nach Schmauss/von Senckenberg, Sammlung der Reichs-Abschiede, Band 3 (1747), S. 58 f.

602 RKGO 1495, § 3: „Item, die all sollen zuvor vnnser Ku[e]nigklichen oder Keißerlichen Mayestat globen vnd zu den Heyligen schweren, vnnserm Ku[e]nigklichen oder Keyserlichen Camer=Gericht getrewlich vnd mit Fleys obzusein, vnnd nach des Reychs gemainen Rechten, auch nach redlichen, erbern vnd leydlichen Ordnungen, Statuten vnd Gewonheyten der Fu[e]rstenthumb, Herrschafften vnd Gericht, die fu[e]r sy bracht werden [...] zu richten". Zit. nach Schmauss/von Senckenberg, Sammlung der Reichs-Abschiede, Band 2 (1747), S. 7. Vgl. zum Verständis von „gemainen Rechten" als römisch-kanonisches Recht oben *Zweiter Teil, II, 1*, S. 41 f.

603 RKGO 1555, Teil 3, Tit. LIV: „Daß der Process in andern fa[e]llen vermo[e]g gemeiner Recht gehalten werden soll. Wir setzen, ordnen und wollen, daß in allen und jeden Fa[e]llen, die hie oben nicht sonderlich und ausdrücklich in dieser Ordnung des Gerichtlichen Process halben, versehen, das gemein Recht statt haben, und vermo[e]g desselben gehandelt und procedirt werden soll". Zit. nach Schmauss/von Senckenberg, Sammlung der Reichs-Abschiede, Band 3 (1747), S. 135.

604 Vgl. dazu Jahns, Richter I (2011), S. 464–473.

verfassung auf die Rechtspflege einwirkte.[605] Eine notwendige Voraussetzung für dieses Rechtsinstitut bildete das Vorhandensein eines Instanzenzugs, dessen Kennzeichen eine Über- und Unterordnung von gerichtlichen Entscheidungsebenen ist.[606] Im Untersuchungszeitraum festigten Landesherren im Zuge des Ausbaus der Landeshoheit ihre Macht unter anderem durch die Errichtung von Instanzenzügen. Zur Befreiung von der Reichsgerichtsbarkeit und zur territorialen Abschließung des eigenen Herrschaftsraums errichteten die Territorialherren eigene landesherrliche Obergerichtsbarkeiten.[607] Diese „Territorialisierung der Gerichtsverfassung" setzte Mitte des 15. Jahrhunderts ein und war im späten 16. Jahrhundert weithin fortgeschritten.[608] Damit einhergehend etablierte sich die Appellation als „Rechtsmittel mit suspensiver und devolutiver Wirkung, das die erneute Entscheidung eines Rechtsstreits durch den nächsten höheren Richter ermöglichte".[609] Die Beachtung des römisch-kanonischen Rechts innerhalb der Territorien durch landesherrliche Obergerichte mit ihren von gelehrten Juristen geprägten Rechtsauffassungen hatte eine durchgestaltende Wirkung auf die Rechtspflege in den niedrigeren Gerichtsinstanzen, da jene sich in ihrer

605 Trotz dieses schematischen Erklärungsansatzes darf nicht außer Acht gelassen werden, dass sich die Entwicklungen der inneren und äußeren Gerichtsverfassung gegenseitig ergänzten. Vgl. dazu Willoweit, Verfassungsgeschichte (2009), S. 119: „Dieser Mechanismus [Veränderung der äußeren Gerichtsverfassung und Appellation, PW] hatte seit dem späten 16. Jahrhundert auch vielfach zur Folge, daß die unteren Gerichtsinstanzen mit Juristen besetzt wurden und dort der selbsturteilende Richter die alte Schöffenverfassung zu verdrängen begann".

606 Vgl. dazu Weitzel, Art. Instanzenzug, in: HRG², Band II (2012), Sp. 1253–1265.

607 Diese Entwicklung verlief in den einzelnen Herrschaften uneinheitlich. Vgl. den kurzen Überblick bei Wieacker, Privatrechtsgeschichte (1967), S. 178 f. Vgl. detaillierter dazu Kern, Frühe territoriale Hofgerichtsordnungen (2006), S. 145–156; Härter, Kurmainz (2005), S. 53–68; Kern, Gerichtsordnungen (1991), S. 251–351; Frey, Das württembergische Hofgericht (1989), S. 14–56; Miele, Das Lippische Hofgericht (1984), S. 69–71, 113–119; Battenberg, Gerichtsverfassung Dalberg, in: AHG NF 40 (1982), S. 18–42; Schaumburg, Das ostfriesische Hofgericht (1977), S. 89–101; Bender, Hofgerichtsordnung (1967), S. 25–30. Schumacher, Stift Münster (2004), S. 40. Siehe dazu auch Oestmann, Art. Hofgerichte, in: HRG², Band II (2012), Sp. 1089 f. Für die ältere Literatur siehe: Blell, Hofgericht, in: HRG¹, Band II (1978), Sp. 209 sowie Döhring, Rechtspflege (1953), S. 6, Anm. 10.

608 Willoweit, Verfassungsgeschichte (2009), S. 142; Weitzel, Gerichtsverfassung (1987), S. 336. Vgl. allgemein zur Territorialisierung auch Bahlcke, Landesherrschaft (2012), S. 8, 20–23.

609 Weitzel, Appellation, in: HRG², Band I (2008), Sp. 268.

Rechtsprechung anzupassen versuchten.[610] Diese Prozesse strahlten auf die Gerichtsverfassung innerhalb der Territorien aus und beförderten die Anwendung römisch-kanonischen Rechts, indem die Zusammensetzung des Reichskammergerichts – die innere Gerichtsverfassung – von den höchsten Gerichten der Territorien übernommen wurde. Entscheidend waren in diesem Zusammenhang die privilegia de non appellando, welche die Territorien von der Unterwerfung unter die Reichsgerichtsbarkeit befreiten, im Gegenzug jedoch zur Errichtung eigener Instanzen nach Vorbild des Reichskammergerichts verpflichteten.[611] Infolge der Befreiung von der Reichsgerichtsbarkeit wurden auch die territorialen Obergerichte mit gelehrten Rechtspraktikern besetzt, die dort als Richter und Rechtsbeistände fungierten.[612] Dies bahnte den gelehrten Rechten den Weg in die weltliche Rechtspraxis.

Die innere Gerichtsverfassung der nieder- und mittelinstanzlichen Gerichte war demgegenüber weiterhin von ungelehrten Rechtspraktikern geprägt.[613] Ein Studium stellte entsprechend keine Voraussetzung für die Ausübung rechtspraktischer Ämter in diesen Instanzen dar.[614] Nichtsdestotroz, oder vielleicht

---

610 Vgl. dazu Kroeschell, Die Rezeption (1983), S. 287 m. w. N.; Döhring, Rechtspflege (1953), S. 4; Buchda, Gerichtsverfassung, in: HRG[1], Band I (1971), Sp. 1566.

611 Vgl. dazu Eisenhardt, Die kaiserlichen privilegia (1980), S. 54 f., 59. Schon 1356 wurde dieses Privileg den Kurfürsten in der Goldenen Bulle (c. VII § 2; c. XI § 3, § 5) zuerkannt. Zur späteren Wirksamkeit vgl. auch Buchda, Appellationsprivilegien, in: HRG[1], Band I (1971), Sp. 200 f.

612 Vgl. zum Dienst gelehrter Rechtspraktiker an den Fürstenhöfen Gramsch, Erfurter Juristen (2003), S. 441–488. Vgl. dazu auch Jahns, Richter I (2011), S. 471 Anm. 21 m. w. N. Nach Wieacker, Privatrechtsgeschichte (1967), S. 176, gelangte der gelehrte Jurist als „Fürstendiener" in die Gerichte, nachdem er bereits in der Diplomatie und Verwaltung ein Monopol innehatte.

613 Tenngler, Laienspiegel (1509), Bl. 9v, beschrieb, dass *„das weltlich recht an mer enden im hailigen reich"* von *„vngelertn layen"* praktiziert wurde. Damhouder, Practica gerichtlicher handlunge (1575), S. 639, beschrieb ebenfalls die ungelehrte ländliche Rechtspraxis: *„Aber auff dem Lande vnd Dorffen / da gemeiniglich Bauwerß oder Handtwercksleuthe zu Richtern gesetzt seind"*.

614 Siehe dazu oben *Erster Teil, II,* S. 19 f. Vgl. dazu auch die Vorrede der PGO 1532: „Nachdem […] stattlich an Uns gelangt […] daß nach Gelegenheit Teutscher Land, in diesem allen, alten langwirigen Gebrauch und Herkommen nach, die peinlichen Gericht an manchen Orten mit Recht=Versta[e]ndigen, erfahrnen und geu[e]bten Personen nicht besetzt werden mo[e]gen". Zit. nach Schmauss/von Senckenberg, Sammlung der Reichs-Abschiede, Band 2 (1747), S. 365. Vgl. zu den Rechtskenntnissen niederinstanzlicher Richter auch Marquordt, Vier rheinische Prozessordnungen (1938), S. 19, wonach eine auf Praxis gestützte Rechtserfahrenheit vorausgesetzt

gerade deshalb, ist der Aspekt der juristischen Kompetenz an den niedrigeren weltlichen Gerichten in zahlreichen Rechtsquellen thematisiert worden. Dabei erweisen sich die Begriffe der „Verständigkeit" und der „Erfahrung" als leitende Beschreibungskategorien.

So forderte die PGO von 1532 in Bezug auf die innere Gerichtsverfassung der niedrigeren Strafgerichte eine Besetzung mit

> *Richtern, Urtheilern und Gerichtschreibern* [...] *von frommen, ehrbarn, versta[e]ndigen und erfahrnen personen, so tugendlichst und best dieselbe nach Gelegenheit jedes Orts gehabt, und zubekommen seynd. Darzu auch Edele und Gelehrte gebraucht werden mo[e]gen.*[615]

„Verständigkeit" und „Erfahrung" bilden ein zentrales Begriffspaar, welches die juristische Kompetenz umschreibt. Tenngler artikuliert den Ausschluss derjenigen vom Richteramt, die „*ihres gerichtszwanngs nit geu[e]bt / erfaren / oder gantz vngeleert wa[e]ren*".[616] Hier tritt der Aspekt einer gewissen juristischen Gelehrsamkeit („*nit* [...] *gantz vngeleert*") – auf den im folgenden Abschnitt stärker eingegangen wird – gleichrangig neben die Kategorie der Erfahrung. Deren Wert betont Damhouder auch für gelehrte Rechtsbeistände. Denn

> *ob wol solche junge Leut / oder Ma[e]nner / offtmals gelehr seind / vnd im Rechten wol studirt haben / so haben oder wissen sie doch den Stylum / brauch / vbung / vnd erfahrung / oder die Practic noch nicht / ko[e]nnen oder verstehe auch den Proceß / vn gerichtliche Ordnung noch nit genugsam /*[617]

---

wurde. Auch noch im 17. Jahrhundert sollten Amtmänner zwar kein juristisches Studium absolvieren, stattdessen jedoch die PGO und andere deutschsprachige Rechtstexte kennen. Vgl. dazu Agena, Der Amtmann (1972), S. 147.

615 PGO 1532, Art. 1. Zit. nach Schmauss/von Senckenberg, Sammlung der Reichs-Abschiede, Band 2 (1747), S. 365 f. Dass gelehrte Juristen auch noch im 17. Jahrhundert nicht flächendeckend in der Rechtspflege tätig waren, verdeutlicht das Württemberger Landtrecht (1626), S. 2: „*Wir ordnen vnd wo[e]llen, daß alle vnd jede Vnsers Hertzogthumbs Wu[e]rtemberg Gerichte mit frommen / Gottsfo[e]rchtigen / Unserer wahren Christlichen Religion zugethonen / erfahrnen / verständigen / ehelichen / und ohnverleumbdten / auch (wa es seyn kann) gelehrten Personen* [...] *besetzt* [...] *werden*".

616 Tenngler, Laienspiegel (1509), Bl. 15v f.: „*Wiewol ain yeder / dem ain gericht von der obern hand verlihen / beuolhen od darein die partheyen verwilligen gewonlich für tuglich geacht. So seind doch etlich person durch gemaine recht gesondert / [...] als hernach angezaigt ist.* [...] *Weliche ihres gerichtszwanngs nit geu[e]bt / erfaren / oder gantz vngeleert wa[e]ren*".

617 Damhouder, Practica gerichtlicher handlunge (1575), S. 232.

Trotz ihres absolvierten Studiums fehlte den flämischen Praktikanten, von denen Damhouder hier berichtet, die praktische Erfahrung. In diesem Kontext erläuterte er weiter, dass eine solche ausschließlich durch Tätigkeit in der Praxis erworben werden könne.[618] Daraus folgte konsequenter Weise die Einsicht, dass die praktische Tätigkeit die Voraussetzung für Erfahrungswerte dargestellt („*auß der vbung kompt erfahrung*").[619]

Durch Erfahrung in der Rechtspflege erworbene Kenntnisse konnten im Untersuchungszeitraum sogar die Bedeutung der universitären Gelehrsamkeit übertreffen; speziell wenn Rechtskenntnisse lokalen Sonderrechts gefragt waren.[620] Bei entsprechenden Sachverhalten wandten sich manche höherinstanzliche Gerichte bewusst an die ungelehrten, aber durchaus rechtserfahrenen Schöffen, um Rechtsauskünfte zu erlangen.[621] Dies ist darauf zurückzuführen, dass entsprechendes Sonderwissen nicht an den Universitäten vermittelt wurde. Darüber hinaus brachte praktische Erfahrung gegenüber universitärer Gelehrsamkeit einen weiteren Vorteil mit sich: die Kenntnis der damaligen volkssprachigen Rechtsterminologie. Dementsprechend beanstandete Freigius 1574 in einer Vorrede, dass ein Studium, (möglicherweise gar an einer renommierten italienischen Universität) zwar gewisse theoretische Rechtskenntnisse vermitteln konnte, jedoch die deutsche Rechtssprache dabei so sehr vernachlässigt würde, dass diese vor einer gerichtlichen Tätigkeit zunächst in einer Kanzlei gelernt werden müsste.[622] Dem

---

618 Damhouder, Practica gerichtlicher handlunge (1575), S. 232: „*Sintemal die Practic nicht durch lehr vn grosse kunst / sondermit staetiger eygener vbung vnd brauch vberkommen vnd gelehrnet wird. Wie wir dann auch sehen / daß in allen Handwercken vnd Ku[e]nsten die Practic vnnd habitus, oder Kunst vnd geschickligkeit auß eygner vbung herkompt / vnd erlangt wird / vnd auß der vbung kompt erfahrung / aller dingen (wie man gemeinglich sagt) ein Lehrmeisterin*".

619 Damhouder, Practica gerichtlicher handlunge (1575), S. 232.

620 Vgl. zu Erfahrung als Kategorie eines Erkenntnisverhältnisses in der Strafjustiz Härter, Frühneuzeitliche Strafjustiz, in: HZ Beihefte (NF) 31 (2001), S. 377–388.

621 Stölzel, Entwicklung (1964, Nachdruck der Ausgabe Stuttgart 1872), S. 336. Vgl. dazu auch Diestelkamp, Gesetz und Gewohnheitsrecht (1977), S. 10, wonach die Amtspersonen zur Ermittlung des geltenden Rechts für die Abfassung eines gesamthessischen Landrechts im 16. Jahrhundert dazu angehalten worden waren, dies „*mit Zuthun etzlicher Ältesten, so dessen wissens haben*", also unter Heranziehung von Älteren und Schöffen durchzuführen.

622 Freigius, Neüwe Practica Iuris (1574), Vorrede (unpaginiert): „*Vnd das ist der erst mangel in der Lateinischen schůl / der ander / vnnd nicht weniger bresten ist dieser / das ein scholar / wann er schon etlich jar auff der schůl hoch gestanden ist / dieselbige zeit auß freilich zů der practick nicht ein mal gedenckt* [...] *das er nicht weiß ob ihm*

Manko fehlender Sprachkompetenz bei den Rechtspraktikern hoffte auch Perneder mit seinem Werk entgegenwirken zu können:

> *Nun ist aber den verstendigen vn geu[e]bte wol bewißt / wie vil ainem angeenden Juristen (er werde ain Richter / Rath / Beysitzer / Aduocat oder Procurator) daran gelegen / das er verstentlich / formlich vn mit deütlichen worten auch in Teütscher sprach von seiner profession wisse zů reden / welchs ain jeder in disem Proceß meines bedunckens gar ainen rainen wol formierten patron vnd ebenbild haben mag.*[623]

Auch in den nachfolgenden Epochen galt Erfahrung als Indikator für Kompetenz in der Rechtspraxis, wie Jacob Schultes zu Beginn des 17. Jahrhunderts in einer Vorrede über die Rechtspflege erklärte:

> *so werden hierzu nit allein die fu[e]rnemsten Iurisconsulti sondern auch andere / so nur in der Practick etwas gevbet vnd erfahren (Dann offters eine solche Erfahrenheit / mehr / als grosse Geschickligkeit nu[e]tzet* [...]*) gebrauchet.*[624]

Nach dem Reichsdeputationsabschied von 1600 sollten die niedrigeren Gerichtsinstanzen mit „*versta[e]ndigen*" Rechtspraktikern besetzt werden – eine höhere Anforderung der Gelehrsamkeit in allen Instanzen wurde hingegen nicht formuliert.[625]

---

sein můtter sprach spraach zů einer vorhabenden Juristerey auch dienstlich sein werde / biß das er ein gradum in iure bekompt / als dann so er seiner Kunst ein meister soll sein [...] *und solte jetz dann gleich zů der Policey / vnd Weltlichen sachen vnnd ha[e]ndlen bereit gezogen werden / so muß er sich als dann erst inn eins Fürsten Cantzley für ein schreiber begeben / oder gehn Speier ziehen / die Teutsche Rhetorick zů lernen*".

623 Perneder, Gerichtlicher Process (1556), Vorrede (unpaginiert).

624 Schultes/Teuber, Instruction des gerichtlichen Processes (1623), Vorrede (unpaginiert). Vgl. auch die Kritik Benedikt Carpzovs an jungen unerfahrenen („*wenig experientz erlanget*") Richtern in Strafsachen in einer Vorrede. Carpzov, Peinlicher Sächsischer Inquisition- vnd Achtsprocess (1638), S. 4 f: „*So wird hierinnen von ihrer vielen / zumaln denjenigen / so noch jung zum RichterAmbt kommen / vnd wenig experientz erlanget / gro[e]blich peccirет vnnd verstossen / auch die inquisition, so doch schleunig expediret werden soll / zum o[e]fftern verzo[e]gert / vergebliche Unkosten geha[e]uffet / den Urtheilsfassern die Sache fast schwer gemacht / vnnd dergleichen inconvenientien mehr den Gerichten zugezogen vnd vervrsachet*".

625 Reichsdeputationsabschied von 1600, § 15: „Dieweil aber hiebey die ho[e]chste Nothdurfft erfordert / daß in allen Churfu[e]rstenthumen / Fu[e]rstenthumen / Landen / Herrschafften und Orten / wo die in dem Heil. Reich begriffen / die Unter-Ober-und Hoff-Gericht / in denen Orten es noch nicht geschehen / und noch Mangel und Gebrechen bevor / aufs ehest fo[e]rderlichst und unverhinderlich visitirt / reformit / mit versta[e]ndigen Urtheilern besetzt / und in eine gute richtige / der rechten Reichs- und Cammer-Gerichts Process gema[e]sse Ordnung / so viel nach eines jeden Orts

Während die höheren Gerichte über Veränderungen der Gerichtsverfassung im Zuge von Territorialisierung zunehmend von gelehrten Rechtspraktikern getragen wurden, blieben die niedrigeren Instanzen weiterhin mit Rechtspraktikern besetzt, die sich durch „Verständigkeit" und „Erfahrung" auszeichnen und über Kenntnisse des einheimischen Rechts und der einheimischen Rechtsterminologie verfügen sollten.[626]

Allerdings bestand neben Veränderungen in der Besetzung der Gerichte eine weitere Praxis, über die römisch-kanonisches Recht in den niedrigeren ungelehrten Instanzen zur Anwendung gebracht wurde und die nur mittelbar auf den Instanzenzug und die Appelierbarkeit von Urteilen zurückzuführen ist. Sie bestand in der Praxis der Einholung von Gutachten und der sog. Aktenversendung. Unter Aktenversendung ist der Versand einer Prozessakte mit der Bitte um rechtliche Belehrung zu verstehen, welcher im Untersuchungszeitraum weit verbreitet war.[627] Sie erfolgte an ein Spruchkollegium außerhalb des erkennenden Gerichts – wie etwa an einen Schöffenstuhl oder an eine Juristenfakultät.[628] Der an solchen Auskunftsstellen eingeholte Expertenrat basierte weder zwangsläufig noch durchgehend auf akademisch-juristischem Fachwissen.[629] Allerdings traten mit Herausbildung der deutschsprachigen Universitäten ab dem 14. Jahrhundert

---

Gelegenheit immer ersprießlich seyn wird / gebracht / un darauf festiglich gehalten werde / damit den Unterthanen / da sie Rechtloß gestellt worden seyen / Ursachen zu klagen abgeschnitten werden; So wollen wir hiemit allen und jeden Churfu[e]rsten / Fu[e]rsten und Sta[e]nden deß Reichs / und allen andern deß Reichs eingesessenen Zugethanen und Verwandten / wie die Namen haben mo[e]gen / ernstlich auferlegt und befohlen haben / solche hievor / und jetzo bedachte nu[e]tzliche Anordnungen ihrer Unter- Ober- und Hof-Gericht / in denen Orten es noch nicht geschehen / und noch Mangel bevor / zum allerehesten unverhinderlich ihren und des Reichs Unterthanen selbsten / zu besten anzuordnen / und darinnen einigen weitern Auffschub noch Einstellung nicht zu suchen". Zit. nach Schmauss/von Senckenberg, Sammlung der Reichs-Abschiede, Band 3 (1747), S. 476.

626 Vgl. dazu für den Wert der Erfahrung bei Richtern Schumann, Rechtsexperten (2008), S. 447 sowie für die höherrangige Stellung von Tugendhaftigkeit über der juristischen Qualifikation Schumann, Von teuflischen Anwälten (2011), S. 452–455.

627 Definition nach Oestmann, Aktenversendung, in: HRG², Band I (2008), Sp. 128. Vgl. auch zum Forschungsstand Falk, Consilia (2006), S. 4–8.

628 Vgl. zu Schöffenstühlen und Juristenfakultäten Wieacker, Privatrechtsgeschichte (1967), S. 180–182.

629 Vgl. dazu Schumann, Von teuflischen Anwälten (2011), S. 455 Anm. 76 m. w. N. Siehe dazu auch oben *Dritter Teil, III, 3,* S. 145 Anm. 621.

auch Juristenfakultäten als rechtsprechende Institutionen in der Gerichtslandschaft auf und wirkten auf die niedrigeren Instanzen ein.[630] Ihre Tätigkeit ist in Konsiliensammlungen überliefert, welche die erteilten Rechtsauskünfte und Rechtsgutachten enthalten.[631] Diese „Rechtssprüche“ oder „Rechtsmitteilungen“ hatten zwar keine Verbindlichkeit, sofern sie nicht durch ein Gericht als Urteil ausgesprochen worden sind. Jedoch trugen sie als von Organen der Entscheidungsfindung ausgearbeitete Gutachten maßgeblich zur wissenschaftlichen Verarbeitung der spätmittelalterlich-frühneuzeitlichen Rechtsmassen bei, unter denen das römisch-kanonische Recht, obgleich nicht die einzige Rechtsmasse, einen hohen Rang innehatte.[632]

Viele Prozessordnungen, aber auch die Autoren der Praktikerliteratur, wiesen die Richter der ersten Instanzen entsprechend dazu an, bei rechtlichen Zweifeln Rat einzuholen.[633] So zeugt etwa Art. 150 PGO davon, wie sehr das Einholen

---

630 Vgl. zum Zusammenhang von Aktenversendung und Rezeption Lück, Wittenberger Juristenfakultät (1998), S. 17–53 m. w. N. sowie zur Aktenversendung speziell in Kursachsen S. 229–237. Vgl. insgesamt zur sog. Spruchtätigkeit Eifrig, Spruchaktentätigkeit (2006); Kriebisch, Juristenfakultät und Schöppenstuhl (2008); Tiemann, Spruchkörpertätigkeit (2005); Pätzold, Leipziger Schöffenspruchsammlung (2009); Holtz, Bildung und Herrschaft (2002), S. 194–254. Vgl. auch Conring, Spruchtätigkeit, in: HRG^1, Band IV (1998), Sp. 1787–1791. Siehe aus der älteren Literatur zur Aktenversendung Stölzel, Entwicklung (1872; ND 1964), S. 187–231. Indem der Landesherr Aktenversendungen nur an Spruchkollegien innerhalb des eigenen Territoriums zuließ, war die Grundvoraussetzung für eine territoriale Vereinheitlichung der Rechtsprechung geschaffen. Vgl. dazu Oestmann, Aktenversendung, in: HRG^2, Band I (2008), Sp. 129.

631 Vgl. dazu Gehrke, Deutsches Reich (1976), S. 13721392 m. w. N. Zu der Multifunktionalität der erstellten Gutachten vgl. Falk, Consilia (2006), S. 399–402.

632 So zeigt eine von Wejwoda, Spätmittelalterliche Jurisprudenz (2012), S. 311, durchgeführte Stichprobe auf, dass in den Allegationen in Gutachten des Leipziger Ordinarius Dietrich von Bocksdorf etwa 75 % der Allegate sich auf das römisch-kanonische Recht bezogen, während daneben ca. 20 % sächsisch-magdeburgisches Recht anführten. Siehe allgemein zu Bocksdorfs rechtspraktischer Tätigkeit, bei der die Einholung rechtlicher Expertise zur alltäglichen Rechtspraxis gehörte, ebd., S. 260–328. Siehe zur Rechtsvielfalt im Untersuchungszeitraum oben *Zweiter Teil, II, 1,* S. 40–45.

633 Auch höhere Zivilgerichte sollten bei Zweifeln Rat einholen, wie die Hofgerichtsordnung Preussen (1538), Bl. 9^r, aufzeigt. Auch die HGO Sachsen-Westphalen (1621), Bl. B^v, sah eine Weiterleitung der Rechtstreitigkeit zu Beratungszwecken an einen Schöffenstuhl oder an eine Juristenfakultät vor. Vgl. dazu insgesamt auch Oestmann, Aktenversendung, in: HRG^2, Band I (2008), Sp. 130.

rechtlicher Expertise bei verschiedenen Rechtsauskunftsstellen in der weltlichen Rechtspflege etabliert war:

> *Derowegen so dieser Sachen einer für den Richter und Urtheiler kommt, sollen sie bey den Rechts=Versta[e]ndigen, und an Enden und Orten, wie zu End dieser unser Ordnung angezeigt, Raths gebrauchen.*[634]

Der Autor des *Laienspiegels*, Ulrich Tenngler, beschrieb, dass er selbst während seiner rechtspraktischen Tätigkeit in schwierigen Fällen Erkundigungen bei anderen Rechtspraktikern einholte:

> *Vnd so ich darin offt ma[e]nngel / irrung vnd zweyfel bey mir selbs vnd anndern befunden / zu zeitten geursacht worden von meinen obern Auch anndern hochgeu[e]bten geleerten vnd rechtweysen / ferrer rate / vnderricht vnd gůt lere zůersůchen* [...].[635]

Darüber hinaus empfahl er seinen Lesern, den „*schlechten*" (also schlichten, im Sinne von einfältigen), „*layen*", sie sollten sich – weil das Selbststudium der juristischen Texte schwierig sei und „*jr gemu[e]t* [...] *zerstro[e]wet*" – ebenfalls an besser Ausgebildete, die „*rechtweysen*", halten:

> *ferrer vnderricht bey den zů sůchen wan den schlechten layen ettwo durch weitleüffig lang schriften zů lesen / jr gemu[e]t vil ee zerstro[e]wet werden /*[636]

Damhouder beschreibt für Flandern ebenfalls, inwiefern die Praxis der Aktenversendung verbreitet war:

> *Was dann etwa sonsten daselbst noch fu[e]r andere Vndergerichte / vnd geringere Gerichtßba[e]ncke seind / die erholen vnd befragen sich Rahts vnd bescheidts zu jrer gelegenheit bey ehegedachten obern vnd hohen Gerichten oder Scho[e]ppenstůlen.*[637]

---

634 Art. 219 PGO. Zit. nach Schmauss/von Senckenberg, Sammlung der Reichs-Abschiede, Band 2 (1747), S. 391. Vgl. für eine Auflistung der Artikel in der PGO, nach denen Rat eingeholt werden sollte: Kohler/Scheel (Hrsg.), Peinliche Gerichtsordnung (1900), S. 163.

635 Tenngler, Laienspiegel (1509), Bl. 7r. Bereits in der Reimvorrede (Tenngler, Laienspiegel (1509), Bl. 4r) empfiehlt Sebastian Brant:
„*Was du nit waist das soltu fragen*
lass dir das ainn gelerten sagen
Oder der mer recht hab erfarn
in solhen soll sich nyemands sparn".

636 Tenngler, Laienspiegel (1509), Bl. 166r.

637 Damhouder, Practica gerichtlicher handlunge (1575), S. 326 f.

In der Praktikerliteratur wurde das Einholen einer externen juristischen Expertise bei schwierigen Entscheidungen gefordert. So in Zobels kommentierter Sachsenspiegelausgabe:

> *Wo Richter vnd Schöppen sich vber ein sach zuurteilen nicht vorstehen / do sollen sie das vrteil bey den Weisen vnnd Rechtsuostendigen holen lassen / vnd die weil der sachen frist vnnd auffschub geben.*[638]

Die Aktenversendung entledigte Rotschitz zufolge die Richter von ihrer Pflicht, selbständig ein Urteil zu finden und erfolgte auf Kosten der Parteien:

> *Vnd ein richter mag das vrtel mit seine scho[e]pffen / wue es yhme gefellig finden / Wue er aber das zu thuen vor hindert / ader sunst sich mit der erbeit nicht beladen will / mag er beider part geldt nehmen / vnd nach dem vrtel an das ende schicken / do es feyl ist.*[639]

Dieser finanzielle Aspekt der Urteilseinholung („*geldt nehmen / vnd nach dem vrtel an das ende schicken / do es feyl ist*") deutet an, dass auch die Rechtsprechung und die Rechtspflege, speziell eine professionelle Rechtspflege, gewissen marktförmigen Mechanismen unterlag.[640]

Auch noch zu Beginn des 17. Jahrhunderts empfahl der *Revocirte Klagspiegel*, wenngleich recht pauschal, dass der Richter bei der Urteilsfindung „*bey anderen Rahts ersuchen*"[641] soll und drohte dem Richter mit Schadensersatz und Strafe im Fall einer falschen Entscheidung.[642]

Die mit der Aktenversendung verbundene Einholung einer juristischen Expertise beschränkte sich allerdings nicht ausschließlich auf den Bereich der Rechtsprechung. Im Rahmen der Empfehlungen für Rechtsbeistände findet sich

---

638 Zobel, Sachsenspiegel Auffs newe vbersehen (1582), Bl. CCCXLIX^{v} f.

639 Rotschitz, Processus Juris deutzsch (1543), Bl. LX^{r}.

640 Vgl. für die Konsiliarpraxis näher dazu Falk, Consilia (2006), S. 35–63, insb. S. 59 f. zum „Markt für juristische Dienstleistungen". Siehe auch Schumann, Von teuflischen Anwälten (2011), S. 473, wonach im Zuge der Rezeption des römischen Rechts und der Professionalisierung „das notwendige Expertenwissen teuer erkauft werden musste".

641 Heyden/Brant/Draudt, Revocirter Richterlicher Klagspiegel (1601), S. 35. Ob es sich hierbei um professionelle Hilfe oder um einen allgemeinen Hinweis auf die Schöffenverfassung handelt, bleibt freilich offen.

642 Siehe Heyden/Brant/Draudt, Revocirter Richterlicher Klagspiegel (1601), S. 134: „*Da aber der Richter ohn Rath vrtheilen / auch Rath zu suchen verachte / vnnd also eine Parthey durch seinen Betrug vnd Vnwissenheit beschweret wu[e]rde / alßdann were der Richter schuldig den erlittenen Schaden der eine Partheyen zu erstatte / vn mo[e]chte darzu nach Gestalt der Sachen gestrafft werden*".

diese Vorgabe ebenfalls. Gobler wies ausdrücklich ungelehrte Prokuratoren an, sich bei bedeutenden oder komplizierten Fällen gelehrten Rats zu bedienen:

> *Derhalb so will ich alle Procuratores / so jretag nit studiret / sonder auß solichen Teutschen Bu[e]chern jre Practic lernen vnd gründen wo[e]llen / diß orts fleissig ermanet vnd gebetten haben / das sie sich vff dises vnd dergleichen verteutschtes Recht / nit allweg verlassen / noch wenen wo[e]llen / sie habens eben wol vnd genůg verstanden / sonder so offt von no[e]tten / vnnd sonderlich so die Sach ettwas weitleufftig / scharpff oder wichtig / sich zu den gelerten fu[e]gen / vnnd die selbe mitt rath vnd beistand der Aduocaten / handeln /*[643]

Knaust betonte ebenfalls den Stellenwert gelehrten Rats für Rechtsbeistände:

> *Ferner / sol der Procurator von wegen des Rechten die grundfeste vnd puncten der sachen / darauff sie beru[e]het / mit gelerte quaestione, fragen / disputirn / vnd gegenwůrffen / rath suchen vnnd nehmen / bei denen / die gelerter sein als er / Denn also findet mann die warheit.*[644]

Perneder beschrieb in dieser Hinsicht, dass Rechtsbeistände im Zweifel juristische Fachliteratur konsultieren und überdies im persönlichen Austausch nach Rat suchen sollten:

> *Hette dann er der aduocat bey jm selbs ainichen zweifel / so soll er bey seinen bu[e]chern / auch wo not wurde / bey andern gelerten Rath haben / mit dem selbigen auch mit etlichen verstendigen layen von der sachen disputiern vnd reden / das alles ist jhme zů erkündigung des rechten grunds vnd rechtma[e]ssiger billigkait zum ho[e]chsten dienstlich.*[645]

Beachtlicherweise findet sich hier zusätzlich zum Ratschlag, bei anderen Gelehrten oder in Büchern nach einer Lösung zu suchen, auch ein Verweis auf erfahrene (ungelehrte) Rechtspraktiker („*verstendige leyen*“), was wiederum auf den oben beschriebenen Stellenwert einer hohen praktischen Erfahrung für juristische Kompetenz neben reiner Gelehrsamkeit hinweist. Im Hinblick darauf, wo und bei wem die Expertise eingeholt werden sollte, entspricht dies der Situation im 16. Jahrhundert, wonach einerseits bei Gelehrten angefragt wurde, andererseits aber zusätzlich unstudierte erfahrene und verständige Rechtspraktiker zum Kreis derer gehörten, an die die Aktenversendung oder die Bitte um rechtlichen Rat im 16. Jahrhundert gerichtet wurde.[646]

---

643 Gobler, Gerichtlicher Process (1536), Vorrede (unpaginiert). Vgl. dazu auch oben *Zweiter Teil, II, 4, d*, S. 75 Anm. 276, wonach diese Hinweise Teil einer Legitimationsstrategie waren, um Angriffe auf Autor und Werk zu vereiteln.

644 Knaust, Gerichtlicher Fewerzeugk (1568), Bl. 192r.

645 Perneder, Gerichtlicher Process (1556), Bl. XVIIIr.

646 Siehe dazu oben *Dritter Teil, III, 3*, S. 145 Anm. 621, S. 147 Anm. 629.

Zusammenfassend lässt sich festhalten, dass römisch-kanonisches Recht ausgehend von der Reichsgerichtsbarkeit über Veränderungen der inneren Gerichtsverfassung durch eine Besetzung der höheren Instanzen mit gelehrten Rechtspraktikern auf die bislang weitgehend ungelehrte weltliche Rechtspflege einwirkte. Über Veränderungen der äußeren Gerichtsverfassung mit einem Instanzenzug und der dadurch eröffneten Möglichkeit der Appellation sowie über die Praxis der Aktenversendung, hatte sich dadurch eine juristische Deutungshoheit gelehrter Rechtspraktiker im deutschsprachigen Raum allmählich etabliert – mit Folgen für die ungelehrten Rechtspraktiker.

4. Die Reaktionen in der Praktikerliteratur und die Folgen für die Rechtspraktiker

Der zentrale gemeinsame Effekt dieser vielschichtigen Entwicklung, welche in den Territorien ungleichmäßig verlief, war, dass das römisch-kanonische Recht zu einem essentiellen Bestandteil juristischer Kompetenz wurde. Wie dieser Vorgang zeitgenössisch wahrgenommen wurde, lässt sich einerseits an der zum Teil heftigen Kritik, die weniger dem römisch-kanonischen Recht selbst als der professionellen Rechtspflege galt, ablesen.[647] Andererseits ist es für die Charakterisierung der niederinstanzlichen Rechtspraktiker besonders aufschlussreich zu sehen, welche Reaktionen die Institutionalisierung des römisch-kanonischen Rechts in der Rechtspflege speziell in den hier untersuchten Quellen hervorrief. Dabei ist zu untersuchen, welche Effekte der Bildungsunterschied zwischen gelehrten und ungelehrten Rechtspraktikern in der Rechtspflege auslöste und ob sich im Hinblick auf die ungelehrten Rechtspraktiker mangels ihrer gelehrten Rechtskenntnisse gar ein Anpassungsdruck ausmachen lässt, der aus der langsamen Etablierung einer professionellen Rechtspflege resultierte. Es gilt zu analysieren, welche Folgen die Rezeption des römisch-kanonischen Rechts für die Rechtspraktiker der niedrigeren weltlichen Instanzen hatte und welcher Anteil den Rechtspraktikern selbst an der Rezeption des römisch-kanonischen Rechts zugeschrieben werden kann.

---

647 Vgl. zur Kritik an der professionellen Rechtspflege im 16. Jahrhundert SCHUMANN, Von teuflischen Anwälten (2011), S. 431–473, wonach vorwerfbare unethische Verhaltensweisen und Missstände, die mit Rezeption und Professionalisierung zusammenhingen, wie Prozessverschleppung, Rechtsverdrehung sowie die problematische Situation, guten Rechtsrat nur teuer erkaufen zu können, im Zentrum der Kritik standen. Vgl. auch zur Juristenkritik SELLERT, „... der Pöbel [...]“ (2006), S. 387–400; SELLERT, Geschichte des Kalumnieneids (2009), S. 486 f. sowie SCHMIDT, Strafrechtspflege (1965; ND 1995), S. 136 f.

In der Praktikerliteratur – die fast ausschließlich von gelehrten Autoren stammte – wurden gelehrten Rechtspraktikern eindeutige Qualifikationsvorzüge zugesprochen und das Laienrichtertum kritisiert. Die Durchsetzung des römisch-kanonischen Rechts wurde für die Rechtsprechung als eine günstige Entwicklung angesehen.[648] So kritisierte etwa der Klagspiegel ungelehrte Richter und Schöffen:

> *wie so gar thörlich den weysen dye nicht tzů yren tagen kommen seyn geurteylt würt. so dye rauwen dye trucken die ungelerten leyen vrteyln vnd duncken etlich mere nach gunst dan nach vernůnfft.*[649]

Zusätzlich zur fehlenden Qualifikation („*ungelerten leyen*"), würden die (betrunkenen) Rechtspraktiker nicht nach der Vernunft urteilen. Daraus folgte – in Anlehnung an die Bibel – die Forderung an die Obrigkeit nach gelehrten Richtern:

> *vnd nun ir ko[e]nige solt versteen / vnnd ir, die dz erdtrich vrteyln solt gelert werden / vnnd fürter nach solichem ist jm recht bůch gesatzt / das keyner riechten soll, er sey dann gelert.*[650]

Da ungelehrte Richter in der weltlichen Rechtsprechung präsent waren, entstand scharfe Kritik, welche den Kaisern angelastet wurde:

> *Auch wie die teutschen keyser so gar keyn verstentniß haben / vnnd dar zů vbel gethan dass sie leyden das die vngelerten zů Gericht sitzen.*[651]

Eine ebenfalls speziell auf fehlende gelehrte Rechtskenntnisse bezogene Kritik äußerte Gobler an der Einstellung ungelehrter Rechtsbeistände, die über vermeintlich ausreichendes Rechtswissen verfügten und daher keine Auskünfte von studierten Juristen einholten:

> *Dann wie wir sehen / so gehet es bei den Idioten vast also zu / so bald sie sich duncken lassen etwas von sachen zuuerstehen / achten sie es für vnno[e]tig / weither derhalb rath odder frag bei den gelerten zuhaben /*[652]

Wie die Beispiele aufzeigen, erfuhr juristische Gelehrsamkeit in der Praktikerliteratur eine hohe Wertschätzung. Den Rechtspraktikern wurde damit – anders

---

648 Vgl. dazu Deutsch, Klagspiegel (2004), S. 389 m. w. N.

649 Heyden, Klagspiegel (um 1493), Bl. XL^r f.

650 Heyden, Klagspiegel (um 1493), Bl. XL^v. Psalm, 2, 10.

651 Heyden, Klagspiegel (um 1493), Bl. XLI^r. Eine drastischere Anschauung über den Zustand der Richterschaft und deren mangelnde Rechtskenntnis brachte Lauterbeck, Regentenbuch (1559), Bl. CXCVI^v: „*Also das man ir zuweilen findet / welche so grob und unverstendig sein / [...] / das sie kaum wirdig weren / uber seinen Stal vol Ochssen oder Sew / [...] / zurichten /*".

652 Gobler, Gerichtlicher Process (1536), Vorrede, (unpaginiert).

als etwa in manchen sog. Reformschriften der Zeit – deutlich gemacht, dass eine gelehrte juristische Expertise von großem Nutzen für die Rechtspflege sei.[653] Mit der Bemängelung von richterlicher Willkür als Konsequenz mangelnder juristischer Qualifikation, wurde ungelehrten Rechtspraktikern implizit die Kompetenz zur adäquaten Ausübung der Rechtspflege abgesprochen. So kritisierte der hessische Chronist Wigand Lauze, der selbst als Schreiber in der landgräflichen Kanzlei mit Rechtsstreitigkeiten befasst war,[654] um 1560 im Kontext mit den Gründen zur Marburger Universitätsgründung, dass die Gerichte mit ‚halbgelehrten' Rechtspraktikern besetzt seien, „*die durch ihre unbequemen Glossen dieselbigen so jämmerlich besudelt haben,* [und] *dass der wenigere Theil sich darin hat können schicken, sondern ein Jeder nach seinem Wohlgefallen gedeutet*" habe.[655] Schließlich fragte Lauze polemisch: „*Oder wie wäre es möglich, dass Einer, der selbst nicht weiss, was Recht ist, Andern das sollte widerfahren lassen?*".[656]

Der als Missstand empfundenen Situation, dass ungelehrte Rechtspraktiker die niedrigeren Instanzen besetzten, wurde – wie oben beschrieben – über die Praxis der Aktenversendung Linderung verschafft.[657] Dadurch sollte in schwierigen Fällen eine rechtskonforme Rechtsprechung sichergestellt werden, mit der Konsequenz, dass die rechtliche Deutungshoheit auf juristische Spezialisten überging. Um Fehlentscheidungen entgegenzutreten, verpflichtete die Praktikerliteratur die Richter bei problematischen Fällen auf die Hilfeleistung juristischer Experten.[658] Dahinter stand letztlich die Überzeugung, dass die geeignetste Lösung eines Streitfalls besondere juristische Kenntnisse voraussetzte. Der aus dem Bildungsunterschied gelehrter und ungelehrter Rechtspraktiker resultierenden Spannung wurde zudem dadurch begegnet, dass die Einhaltung der jeweils geltenden Rechtsnormen gefordert wurde und die zufriedenstellendste Lösung in

---

653 Eine Reformschrift, wonach Rechtsgelehrte von allen öffentlichen Ämtern ausgeschlossen werden sollten, wurde während des Bauernkrieges eingebracht. Vgl. dazu Kern, Geschichte des Gerichtsverfassungsrechts (1954), S. 23. Andere Schriften enthielten utopische Gesellschaftsentwürfe, innerhalb derer von einer Welt ohne Juristen geträumt wurde. Vgl. dazu Schmidt, Strafrechtspflege (1965; ND 1995), S. 137, wonach juristische Gelehrsamkeit in einer Quelle gar als hinderlich für gutes Recht dargestellt wurde. Vgl. dazu auch Sellert, Laienrichter, in: HRG[1], Band II (1978), Sp. 1355 f.; Brundage, Legal profession (2008), S. 485 m. w. N.

654 Vgl. zu Lauze Philippi, Lauze, Wigand, in: NDB 13 (1982), S. 743.

655 Zit. nach Stölzel, Entwicklung (1872; ND 1964), S. 37.

656 Zit. nach Stölzel, Entwicklung (1872; ND 1964), S. 38.

657 Siehe oben *Dritter Teil, III, 3,* S. 147–151.

658 Vgl. zum Expertenbegriff Rexroth, Systemvertrauen (2012), S. 19–21.

Zweifelsfällen über eine entsprechende Auslegung der Experten zu erreichen sei. Wie zentral diese Aspekte für die Rechtspflege im 16. Jahrhundert waren, verdeutlicht Knausts Prozesshandbuch, in dem ein Traktat mit folgendem Titel enthalten ist:

> *Vermahnung ann die Richter / daß sie auß beschriebenen Rechten / odder auff belehrung der Rechtsverstendigen / vnnd nicht jres gutdu[e]nckens / odder vermeinten weißheit / in Sachen verfahren / erkennen / vnd vrtheil sprechen sollen.*[659]

Hier standen der richterlichen Willkür genau diese Punkte gegenüber: die Verpflichtung auf geschriebene Rechtsnormen („*auß beschriebenen Rechten*") und der Verweis auf den Rechtsrat der Experten („*auff belehrung der Rechtsverstendigen*").

In dem Sinn einer Rechtsnormbindung warnte auch bereits Brant in der Reimvorrede des *Laienspiegels* die Richter davor, ohne Rücksicht auf das Recht nach eigenen Vorstellungen zu richten:

> *Merckt auff jr richter aller erden*
> *wenn wo[e]llen jr doch witzig werden*
> *Dem rechten bronnen nachgedencken*
> *vnd nit in ewern duncken schwencken.*
> [...] *Die selbs mainten sy wo[e]lten finden*
> *vnd doch die tieff nit mochten gründen*
> *Welcher aim mit vrtail auff leidt*
> *wider recht durch vnwissenheidt*
> *Solh richter thůt sich selbs beladen*
> *für ain abtrag costens vnd schaden*
> [...] *Damit ain yeder gewarnet sey*
> *das er sich halt dem rechten bey*
> *Vnd nit auß aigem kopff vermain*
> *das er all weißhait hab allain* [...].[660]

Die normative Bindung des Richters an das Recht („*das er sich halt dem rechten bey*") kam hier pointiert zum Ausdruck und wurde durch die Erinnerung an eine mögliche Schadensersatzforderung („*thůt sich selbs beladen / für ain abtrag*

659 Knaust, Gerichtlicher Fewerzeugk (1568), Bl. 213ᵛ. Im folgenden Abschnitt (ebd., Bl. 214ʳ f.) wurden die ungelehrten Richter wegen der Nichtbeachtung von Schriftrecht deutlich kritisiert, die in ihren Verhandlungen „*dermassen verfahren vnd versprechen / daß es su[e]nd / vnd schand ist / Denn sie das beschrieben Recht / nicht allein nichts achten / Sondern auch nicht wissen / noch verstehen*".

660 Tenngler, Laienspiegel (1509), Reimvorrede, Bl. 3ᵛ-4ᵛ.

costens vnd schaden“) noch verstärkt. Diese Bindung an das Recht brachten auch weitere Quellen zum Ausdruck. So etwa der *Revocirte Klagspiegel*:

> *So ist nochmals der beste sicherste weg / dass die Richter in mittelst bey der Rechten Brunquell beschriebener Gesetz und deß Textus, so viel immer müglich / bleiben* […].[661]

Die Verpflichtung auf Schriftrecht („*beschriebener Gesetz*“) fand sich ebenfalls für den sächsischen Rechtskreis in Zobels Sachsenspiegel-Ausgabe wieder:

> *Der Richter sol kein vrtel nach Recht aus seinem kopff vnd gutdüncken finden / sondern nach gemeinen beschribnen Rechten vrteilen.*[662]

Die Bindung an schriftlich fixierte Rechtsnormen wurde allerdings nicht als eine möglicherweise belastende Verpflichtung wahrgenommen, sondern auch als ein Hilfsmittel des Richters dargestellt. Insofern kam ihr eine Entlastungsfunktion zu, wie im *Feuwerzeugk Gerichtlicher Ordnunge* berichtet wurde. Demnach sollte sich ein Richter

> *hart vnnd fest / ann das beschriebene Recht zuhalten wissen / damit bleibet er auff rechter bahn /* […] *So kann man jhm auch nicht schuldt geben / er habe den Sachen zu wenig / oder zu viel gethan / denn wann ein Richter anders nichts vrtheilt vnd richtet dann allein / was sich von geschriebner Recht vnnd Satzunge / oder gewonheit wegen / gebu[e]rt / was wil man jhn denn zeihen.*[663]

Im Umkehrschluss hieß das, dass eine Missachtung „*von geschriebner Recht vnnd Satzunge / oder gewonheit*“ bei der Rechtsfindung natürlich falsch und rechtswidrig war. Die aufgezeigte Rechtsnormbindung war zusätzlich zu den angeführten Stellen in der Praktikerliteratur den Richtereiden immanent.[664]

---

661 Heyden/Brant/Draudt, Revocirter Richterlicher Klagspiegel (1601), Vorrede (unpaginiert). Bei etwaigen Gewissenskonflikten hatte die Rechtsnorm Vorrang, wie weiter (ebd., S. 37) bestimmt wurde: „*wann man außtru[e]ckliche Gesetz vnd Ordnug von einer Sache hat / un aber ein Richter seinem Gewissen nach vrtheile wollte / solle ma de Urtheil gemeiner Rechte un nicht seim Gewissen / so etwan denselben widerwertig / nachgehe*“.

662 Zobel, Sachsenspiegel Auffs newe vbersehen (1582), Bl. CCCXLIX^{v} f.

663 Knaust, Gerichtlicher Fewerzeugk (1568), Bl. 224^{v} f. Ähnlich auch Damhouder, Practica gerichtlicher handlunge (1575), S. 26: „*Derhalben / welcher der ordnung der Rechten in allen Solenniteten vnd Herrligkeiten miltiglich folget vnd nachkompt / der thut keinem vnrecht*“. Vgl. zur Entlastungsfunktion von Gesetzen auch Pawlowski, Methodenlehre für Juristen (1999), S. 23, vgl. ebd., S. 182–207, zur Vorteilhaftigkeit einer Gesetzesbindung für die Rechtserkenntnis.

664 Tenngler, Laienspiegel (1509), Bl. 16^{v}: „*Ich. N. glob. vnd schwer / hyemit zů got vnnd allen hailigen* […] *Auch mitsambt den geschworn beysitzern / ra[e]ten vnd*

Isoliert betrachtet ist die postulierte Bindung an Rechtsnormen ein rechtsdogmatisches Phänomen, welches dem Recht und seiner Durchsetzung stets innewohnt.[665] Im Untersuchungszeitraum fallen jedoch zwei besondere Aspekte auf, die aufeinander aufbauen. Erstens war die Rechtsnormbindung noch keine klare Gesetzesbindung, was an dem speziellen Verhältnis von römisch-kanonischen Recht und lokalen Rechtsquellen zu legislativen Rechtstexten lag.[666] Zweitens, und das ist im Hinblick auf die Ausübung der Rechtspflege durch Rechtspraktiker unterschiedlicher Bildungsstufen besonders relevant, schwang bei der Rechtsnormbindung die implizite Forderung an die weltliche Rechtpflege mit, flächendeckend auch römisch-kanonisches Recht zu beachten, sofern keine anderen vorrangigen Regelungen bestanden. Insofern sahen sich Rechtspraktiker tatsächlich einem gewissen Anpassungsdruck ausgesetzt, über Rechtskenntnisse im römisch-kanonischen Recht zu verfügen. Dahinter stand die rechtsdogmatische Vorstellung, dass Kenntnisse im gelehrten Recht für eine gerechte materielle Entscheidung des Falles und damit für ein gerechtes Urteil hilfreich waren.[667] Ein Ausdruck dieser Vorstellung wird bei Damhouder deutlich, der ebenfalls richterliche Ungelehrtheit und Unwissenheit kritisierte. Bemerkenswerterweise stellte er die Kriterien in einem Kontext mit richterlichen Gemütsregungen dar, die, so sich der Richter davon leiten ließ, die Gefahr einer ungerechten Entscheidung

---

vrteilern Nach des hailigen reichs gemainen rechten / erbern redlichen vnd leydenlichen gewonhaitn gesachen gegeben freyhaiten vn ordnungen […] *zůrichten vnd procedieren*". Kölner Stadtrecht (1570), S. 136: „*Es sollen alle gekoren vnnd verordnete Richter / jhren gethanen Eyden nach / den Partheye vnd Ma[e]nniglich so vor dem Gericht zuthun haben / rechtmessig bescheid vnd Vrtheil / de Kayserlichen beschriebe Rechten / oder der Statt Statuten vnd Ordnungen / vnd alten lo[e]blichen gebra[e] uchen vnd der billichkeit gema[e]ß / geben vn wider fahren lassen*".

665 Siehe dazu schon die antike Vorgabe aus den Institutionen (Inst. 4, 17pr.), Behrends/Knütel/Kupisch/Seiler (Hrsg.), CIC II, Band I (1997), S. 256: „*Es steht noch aus, daß wir das Amt des Richters näher betrachten. Vor allem muß der Richter natürlich darauf achten, daß er nicht anders entscheidet, als durch Gesetze oder Konstitutionen oder durch Gewohnheiten festgelegt ist*". Vgl. zur Rechtsnormbindung des Richters in frühmittelalterlichen Rechtsquellen Schumann, Von teuflischen Anwälten (2011), S. 450 Anm. 63. Vgl. zur Bindung des Richters an Gesetze in der Antike sowie am Reichskammergericht und am Reichshofrat Schröder, Gesetzesbindung des Richters (2010), S. 13 f.

666 Vgl. dazu oben *Zweiter Teil, II, 2*, S. 50–53.

667 Vgl. zu dieser Vorstellung Schumann, Von teuflischen Anwälten (2011), S. 454 f.

hervorriefen.[668] Parallel dazu bestand eine solche Gefahr demnach ebenfalls im Fall von richterlicher Ungelehrtheit und Unwissenheit:

> *Vnd damit der Richter sein ampt recht vnd wol / wie sich gebüret / wisse zu thun vnd außzurichten / so sol er fürnemlich fünfferley fliehen vnd meyden* [...] *Vngelehrtheit / Vnwissenheit / Liebe / Haß / Forcht vnd Geitz / oder Eygenutz.*[669]

Die Vorstellung von der Vorteilhaftigkeit gelehrter Rechtsprechung[670] wurde bei Damhouder noch an anderer Stelle deutlich gemacht:

> *Dann ein Richter sol in Gerichten / Urtheiln, und Rechtsprechen / nicht zu freuel / zu schnel / und zugeschwindt sein / sonder weiß / klug / fürsichtig und bedachtsam. Und damit ich etliche andere tugenden und a[e]mpter / so einem Richter geziehmen / erzehle / so muß ein Richter gelehrt sein* [...].[671]

Hier wurde richterliche juristische Gelehrsamkeit nicht nur in einem Kontext mit Elementen aus der Richterethik dargestellt,[672] sondern in den Rang einer Richtertugend erhoben. Für Damhouder war fehlende Bildung, zu der auch fehlende praktische Erfahrung zählte, der Grund dafür, dass ein Richter nicht „*recht vnd wol vrtheilen vnd richten*" könne.[673] Zum Beleg seiner Meinung führte der Rechtspraktiker die antiken Autoren Terentius und Cicero an.[674]

---

668 Siehe eingehend zum Problem richterlicher Befangenheit unten *Dritter Teil, IV, 1, b*, S. 209–221.

669 DAMHOUDER, Practica gerichtlicher handlunge (1575), S. 22.

670 So auch der Gedanke von Art. 150 PGO, wonach für die Richtereigenschaften hervorgehoben wird, dass ein Studium bei schwierigen Fällen von Vorteil war, da ansonsten die Gefahr einer falschen Entscheidung drohte: „*so dieser Sachen einer für den Richter und Urtheiler kommt, sollen sie bey den Rechts=Verständigen, und an Enden und Orten, wie zu End dieser unser Ordnung angezeigt, Raths gebrauchen, und ihnen nicht eigene unvernünfftige Regel oder Gewohnheit, darinn zu sprechen, machen, die dem Rechten widerwärtig seyn, als je zu Zeiten an den peinlichen Gerichten bishero beschehen, daß die Urtheiler die Unterscheid jeder Sach nicht ho[e]ren und bewegen; das ist eine grosse Thorheit / und folgt darauß, daß sie sich zu vielmahlen irren, thun den Leuten unrecht*". Zit. nach SCHMAUSS/VON SENCKENBERG, Sammlung der Reichs-Abschiede, Band 2 (1747), S. 391.

671 DAMHOUDER, Practica gerichtlicher handlunge (1575), S. 3.

672 Vgl. zur richterlichen Amtsethik in der Praktikerliteratur unten *Dritter Teil, IV, 1*, S. 204–223.

673 DAMHOUDER, Practica gerichtlicher handlunge (1575), S. 22: „*Vnwissenheit / bey welcher auch gemeinlich vnuerstandt vn vnerfarnheit ist / macht daß / ob einer schongleich gern wollte recht vnd wol vrtheilen vnd richten / dasselbig doch auß vnwissenheit nicht ko[e]nne / welchs aber doch den Richter nicht entschu[e]ldiget*".

674 DAMHOUDER, Practica gerichtlicher handlunge (1575), S. 22: „*Wie sehr vnd viel aber vngelertheit / vnd vnwissenheit an rechtem verstandt vnd vrtheil hinder vnd*

Der Spannung, die aus dem Kompetenzunterschied zwischen gelehrter und ungelehrter Rechtspflege resultierte, wurde zwar auf materiellrechtlicher Seite Abhilfe geschaffen, indem, wie beschrieben, in zweifelhaften Fällen die Einholung von Rechtsrat, etwa durch eine Aktenversendung vorgesehen war. Dies betraf den Inhalt der Entscheidung. Jedoch konnte die prozessuale Seite des Rechtsstreits, die zu den zentralen Aufgaben der Rechtspraktiker zählte, nicht delegiert werden, da die Durchführung der Verhandlung den Rechtspraktikern höchstpersönlich oblag. Mit anderen Worten konnte zwar die Entscheidungsgerechtigkeit an Experten delegiert, die Verfahrensgerechtigkeit jedoch musste in eigener Person ausgeübt werden. In dieser Hinsicht, charakteristisch für den Untersuchungszeitraum, konkretisierte sich die ansonsten fast schon floskelhaft anmutende Rechtsnormbindung in der eindringlichen Forderung an die weltlichen Rechtspraktiker, das Prozessrecht zu beachten.

> *Es sol auch solche Ordenung in dem Gerichtlichen Proceß so fleissig vnd eben gehalten werden / das dieselbig weder vnderlassen noch sunst verkerter oder irriger weiß gehalten werde /*[675]

Hier wird der Rechtspraktiker auf Einhaltung des prozessualen Ablaufs („*Ordenung in dem Gerichtlichen Proceß*") verpflichtet. Es folgt die entscheidende Erläuterung, welche Folgen die Nichteinhaltung hat:

> *Dann so solichs beschehe / were alle handlung vntu[e]chtig vnd von vnwirden / vnd entstu[e]nde das auß ein offenliche nichtigkeyt / wenn auch die Parteien gleich darin bewilligen / vnnd beyderseits ein solches nachgeben wolten / Dann es sol in jrer hand nit sein / ein Gericht jres gefallens mo[e]gen halten ode stümmeln / sondern sollen alle ding ergehen / wie recht ist.*[676]

Bei Nichteinhaltung war demnach der Prozess unwirksam und ein etwaiges Urteil nichtig („*were alle handlung vntu[e]chtig vnd von vnwirden*). Die Quelle zeigt

---

schade / bezeugt der Comedienschreiber Terentius in Adelph. da er sagt / Es ist nimer nichts vnbillichers vnd vngerechters / dann ein vnerfahrner / vnuerstendiger vnd vngelehrter Mensch / der da nichts fu[e]r recht vnd gut acht vnd helt / on was er selbst thut. Vnd Cicero / lib.4.Rheto.c Vnerfarne Leut / welche nicht auß alten geschehenen vnd vergangnen dingen vnd ha[e]ndlen / von einer jeden sachen vnd handel / ein Exempel vnd Beyspiel wissen vnd haben ko[e]nnen / die werden durch jr vnfu[e]rsichtigkeit vnd vnuerstandt gar leichtlich hindergangen vnd betrogen. Die jenigen aber / die da wissen / was andern begegnet ist / die ko[e]nnen auß dem / wie es andern Leuten ergangen / jren sachen leichtlich rahten vnf fu[e]rstehen / vnd do[e]rffen sich nit lang bedencken vnd berahtschlagen / wann sie sachen vnd ha[e]ndel fu[e]rhaben".

675 Gobler, Gerichtlicher Process (1536), Bl. III^{r}.

676 Ebd.

zudem auf, dass die Einhaltung der „*Ordenung in dem Gerichtlichen Proceß*" generell galt und den Parteien, hatten sie sich auf einen gerichtlichen Rechtsstreit eingelassen, grundsätzlich nicht zur Disposition stand.[677]

Diese Rechtsfolge bei Nichteinhaltung war im römisch-kanonischen Recht[678] und auch in weiteren Werken der Praktikerliteratur vorgesehen. So bestimmte etwa Rotschitz, dass ein Urteil, wenn es „*were gesprochen wider die beschrieben Recht*", „*vnkrefftig*" sei, insbesondere wenn es „*one fo[e]rmlichen proceß gesprochen / Also wue ynn der sachen der Krieg nicht contestirt / keyne klage eingelegt noch ynn der sachen beschlossen were*".[679] Desgleichen schilderte Perneder unter beispielhafter Nennung einiger prozessualer Erfordernisse:

> *ist ain vrtel für nichtig anzefechten / so der gerichtlich ordenlich proceß nit gehalten / als wann das Libell in schrifften nit vbergeben / der krieg nit verfangen / der ayd für gefa[e]rd nit geschworn / oder die kundtschafften nit auffgeschriben werden.*[680]

Dieser Befund wird durch den *Revocirten Klagspiegel* gestützt: „*DER Sentenz oder gesprochen Vrtheil wirdt nichtig geachtet* [...] *wann der Proceß mangelhafftig ist*".[681].

---

677 Ausnahmen hiervon galten natürlich dort, wo Prozessordnungen eigene Regelungen zum Ablauf des Gerichtsverfahrens beinhalteten oder in einfachen Fällen summarische Verfahren vorgesehen waren. Vgl dazu das Kölner Stadtrecht (1570), S. 148: „*Als Processen / so vor vnsern Gerichten mu[e]ndtlich oder schrifftlich gehandelt werden / sollen dem alten gebrauch nach summarie geschehen / das ist / die sachen sollen zum fu[e]rderlichsten vn schleunigsten ohn weitla[e]ufftig disputiren vnd verzu[e]glich auffhalten / außgefu[e]hrt / vnd zu des Richters erkantnus gestalt werden / vnnd darumb ob die gemeine wesentliche ordnung des Gerichtlichen Proceß / inhalt Kayserlichen beschrieben rechten / vnnd die substantial termin / als befestigung des Kriegs / der Eyd vor gefa[e]hrden / der termin zu Articuliren / vnd alle andere substantial stucken außgelassen werden / wie bißanhero breuchlich gewest vnd erhalten worden / soll derhalben der Proceß als vndu[e]chtig oder nichtig / nit erkand / noch erhalten werden*". Die Anfänge eines summarischen Verfahrens sind bis in die Entstehungszeit der Prozessrechtswissenschaft zu verfolgen. Vgl. dazu LITEWSKI, Der römisch-kanonische Zivilprozeß (1999), S. 564–566; NÖRR, Romanisch-kanonisches Prozessrecht (2012), S. 211–220.

678 Nach römisch-kanonischem Recht war ein Urteil nichtig, wenn bestimmte Prozesshandlungen nicht eingehalten wurden. Vgl. dazu NÖRR, Romanisch-kanonisches Prozessrecht (2012), S. 197; HERTZ, Rechtsprechung, in: MIÖG 69 (1961), S. 339 f. Siehe aber auch die vorhergehende Anmerkung, wonach diese Rechtsfolge nicht als pauschal in der gesamten weltlichen Rechtspflege geltend gesehen werden kann.

679 ROTSCHITZ, Processus Juris deutzsch (1543), Bl. LXVII^{v} f.

680 PERNEDER, Gerichtlicher Process (1556), Bl. LXXV^{r}.

681 HEYDEN/BRANT/DRAUDT, Revocirter Richterlicher Klagspiegel (1601), S. 135.

Damit galt die Einhaltung der Prozessordnung des römisch-kanonischen Rechts als konstitutiv für die Urteilskraft.[682] Diese weitreichende Bestimmung diente der Durchsetzung des Verfahrensrechts. Allerdings wurde die tatsächliche Etablierung des Verfahrens nach römisch-kanonischem Recht keineswegs ausschließlich positiv aufgenommen, wie Knaust berichtet:

> *Es werden aber Leuth gefunden / die sich bedu[e]ncken lassen wo[e]llen / Man ku[e]ndte vil na[e]her zůkommen / vnd kürtzer mit den Sachen herdurch gehen / man dürffte des langen Processes nirgendts zu / Mann ku[e]ndts wol baldt ho[e]ren / wer recht oder vnrecht hette*[683]

Die Schwäche des Prozessrechts lag in der Aufwändigkeit des Verfahrens („*des langen Processes*"), was zu einer langen Verfahrensdauer führe,[684] wie die Kritiker gegenüber dem römisch-kanonisch geprägten Verfahrensablauf einwandten. Mit großer Vehemenz argumentierte Knaust dagegen, indem er zunächst implizit die Deutungshoheit der Juristen betonte und anschließend den römisch-kanonischen Verfahrensablauf anpries:

> *Darauff ist zu antworten / daß die / so dermassen dauon reden / den handel nicht recht werwogen haben / vnd mo[e]gen sich etwa besser vff kornkauff / gewandt schnidt / wechsel vnd anders verstehen / dan auff Recht. Im gantzen Gerichtlichen Proceß ist doch nicht ein Termin / nicht ein dinglin das zu vil vnnd überflüssig wer / von den milten hochbegabten /*

---

682 Vgl. dazu und zu weiteren Nichtigkeitsgründen in der Literatur zum gelehrten Recht SKEDL, Nichtigkeitsbeschwerde (1886; ND 1970), S. 167–171, insbsondere S. 169.

683 KNAUST, Gerichtlicher Fewerzeugk (1562), Vorrede (unpaginiert).

684 Die Dauer des Verfahrens wurde bereits bei der Entstehung der Prozessrechtslehre seit dem 11. Jahrhundert als ein Problem angesehen. Vgl. dazu LITEWSKI, Der römisch-kanonische Zivilprozeß (1999), S. 72 f. Im hiesigen Untersuchungszeitraum thematisierten die Reichspolizeiordnungen von 1548 und 1577 die Prozessdauer in Tit. 33. Die Obrigkeiten sollten sicherstellen, dass ihre Richter „*den Partheyen / auff ir ansuchen / jeder zeit zu schleunigen rechten fürderlich und unverzüglich verhelffen*" und die Advocaten und Procuratoren dazu anhalten, „*die sach gefehrlicher weiß nicht auffzuziehen / oder zuverlängern*"; „*alles bey vermeydung ernstlicher / und unnachlässiger peen und straff*". Zit. nach der Edition von WEBER, Die Reichspolizeiordnungen von 1530, 1548, und 1577 (2002), S. 262. Tatsächlich war mit dem römisch-kanonischen Verfahrensrecht die Möglichkeit der Prozessverschleppung eröffnet. Vgl. dazu SCHUMANN, Von teuflischen Anwälten (2011), S. 471; NEHLSEN-VON STRYK, Gerichtsverfahren, in: HRG², Band II (2012), Sp. 183. Siehe dazu auch LEPSIUS, Von Zweifeln zur Überzeugung (2003), S. 9, die das Risiko des Klägers betont, weil „die zahlreichen verfahrensrechtlichen Sicherungen […] oft auch in eine[r] Verschleppung der Verfahren mündeten".

lo[e]bliche Ba[e]psten vn Keysern / also deßhalben verordnet vnd gesetzt / damit vnd auff daß niemand in seinem Rechten verkürtzet / oder verschnellet werden sollte / vnnd die warheyt desto baß herausßgeklaubet vnnd an den tag gegeben werden mo[e]chte[685]

Das Prozessziel einer der Wahrheit verpflichteten Rechtssicherheit („*die warheyt desto baß herausßgeklaubet*") und einer möglichst umfassenden Berücksichtigung des Parteivorbringens („*daß niemand in seinem Rechten verkürtzet*") rechtfertigt Knaust zufolge die Gefahr der längeren Prozessdauer.[686] Diese Ansicht wurde vom Reichsdeputationsabschied von 1600 bestätigt, in dem sich für die niedrigeren Instanzen die Verpflichtung zur Einhaltung der prozessualen Ordnung nach Vorbild des römisch-kanonisch geprägten Verfahrensablaufs am Reichskammergericht niederschlug. § 15 forderte für die Niedergerichtsbarkeit, dass sie

in ein gute richtige, der rechten Reichs=und Cammer=Gerichts Process gema[e]sse Ordnung, so viel nach eines jeden Orts Gelegenheit immer ersprießlich seyn wird, gebracht, und darauf festiglich gehalten werde [...].[687]

Dies zeigt auf, dass die Einhaltung („*darauf festiglich gehalten werde*") einer römisch-kanonisch geprägten Prozessordnung von der Rechtspflege und von den sie tragenden, überwiegend ungelehrten Rechtspraktikern normativ erwartet wurde. Vor dem Hintergrund dieser Beobachtungen scheint die Aussage Wieackers, die „Aufnahme des gelehrten Prozesses" hätte das Rechtsdenken „tiefer umgeprägt als die von der konventionellen Rezeptionsforschung stärker

---

685 Knaust, Gerichtlicher Fewerzeugk (1562), Vorrede (unpaginiert).

686 Vgl. zum römisch-kanonischen Zivilprozess den Überblick von Nehlsen-von Stryk, Gerichtsverfahren, in: HRG², Band II (2012), Sp. 181–186, insb. zu den Prozesszielen Sp. 183.

687 Zit. nach Schmauss/von Senckenberg, Sammlung der Reichs-Abschiede, Band 3 (1747), S. 476. Ein fehlerhaftes Verhalten von Richtern wurde anschließend im Jüngsten Reichsabschied von 1654 sogar sanktioniert. JRA 1654, § 109: „*Wann sich auch aus denen an bemeldtem Unserm Kayserlichen und des Heil. ReichsCammer=Gericht durch Appellation oder sonsten eingebrachten Rechtfertigungen entweder von wegen Ersetzung der Gerichten, oder Administrirung der Justitien einiger Mangel, oder sonsten in facto gnugsam verificirt befinden wu[e]rde, daß aus des Richters Ungeschicklichkeit, oder Unerfahrenheit, auch Versa[e]umnis, Corruption, oder Boßheit, zu jemands Pra[e]judiz, Nachtheil und Schaden geurtheilt und gesprochen, das Recht versagt, oder verzogen worden wa[e]re, so solle gegen den schuldhafften Obrigkeit so wohl, als deren geordneten Unter-Richtern gebu[e]hrende Bestraffung fu[e]rgenommen* [...] *werden*". Zit. nach Schmauss/von Senckenberg, Sammlung der Reichs-Abschiede, Band 3 (1747), S. 660.

beachtete Rezeption des materiellen Rechts", überaus gerechtfertigt zu sein.[688] Die Forderung nach Einhaltung einer römisch-kanonisch geprägten Prozessordnung erstreckte sich auf die gesamte weltliche Rechtspflege, was allerdings die Frage aufwirft, welchen Umgang die Rechtspraktiker mit dieser Forderung, die ihnen schließlich gewisse Kenntnisse abverlangte, finden konnten. Einem gültigen Urteil musste nach dieser Dogmatik ein ordentliches, römisch-kanonischen Grundsätzen entsprechendes Verfahren vorangehen.

5. Außeruniversitäre literarische Vermittlung des prozessualen römisch-kanonischen Rechts

Mangels universitärer Ausbildung stand ungelehrten Rechtspraktikern allein der Weg des Selbststudiums offen, um der Forderung nach Einhaltung der „*Ordenung in dem Gerichtlichen Proceß*"[689], also einem von römisch-kanonischen Grundsätzen geprägten Verfahrensablauf, nachzukommen. Jedoch war ein großer Teil der gerichtlichen Funktionsträger nicht in der Lage, die entsprechenden lateinischen juristischen Schriften[690] zu verstehen; Latein galt als Gelehrtensprache, die der „gemeine Mann" in der Rechtspraxis nicht durchweg beherrschte. Insofern blieb ihm der Wissensbestand der gelehrten Rechte vorerst mangels entsprechender Sprachkenntnisse vorenthalten.[691] Um eine außeruniversitäre Möglichkeit des juristischen Wissenserwerbs – über die volkssprachigen Prozessordnungen hinaus – zu eröffnen, bedurfte es bestimmter Lehrmaterialien und Nachschlagewerke in der Volkssprache. In diese Lücke stieß die deutschsprachige Praktikerliteratur, welche Inhalte des römisch-kanonischen Rechts in einfacher Form aufbereitete und lateinunkundigen Rechtspraktikern zur Verfügung stellte.[692] Dabei beschränkte sich diese Form literarischer Rechtsvermittlung nicht ausschließlich auf gelehrte Inhalte. Partiell ging sie über das hinaus, was an den Universitäten gelehrt wurde: Speziell im sächsischen Rechtskreis entstandene Werke berücksichtigten die vom

688 Wieacker, Privatrechtsgeschichte (1967), S. 183, betont die Bedeutung des sog. gelehrten Prozesses im Rahmen des Rezeptionsvorganges für das Rechtsdenken der Neuzeit ausdrücklich. So auch Nehlsen-von Stryk, Gerichtsverfahren, in: HRG^2, Band II (2012), Sp. 181, die dem römisch-kanonischen Zivilprozess eine fundamentale Bedeutung für den modernen europäischen Zivilprozess attestiert.

689 Gobler, Gerichtlicher Process (1536), Bl. III^r.

690 Vgl. zum lateinischen Prozesschrifttum oben *Zweiter Teil, II, 5,* S. 90 f.

691 Vgl. zum Latein als Wissenschaftssprache Waquet, Latein, in: Enzyklopädie der Neuzeit, Band 7 (2008), Sp. 630–632. Vgl. speziell für den Bereich des Rechts Hattenhauer, Lingua vernacula (1991), S. 49–68.

692 Siehe dazu oben *Zweiter Teil, II, 5,* S. 89–91.

römisch-kanonischen Recht abweichenden Rechtsgewohnheiten des sächsischen Raums, die in dieser Zeit vermutlich noch nicht Gegenstand universitären Unterrichts waren.[693]

Generell stand der Aspekt der Rechtsvermittlung in den Werken deutlich im Vordergrund. Der *Klagspiegel* wurde verfasst,

> […] *do mit die finsterniß der vnwissenheyt hyn gelegt. vnd das gemeyn recht in treflicher handelug offenbar werde in teutsch gesatzt.*[694]

Ähnliches ergibt sich aus dem *Laienspiegel*, der bestrebte,

> *das ain slechter lay in yeder sach gründtlich nach geschriben rechten zů ratn vn vrtailn* […] *dardurch das recht neben dem vngerechtn erkennt / vn nichtz minder rechtlich mo[e]g entschaidn werden.*[695]

Diesem hochgestecktem Ziel der Vermittlung speziellen Rechtswissens standen jedoch enorme Hürden im Weg, wie Tenngler weiter berichtete: Die Wissensordnung des römisch-kanonischen Rechts war

> *so tieff vnd wolgegründt* […] *durch die rechtweisen vn gelerten menigfaltigklich geleütert / geziert vn alles in scharpffem latein dermassen beschribn / das sy den vngelertn layen / damit das weltlich recht an mer enden im hailigen reich geu[e]bt / vnverstendig vn mißlich ist* […].[696]

Angesichts der Verständnisschwierigkeiten („*vnverstendig vn mißlich*"), welche aus den komplizierten Inhalten und der komplexen Darstellungsweise („*so tieff vnd wolgegründt* […] *menigfaltigklich geleütert*") und der Sprachbarriere („*alles in scharpffem latein*") resultierten, war es das Hauptanliegen der Autoren, eine einfache, volkssprachliche Darstellung des römisch-kanonischen Rechts zu präsentieren. Sebastian Brant beschrieb die Vorgehensweise Tennglers in der Vorrede des *Laienspiegels*:

> *So er auss geschriben Ba[e]pstlichen vnd Kaiserlichen rechten vnd bewa[e]rten übungen menigfaltiger gebreüche vnd Practiken / Gaystlicher vn weltlicher / hohen vn nidern gerichten / ho[e]fe vnd Cantzleyen der fürsten / Stett vn lande Zů bericht layescher vnd der recht vnerfarn person / zusamen in Teütscher zungen vnd sprach / das doch in sonders*

---

693 Siehe dazu oben *Zweiter Teil, II, 4, c, e*, S. 69–72, 76–79 zu den Werken Rotschitz's und Königs.

694 Heyden, Klagspiegel (um 1493), Bl. 1^{r}. Vgl. zu den prozessualen Rechtskenntnissen von Richtern nach dem Klagspiegel Deutsch, Klagspiegel (2004), S. 388–400.

695 Tenngler, Laienspiegel (1509), Vorrede, Bl. 8^{v}.

696 Tenngler, Laienspiegel (1509), Bl. 9^{v}.

zuthůn swa[e]r / getzogen / gesetzt / vnd an mer enden durch die bewa[e]rten schrifft der gelerten beziern lassen.[697]

Hier betonte Brant insbesondere die Anpassungsleistung („*das doch in sonders zuthůn swa[e]r*“), die aus dem veränderten Adressatenkreis („*layescher vnd der recht vnerfarn person*“) und dem Sprachenwechsel („*in Teütscher zungen vnd sprach* [...] *getzogen*“) folgte.

Anhand der von Justin Gobler besorgten Neuauflage seines 1536 erstmals erschienenen Werkes *Gerichtlicher Process* wird zusätzlich zum generellen Anliegen der Rechtsvermittlung deutlich, an welchen Inhalten des römisch-kanonischen Rechts für die Gruppe der ungelehrten Rechtspraktiker überhaupt primärer Vermittlungsbedarf bestand. In der Vorrede der 1542 erschienenen Neuauflage beschrieb der Autor seine Vorgehensweise und die Gründe für die Neubearbeitung:

Vnd habe demnach in dieser Edition den Ersten vnd Dritten teyl voriger Edition / damit die materien desto weniger vo eynander zerstrewet weren / zusamen gezogen / den zweyten teil aber / nemlich von den Actionibus / gar herauß gelassen / auß vrsachen / daß solchs theyl mehr zu erklerug der Rechten dienlich / dann dem Gerichtlichen Proces / wie der gehalten werden sol / angeho[e]rig geacht werden mag. Vnd ist zwar solchs zweytteyl auch so weitlaufftig vnnd so eyns schweren verstands / daß es doch den gemeynen Procuratoribus (welchen dan fürnemlich solcher Process zůr vnderweisung zůgericht worden) on weiteren bericht der Aduocaten vnd Rechtgelerten / nit sonderliche grossen nutz geperen kundt /[698]

Die Illustration des materiellen Rechts in Form der verschiedenen Klagearten („*Actionibus*“) stellte sich offenbar zu kompliziert („*so weitlaufftig vnnd so eyns schweren verstands*“) dar, als dass sie in die Neuauflage aufgenommen werden sollte.[699] Stattdessen lag der inhaltiche Schwerpunkt auf dem Prozessrecht („*Gerichtlichen Proces / wie der gehalten werden sol*“).

Speziell in der Praxis der Untergerichtsbarkeit sei – Vetter zufolge – hinsichtlich des Prozessrechts

noch viel vnd grosse ma[e]ngel / vnd gebrechen / vnd an statt Gerichtlicher Ordnung / ein grosse vnordnung zuspüren / vnnd zu finden.[700]

---

697 Tenngler, Laienspiegel (1509), Bl. 2r.

698 Gobler, Der Gerichtlich Proceß (1542), Vorrede (unpaginiert).

699 Gobler hatte den herausgenommenen Teil über die Klagen aus Heydens Klagspiegel übernommen. Vgl. dazu Deutsch, Klagspiegel (2004), S. 433 f.

700 Damhouder, Practica gerichtlicher handlunge (1575), Vorrede (unpaginiert).

Aus diesem Grund käme es zu nichtigen Prozessen, die auf Kosten der Parteien und zu Lasten einer längeren Prozessdauer in zweiter Instanz erneut entschieden werden müssten.[701] Insofern galt es die Rechtspraktiker insbesondere auf dem Gebiet des prozessualen Rechts auszubilden. Darin zeichnet sich die Tendenz der untersuchten Praktikerliteratur ab, nach der die Vermittlung des materiellen Rechts in den Hintergrund trat und stattdessen das Prozessrecht und der Verfahrensablauf in den auflagenstarken Werken des 16. Jahrhunderts den Inhalt bestimmten.[702]

6. In der Praktikerliteratur vermitteltes Rechtswissen

Die Konkurrenzsituation, in welcher sich ungelehrte Rechtspraktiker angesichts des intensivierten Auftretens universitär ausgebildeter Juristen in der Rechtspflege wiederfanden,[703] lässt sich an einem bedeutenden Unterschied zwischen den beiden Gruppen festmachen: dem Kenntnisstand im römisch-kanonischen Recht. Speziell im Bereich des Verfahrens, der anders als die materielle Entscheidung nicht zu delegieren war, bestand daher ein hoher Vermittlungsbedarf für die Amtsträger in der noch weitgehend ungelehrten weltlichen Rechtspraxis der niedrigeren Instanzen. Die untersuchte Praktikerliteratur stillte dieses Bedürfnis, indem sie – was im Folgenden exemplarisch anhand des Zivilprozessrechts dargestellt wird – die prozessualen Elemente aus dem römisch-kanonischen Recht außeruniversitär und in der Volkssprache vermittelte.

---

701 DAMHOUDER, Practica gerichtlicher handlunge (1575), Vorrede (unpaginiert): „[…] *daß zu offt malen die Amptleuthe / vnd Obergerichte / oder Richter / dahien die Sachen deuoluiert / vnd in zweiter Instanz gebracht werden / den gantzen Proceß / wol etlich viel Jar mit grossem Kosten vnd Schaden der Partheyen gefu[e]hret vnd geubt / gantz vnd gar Cassirn vnd verwerffen mu[e]ssen / vnd die Sache auffs neuwe mit fehrnerer mu[e]he / vnd neuwem Vnkosten widerumb Gerichtlich fu[e]rgefasset / vnd zu ordenlicherem außtrag gerichtet werden muß*".

702 Siehe zum Stellenwert des Prozessrechts in der Praktikerliteratur oben *Zweiter Teil, II, 5*, S. 89–92.

703 Bereits seit den 1470er Jahren wird für deutschsprachige akademische Gelehrte ein genereller Überschuß konstatiert, der einen hohen Druck gelehrter Absolventen unterschiedlichster Kompetenzstufen auf den Arbeitsmarkt zur Folge hatte. Vgl. dazu SCHWINGES, Karrieremuster (1996), S. 17 f. Siehe speziell für Juristen im 15. Jahrhundert GRAMSCH, Erfurter Juristen (2003), S. 553–561, wonach in diesem Zeitraum die Rechtsprechung „zunehmend ‚juridifiziert'" (ebd., S. 560) wurde.

a. Ladung

Das Rechtsinstitut der Ladung wird in allen untersuchten Werken der Praktikerliteratur thematisiert.[704] Für den Begriff der *„Ladung“*[705] sind weitere Bezeichnungen, wie etwa *„fürheischung“*[706], *„Citation“*[707], *„Vorladung“*[708], *„fu[e]rgeboth“* oder *„vorgebot“*[709] evident. Die Vielzahl unterschiedlicher Bezeichnungen war typisch für die sich ausbildende volkssprachliche Rechtsterminologie im 16. Jahrhundert.[710] Inhaltlich bedeutet Ladung die Aufforderung zum Erscheinen vor Gericht und wurde als initiierendes sowie konstitutives Element jeder Gerichtsverhandlung überwiegend am Beginn der Prozessdarstellungen in der Praktikerliteratur dargestellt.[711] Sie wurde durchweg als unverzichtbares prozessuales Rechtsinstitut angesehen, dessen Fehlen die Nichtigkeit des Prozesses herbeiführte.[712] Im Zuge

---

704 Siehe die Definitionen von GOBLER, Der Gerichtlich Proceß (1542), Bl. XIII^r^:: *„Vnd ist aber Citiren nichts anders / denn schuldener odder klaghafften vor den Richter berůffen / das er des Kla[e]gers anforderung vnnd Klag anho[e]re /“* und von KÖNIG, Processus und Practica (1541), Bl. LX^v^: *„Vnd daraus folgt / das die vorladung ist ein selbstendig thun / vnd der anfang des gerichts / vnd gerichtszwangs / vnd ein fundament des Process des gerichts / gleicherweise wie die befestunge des krieges ein grundfeste des gerichtes vnd der iurisdiction ist“*.

705 TENNGLER, Laienspiegel (1509), Bl. 74^r^; HEYDEN/BRANT/DRAUDT, Revocirter Richterlicher Klagspiegel (1601), S. 79.

706 PERNEDER, Gerichtlicher Process (1556), Bl. XI^r^.

707 GOBLER, Der Gerichtlich Proceß (1542), Bl. XIII^r.^

708 KÖNIG, Processus und Practica (1541), Bl. LIX^v^.

709 ROTSCHITZ, Processus Juris deutzsch (1543), Bl. I^r^.

710 Vgl. die Wortvielfalt am Beispiel der Ladung bei DAMHOUDER, Practica gerichtlicher handlunge (1575), S. 129: *„Welche Citation / zwar viel vnd mancherley namen hat / die doch alle fast einerley deutung vnnd meinung seind / nemlich / Forderung / Vorheischung / Ladung vnd beruffung vor das Recht / Manung Fu[e]rgebietung / Verku[e]ndigung / Tagsatzung / oder Vertagung / deren namen vnd wo[e]rter der Rechtenlehrer meldung thun“*.

711 Vgl. zur Ladung im gelehrten Prozessrecht auch die einschlägigen Abschnitte der jeweiligen Epochen bei SCHLINKER, Litis Contestatio (2008), für das Hochmittelalter vor Durantis S. 64–67, Ladung bei Durantis S. 147–149, Ladung bei Bartolus und Baldus S. 222 f., siehe insb. zur Ladung im Zivilprozess des 16. und 17. Jahrhunderts S. 302–311. Vgl. zur Ladung und den Rechtsfolgen im gelehrten Recht auch NÖRR, Romanisch-kanonisches Prozessrecht (2012), S. 68–77.

712 ROTSCHITZ, Processus Juris deutzsch (1543), Bl. VII^r^: *„Denn ane fu[e]rbeladunge / die eyn anfanck vn grundfeste der gerichte ist / kann der Richter keynen bestendigen process gehalten / Szundern wu[e]rde vor eyne nichtigkeyt vnd nullitet tzu achten“*. KÖNIG, Processus und Practica (1541), Bl. LIX^v^: *„DIe Citatio oder Vorladung ist eines*

der ersten Ladung wurde der Beklagte über die gerichtliche Geltendmachung von Ansprüchen gegen ihn in Kenntnis gesetzt. Insofern diente sie dem Rechtsschutz der Parteien, deren Kenntnis von der Streitsache überhaupt erst die Möglichkeit herbeiführte, rechtliches Gehör vor dem Richter zu erlangen und zugleich Urteile ohne vorhergehende Verteidigungsmöglichkeit verhinderte. Damit steht das Prozessinstitut der Ladung seiner Funktion nach ganz in der Tradition und Zweckrichtung des römisch-kanonischen Prozessrechts, welches darauf ausgerichtet war, den Parteien umfassende Rechtschutzmöglichkeiten einzuräumen.[713] Darüber hinaus kam einer Ladung die Funktion zu, über die Zuständigkeit zu entscheiden und den Lauf der Verjährungsfrist zu unterbrechen.[714] Nicht zuletzt dienten Ladungen überdies dem Zweck, Parteien bei Nichterscheinen mit den nachteiligen Rechtsfolgen der Säumnis belegen zu können.

Die einschlägigen Abschnitte in der Praktikerliteratur fokussierten sich auf die Voraussetzungen für eine Ladung, deren Zustellung sowie die Rechtsfolgen von Säumnis, die mit dem Nichterscheinen trotz Ladung, der „*Contumacia*",

---

natu[e]rlichen rechtens / denn sie beschleust in sich die beschu[e]tzung / also das ein jeder zu seiner beschu[e]tzung vnd defension sol vn mus gehalten werden / Denn wo das nicht geschicht / so taug der Process nicht / ist nichtig vnd nullus". Gobler, Der Gerichtlich Proceß (1542), Bl. XIII[r]: „*CJtation oder fürgepott ist Gerichts Proceß erster eingang vnd wesenlich stuck / dermassen wo soliche vnderlassen / oder nach rechtlicher ordnung nit beschehe* [...] *würde alle volgende handlung / Proceß vnd Vrtheil nichtig vn von vnwerden*". Heyden/Brant/Draudt, Revocirter Richterlicher Klagspiegel (1601), S. 79: „[...] *daß es gantz vnbillich / ja der Natur gantz vn gar zuwider were / ohne Citation in einer Sachen fortfahren / vnd auff eines Mans oder Partheyen vorbringen / den andern vnuerho[e]rter Sachen zuuerdammen / welches so gar von vnwirden vnd nichtig were / daß auch einer in Peinlichen sachen / darinnen doch sonsten zu appelliren verbotten / daruon appelliren ko[e]ndte*". Damhouder, Practica gerichtlicher handlunge (1575), S. 129: „*Zum andern ist die Citatio vnd Ladung / auß natu[e]rlichem vn menschlichen oder weltlichen Rechten so no[e]tig / zu dem Proceß vnd Ordnung der Gericht / daß / wa die aussen gelassen / der Proceß derhalben nichtig wu[e]rde*".

713 Vgl. dazu Nehlsen-von Stryk, Gerichtsverfahren, in: HRG², Band II (2012), Sp. 183.

714 König, Processus und Practica (1541), Bl. LXXI[r]: „*Die vorladung machet auch die fu[e]rkommunge / hoc est praeuentionem des gerichtszwanges / als wo eine sache vor weltichen vnd geistlichen / oder sonsten vor viel gerichten mag geclagt oder gezogen werden / Welcher Richter denn mit der Citation eher komet / vor den gerichtszwange mu[e]ste sie gewartet werden*". Ebd., Bl. LXXII[r]: „*Die vorladung zureisset auch die verjarung oder prescription*".

(als „*Ungehorsam*“ oder „*Ungehorsamkeit*“ übersetzt) verbunden waren.[715] Neben Werken von Bartolus und Baldus wird primär Durantis *Speculum Iudiciale* als Quelle herangezogen.[716] Die Auswahl dieser Autoren zeigt bereits deutlich die römisch-kanonische Herkunft des Rechtsinstitutes auf, das hier vermittelt wird: Es handelt sich um ein im gelehrten Recht beheimatetes Prozesselement.[717] Der praktischen Benutzbarkeit der Praktikerliteratur entsprechend finden sich darin etliche Formeln und Formulare für Ladungen.[718] Hervorzuheben ist die besondere Darstellung der Ladung in der *Practica* von König. Wie ein noch folgendes Beispiel belegen wird, geht der Rechtspraktiker auf die Unterschiede zwischen dem römisch-kanonischen Recht und dem sächsischen Recht ein.[719]

Die Ladung einzuleiten galt als eine allgemeine Aufgabe des Richters. „*Die fürpot sollen beym richter od' nach gestalt der sachen vor gericht mit vrtail erlangt* [...]

---

715 Vgl. für einen Überblick Sellert, Versäumnisverfahren, in: HRG[1], Band V (1998), Sp. 798–804. Siehe eingehend zur Säumnis Schlinker, Litis Contestatio (2008), in der Prozessrechtswissenschaft vor Durantis S. 109–123, bei Durantis S. 202–214, bei Bartolus und Baldus S. 244–253, im deutschrechtlichen Verfahren S. 297–300, siehe insb. zur Säumnis im Zivilprozess des 16. und 17. Jahrhunderts S. 370–388.

716 Siehe oben zu Durantis *Zweiter Teil, II, 5,* S. 90 f.

717 Ein der Ladung entsprechendes Prozesselement war allerdings bereits in karolingischer und merowingischer Zeit vorhanden. Eine stärkere Systematisierung der Ladungsvoraussetzungen erfolgte jedoch erst im Verlauf des Spätmittelalters und der Frühen Neuzeit. Vgl. dazu Sellert, Ladung, in: HRG[1], Band II (1978), Sp. 1344. Im Untersuchungszeitraum betont Gobler, Gerichtlicher Process (1536), Bl. IX[r], die einheimischen Rechtsgewohnheiten, die allerdings im römisch-kanonischen Recht auch Grenzen fanden: „*ES haben iede Gericht jre gewonheyt vn gepreuch / deren man sich halten mů̊ß / nit allein in disen puncten / sonder auch den andern allen/ Darumb / wes in disem Proceß angezeygt würt / nit zuuerstehen ist / als ob man dasselbig eben also halten so[e]ll oder mů̊ß / sonder sol sich der Procurator zuuorderst alweg des Gerichts gewonheyt halten / so fern die selbigen sunst dem Rechten nit vngemeß were* [...] *Derhalben so er iemand Citirn oder fürheyschen lassen will / thů̊ er dasselbig nach des Gerichts herkommen vnd gebrauch / Sunst dem Rechten nach / (wie mans dan auch gewonlich pflegt zuhalten) hat es vast dise ordnug*“.

718 Mehrere Beispiele etwa bei Gobler, Der Gerichtlich Proceß (1542), Bl. XIIII[v]-XVI[v] sowie Tenngler, Laienspiegel (1509), Bl. 74[v] f. Bei Heyden, Klagspiegel (um 1493), Bl. XXVIII[v], ist eine Klagformel für den Fall enthalten, dass der Geladene ausbleibt.

719 Siehe unten *Dritter Teil, III, 6, a,* S. 173 f.

werden".[720] Demnach bestand zumindest theoretisch ein Richtervorbehalt für die Durchführung der Ladung.[721] Allerdings führten vielerorts Gerichtsdiener (auch Fronboten oder Büttel genannt) die Ladungen aus, ohne speziell vom Richter dazu beauftragt worden zu sein, sodass offenbar aus pragmatischen Gründen auf eine ausdrückliche jeweilige Einzelerlaubnis des Richters verzichtet wurde.[722] Der Ladung nachzukommen war hingegen eine Pflicht, die im 16. Jahrhundert jeden, unbeachtet seines Standes treffen sollte.[723] Insofern war der ältere Grundsatz der Standes- und Rechtsgleichheit (zumindest theoretisch) überwunden.[724]

Neben einem möglichen Richtervorbehalt stellte die ordnungsgemäße Zustellung der Ladung eine Wirksamkeitsvoraussetzung dar. Es galt der Grundsatz der persönlichen Zustellung.[725] Nur ausnahmsweise konnte die Ladung etwa gegenüber Hausgenossen quasi stellvertretend erfolgen. Auch die öffentliche Ladung – durch Anbringung einer Urkunde an einem öffentlichen Ort – sollte nur in den Fällen erfolgen, in denen eine persönliche Zustellung ausgeschlossen war.[726]

Auf Grund der hohen Bedeutung der möglichen Rechtsfolgen bestand für die Zustellung eine besondere Beweisregel: der Aussage des zustellenden Gerichtsdieners kam wegen seiner Stellung als Amtsträger die Beweiskraft der Aussagen

---

720 Tenngler, Laienspiegel (1509), Bl. 74r. Vgl. auch Heyden/Brant/Draudt, Revocirter Richterlicher Klagspiegel (1601), S. 79: „*Hie soltu wissen / daß die Geistlichen Richter gemeiniglich die Partheye durch Brieff oder Schrifften citiren / aber die Weltlichen durch jhre Rathsknecht oder Pu[e]ttel*".

721 Vgl. auch Gobler, Der Gerichtlich Proceß (1542), Bl. XIIIr: „*Vmb soliche Citation soll der Kla[e]ger / nach dem sich desselbigen orts vnnd Gerichts gewohnheyt hellt / bei dem Richter ansuchen*".

722 König, Processus und Practica (1541), Bl. LXIXr f: „*Vnd ob wol in etlichen stedten / der fron one besondern befehl zu laden pflegt / so ist doch das* […] *vbel gethan / sondern es sol aus befehl des Richters geschehen. Aber hir inne mag der gebrauch viel thun / der allezeit im Process der gericht anzusehen ist.* […] *Auch geschicht es gemeiniglichen in Stedten / das ein Richter seinem fron einen gemeinen befehl gibt / wenn er vmb vorladung angesucht wird / das er die thue / vnd das ist eine gute weise*".

723 König, Processus und Practica (1541), Bl. LXXIIr: „*Die vorladung zwinget den geladnen / das er bey vermeidung des vngehorsams erscheinen mus / so der auch eines hohen standes were / Denn ein jder Richter ist in dieser sachen / darinne er vorledet / mehr denn der vorgeladene*".

724 Vgl. zum sog. iudicium parium in früherer Zeit Sellert, Ladung, in: HRG1, Band II (1978), Sp. 1343 f.

725 Siehe dazu Damhouder, Practica gerichtlicher handlunge (1575), S. 142: „*JN Bu[e]rgerlichen sachen vnd handlungen / sollten alle Citationes vnd Ladungen* […] *perso[e]nlich beschehen / in die Person deß Principaln*".

726 Vgl. König, Processus und Practica (1541), Bl. LXIXv f.

von zwei Männern zu, was ein unwahres Leugnen eines einzelnen Geladenen erschwerte.[727] Darüber hinaus wurde empfohlen, die Zustellung stets zu protokollieren, um dadurch den Nachweis der erfolgten Ladung zu erleichtern.[728]

Erfolgte trotz ordnungsgemäßer Zustellung keine Reaktion, trat die Rechtsfolge der „*Contumacia*" ein.[729] Diese beinhaltete einen Schadensersatz für vergebliche Kosten zur Anreise und Unterbringung, bzw. eine Strafe an den Fiskus, und konnte in einem Säumnisurteil münden.[730] Das Verfahren wurde erst dann fortgeführt, wenn die entstandenen Kosten durch die ausgebliebene Partei beglichen wurden.[731] Eine weitere mögliche Rechtsfolge der Säumnis stellte die (aus

727 Vgl. König, Processus und Practica (1541), Bl. LXVIII[v] f.

728 Vgl. dazu auch RKGO 1495, § 4: „Item es soll kein Citation oder Ladung ausgeen, so sey dann auf Ansuchen des Principals [...] erkannt, vnd durch den Schreiber, der zum lesen am Camer=Gericht auffgenommen vnd verordent wirdet, registrirt, vnnd sollen dieselben Citacion oder Ladung durch Nyemands den Partheien exequirt werden, dann durch offenbar Notarien, oder die geschwornen des Camer=Gerichts Potten dieselben so[e]llen jr yeder schreiben und lesen ko[e]nnen, und dem Kla[e]ger die Execution oder auf die Copey der Citacion oder Ladunge auch die Zeit und Stat der Verku[e]ndung vnd jrn Namen schreiben". Zit. nach Schmauss/von Senckenberg, Sammlung der Reichs-Abschiede, Band 2 (1747), S. 7.

729 Vgl. etwa Gobler, Der Gerichtlich Proceß (1542), Bl. XVI[v]-XVIIII[v]; Heyden/Brant/Draudt, Revocirter Richterlicher Klagspiegel (1601), S. 87–93. Auch bei einer absichtlichen Verhinderung der Zustellung bestand keine Regelungslücke. Vgl. dazu Perneder, Gerichtlicher Process (1556), Bl. XII[r]: „*Deßgleichen / wirdt der auch für vngehorsam gehalten / der sich verhelt oder verbürgt / damit jme die gerichtlich ladung nit mo[e]ge zůkommen / oder bestelt durch sich selbst oder ander sollich verhinderung / das er personlich nit betretten*".

730 Im Klagspiegel finden sich Klagformeln, um die Rechtsfolge herbeizuführen: Heyden, Klagspiegel (um 1493), Bl. XXVIII[v] f. Vgl. zu „*Contumacia*" und „*Ungehorsam*" Tenngler, Laienspiegel (1509), Bl. 73[r] f; Perneder, Gerichtlicher Process (1556), Bl. XII[v]; Gobler, Der Gerichtlich Proceß (1542), Bl. XVI[v]-XVIIII[v]; König, Processus und Practica (1541), Bl. LXXII[v]-LXXIX[v]; Rotschitz, Processus Juris deutzsch (1543), Bl. VI[r] f; Knaust, Gerichtlicher Fewerzeugk (1562), Kapitel VII (unpaginiert). Vgl. auch ausführlich zu den Rechtsfolgen des „*Ungehorsams*" Damhouder, Practica gerichtlicher handlunge (1575), S. 184–203.

731 Perneder, Gerichtlicher Process (1556), Bl. XIII[r]: „*Jtem es hab sich ain vngehorsam begeben wie sie wo[e]ll / so hat die vngehorsam parthey kainen gerichtlichen zůgang mer / sie habe dann zůuor dem gehorsamen thail allen kosten vnnd schaden solcher vngehorsam halber erlitten* [...] *vollkommenlich bekert vnd abgelegt*".

dem römischen Recht stammende) vorläufige Einsetzung in die Güter des Beklagten (Einsetzung „*ex primo decreto*") dar, bei welcher der Kläger nach Ablauf einer Jahresfrist ohne gegnerische Einlassung entweder endgültig Eigentümer der Güter wurde oder aus dem Verkaufserlös befriedigt werden konnte.[732]

Die nachteiligen Rechtsfolgen kamen zum Tragen, wenn die „ungehorsam" ausbleibende Partei an drei aufeinander folgenden Gerichtsterminen nicht erschien.[733] Dies verdeutlicht ein typisches Problem des römisch-kanonischen Prozesses im Rezeptionszeitalter: Auf jeden Termin, zu dem geladen wurde, konnte eine Partei zwei Mal ausbleiben, ohne dass dies zu Rechtsnachteilen führte. Dies steigerte die Gefahr der Prozessverschleppung.[734] Allerdings kannte die römisch-kanonische Rechtslehre eine sogenannte „*peremptorische*" Ladung, nach der bereits beim einmaligen Ausbleiben der Partei die Rechtsfolgen des „Ungehorsams" ausgelöst werden konnten.[735] Allerdings zeugt die Praktikerliteratur nicht davon, in welchen Fällen die spezielle „*peremptorische*" Ladung Anwendung fand und inwiefern die Gerichte von dieser Möglichkeit tatsächlich Gebrauch machten.

---

732 Gobler, Der Gerichtlich Proceß (1542), Bl. XVI[v] f.: „*Dan so der Antworter* […] *vngehorsamlich vßblieb / oder sich verbürge vn verschlu[e]ge / also dz die fürbot an sein person nit komen / mo[e]cht der Cla[e]ger (so die forderung ligende gu[e]ter betrifft) nach ieder Gericht ordnung / Recht vnd herkomen klagen / sein gerechtigkeit sumarie glaubwirdig machen / vnnd Gerichtlich inbringen / mit bit sich in solche gu[e]ter auß erstem Decret oder geheyß / einzusetzen*". Vgl. zur Einweisung in den Besitz nach mittelalterlichem gelehrten Recht Litewski, Der römisch-kanonische Zivilprozeß (1999), S. 549–553.

733 Siehe dazu König, Processus und Practica (1541), Bl. LXXII[v]: „*Vnd der wirdet im rechten fu[e]r einen vngehorsamen geachtet / der drey mal nacheinander* […] *geladen ist / vnd nicht fu[e]rkomet / oder one erlaubnus vom gerichte gehet*".

734 Die Gefahr der Prozessverschleppung war dem römisch-kanonischen Verfahrensgang immanent. Vgl. dazu Schumann, Von teuflischen Anwälten (2011), S. 471; Nehlsen-von Stryk, Gerichtsverfahren, in: HRG[2], Band II (2012), Sp. 183.

735 Siehe dazu Perneder, Gerichtlicher Process (1556), Bl. XII[r]: „*Der haißt vnd ist / nach sag der recht contumav oder vngehorsam / welicher durch drey nach ainander volgent / oder durch ain endtliche peremtoprische* [sic!] *ladung erfordert worden ist / vnd nit kumpt /*". Gobler, Der Gerichtlich Proceß (1542), Bl. XIIII[r] zur peremptorischen Ladung: „*das ist / ein eynige vnd doch endtliche Citatz / welche dan die zeit dreier vnderschiedlichen Citationen in sich halte sol*". Siehe dazu auch Damhouder, Practica gerichtlicher handlunge (1575), S. 135: „*Peremptoriae, vnnd endtliche Ladungen seind / welche die Parthey zu gleich auff ein mal beruffen vnd fu[e]r bescheiden / gebieten vn wo[e]llen / daß sich auff solche eintzige ladung / der Geladen zu gegen stelle / vnd fu[e]r Gericht erscheine*".

Anhand einer exemplarischen Darstellung des Rechtsinstituts der Ladung in der Praktikerliteratur lässt sich das Zusammenspiel zwischen römisch-kanonischem und sächsischem Recht im Umgang mit diesen unterschiedlichen Rechtsmassen gut veranschaulichen. In seinem *Processus* erläuterte der sächsische Rechtspraktiker König auf der Grundlage eines Falles aus seiner Tätigkeit als Richter, wie eine Regelungslücke unter Beachtung der unterschiedlichen Rechtsmassen im Prozess ausgefüllt werden konnte.[736] Ausgangspunkt der Überlegungen war, dass ein Säumnisurteil gegen den Beklagten, welches im römischen und im sächsischen Recht verankert war,[737] angesichts der gravierenden Rechtsfolge eine Ungleichbehandlung sein könnte, da im Gegensatz zum Beklagten ein säumiger Kläger nicht automatisch den Rechtsstreit verlor.[738] Nun bestimmt aber das sächsische Recht eine Schutzmöglichkeit zur Abwendung eines Säumnisurteil gegen den Beklagten:[739] die *„Ehehaffte"* (echte) Not.[740] Indem der Beklagte diese Schutzmöglichkeit vorbringen konnte, sei die Ungleichbehandlung der Säumnisfolgen von Kläger und Beklagten gerechtfertigt.[741] Juristische Probleme ergaben sich, wenn der Beklagte einen Boten zu Gericht schickte, der dessen *„Ehehaffte Not"* übermitteln sollte.[742] In diesem Fall hatte der Kläger im sächsischen Rechtskreis das Recht, vom Boten einen Eid zu fordern, dass tatsächlich *„Ehehaffte Not"* vorlag.[743] Der Bote wird allerdings nicht durchgängig mit der

---

736 König, Processus und Practica (1541), Bl. LXXVII^{r}-LXXVIII^{v}.

737 Vgl. dazu Sellert, Versäumnisverfahren, in: HRG^{1}, Band V (1998), Sp. 800 f., 803.

738 König, Processus und Practica (1541), Bl. LXXVII^{r}: *„Aber das ist gar ein schwinde ding / vnd verletzlich vrteil / das einer / so er peremptorie geladen / nicht ko[e]mpt / vnd aussen bleibet [...] der sachen solle als bald verlustig sein / so doch solch schwinde recht wider den vngehorsam des klegers / wie jtzund hieroben angezeiget nicht gebraucht [...] wird [...]. Auch so sollen kleger vn antworter ein gleich recht haben"*.

739 König, Processus und Practica (1541), Bl. LXXVII^{r}: *„Hirzu ist zusagen / ob wol das Landrecht saget / der beclagte habe seine sache durch seinen vngehorsam verlorn / dennoch lesset jnen das selbige recht zu seiner echte not / vnd hu[e]lfflicher widerrede zu"*.

740 Vgl. dazu Buchda, Contumacia, in: HRG^{1}, Band I (1971), Sp. 637 sowie Schlinker, Litis Contestatio (2008), S. 380 Anm. 334.

741 König, Processus und Practica (1541), Bl. LXXVII^{v}: *„Darumb befindet sich das die verteilung des vngehorsams der parthe nicht vngleich ist"*.

742 König, Processus und Practica (1541), Bl. LXXVII^{v}: *„Aber wo der geladene seiner verhinderung halben zu gerichte nicht komen kann / so mag er jemants zu dem gericht schicken / vnd seine verhinderung dem richter ansagen / vnd also versendeboten lassen"*.

743 König, Processus und Practica (1541), Bl. LXXVIII^{r}: *„Aber in diesem fall ist der kleger nicht schu[e]ldig / dem sendeboten zu gleuben / sondern er mus die entschu[e]ldigung seines principals mit seinem eide beweisen / vn dennoch stehet es in wilko[e]r des*

entsprechenden Vollmacht ausgestattet gewesen sein, einen solchen Eid für den Beklagten abzulegen. Dies führte zu dem Problem, ob ein nicht speziell bevollmächtigter Bote die Einrede überhaupt ausreichend vorbringen und damit das Fernbleiben des Beklagten wirksam entschuldigen konnte.[744]

Obwohl das römisch-kanonische Recht das nicht vorsah,[745] war eine derartige Vollmacht für König eine Voraussetzung, die Schutzmöglichkeit der „*Ehehafften Not*" wirksam vorzubringen:

> *Weil es aber der Sachsen recht zu halten also geordenet / so halt ich per tex. i d.c. qui ad agendum. das der sendebote einen besondern befehl zuschweren haben mus / oder wird nicht zugelassen / wie ich denn das auch in einem fall / der vorhanden gewest ist / gehalten vnd practicirt habe.*[746]

Im Falle einer fehlenden Vollmacht des Boten erging demnach ein Urteil gegen den Beklagten, der sein Ausbleiben mittels seines unbevollmächtigten Boten nicht ausreichend entschuldigen konnte, wenn der Kläger eine eidliche Beweisleistung der „*Ehehafften Not*" verlangte.

An dem Beispiel wird die praktische Anpassung und Verarbeitung der unterschiedlchen Rechtsmassen zu einer einheitlichen Regelung deutlich. Vor dem Hintergrund der Vielschichtigkeit des Rechts erarbeitete der sächsische Rechtspraktiker König für das Rechtsproblem der entschuldigten Säumnis, welches die Eidesleistung durch einen Boten und das Erfordernis einer entsprechenden Vollmacht betraf, eine Lösung nach sächsischem Recht, die er seiner Leserschaft präsentierte und die seine juristisch-praktische Anpassungsleistung veranschaulicht und rechtsfortbildend wirkte.

b. Litis contestatio

Die litis contestatio ist mangels eines entsprechenden Vorbilds im mittelalterlichen Prozessrecht nördlich der Alpen noch stärker als die Ladung als ein charakteristischer Bestandteil des römisch-kanonischen Prozesses anzusehen. Sie ist das Produkt der seit dem Mittelalter erfolgten Entwicklung des römisch-kanonischen

---

klegers / diesen eid von dem sendeboten / oder von dem beklagte / wenn der vermo[e] gens wird / vnd zu gericht komen kan / zunemen".

744 König, Processus und Practica (1541), Bl. LXXVIII^r: „[...] *wie mag nu der schweren / wo er hirzu keinen befehl hat / weil der* [eid der verhinderung, PW] *one besondern befehl nicht mag geleistet werden*".

745 König, Processus und Practica (1541), Bl. LXXVIII^r: „*Vnd solche ansage were nach den gemeinen rechten an jr selbst genugsam / vnd bedu[e]rffte keines eides*".

746 König, Processus und Practica (1541), Bl. LXXVIII^v.

Rechts auf dem Gebiet des Prozessrechts[747] und ist wie die Ladung zu den prozessvorbereitenden Schritten des Verfahrens zu zählen,[748] was jedoch ihre Bedeutung für die römisch-kanonische Prozessordnung keineswegs schmälerte.[749] Im Gegenteil: Sie stellte die Weichen für den Gang des Verfahrens, indem der Zeitpunkt der litis contestatio für spezifische Rechtsfolgen ausschlaggebend war.[750]

Im Folgenden wird die Darstellung des Rechtsinstituts in der Praktikerliteratur im Vordergrund stehen, während für die prozessualen Folgen auf den aktuellen Forschungstand verwiesen werden kann.[751] Der Praktikerliteratur oblag aufgrund ihrer prozessrechtlichen Ausrichtung eine Beschreibung der litis contestatio, welche wegen ihrer Stellung im Ordnungsgefüge des Prozesses relativ zu Beginn der chronologisch beschriebenen Prozessabfolge erfolgen musste. Es finden sich hauptsächlich zwei volkssprachige Übertragungen des Rechtsterminus:

---

747 Vgl. für einen Überblick Sellert, Litis contestatio, in: HRG[1], Band III (1984), Sp. 14–20. In einer neueren Studie wurde die litis contestatio eingehend von der Antike bis ins 19. Jahrhundert beleuchtet: Schlinker, Litis Contestatio (2008). Siehe ebd., S. 6–8 zur Forschungslage und S. 55–58 für den Zeitraum des Früh- und beginnenden Hochmittelalters, in dem nur vereinzelte erste Spuren der litis contestatio auftauchen.

748 Nach König, Processus und Practica (1541), Bl. LIX[v], waren es die *„praeparatoria iudiciorum“* die *„sonderlich von der Citation / vnd [...] bis zu der befestunge des krieges“* dauerten.

749 Nehlsen-von Stryk, Gerichtsverfahren, in: HRG[2], Band II (2012), Sp. 182, bezeichnet die litis contestatio als „Angelpunkt“ des Verfahrens. Nach Sellert, Litis contestatio, in: HRG[1], Band III (1984), Sp. 14, handelt es sich um „eine Prozeßrechtsfigur, die wie keine andere mit ungewöhnlich langer Beständigkeit die Gestalt des europäischen Verfahrens vom frühen MA. bis tief in das 19. Jh. hinein bestimmt und geprägt hat.“ Seit dem Hochmittelalter gäbe es „keinen bedeutenden Prozessualisten, der sich nicht mit der l. c. (litis contestatio, PW) befaßt“ hätte.

750 Vgl. dazu Schlinker, Litis Contestatio (2008), S. 76: „Der Zeitpunkt zwischen der Ladung des Beklagten und der *litis contestatio* dient der Klärung formeller Fragen, insb. der Zuständigkeit des Gericht in örtlicher und sachlicher und persönlicher Hinsicht“. Siehe auch ebd., S. 635-643, zusammenfassend zu den Besonderheiten, die zur Integration der litis contestatio in den römisch-kanonischen Prozess geführt haben.

751 Vgl. zu den rechtlichen Auswirkungen der litis contestatio die Zusammenfassungen der jeweiligen Epochen in der tiefgehenden Untersuchung von Schlinker, Litis Contestatio (2008), in der Prozessrechtswissenschaft vor Durantis S. 141–145, bei Durantis S. 221, bei Bartolus und Baldus S. 281–288, im 16. und 17. Jahrhundert S. 439–444.

Am geläufigsten war der Begriff „*Kriegsbefestigung*“[752], daneben erschien teils noch die Wendung „*verfahung*“ oder „*verfangen*“ des Rechtstreits beziehungsweise „*Kriegs*“.[753]

Im 15. und 16. Jahrhundert stellte sich die litis contestatio als ein ein- oder zweiseitiger Rechtsakt dar und setzte ein bestimmtes Verhalten der Partei voraus, welches offenbar von dem Willen, den Rechtsakt herbeizuführen, getragen worden sein musste.[754]

An welches Verhalten konkret angeknüpft wurde, veranschaulichen beispielsweise folgende Definitionen:

> *Die litiscontestation / das ist die kriegsbeuestigung / ist anders nichts dann so die haubtsachlich forderung oder klag / vor ordenlichem gericht mit ainem angehengten begeren / durch den klager erzelt / vnd vom beklagten darauff / mit widersprechen oder nit gesteen* [...] *geantwort wirdet.*[755]

Die Passage nennt zwei konstitutive Elemente: die Schilderung der Klage durch den Kläger sowie die Antwort des Beklagten. Naheliegend war die Darstellung einer dementsprechenden Definition mit dialogischer Struktur:

> *Kriegsbefestigung geschicht / so der Cla[e]ger vff oder in seiner übergebenen Clag den krieg Affirmatiue, das ist / durch sein Ja / durch diese vnnd dergleichen wort befestiget: Ich sag / daß das fürbringen in meiner Clage begriffen / war sei / vnd nach inhalt meiner beger geurtheylt werden sol / Vnd dagegen der Beklagt den Krieg durch sein Neyn contestirt / auff diese meynung: Ich N in meynung den krieg Negatiue zubefestigen / gestehe des Gegentheyls Clage / in massen die gesetzt / nit / verhoffe sie werde zu Recht nit genůg bewisen / Beger mich von derselben / Mit erstattung kostens vnd schadens / in Recht ledig zuerkennen.*[756]

---

752 Knaust, Gerichtlicher Fewerzeugk (1562), Kapitel XI (unpaginiert) „*Von der Kriegsbefestigung*“. Siehe ferner auch Rotschitz, Processus Juris deutzsch (1543), Bl. XIIII^v^; Gobler, Der Gerichtlich Proceß (1542), Bl. LIII^v^; Perneder, Gerichtlicher Process (1556), Bl. LIII^v^; Heyden/Brant/Draudt, Revocirter Richterlicher Klagspiegel (1601), S. 105 sowie König, Processus und Practica (1541), Bl. CXXIX^v^, die ebenfalls den Begriff benutzen.

753 Tenngler, Laienspiegel (1509), Bl. 90^r^: „*Von antwurten vnd verfahung Rechtens*“. Siehe auch Perneder, Gerichtlicher Process (1556), Bl. LIII^v^: „*Von verfahung oder beuestigung des kriegs*“. Heyden/Brant/Draudt, Revocirter Richterlicher Klagspiegel (1601), S. 105: „[...] *so werden die Partheyen zum Rechten verfangen / das man zu Latein heist litem contestirt*“. Damhouder, Practica gerichtlicher handlunge (1575), S. 387: „*Von verfahung / vnd befestigung deß Rechtlichen Kriegß*“.

754 Vgl. dazu Schlinker, Litis Contestatio (2008), zum objektiven Verhalten und subjektiven Willen S. 83–103; zur Situation im 15. und 16. Jahrhundert S. 341.

755 Perneder, Gerichtlicher Process (1556), Bl. LIII^v^.

756 Gobler, Der Gerichtlich Proceß (1542), Bl. LIII^v^.

Die Praktikerliteratur definierte die litis contestatio also als einen zweiseitigen Rechtsakt.[757] Die Bedeutung dieses Rechtsakts bemisst sich nach den Folgen, welche er herbeiführte. Bezüglich dilatorischer Einreden, wie etwa Einreden gegen den Richter oder die Zuständigkeit des Gerichts, hatte die litis contestatio Präklusionswirkung, das heißt, diese Einreden konnten nur vor der litis contestatio geltend gemacht werden. Diesem Umstand war es geschuldet, dass die Autoren der Praktikerliteratur neben der Präklusionswirkung zugleich auch die Unterschiede zwischen dilatorischen und peremptorischen Einreden darlegten:

> *Es ist auch zu mercken / das zweyerley wehren / Defensiones vn Exceptiones seindt / Eynes teyls dienen zu vorzug vnd auffhaldt der sachen / heben aber die clage adder sachen nicht gantz auff / als diesze / die die vnbequemickeyt des gerichts / die vordacht des Richters / die zeit der bezalunge begriffen. Diese vnd der gleichen exception / die man Dilatorias nennet / mu[e]ssen alle wege vor der antwort vnd Contestirunge des krieges fu[e]rgebracht werden.*[758]

---

757 Vgl. dazu auch Knaust, Gerichtlicher Fewerzeugk (1562), Kapitel XI (unpaginiert): „*DIe befestigug des Kriegs / ist ein erzelung der geschicht vnd Sachen / mit angehefter bitte des Kla[e]gers / vnnd folgender antwort des gegentheyls / durch ja oder nein / gestehen oder nicht gestehen*". König, Processus und Practica (1541), Bl. CXXIX[v] f.: „*Vnd darumb ist die befestunge des krieges nichts anders / denn eine erzelunge des geschichts / mit einer bitt / fur dem bequemen Richter / mit folgender antwort* […] *Den mit bekennen oder leugnen wird zur clage geantwort / daraus auch alleine die befestunge des kriges fleust*". Tenngler, Laienspiegel (1509), Bl. 90[r]: „*Nach dem aber die einreden vn exception geendet / oder etwa gar vermiten / so werden die partheyen zům rechten verfangen / das man zů latein haißt litem contestiert. Also das der geladen vnd beklagt / schuldig ist / die clag zů verantwurten mit yehen oder laugen / das mag man in manigerlay form / nach gestalt vnd wesen der clag beschehen / oder mitt vnderschyd als ab der nachuolgenden form erlernt wirdet*". Heyden/Brant/Draudt, Revocirter Richterlicher Klagspiegel (1601), S. 105: „*Befestigung deß Kriegs ist nicht anders / dann eine Anzeigung der Hauptsach / vnd hin vn her von dem Kla[e]ger vnd Beklagten / vor dem Richter ein Fu[e]rbringen vnd Antwort durch Ja oder Nein zugeschehen*".

758 Rotschitz, Processus Juris deutzsch (1543), Bl. XVIII[r] f. Vgl. dazu auch Tenngler, Laienspiegel (1509), Bl. 84[r]: „*Vnd ist zů wissen. das so[e]lh einreden oder exception manigerlay gstalt / wan etlich sind die / die sach verlengern / vn werden in latein genant dilatorie / als wider den richter / clager / oder des antwurterß halben der sachen clag anwald* […]. *Die werden gewonlich vor verfahung des kriegs fürgewenndt / vnd auff der partheyen rechtsatzt mit vrtail entschaiden. So sein auch etlich einreden oder exceptionen in latein genannt peremptorie / so die sachen ettwa gar abschneiden / vnnd werden etwa vor vn zů zeiten nach verfahung des kriegs fürgewendt vnnd auff das solich einreden deß ordenlicher mo[e]gen fürge / wendt werden / etlich form hernach begriffen*".

Um im Rahmen der Erläuterung des Verfahrensablaufs nicht allzu tief in die subtil differenzierende Kasuistik der Einreden und Einwendungen aus dem römisch-kanonischen Recht einzusteigen, behalf Rotschitz sich bei der Erklärung von Gründen für eine Richterablehnung, die auch im Wege einer Einrede („*Exceptio*") geltend gemacht wurde im Fall des *iudex suspectus*[759] („*die vordacht des Richters*") mit einer Reduktion der Materie aus didaktischen Gründen:

> *Was aber die sachen seindt / die eynen Richter vordechtigk machen / were zu lanck tzu vorzelen / der denne newne ym Rechten befunden werden die sich alle dohyn zihen / wue der Richter dem kleger mehr / denn dem beklagten / aus yrgent einer vorwanstnuß geneygt were / vnd seyn mo[e]chte.*[760]

Anstelle der sonst üblichen Kasuistik aus der Rechtslehre trat hier aus didaktischen Gründen („*were zu lanck tzu vorzelen*") eine vereinfachende Erklärung der Befangenheit („*wue der Richter dem kleger mehr / denn dem beklagten / aus yrgent einer vorwanstnuß geneygt were*").

Weitere signifikante Wirkungen der litis contestatio waren u.a. das Anerkennen des Gerichtszwanges, welchem sich mit Ausübung der litis contestatio unterworfen und die Unterbrechung der Verjährung.[761] Zudem markierte die litis contestatio in dem Sinne eine Zäsur, als erst in deren Folge ein Beweisverfahren eingeleitet und der Prozess fortgesetzt werden konnte.[762] Besonders übersichtlich erfolgte die Darstellung der litis contestatio und ihrer Folgen bei Damhouder.[763] Analog zu den anderen Kapiteln in seinem Werk, wurde der Erörterung des Prozessrechtsinstituts, die mit Randnummern versehen ist, eine schematische Kurzübersicht mit den wichtigsten Informationen und Verweisungen auf die Randnummern vorausgeschickt.[764]

---

759 Vgl. dazu oben *Dritter Teil, II, 2*, S. 131 Anm. 552.

760 Rotschitz, Processus Juris deutzsch (1543), Bl. IX^{r}. Vgl. zu den Einreden auch Schlinker, Litis Contestatio (2008), S. 318–331.

761 Vgl. dazu Perneder, Gerichtlicher Process (1556), Bl. LIIII^{v}; Gobler, Der Gerichtlich Proceß (1542), Bl. LIIII^{r}; Knaust, Gerichtlicher Fewerzeugk (1562), Kapitel XI (unpaginiert); König, Processus und Practica (1541), Bl. CXXXII^{r}.

762 Beispielhaft Perneder, Gerichtlicher Process (1556), Bl. LIIII^{v}: „*Item nach beschehener kriegsverfahung / werden probation vn ander ferrer proceß fürgenomen / die ausserhalb derselben / nit hetten statt haben mo[e]gen.*" Vgl. zur Stellung der litis contestatio im Prozessgefüge auch Schlinker, Litis Contestatio (2008), S. 645.

763 Vgl. dazu Damhouder, Practica gerichtlicher handlunge (1575), S. 387 f.

764 Siehe zur Wirkung der litis contestatio die Kurzübersicht bei Damhouder, Practica gerichtlicher handlunge (1575), S. 388 [in Klammern die enthaltenen Verweise auf die Randziffern]: „[14] *Effect vnd wirckung der Kriegßbefestigung. Kriegßbefestigung*

c. *Beweislehre*

Das aus der römisch-kanonischen Rechtslehre stammende Beweisverfahren bildete einen Kontrast zum frühmittelalterlichen Beweisrecht, welches – unter dem Zeichen von Formalismus stehend[765] – Glaubwürdigkeitszeugen sowie sog. irrationale Beweismittel zuließ.[766] Das neue Verfahren war geprägt von der mittelalterlichen Prozessrechtswissenschaft und hob sich von dem vorangegangenem Beweisrecht durch ein hohes Maß an Rationalität ab.[767] Die kasuistische Art der Beschreibung, mit ihren Erläuterungen unterschiedlicher Praktiken, lassen das Beweisrecht in der Praktikerliteratur eher als eine Lehre denn als abschließendes System erscheinen, wenngleich eine systematische Vorgehensweise angestrebt

---

[15] *Macht die entweichung vnd abwendung deß Gerichtßzwangs zu nicht.* [16] *Vnderbricht alle vnd jede verja[e]rung. [17] Hebt auff vnd benimpt die verzu[e]gliche Einrede.* [18] *La[e]ßt die widerruffung deß Gewalts nicht zu.* [19] *Gibt den Anwa[e]lden vnd Vormu[e]ndern macht vnd gewalt / andere Affteranwa[e]lde zusetzen.* [20] *Comittiert die sach den gemeinen gegebnen Richter / ob sie gleich nicht vom Oberherrn delegiert.* [21] *Wann sie beschehen / kann man Eydtschweren / zeugen vnd kundtschafft fu[e]hren auff die Hauptsach / vnd zur vrtheil.* [22] *Macht eine jede klag vnd forderung ewig.* [23] *Benimpt vnd verschleußt der weg vielerley Calumninen / mutwilligen fu[e]rbringen vnd verlengerungen*".

765 So die ältere Forschung, kritisch zu einer allzu schematischen Sichtweise OESTMANN, Formstrenge, in: HRG^2, Band I (2008), Sp. 1626–1630. Vgl. dazu auch die Untersuchung von MEYER, Gefahr vor Gericht (2009), insb. S. 263–271.

766 Vgl. eingehend zum Forschungsstand des gerichtlichen Beweisverfahrens LEPSIUS, Der Richter und die Zeugen (2003), S. 7–36. ISENMANN, Gelehrte Juristen und das Prozeßgeschehen (2006), S. 370–404, präsentiert zeitgenössische Gutachten und konkrete Fälle aus der Nürnberger Rechtspraxis zum Beweisrecht aus Gerichtsakten des 15. Jahrhunderts. Vgl. zum Beweisrecht auch knapp WETZSTEIN, Kanonisationsprozesse (2002), S. 366 f. Einen Überblick über die geschichtliche Entwicklung des Beweisrechts bietet MUSIELAK, Grundlagen der Beweislast (1975), S. 190–281. Eine ältere Darstellung des Prozesses und des Beweisrechts nach der Doktrin gelehrter Prozessualisten des Spätmittelalters findet sich bei ENDEMANN, Civilprozessverfahren, in: ZZP 15 (1891), S. 177–326, vgl. insb. zum Beweisrecht S. 237–284. Eine neuere Darstellung nach gelehrtem mittelalterlichen Recht bietet NÖRR, Romanisch-kanonisches Prozessrecht (2012), S. 122–177, 190 f.

767 Vgl. dazu LEPSIUS, Von Zweifeln zur Überzeugung (2003), S. 31 f.; SCHULZ, Normiertes Misstrauen (2000), S. 42 f. Vgl. aber auch zur Kritik am Deutungschema der Rationalität von Beweisen NEHLSEN-VON STRYK, Krise, in: ZRG-GA 117 (2000), S. 3–7 und im Ergebnis S. 36–38.

war.[768] Diese Beweislehre kannte eine unterschiedliche Anzahl von Beweisarten, unter denen der Zeugenbeweis hervorzuheben ist: anstelle der früheren Eidhelfern, welche als Glaubwürdigkeitszeugen fungierten, standen nun Wissenszeugen im Vordergrund.[769] In der Praktikerliteratur nahm der Zeugenbeweis in den Passagen zum Beweisrecht recht breiten Raum ein; ähnlich, wie allgemein dem Beweisrecht im Vergleich zu den anderen Verfahrensabschnitten reichlich Platz eingeräumt wurde.[770] Die Werke der Praktikerliteratur beschreiben die grundlegenden Begrifflichkeiten des Beweisrechts, den Verfahrensablauf und die Verteidigungsmöglichkeiten in Abhängigkeit von der Darstellungstiefe – in unterschiedlichem Maße. Trotz divergierender Tiefenschärfe in der Behandlung der Materie, lässt sich in den Werken ein breites gemeinsames Fundament ausmachen, an dem der in Grundzügen einheitliche Wissensbestand des römisch-kanonischen Rechts sichtbar wird. Sie wurde den Rechtspraktikern vermittelt und veranschaulichte zum Teil auch ohne tieferes Eingehen auf die Dogmatik des Beweisrechts die Vorgehensweise und die Beweiskraft einzelner Beweise.[771]

---

768 Das von der älteren Forschung geprägte Paradigma des Beweissystems suggeriert eine allzu strenge Hierarchie der Beweise, nach der gar eine Art ‚Beweisarithmetik' möglich gewesen sein sollte. Neuere Forschungen relativieren dieses Bild: Nach Schmoeckel, Humanität und Staatsraison (2000), S. 211–216, war die Beweiswürdigung anhand von mathematischen Berechnungen lediglich Ausdruck aufklärerischer Polemik. Vgl. dazu auch Schulz, Normiertes Misstrauen (2000), S. 132 Anm. 480. Auch die Untersuchung von Lepsius, Von Zweifeln zur Überzeugung (2003), S. 32–39, 45–52, 192–197, macht deutlich, dass ein System in Form einer strengen Beweishierarchie keine Ausschließlichkeit für den zivilrechtlichen Bereich beanspruchen kann. Vgl. hingegen zu der systematischen Vorgehensweise als Charakteristikum des Beweisrechts Schmoeckel, Humanität und Staatsraison (2000), S. 189.

769 Vgl. dazu Deutsch, Beweis, in: HRG^2, Band I (2008), Sp. 561.

770 Insofern besteht eine Parallele zwischen der volkssprachigen Praktikerliteratur und den mittelalterlichen Schriften zum Prozess, in denen der Zeugenbeweis gleichsam weitläufig beschrieben wurde. Vgl. zum Umfang von Beweisfragen in mittelalterlicher Rechtsliteratur Lepsius, Von Zweifeln zur Überzeugung (2003), S. 26.

771 Eine „Geschichte des Beweisrechts", die das fein verästelte dogmatische Fundament der Beweislehre untersucht, steht nach Schmoeckel, Humanität und Staatsraison (2000), S. 188 noch aus, wenngleich die in der Zwischenzeit erschienen Untersuchungen: Lepsius, Von Zweifeln zur Überzeugung (2003) sowie Lepsius, Der Richter und die Zeugen (2003), einen großen Beitrag zur dogmatischen Erforschung des Zeugenbeweises im gelehrten Recht leisteten.

Die Beweislast für die Voraussetzungen des Anspruchs trug regelmäßig der Kläger,[772] was Gobler dazu veranlasste, die Warnung an den Kläger und die ihn beratenden Rechtspraktiker auszusprechen, nicht mehr vorzutragen, als auch zu beweisen sei:

Dem nach ist zuwissen / daß allweg der Cla[e]ger schuldig ist zubeweren / vnd beweisen / das jenig das er in seiner Clag fürgeben hat / so jm der Beklagt seiner Clag nit gestehet sonder leugknet.[773] [...] *Darum ein ieder gewarnet vnd hierin fürsichtig sein sol / daß er nit mehr fürtrag oder setze / dann er wol beweisen mo[e]ge.*[774]

Der zeitgenössische Begriff für Beweis war „*Beweisung*" und wurde von Knaust folgendermaßen definiert und eingeteilt:

Vnd weil die beweisung eins zweiffelhafftigen dings im Rechte ein rechtmessige erkla[e]rung vnd wahre offenbarung ist / wie die definition lautet / Probatio est rei dubiae in iudicio legitime facta declaratio. So müß die Beweisunge fu[e]rnemlich dreierley gestalt geschehen / Als / durch bekendtnuß des Parths / aussage der Gezeugen / vnnd durch brieffliche vrkunde /[775]

---

772 Vgl. dazu ROTSCHITZ, Processus Juris deutzsch (1543), Bl. XXXII^r: „*Vnd wue die Clage auff beweysunge vnd nicht auff die gewissen stu[e]nde vnd angestalt were* [...] *So muss der kleger seyne klage beweisen /*"; KNAUST, Gerichtlicher Fewerzeugk (1562), Kapitel XV (unpaginiert): „*Der Beklagte aber ist sein (nicht gestehen) odder (nein) zubeweisen nicht schuldig /*"; PERNEDER, Gerichtlicher Process (1556), Bl. LX^r: „*Item wellicher tail etwas in recht für bringt / oder der geschicht halber anzaigt / das vom gegenthail widersprochen wirt / das soll und müß durch den / der sollich anzaigen gethon / bewisen vnd außgefu[e]rt werden.*"; HEYDEN/BRANT/DRAUDT, Revocirter Richterlicher Klagspiegel (1601), S. 113: „*Weil die Rechte wo[e]llen / so der Beklagt die Klage verneine / daß alsdann der Kla[e]ger seine klag zu beweisen schuldig sey*" sowie TENNGLER, Laienspiegel (1509), Bl. 90^v: „*Wenn der beklagt im rechten / die clag vernaint / so würden dem clager seines schlechten fürgeben nit gelaubt. Er weiße dann alles das in der clag begriffen / deßgleich würdett dem antwurter seiner gegenwer vnd exception / on beweisung nit glaubt*". Siehe auch DEUTSCH, Beweis, in: HRG², Band I (2008), Sp. 561. Eine differenziertere Darstellung bietet DAMHOUDER, Practica gerichtlicher handlunge (1575), S. 447–451, wonach in bestimmten Fällen der Beweis auch dem Beklagten oder beiden Streitparteien oblag.

773 GOBLER, Der Gerichtlich Proceß (1542), Bl. LX^v.

774 GOBLER, Der Gerichtlich Proceß (1542), Bl. LXI^r.

775 KNAUST, Gerichtlicher Fewerzeugk (1562), Kapitel XV (unpaginiert). Vgl. auch die Definition von GOBLER, Der Gerichtlich Proceß (1542), Bl. LX^v: „*BEweisung ist eins zweifelhafftigen dings / ein gewisse / rechte vn ware anzeygung / beibringung vn warmachung*". Neben der Dreiteilung der Beweise kannte die Doktrin des römisch-kanonischen Rechts noch eine mehrteilige Auflistung, vgl. dazu KÖNIG, Processus und Practica (1541), Bl. CXLVIII^r: „*WIewol mancherley wege der beweisunge / als wol zwelfferley im rechten mo[e]ge befunden* [...] *dennoch mo[e]gen die*

Den am Ende des Auszugs genannten drei Beweisarten war allen gemein, dass sie fristgerecht eingebracht worden sein mussten.[776] Allerdings wohnten den Beweisarten unterschiedliche hohe Stufen an Erläuterungsbedarf inne, der mit dem Prozessaufwand korrelierte. Das „*bekendtnuß*", also das Anerkennen des Anspruchs seitens des Beklagten, dürfte regelmäßig der unproblematischste Fall gewesen sein, der zu einer raschen Klärung des Konflikts führte.[777] Dahingegen konnte sich das Führen eines schriftlichen Beweises („*durch brieffliche vrkunde*") deutlich schwieriger gestalten. Hier war zu klären, welche Anforderungen an die rechtliche Qualität des Schriftstückes zu stellen waren und etwaige Einwände von der Gegenseite zu berücksichtigen, was den Richtern entsprechende Kenntnisse abforderte. Im Hinblick auf die verschiedenen Schriftstücke wurde zwischen „*glaubwirdige Brieff / Sigel / alte Bu[e]cher / Instrument*" unterschieden.[778]

---

alle vnter dreierley wege begriffen werden / Als vnter dem bekentnis des parts / unter der aussage der gezeugen / vnd brieffichen vrkunden". Bei Damhouder, Practica gerichtlicher handlunge (1575), S. 451 f., werden ebenfalls mehrere unterschiedliche Beweisarten aufgezählt.

776 Vgl. dazu König, Processus und Practica (1541), Bl. CXLIX^{r} f., der aus der Übereinstimmung von sächsischem und römisch-kanonischem Recht eine praxisrelevante Schlussfolgerung für die Fristsetzung zieht: „*So nu der Cleger seine clage / oder der beclagte seine antwort oder exception beweisen sol / so mus er das in der gesatzten zeit vnd frist der rechte thun / welches gemeinlich sechs woche sind* [...] *vnd auch drey tage / nach dem gebrauch / der bey vns gebraucht vnd gehalten wird / Welchs sich auch mit den gemeinen rechten vergleicht / die auch drey fristunge / vnd zu jeder vierzehen tage / vnd also sechs wochen geben* [...] *Vn wird in diesem fall dieser brauch des Sechsischen privilegij fu[e]r ein gemein recht / weil es mit dem selbige vberein ko[e]mpt / geachtet* [...] *Vnd weil dieser termin der beweisunge also von den gemeinen vnd auch sonderlichen rechten dermassen angesatzt wird / so ist dem Richter nicht not / das er den dem parth / der beweisen sol / weil er jm bewust vnd er das recht wissen mus / ansetze / sondern mag in gemein erkennen / das der in gebu[e]rlicher frist des rechten seine beweisunge verfu[e]ren sol*".

777 König, Processus und Practica (1541), Bl. CXXXIII^{v}: „*Denn der also bekennet / vnd der clage gestendig ist / der bringet das vrteil selbest mit sich / das jn verteilt/*"; Bl. CXLVIII^{v}: „*Vnd weil die beweisunge / die sich vrsacht aus dem bekentnis des parts / am leichsten zu beweisen / vnd am krefftigsten ist an jrer wirckunge*". Vgl. aber auch Heyden/Brant/Draudt, Revocirter Richterlicher Klagspiegel (1601), S. 113, wonach durchaus problematische Fälle denkbar waren: „*Sonsten erstrecken vnd begeben sich die Bekandtnussen / in viel andere mancherley weiß / welche aber alhie alle vnd jede außzuo[e]rtern viel zu weitla[e]ufftig seyn wu[e]rde / Mu[e]ssen demnach in den schweren fa[e]llen die Rechtsgelehrten Raths ersucht werden*".

778 Gobler, Der Gerichtlich Proceß (1542), Bl. LX^{v}.

Das „*Instrument*", also ein durch einen Notar erstelltes Schriftstück,[779] erbrachte den vollen Beweis, wenn es nicht aus unterschiedlichen Gründen angefochten wurde.[780] Auch die „*Bu[e]cher*", zu denen „*Register / Meß oder Handelbu[e]cher*" zählten, konnten mit ihrem hohen Beweiswert durch die Parteien herangezogen werden.[781] Schließlich konnte der Beweis auch durch private Schriften erbracht werden, sofern der Beklagte sich diese zurechnen ließ oder ein entsprechendes Siegel etwaige Zweifel an der Urheberschaft ausräumte.[782] War beides nicht der Fall, bestand zusätzlich die Möglichkeit, die Handschriften durch einen Sachverständigen vergleichen zu lassen, um eine zweifelsfreie Zuordnung des Schriftstücks zu bewirken.[783]

Dagegen stellte sich das Führen eines Zeugenbeweises („*aussage der Gezeugen*") als verhältnismäßig aufwändig dar – das römisch-kanonische Recht trat der hier zweifellos bestehenden Regelungsbedürftigkeit mit der Herausarbeitung eines

---

779 Gobler, Der Gerichtlich Proceß (1542), Bl. LXXXII^v: „*Instrument ist ein offentliche schrifft / durch die hand eins offnen Notarien gefertigt / zur Zeugnuß vnd beweisung eines handels / so sich zwischen den inuerleibten Person zůgetragen hat*".

780 Während Gobler, Der Gerichtlich Proceß (1542), Bl. LXXXII^v, zunächst nur allgemein beschreibt, das Instrument müsse „*in seine wesenlichen stucke nit mangelbar vnd vnuolkommen / sonder rechtmessig vnd fo[e]rmlich*" sein und dies anschließend auf Bl. LXXXIII^r kurz erläutert, führt Perneder, Gerichtlicher Process (1556), Bl. LXVI^r f., einzelne Nichtigkeitsgründe an, zu denen etwa fehlende Approbation des Notars, formale oder materiell-rechtliche Fehler bei der Ausfertigung der Urkunde oder schlichtes Unwahrsein der darin beschriebenen Rechtsakte gehörten. Rotschitz, Processus Juris deutzsch (1543), Bl. LIX^v, erwähnt die Nichtigkeitsgründe nur kurz, unter Hinweis auf die Unvollständigkeit seiner Ausführungen: „*dauon nach der lenge zu schreibe (dieweil das ym Rechten ein weiter punct ist) wo[e]lde viel erbeit nemen / vnd wehr mehr erbeytsamer den nu[e]tzlich*".

781 Gobler, Der Gerichtlich Proceß (1542), Bl. LXIII^v: „*Die Register / Meß oder Handelbu[e]cher belangend* [...] *werden dieselben doch gmeynlich an orten / da vil handels vn gewerbs ist / für glaubwirdig gehalten / also daß auff dieselbigen als ein lautere volko[e]mliche beweisung erkent würt*".

782 Nach Gobler, Der Gerichtlich Proceß (1542), Bl. LXIII^v, konnten auch private Schriften „*gebraucht werden zum beweiß / Were dan der Beklagt gestendig / daß er soliche brieff geschriben /* [...] *auch so sie* [...] *des Schuldigers sigel oder pittschafft auffgetruckt hetten / mo[e]chten sie aber zur beweisung gebraucht werden.*"

783 Bezüglich des Schriftvergleichs geht Gobler, Der Gerichtlich Proceß (1542), Bl. LXIII^v, nicht ins Detail, sondern verweist die Rechtspraktiker auf die Rechtsgelehrten: „*Solt man als dan zu vergleichung der Schrifften kommen / welche vergleichung doch jre sondere art vn recht / (hie vnfruchtbar zubeschreiben) hat / Derhalben darinnen der Rechtgelerten rath zuhaben ist*".

gesamten, auf mehrere Prozesstermine aufgeteilten Modus entgegen, der einer effizienten Beweisführung dienen sollte.[784] Die Kenntnis dieses Modus und der ihm innewohnenden weitläufigen Implikationen, wie etwa dem Wissen um die Zeugnisfähigkeit von Zeugen, die Durchführung der Vernehmung, die Anberaumung von Fristen sowie die jeweiligen rechtlichen Verteidigungsmittel, dürfte von Richtern und Rechtsbeiständen gleichermaßen erwartet worden sein, schließlich wohnte dem Zeugenbeweis eine besonders hohe Beweiskraft inne.[785] Die Vermittlung des dafür erforderlichen Sonderwissens erfolgte durch die volkssprachige Praktikerliteratur, in der unter Anpassung an den breiteren volkssprachigen Adressatenkreis die von den Prozessualisten des römisch-kanonischen Rechts entwickelte Abfolge von Terminen zum Zeugenbeweis dargestellt wurde.[786]

Zunächst mussten die Zeugen vom Kläger im Beisein der Gegenpartei benannt werden.[787] Dies geschah, um dem Beklagten die Möglichkeit einzuräumen, gegen die Zeugnisfähigkeit der Zeugen vorzugehen und damit unzulässigen Aussagen im Vorfeld vorzubeugen. Auf die mannigfaltigen Ausschlussgründe muss hier nicht im Detail eingegangen werden.[788] War dieser erste Termin abgeschlossen, musste

---

784 Den hohen Aufwand eines erfolgreichen Zeugenbeweises, dem ein Schuldbekenntnis vorzuziehen ist, beschreibt auch Knaust, Gerichtlicher Fewerzeugk (1562), Kapitel XIII (unpaginiert): „*Es ist aber ein schwere bu[e]rde die beweisung durch Zeugen / Vn besser ists / daß mann dem Beklagten die last des Kla[e]gers über den halß bringen kann / Denn vil ehe vnd leichter geschicht ein beka[e]ndtnuß / dann Zeugenfu[e]hrung / Vnd so bald einer bekandt hat / ist Zeugen zu fu[e]hren vnno[e]tig*".

785 Siehe zum Zeugenbeweis Damhouder, Practica gerichtlicher handlunge (1575), S. 454: „*Sintemal diese beweisung vnder allen die starckste / vnd bestendigste ist*".

786 Damhouder, Practica gerichtlicher handlunge (1575), S. 452–455, beschreibt verschiedene Konstellationen, die den Zeitpunkt des Zeugenbeweises im Verfahren bestimmen und erläutert abschließend, ebd., S. 455, dass er die Materie vereinfacht dargestellt hat: „*Die vberigen fa[e]ll aber / in dene die Zeugen auch vor befestigtem Krieg Rechtens angenomen vnd zugelassen werden / will ich hie beliebter kurtz halben vmbgehen / dieweil ein fleissiger Leser dieselbigen beym Speculator / beym Herrn Andrea Alciato / der lenge nach besehen mag*". Vgl. zum römisch-kanonischen Prozessablauf beim Zeugenbeweis Lepsius, Von Zweifeln zur Überzeugung (2003), S. 24–29, 52–68; Musielak, Grundlagen der Beweislast (1975), S. 247–249.

787 Gobler, Der Gerichtlich Proceß (1542), Bl. LXII^{r}: „*So nun der Kla[e]ger oder Beklagt (gilt gleich) Zeugen fu[e]ren will / sol er dieselbigen dem Richter erstlich ernennen vnd anzeygen mit jren namen vn zůnamen / also / daß auch der gegenteyl vernemen mo[e]g / wer die sein werden*".

788 Rotschitz, Processus Juris deutzsch (1543), Bl. XXXVI^{r}-XLI^{v}, nennt 17 Gruppen; Knaust, Gerichtlicher Fewerzeugk (1562), Kapitel. XX (unpaginiert), nennt 14 Personengruppen; Gobler, Der Gerichtlich Proceß (1542), Bl. LXXV^{v}-LXXVI^{r}

der Kläger die zu beweisenden Tatsachen seiner Klage in einem Schriftstück formulieren; dieses Schriftstück – in den Quellen als *„Satzstück"*, *„Positionen"* oder *„Artickel"* bezeichnet – wurde von der Praktikerliteratur folgendermaßen eingeführt:

> *Nun sein aber die Satzstuck vnd Artickel nichts anders dann ein gewisse vnderschiedliche vnnd ordenliche erzelung / herkommens vnnd gestalt des gantzen handels / zu verfahung des gegentheyls antwurt / vnnd durch des selben eygen bekentnis sich des beweise / so viel müglich / zu entladen / gestellet /*[789]

Ziel war es, eine effiziente und übersichtliche Beweisführung herbeizuführen.[790] In dem Schriftstück konnten Entscheidungsfragen an die Zeugen enthalten sein, die diese nur mit ja bzw. nein beantworten konnten, um so ausschließlich die

---

und PERNEDER, Gerichtlicher Process (1556), Bl. LXIII^{v}-LXIV^{v}, nennen ebenfalls über zehn Gruppen. TENNGLER, Laienspiegel (1509), Bl. 94^{v} f., nennt zwölf Gruppen unter Verweis darauf, dass auch Ausnahmen möglich seien: *„Vnd ander der gleich sachen / aber es werden zů zeiten die ob berůrten person ainß tails danocht in etliche valln zůgelassen"*. KÖNIG, Processus und Practica (1541), Bl. CLV^{r}-CLXII^{v}, nennt 16 Gruppen. DAMHOUDER, Practica gerichtlicher handlunge (1575), S. 525–529, listet gar 37 Fälle auf. HEYDEN/BRANT/DRAUDT, Revocirter Richterlicher Klagspiegel (1601), S. 118 f. nennt namentlich sieben Gruppen und verweist darüber hinaus in dieser Thematik an Advokaten: *„Frage hiervon gru[e]ndlicher die Advocaten"*. Vgl. zur Zeugnisfähigkeit im römisch-kanonischen Recht auch LEPSIUS, Von Zweifeln zur Überzeugung (2003), S. 39–45, 53–58.

789 GOBLER, Der Gerichtlich Proceß (1542), Bl. LV^{v}. Vgl. auch die beinahe identische Definition bei KNAUST, Gerichtlicher Fewerzeugk (1562), Kapitel XIII (unpaginiert). Siehe dazu auch DAMHOUDER, Practica gerichtlicher handlunge (1575), S. 425: *„Oder / positiones seind reden vnd spru[e]che / oder schrifften vnd Artickel / welche die Partheyen in Gericht einlegen vnd vbergeben / zu fo[e]rmlicherm vnd ordentlicherm beweißthum. [...] Vnd daher kompt es / daß man sagt / die positiones vnd Satzstu[e]ck / seyen auß vnd von den wesentlichen hauptstu[e]cken deß Proceß / vnd ein ordentlich gliedt oder stu[e]ck desselben Proceß"*. Siehe zu den *„Artickeln"* auch KÖNIG, Processus und Practica (1541), Bl. CLI^{r}: *„Vnd der artickel sol in sich beschliessen die meinunge vnd den intent der clagen / welche der Cleger [...] beweisen wil"*.

790 TENNGLER, Laienspiegel (1509), Bl. 90^{v}: *„dieweil aber die beweisung in manigerlay gstalt beschehen / vnd die bekanntnuß am maisten würckung haben / so pfligt man im rechten / die clag in posicion vnnd artickel tzů tailen / die clager vnd antwurter / bey jren ayden Calumpnie setzen vnd verantwurten / damit man nit in vergeben beweisung gefu[e]rt"*. Vgl. dazu ENDEMANN, Civilprozessverfahren, in: ZZP 15 (1891), S. 237 f.

beweisrelevanten Tatsachen zu überprüfen[791], oder es handelte sich schlicht um eine Darstellung der streitrelevanten Fakten.[792] Dadurch sollten die unstreitigen Tatsachen herausgefiltert werden. Dabei konnten zwischen den Parteien Konflikte bezüglich der Relevanz einzelner Artikel für die Anspruchsbegründung entstehen, die letztlich der Richter zu bewerten hatte:

> *So yemands zeügen / auff artikel / zůuerho[e]ren begert / so[e]llen dem widertail die artickel auff sein ansinen überantwurt / vn bedacht gegeben / sich darinn zůuersehen / ob sy zůlaslich / der sach zůgeho[e]rig sein oder nit / vn ob darub streit werden / hat sy der richter zů entschaiden.*[793]

Dem Beklagten stand zudem das Recht zu, eine Abschrift dieser Artikel zu erhalten und darüber hinaus ebenfalls schriftliche Fragen an die Zeugen zu formulieren.[794] Diese Schreiben hießen „*Interrogatorien*“ oder „*Fragstücke*“[795] und sollten

---

791 KNAUST, Gerichtlicher Fewerzeugk (1562), Kapitel XVII (unpaginiert): „*Es sollen auch die Artickel klar vnd gewiß / nicht tuckel noch weitleufftig / auff ja / vnnd nicht nein / gestellet sein / [...] Sonst werden sie verlegt vnnd abgeworffen*“. Vgl. dazu auch MUSIELAK, Grundlagen der Beweislast (1975), S. 248.

792 DAMHOUDER, Practica gerichtlicher handlunge (1575), S. 425: „*Sintemal diese Artickel der Partheyen / vor zeiten / fragen weiß gesetzt vn gestellet wu[e]rden / Jetziger zeit aber werden sie schlecht gesetzt vnd gestellet*“.

793 TENNGLER, Laienspiegel (1509), Bl. 93v. Vgl. dazu auch KÖNIG, Processus und Practica (1541), Bl. CLIv: „*Denn wo der artickel zur sache nicht geschickt / vnd also nicht pertinens ist / den sol der Richter nicht zu lassen / sondern verwerffen vnd zureissen*“. Zum Rechtsschutz gegen eine Streichung von Artikeln wird bei HEYDEN/BRANT/DRAUDT, Revocirter Richterlicher Klagspiegel (1601), S. 125, bemerkt: „*Wann du aber mit solchem Erkandtnuß nicht zu frieden werest / mu[e]ssestu hieru[e]ber die Hochgelehrten fragen / oder dessen Gerichts / Landts/ Statt oder Flecken Gewonheit vnd Gebrauch erku[e]ndigen*“.

794 ROTSCHITZ, Processus Juris deutzsch (1543), Bl. XLVIr f.: „*so[e]lche artickel ist schu[e]ldig der cleger dem beclagten ym termin der beweisunge zu vbersende / denn ap der beklagte darauff fragestu[e]cke machen / vnd vberantwortten wo[e]lde / mag ehr das thun*“.

795 KNAUST, Gerichtlicher Fewerzeugk (1562), Kapitel XVIII (unpaginiert): „*INterrogatoria, oder fragstücke / sindt fragen / auff die Artickel / nach allen vmbstenden gestellet vnd gegründt / durch welche der theyl / wider den das gezeugnuß gefu[e]ret wirdt / die zeugen will fragen lassen*“. Vgl. auch GOBLER, Der Gerichtlich Proceß (1542), Bl. LXIIIIr: „*Vnd also sein die fragstück nicht anders dann fragen / die der / widder den die Zeugen gefu[e]rt werden / begeret zu fragen / vnnd die Zeugen zu erlernen der vmbstende des geklagten handels vnd fürbrachten Artickel / so wider jn in Recht eingebracht worde sein*“.

gegebenenfalls zur Verhinderung von Prozessverschleppung durch den Richter modifiziert werden können:

> *mage der widertail seine fragstuk / der sachen gema[e]ß gegen den zeügen einlegen / vn wo sy zů vnma[e]ssig erschinen / hat sy der richter abtzůschneidn /*[796]

Waren die Schriftstücke in den Prozess eingebracht, wurde in einem nächsten Termin zur Zeugenvernehmung fortgeschritten, die ihrerseits selbst vor Zeugen erfolgen sollte:

> *Vnd also / wenn von dem Richter tzu der verho[e]runge der getzeugen so[e]lle gegriffen werden / Als denn so[e]llen die gezeugen von dem Richter yn beywesen eines offen Notarien adder zweyer glaubwirdiger Menner / wue eyn offner Notarius nicht vorhanden / alleyne / vnd yeglicher besondern / auff die artickeln vnd fragestu[e]cke / wue die eingelegt / vormittelst yhrer Eyde befraget vnd examminirt werden /*[797]

Hierbei war der Richter nicht strikt an die formulierten Fragen gebunden, sondern hatte ein eigenes Fragerecht:

> *Als denn magk der Richter ampts halben one anregung des parts / den gezeugen tzu dem andern vorho[e]ren / Auff das der gezeuge klerer aussage / damitte sich deste gewisser der Richter ym vrtel zu halten habe / denn es schwehr ist / dem Richter / eyn gewiss vrtel aus tunckelen hendeln zu sprechen.*[798]

---

796 Tenngler, Laienspiegel (1509), Bl. 94^r^. Auch bezüglich der Artikel war ein Eingriff des Richters möglich, vgl. dazu Knaust, Gerichtlicher Fewerzeugk (1562), Kapitel XVII (unpaginiert): „*Die Artickel aber sollen vnd mu[e]ssen in sich halten / das / was man gedenckt zubeweisen /* […] *Vnd also auß dem innhalt vnd grundt der klag gezogen sein / Sonst weren sie impertinentes vnnd vndienstlich*". Vgl. dazu auch Perneder, Gerichtlicher Process (1556), Bl. LXII^v^: „*Item es mo[e]gen auch die Richter oder Commissari die vberflüssigen fragstuck zůr sachen nit dienstlich abschneiden*". So wird auch die Praxis in Flandern beschrieben, Damhouder, Practica gerichtlicher handlunge (1575), S. 430: „*Jn Flandern ist der Brauch / daß die Partheyen / nur das allein setzen vnd articuliern / was ein Proceß vnd vor Gericht fu[e]rbracht worden / vnnd weiter nichts. Dann wann ein Parthey mehr setzet / vnnd articuliert / weder im Proceß / vnnd vor Gericht eingebracht / vnnd gehandlet worden* […] *so werden die wort / oder Artickel / die inn Gericht / vnnd im Proceß nicht gemeldt worden / mit einem Kreutz / oder Sternlein / oder mit einem andern Zeichen gemerckt / vnnd verzeichnet / vnnd sollen durch den gegentheil am Randt gezeichnet werden / daß der Richter dieselbigen im Proceß vnnd vor Gericht / zuuor nicht angezogenen Artickel / vnnd wort / verwerffe / außthue / vnnd durchstreiche*".

797 Rotschitz, Processus Juris deutzsch (1543), Bl. L^r^.

798 Rotschitz, Processus Juris deutzsch (1543), Bl. LV^v^.

Für die Befragung wurde dem Richter empfohlen, auch äußere Anzeichen für die Glaubwürdigkeit der Aussagen zu protokollieren:

> *Vnd ap der Richter merckte / das ein gezeuge blo[e]dicklichen mit vorferbtem angesichte / stammelnden sein aussage angebe / sall ehr das eygentlich lassen auffzeichen / vnd nach seynder industrien vnd verstendtniss fleissigk darauff mercken / vnd darnach graben / ap der Getzeuge falsch adder gerecht sey /*[799]

Insgesamt wird bei der Zeugenbefragung nach römisch-kanonischem Vorbild deutlich, inwiefern Formen der Schriftlichkeit das Verfahren prägten. Die für die Anspruchsbegründung relevanten Fragen und Gegenfragen an die Zeugen, die in den Quellen als „*Artickel*", „*Satzstück*", „*Fragstücke*" oder „*Positionen*" bezeichnet und in Schriftform vorgelegt wurden, sowie die Protokollierung der Aussagen zeigen, dass das Führen eines Zeugenbeweises – ein originär mündlicher Vorgang – nach römisch-kanonischem Prozessrecht in einen verschriftlichten Modus überführt wurde. Diese schriftliche Vorgehensweise beim Vorgang der Zeugenbefragung war zwar in der Literatur verbreitet, allerdings wurde – wie berichtet wird – dieses Verfahren, welches sich negativ auf die Prozessdauer auswirkte und hohe Schreib- und Prozesskosten verursachen konnte, in der Praxis nicht flächendeckend gehandhabt.[800]

---

799 Rotschitz, Processus Juris deutzsch (1543), Bl. L^r f. Vgl. auch Heyden/Brant/Draudt, Revocirter Richterlicher Klagspiegel (1601), S. 122: „*Dann es were gut daß der Richter deß Zeugen Geba[e]rde / vnd Rede / Furchtsamkeit / stameln vnd vnbestendige Rede in acht hette*".

800 Heyden/Brant/Draudt, Revocirter Richterlicher Klagspiegel (1601), S. 124: „*Es ist in etlichen Gerichten der Gebrauch / daß man keine Satzung oder Artickel machet / sondern alsbald der Krieg befestiget / vnnd der Eydt vor gefa[e]hrd geschworen ist / so fragt der Richter an statt der Satzungen oder Artickel den Beklagten vnterschiedlich auff einen jeden Puncten deß Libels oder Klag / Vnd so der Beklagte leugnet / vnd dessen darumb er in der Klag angelangt wird / nicht gestendig ist / werden die Zeugen deß Beklagten auch darauff vnnd in geheim gefragt vnnd verho[e]ret. Dieser Gebrauch ist nicht zu schelten so er mit dem fleiß der darzu geho[e]ret / geschiehet / Denn es begibt sich offtmals / daß eine Klag in gemein fu[e]rbracht / vnnd nachmals mehr inn die Artickel / dann die Klag inhelt / gesetzt wird. Darumb ist solches wie obgemelt kein vbeler Gebrauch / dann dardurch kann vielem Vnkosten / so den Armen ihnedas schwer fu[e]rfallen / zuvorkommen / auch die Sachen desto eher zu ende gefu[e]hrt werden / da sonsten die Sachen offtmals durch die spitzfu[e]ndige vngehaltene Ko[e]pff / vnd viel Gewa[e]sch der Sachverwalter / zu jhrem Nutzen vnnd zu der Partheyen ho[e]chsten Schaden mutwilliglich auffgehalten werden*". Siehe auch Damhouder, Practica gerichtlicher handlunge (1575), S. 427: „*Nun aber anzuzeigen / welcher massen vnd gestalt die positiones, vnnd Satztstu[e]ck an einem jedwedern Gericht gestellet vnd*

Schließlich erfolgte auf Wunsch und im Beisein der Parteien[801] die Eröffnung der Aussagen, indem der Richter sie „*wue es so lang nicht ist / durch den Notarien o[e]ffentlich lesen lassen*“ hat.[802] Als Folge dieser nächsten Stufe des Beweisverfahrens wurden grundsätzlich ab diesem Zeitpunkt keine weiteren Zeugen mehr zugelassen.[803] Im folgenden Termin konnten die Parteien ihre Einwände gegen die Aussagen vorbringen:

> *Auch ein Termin oder zeit angesetzt vnnd erkennet / in welcher die parthe jhre notturfft / gegen vnd für das gezeugknuß einbringen / vnnd darüber / wechsselsweise / disputiren mo[e]gen /*[804]

Zur Entkräftung der Zeugenaussagen existierten unterschiedliche Einwände und Argumentationen, die sich inhaltlich teilweise nach der Streitsache richteten.[805] Die Vielfalt der denkbaren Konstellationen sprengte allerdings die Darstellungsmöglichkeit innerhalb der Praktikerliteratur – schließlich eröffnete dieser Bereich das gesamte Feld juristischer Fallkonstellationen:

> *Gegen der Zeugen Person vnd Sage / mag in vil vn macherley wege Excipiert werden / welches doch nit eygentlich zubeschreiben / sonder auß eines ieden handels gelegenheit zunehmen ist /*[806]

---

begriffen werden sollen / so ist zu wissen / daß in vielen Gerichten / vnd orthen keine positiones angenommen oder gebraucht werden / sondern nach befestigtem Krieg / vnd geleysten Eydt / pflegt der Richter den Beklagten als baldt vber einen jeden Artickel der klag insonderheit zufragen“.

801 Gobler, Der Gerichtlich Proceß (1542), Bl. LXXV^r: „*SO die Zeugen verho[e]rt werden / mo[e]ge demnach beyde Parteien* [...] *o[e]ffnung derselben Sage vnd abschrifft begeren / welches dan vnd vff beger jrer beyder* [...] *also durch den Richter erkent werden sol*“. Vgl. dazu auch König, Processus und Practica (1541), Bl. CLXXXVII^r: „*Vnd zu solcher ero[e]ffnunge sol der Richter die parth erfordern / denn one das gezimet jm die nicht zuo[e]ffnen*“. Vgl. dazu auch Litewski, Der römisch-kanonische Zivilprozeß (1999), S. 407 f.

802 Knaust, Gerichtlicher Fewerzeugk (1562), Kapitel XXVII (unpaginiert): „*Auff bitte des Zeugenfu[e]rers / daß sein gezeugniß mo[e]ge ero[e]ffenet werden / Sol der Richter beyde parthe für sich bescheyden / vnnd sie fragen / ob sie auch ferner beweisunge zu fu[e]hren bedacht seien. Wenn sie nein sprechen / mag der Richter die aussagen zu sich nehmen / sie ero[e]ffenen / vnd den Parthen für ero[e]ffenet zůstellen / vnnd soll soliches zu den Acten regisitrirt werden*“.

803 Rotschitz, Processus Juris deutzsch (1543), Bl. LII^r.

804 Knaust, Gerichtlicher Fewerzeugk (1562), Kapitel XXVII (unpaginiert).

805 Darstellungen nach Streitsachen finden sich etwa bei Gobler, Der Gerichtlich Proceß (1542), Bl. LXXIX^v-Bl. LXXXII^v sowie bei Perneder, Gerichtlicher Process (1556), Bl. LXVI^r-LXVII^v.

806 Gobler, Der Gerichtlich Proceß (1542), Bl. LXXV^v.

Aus diesem Grund verwies etwa Gobler hier auf die Kompetenz gelehrter Rechtspraktiker:

> *Vnd dergleichen sind vil vrsachen / derenhalb die Zeugesag widerfochte mag werden / die ein ieder gelerter Aduocat nach gestalt der sachen wol weyß anzuziehen.*[807]

Um dieses letzte Beweisstadium, welches sich mangels allgemeingültiger Ausschlussvorschriften bestens zur Prozessverschleppung eignete, zum Abschluss bringen zu können, wurde die Anzahl der Einbringungsmöglichkeiten der Parteien teils ins Ermessen des Richters gestellt oder direkt beschränkt.[808]

Bei der Darstellung des Beweisrechts in der Praktikerliteratur treten zwei Aspekte deutlich hervor: Zunächst zeigt sich an zahlreichen Stellen, dass die Autoren es versuchten zu vermeiden, die Kasuistik der Prozessrechtswissenschaft wiederzugeben und daher die Materie aus didaktischen Gründen in verkürzter Form widergaben. Zum Anderen findet sich an komplexen, für ungelehrte Rechtspraktiker schwer nachzuvollziehenden Stellen vielfach der Verweis auf die gelehrten Rechtspraktiker.

Neben der allgemeinen Modalitäten im Beweisverfahren thematisiert die Praktikerliteratur darüber hinaus eine grundsätzliche Streitfrage des Beweisrechts, welche darin bestand, ob der Richter lediglich das im Prozess förmlich Eingebrachte als Beweis werten darf („*Iudex secundum allegata non secundum conscientiam iudicat*"). Sie wurde bereits innerhalb der mittelalterlichen

---

807 Gobler, Der Gerichtlich Proceß (1542), Bl. LXXVI^{v}. Vgl. auch Tenngler, Laienspiegel (1509), Bl. 95^{r}, der ebenso wie Gobler keine vollständige Beschreibung gibt, sondern stattdessen auf Beispiele in entsprechenden Schriftsätzen verweist: „*Wie aber solh disputacion / ein vnd zůreden / in ainer yeden sach zů formieren / will hyerin nit gewislich antzůzaigen / yedoch in nachgesetzter form / werden ettlich vrsachen beru[e]rtt*". Weitgehende Ausführungen zu Einwänden, die eingebracht werden konnten, finden sich etwa in Durantis *Speculum Iudiciale*, in dem sogar 96 mögliche Einwendungen vorgestellt werden. Vgl. dazu Endemann, Civilprozessverfahren, in: ZZP 15 (1891), S. 258.

808 Rotschitz, Processus Juris deutzsch (1543), Bl. LV^{r} f.: „*biß yeder theyl / drey setze eyngebracht / wie so[e]lichs gemeynlich ynn vbunge gehalten wirdt / wiewol mehr setze / denn drey / von yedem theil geschehen mu[e]gen / Nach dem die Recht keyne gewisse tzal setzen / sonder dem Richter gestatten* […] *das ehr darein greiffe vnd yhnen / das sie damitte auff ho[e]ren / sagen / vnd vber die eingebrachte rechtliche notdurrft erkennen magk*". Perneder, Gerichtlicher Process (1556), Bl. LXIX^{r}, orientiert sich an der Reichskammergerichtsordnung, wonach „*kain thail nach er öffneter kutschafft vber zwo schriffte einbringen soll*".

Rechtswissenschaft kontrovers diskutiert.[809] Das Resultat, ausschließlich Vorgebrachtes zur Grundlage des Urteils heranzuziehen, wurde später im Rahmen der Verfahrenstheorie des 19. Jahrhunderts zum Ursprung der sog. Verhandlungsmaxime erhoben.[810] Auch in der Praktikerliteratur wurde diese Frage vereinzelt thematisiert. Lauterbeck stellte in seinem *Regentenbuch* die divergierenden Meinungen der Legisten und Kanonisten anhand von Beispielen dar.[811] Seiner Meinung nach war diese Problematik „*doch nichts anders / den so einer fragt / ob der Richter in fellug des vrteils der warheit oder der lu[e]ge nachfolge sol*" und die Auffassungen der Rechtsgelehrten „*doch im Grund alles falsch*".[812] Schließlich solle sich der Richter unabhängig von der Aktenlage an seiner Überzeugung orientieren.[813]

---

809 Vgl. insgesamt zu dieser Streitfrage die fundierte Studie von NÖRR, Stellung des Richters (1967), in der die Ansichten hochmittelalterlicher Juristen zu diesem dogmatischen Streitpunkt intensiv beleuchtet werden. Zentral für die Diskussion waren die Codexstellen: 2, 10 [11], 1: „*Es ist nicht zu zweifeln, dass der Richter, wenn von den Streitern, oder Denen, welche in Rechtshändeln ihren Beistand leisten, Etwas nicht gesagt sein sollte, dies ergänzen, und Das, was nach seinem Wissen den Gesetzen und dem öffentlichen Recht gemäss ist, aussprechen könne*", und Codex 4, 21, 13: „*Gegen Die, welche von der Thatsache selbst nichts gewusst haben, kann der Zeugenbeweis, dass die Urkunde [darüber] verloren gegangen sei, nichts nützen*". Übersetzungen nach SCHNEIDER, in: OTTO/SCHILLING/SINTENIS (HRSG.), CIC I, Band 5 (1832), S. 321 sowie TREITSCHKE, ebd., S. 575.

810 Vgl. dazu BOMSDORF, Prozeßmaximen und Rechtswirklichkeit (1971), S. 35–38. Siehe zur Verhandlungsmaxime im 19. Jahrhundert BÖHM, Streit um die Verhandlungsmaxime, in: Ius Commune 7 (1978), S. 136–159.

811 LAUTERBECK, Regentenbuch (1559), Bl. CCV^{v}: „*ES ist ein alter zanck zwischen den Glossatorn / als Martino vnd Johanne / welchs denn meines erachtens nicht vnwirdig ist / das man jm nachdencke* [...] *Jn disem fall wil Martinus der Glossator / der Richter sol nach dem Gewissen sprechen vnd vrteilen / Jahannes aber wil / er sol den Beweisungen nachgehen / vnd darnach sprechen / zwischen diese zween menget sich Accursius / machet ein vnterscheidt / vnd saget / ein Richter sol zweierley gewissen habe / eins als ein Richter / damit er versiehet vnd ho[e]ret / was fu[e]r jm gehandelt wird / das ander fu[e]r sich selbst*".

812 LAUTERBECK, Regentenbuch (1559), Bl. CCV^{v}.

813 LAUTERBECK, Regentenbuch (1559), Bl. CCVI^{r}: „*Warumb sol er nicht mehr der warheit denn der lu[e]gen nachfolgen / nach dem er ein frommer vnd gerechter Man sein sol / der allein der warheit beyfall geben / vnd die lu[e]gen verdammen sol* [...] *Aus welchen denn gnugsam erscheinet / das die meinung Martini recht vnd war ist / Nemlich das ein Richter / welcher nur ein einziger Mensch ist / nicht mehr / denn ein Gewissen haben kan / welchem we nach folgen sol*".

Auch Rotschitz berichtete von dem „*gemeiner wahn / der Doctorn / und su[e]nderlich der weltlichen Recht*“, wonach nur nach dem „*fu[e]rbrenge*“, also den in den Akten eingebrachten Beweisen geurteilt werden dürfe.[814] Nach Meinung der „*Doctores der heilige schrifft*“ sollten die Richter im Zweifelsfall, „*ehe ehr yhn ym vrtel vnrechtliche vrteylte* […] *vom richterstuel weiche / vnd einem andern das richterampt befehle*“.[815] Da ein solches Verhalten jedoch geahndet werden konnte, vertrat Rotschitz im Ergebnis mit den „*Doctores des geystlichen Rechtens / vnd su[e]nderlich die nawen*“ die Ansicht, dass der Richter streng nach „*der part fu[e]rbrengen / vnd beweysunge*“ urteilen solle.[816] Gobler, der den Meinungsstreit differenziert skizzierte und zwischen alten und neuen Kanonisten sowie einer vermittelnden Ansicht differenzierte,[817] erachtete diese Ansicht als ‚herrschende Meinung‘.[818] Eine nach den Rechtsgebieten unterscheidende Ansicht vertrat Draudt im *Revocirten Klagspiegel*: Der Richter sollte sich in „*Bu[e]rgerlichen Sachen*“ ausschließlich an der Aktenlage orientieren und den Fall im Zweifel delegieren, während in „*peinlichen Sachen*“ speziell darauf geachtet werden sollte, nicht einen Unschuldigen zu verurteilen.[819]

---

814 Rotschitz, Processus Juris deutzsch (1543), Bl. LXII^r^.

815 Rotschitz, Processus Juris deutzsch (1543), Bl. LXII^v^.

816 Rotschitz, Processus Juris deutzsch (1543), Bl. LXIII^r^.

817 Nach Gobler, Der Gerichtlich Proceß (1542), Bl. CLXXVII^v^ verpflichteten die „*newen Canonisten*“ den Richter strikt auf die Aktenlage, während waren die „*alten Canonisten*“ zwischen Bürgerlichen und Peinlichen Sachen unterschieden. Dabei sollte die eigene Kenntnis des Richters in Peinlichen Sachen die Beweiswürdigung so beeinflussen, dass ein nach der Aktenlage Schuldiger, von dessen Unschuld der Richter überzeugt ist, nicht verurteilt werden sollte. In Bürgerlichen Sachen hingegen blieb die Aktenlage entscheidend. Die dritte dargestellte Ansicht von „*Adrianus in c. pastoralis, in § quia ueri. de offic. delega*“ differenzierte danach, ob der Beklagte tatsächlich schuldig war, oder nicht und empfahl teils eine Delegation des Falls an einen anderen Richter.

818 Gobler, Der Gerichtlich Proceß (1542), Bl. CLXXVII^v^: „*Aber der meyste hauffe ist hierwider / der stracks darauff leit / daß ein Richter sol sich im vrteyl nach dem so jm fürgebracht vnd für jm beweiset ist / halten / wie dann auch die a[e]rzte thůn / die sich nach jren canonen vnnd regeln richten / Vnnd ob gleich der krancke stirbt / so wo[e]llen sie entschuldiget sein*“.

819 Heyden/Brant/Draudt, Revocirter Richterlicher Klagspiegel (1601), S. 136: „*Vnnd dann sein Gemu[e]t darauß fassen vnnd Vrtheil sprechen / vnnd also seine Conscientz vnnd Gewissen auff die Rechtliche Handlung / Eynbringung / als ein Richter / gru[e]nden / vnnd nicht auff seine eigene Conscientz als ein Priuat Person / oder auff sein eigen Gewissen setzen / vnnd darauff sprechen / sonderlich in Bu[e]rgerlichen Sachen / Vnnd so er je auß seiner Conscientz als ein Priuat Person vrtheilen kan / Als /*

Warum die Streitfrage in diesen Werken der Praktikerliteratur uneinheitlich beantwortet wurde, mag auf mannigfaltige Ursachen zurückzuführen sein. Es lässt sich jedoch für die eklatante Diskrepanz zwischen der Meinung Lauterbecks und Rotschitz' vermuten, dass mit dem veränderten Adressatenkreis, welcher bei der Praktikerliteratur eher der weltlichen Rechtspflege zuzuordnen ist, eine große, der Streitfrage immanente Problematik wegfiel. Der ausschlaggebende Punkt bestand in der Diskussion während des Mittelalters in dem potentiellen Gewissenskonflikt kirchlicher Richter, welche neben der Ausübung ihres Richteramts auch gleichzeitig als Beichtväter tätig waren. Durch diese Vereinigung zweier Ämter und Funktionen in einer Person konnte es zum Gewissenskonflikt kommen, wenn unter dem Beichtgeheimnis stehende Informationen für einen Prozess substanziell wurden.[820] Diese moralisch-theologische Seite der Streitfrage dürfte für die Autoren und Leser der Praktikerliteratur im 16. Jahrhundert an praktischer Relevanz eingebußt haben, insofern sie sich an die weltliche Rechtspflege richteten. Während Rotschitz' und Goblers stärkere Verhaftung in der Tradition juristischer Schriften und Autoritäten ihre Ansicht und die Wiedergabe der gelehrten Meinungsstreitigkeit noch erklären kann, brachte Lauterbeck der Streitfrage und der ihr ursprünglich innewohnenden Problematik in seinem *Regentenbuch* wenig Verständnis entgegen und stellte sie als reine juristische Spitzfindigkeit dar. Draudt vertrat eine vermittelnde Ansicht. Die Unterschiede in den vertretenen Standpunkten machen deutlich, dass die Praktikerliteratur den Autoren zusätzlich zur Vermittlung weitgehend feststehender Normen und prozessualer Abläufe aus dem römisch-kanonischen Prozessrecht den Raum bot, ihre Rechtsansichten je nach Überzeugung darzulegen, worin sich einerseits die Heterogenität des juristischen Wissensbestands im 16. Jahrhunderts und andererseits die eigene Leistung der Autoren widerspiegeln.

---

zum Exempel / so er etwas selbst gesehen / oder wissens hette / daß der Beklagte dem Kla[e]ger schuldig seye [...] *soll er nicht Richter vnnd Zeuge seyn / Sondern alßdann die Sach einem andern befehlen / vnnd zum Richter vntersetzen / oder so er einen o[e]bern Richter hat / vor denselben verweisen / vnnd sich daru[e]ber zurichten nicht vnterwinden.* [...] *In peinlichen Sachen aber / sehe sich der Richter mit seiner Conscientz ja wol fu[e]r / daß er den vnschuldigen nicht verdamme*".

820 Vgl. dazu Nörr, Stellung des Richters (1967), S. 13. Im Ergebnis beurteilte auch Thomas von Aquin diese Streitfrage folgendermaßen: Der Richter sollte notfalls wider das eigene Wissen nur gemäß der Gesetze und ermittelten Fakten urteilen. Vgl. dazu Lippert, Recht und Gerechtigkeit bei Thomas von Aquin (2000), S. 195.

d. Urteil

Jedes Verfahren, bei dem es nicht zu einer gütlichen Einigung der Parteien kam und das von den Parteien bis zum Ende betrieben wurde, schloss mit einem Urteil – dem eigentlichen Kern der richterlichen Aufgabe[821] – für dessen Inhalt die Richter und die Schöffen verantwortlich waren.

In welcher Weise das Urteil erfolgen sollte und an welche Vorgaben die Richter dabei gebunden waren, wurde innerhalb der Praktikerliteratur spezifiziert. Entsprechende generelle Vorgaben zum Urteil finden sich in der Praktikerliteratur nur in negativer Form als Nichtigkeitsbestimmungen. Naturgemäß bestimmen sich Tenor und Gründe eines Urteils nach der materiellen Rechtslage. Die eher formalen Nichtigkeitsbestimmungen, an denen sich ein Urteil zu messen hatte und auf deren Nichtbeachtung Ungültigkeit bzw. Nichtigkeit folgte, waren allerdings ebenfalls für die Richter bindend. Sie wurden in den sog. Nichtigkeitskatalogen der Praktikerliteratur aufgezählt, die in prägnantem Stil die Gründe, nach denen ein Urteil nichtig sei, darstellen.[822] Sie enthielten in komprimierter Form die Eckpfeiler des römisch-kanonischen Prozessrechts und verankerten so seine wichtigsten Wirksamkeitsvoraussetzungen. Besonders ist hierbei die wiederholt postulierte Forderung zu nennen, das römisch-kanonische Verfahren stets einzuhalten.[823]

Es handelte sich hierbei primär um Anwendungswissen für die ungelehrten Richter, welche dank der komprimierten Darstellung auf einen Blick die wichtigsten Prämissen eines gültigen Urteils erkennen und einhalten konnten.[824] Eine

---

821 Vgl. dazu Kannowski, Buch'sche Glosse (2007), S. 108.

822 Siehe dazu die Nichtigkeitskataloge bei Perneder, Gerichtlicher Process (1556), Bl. LXXIIII^{r}; Rotschitz, Processus Juris deutzsch (1543), Bl. LXVI^{r}-LXVIII^{r}; Tenngler, Laienspiegel (1509), Bl. 15^{v}-16^{v}; Gobler, Gerichtlicher Process (1536), Bl. XLIX^{r}; Heyden/Brant/Draudt, Revocirter Richterlicher Klagspiegel (1601), S. 135 sowie vereinzelte Vorgaben „*Von Gerichtlichen Vrtheilen vnd gevrtheilten Sachen*", ebd., S. 38–44.

823 Dazu siehe oben *Dritter Teil, III, 4,* S. 159–161.

824 Auch hier gaben die Autoren der Praktikerliteratur nicht einfach die von der spätmittelalterlichen Rechtslehre erarbeiteten Kataloge wieder, sondern arbeiteten aus didaktischen Gründen bewusst mit Reduktionen. Vgl. dazu Rotschitz, Processus Juris deutzsch (1543), Bl. LXVIII^{r}: „*Aus diesen angezeygten fellen / magk eyn vrtel krafftloß ader Nullu von dem yhenigen / widder den es gegangen / beredt werde / wiewol sunst mehr fell ym rechte sein / Aber dieweile sie hirzu nicht dienen / sein sie auch / vnd vmb der ku[e]rtz wille ausgelasszen*".

Untersuchung dieser Vorgaben erhellt, welche Anforderungen im Rahmen der Rechtsvermittlung für Rechtspraktiker in der Praktikerliteratur an ein gültiges Urteil gestellt wurden.

Formale Vorgaben für ein rechtskräftiges Urteil in den Nichtigkeitskatalogen betrafen etwa den Ort der Rechtsprechung. Der Richter durfte nur an seinem spezifischen Gerichtsort tätig werden.[825] Dort sollte er an der üblichen Gerichtsstätte verhandeln.[826] Zur Zuständigkeit wird beschrieben, dass kein Laie über eine geistliche Sache richten und, recht allgemein, nur der Richter mit ordentlichem Gerichtszwang das Urteil sprechen dürfe.[827] Das Fehlen weiterer Abgrenzungen bezüglich der sachlichen und örtlichen Zuständigkeit, ist wohl hauptsächlich der Dynamik der Gerichtsverfassung, welche von sich ändernden politischen Verhältnissen geprägt war,[828] sowie der Vielfalt der angesprochenen Gerichtstypen in der Praktikerliteratur geschuldet, die eine erschöpfende Beschreibung unmöglich machten.[829]

---

825 Perneder, Gerichtlicher Process (1556), Bl. LXXIIII^r.

826 Perneder, Gerichtlicher Process (1556), Bl. LXXIIII^v: „*Vnnd wann also die vrthail nit an gebürender ordenlicher gerichtsstatt gesprochen wirdt / ist dieselb krafftloß vnd vnwürklich*". Rotschitz, Processus Juris deutzsch (1543), Bl. LXVII^r: „*Item wue das vrtell on eynem heymlichen adder vnerlichen orte gesprochen were*". Dieser Aspekt verweist darauf, dass das Institutionelle eines Gerichts, die von ihm ausgehende Ordnungskraft, stark von rituellen Momenten abhängt, wie etwa dem Verhandeln an einem bestimmten, festen Gerichtsort. Zur Verflechtung von Ritualen und Institutionen siehe Rehberg, Präsenzmagie und Zeichenhaftigkeit (2004), S. 20.

827 Rotschitz, Processus Juris deutzsch (1543), Bl. LXVII^r; Perneder, Gerichtlicher Process (1556), Bl. LXXIIII^r; Heyden/Brant/Draudt, Revocirter Richterlicher Klagspiegel (1601), S. 38.

828 Vgl. dazu oben *Dritter Teil, I, 1,* S. 98–100.

829 Die unterschiedlichen Gerichtszuständigkeiten werden bei Heyden/Brant/Draudt, Revocirter Richterlicher Klagspiegel (1601), S. 38, im Zusammenhang mit dem Richteramt beschrieben: „*Das Ampt der Richter erstreckt sich so weit / dass sie können von allen fu[e]rfalleden Sachen Recht Sprechen.* [...] *Es wird aber hie gered nit von eim jeden Richter insonderheit / als ob einjed Richter alle Sachen schlichten un darin Recht sprechen möge / dann etliche Richter sind vber Malefitzsachen / etliche vber Burgerliche Sachen / vnd hat alhie je einer mehr oder weniger Gewalds als der ander. Derowegen wird allhie das Richter Ampt aller Richter zusamen verstanden*". Vgl. zur Zuständigkeit in der gelehrten Literatur und zu Zuständigkeitsproblemen in der Praxis des 15. und 16. Jahrhunderts Schlinker, Litis Contestatio (2008), S. 646–648. Vgl. zu Zuständigkeitstreitgkeiten zwischen weltlichem und geistlichen Gericht Oestmann, Geistliche und weltliche Gerichte (2012).

Zusätzlich zu den Zuständigkeitsfragen enthielten die Nichtigkeitskataloge regelmäßig Angaben zum Termin, an welchem das Urteil ergehen sollte. In Kontinuität zur mittelalterlichen Rechtswissenschaft stand in Frage, ob ein Urteil an Feiertagen oder zur Erntezeit wirksam gesprochen werden konnte.[830] Der *Revocirte Klagspiegel* schloss während der Erntezeit eine Anwesenheitspflicht vor Gericht aus und erklärte, dass in dieser Zeit, sowie an Feiertagen kein Urteil ergehen könne. Dabei konnten die Parteien jedoch in ein Urteil während der Erntezeit einwilligen, nicht allerdings in eines an religiösen Feiertagen.[831] Perneder und Gobler teilten diese differenzierende Ansicht.[832] Nicht nur hinsichtlich des Tages, sondern sogar im Hinblick auf die Tageszeit wurde normiert: es sollte kein Urteil nachts ergehen, es sei denn, es handelte sich um eine gütliche Einigung vor einem Schiedsrichter.[833]

---

830 Vgl. dazu Litewski, Der römisch-kanonische Zivilprozeß (1999), S. 140–143.

831 Heyden/Brant/Draudt, Revocirter Richterlicher Klagspiegel (1601), S. 135: „*Jtem wan an gebottenen Feyertagen gevrtheilt were / es weren dan die Feyertage / so mann nennet feries rusticas, alß da sind die Erndte oder Weinlese / deren sich die Partheyen wol mo[e]gen verzeihen / vnd also mit jhrer Verwilligung vmb dieselbige Zeit ein Vrtheil kann gesprochen werden. Deren Feyertag aber so zu Gottes vnd der Heiligen Ehren gefeyert werden / ko[e]nnen sich die Partheyen nicht verzeihen*“.

832 Perneder, Gerichtlicher Process (1556), Bl. LXXIIII[v]: „*Zum vierten werden die vrtheil als nichtig angefochten / so dieselben zů vnrechter zeit gesprochen / ero[e]ffent vnd gegeben werden / als wann der Richter an ainem gebannten feyrtag / der von der Eer Gottes / oder der hailigen wegen zů feyren auffgesetzt / gerichtlich erkantnuß gethon hette / so ist dieselb erkandtnuß nichtig* […] *Aber in den ferien des schnits oder der a[e] rnd / auch in den ferien des weinlesen / mo[e]gen die partheyen / so sie den ferijs renuncieren wo[e]llen / wol handlen / aber der ferien an den heiligen festen / mo[e]gen sie sich nit verzeihen*“. Gobler, Der Gerichtlich Proceß (1542), Bl. XXXIIII[v]: „*Demnach ist zewissen / wo man vff solcher oberzelte feiertag ein / in Gericht was handeln wolt / sonderlich das vo den rechte vn nemlichen Terminen were / daß solichs vnkrefftig / nichtig vnd verwerflich gehalten würt / Solichs zuuorkommen / so pflegen sich die Partheien der ferien zuuor beyderseits zugeben / vnd zu renuntijren. Doch so mag man keynen ferien / dan alleyn den letsten gemelten / das ist / Rusticis Ferijs, Messium & Vindemiarum, renuntijren / Aber den anderen zweyen nit / welches zumercken ist*“. So auch Rotschitz, Processus Juris deutzsch (1543), Bl. LXVII[v].

833 Perneder, Gerichtlicher Process (1556), Bl. LXXIIII[v]: *Jtem so die vrthail durch den Richter bey der nacht gesprochen wa[e]re / ist die selb nichtig* […] *Aber ainem gu[e]tlichen spruch mag man bey der nacht wol thůn / dann es wirdet derselb spruch mer ainem vertrag / dan rechtlicher erkantnuß verglichen*“. Heyden/Brant/Draudt, Revocirter Richterlicher Klagspiegel (1601), S. 135: „*Jtem* [ist das Urteil nichtig, PW] *so bey der Nacht geutheilt / es were dann ein Wilku[e]r*“.

Eine weitere gängige Wirksamkeitsvoraussetzung in den Nichtigkeitskatalogen der Praktikerliteratur betraf die Sitzhaltung des Richters bei der Urteilsverkündung.[834] Seine Haltung betonte den Gerichtsfrieden, sollte ruhige Würde und geistige Sammlung demonstrieren[835] und war ebenfalls bereits in den frühen prozessualen Schriften des Hochmittelalters verankert.[836]

Mit der Forderung nach einer schriftlichen Ausfertigung des Urteils, die in der Praktikerliteratur erhoben wurde,[837] wurde der Abschluss des Verfahrens in einer Urkunde festgehalten. Eine Urteilsformel hierfür hielt der *Revocirte Klagspiegel* bereit, wonach folgende Elemente enthalten sein sollten: die Namen des Richters und der Parteien, das Klagebegehren, der Ablauf des Verfahrens, die Angabe, ob die Parteien bei der Urteilsverkündung anwesend waren, sowie der eigentlichen Richtspruch.[838]

Eine explizite Begründungspflicht der Urteile findet sich im Prozessrecht des Rezeptionszeitalters entweder gar nicht oder lediglich für den internen Gerichtsgebrauch in Urteilsbüchern.[839] Nördlich der Alpen setzte sie sich erst

---

834 Perneder, Gerichtlicher Process (1556), Bl. LXXV[r]; Rotschitz, Processus Juris deutzsch (1543), Bl. LXVII[v]; Gobler, Der Gerichtlich Proceß (1542), Bl. CLXXVI[v]; Heyden/Brant/Draudt, Revocirter Richterlicher Klagspiegel (1601), S. 136.

835 Vgl. dazu auch Schott, Die Sitzhaltung des Richters (2006), S. 153–187 sowie Drüppel, Iudex civitatis (1981), S. 296.

836 Vgl. dazu Litewski, Der römisch-kanonische Zivilprozeß (1999), S. 138 f.

837 Gobler, Der Gerichtlich Proceß (1542), Bl. CLXXVI[v]: „*Vnd darauß volgt / daß das endurteyl sol in schrifften gesprochen werden / dann sonst taug das vrteyl nicht*". Vgl. auch Perneder, Gerichtlicher Process (1556), Bl. LXXI[v]; Heyden/Brant/Draudt, Revocirter Richterlicher Klagspiegel (1601), S. 136.

838 Heyden/Brant/Draudt, Revocirter Richterlicher Klagspiegel (1601), S. 136: „*Es ist auch zu wissen / daß ein Vrtheil sechs stu[e]ck in sich haben vnnd begreiffen soll. Erstlich / den Namen deß Richters vnd seines Ampts / Als / ob er eine ordentlicher oder vntersetzter Richter seye. Zum andern soll das Vrtheil inhalten die Namen beyder Partheyen / deß Kla[e]gers vnnd deß Beklagten. Zum dritten / das Begeren so im Recht fu[e]rbracht ist. Zum vierdten / die wesentliche Stu[e]ck deß Gerichtshandels / als / Kriegsbefestigung vnnd der gleichen. Zum fu[e]nfften soll in dem Vrtheil gemeldet werden / daß die Partheyen in o[e]ffnung der Vrtheil / zu gegen / oder durch jhre Vngehorsamkeit abwesend gewesen. Zum sechsten soll das Vrtheil inhalten eine Entledigung oder Verdammung / oder dergleichen etwas*".

839 Vgl. zum Forschungsstand zur Urteilsbegründung Hocks, Gerichtsgeheimnis und Begründungszwang (2002), S. 8–10. Siehe insgesamt dazu auch Sellert, Urteilsbegründung (1986), S. 97–113 sowie Gehrke, Deutsches Reich (1976), S. 1347–1349. Vgl. auch allgemein dazu Werkmüller, Urteilsbegründung, in: HRG[1], Band V (1998), Sp. 611–614.

seit dem 17. Jahrhundert durch.[840] Bei Perneder wurden die Urteilsgründe thematisiert:

> *Jtem es sollen in den vrthailen vnd erkantnussen / die vrsachen so den Richter oder das gericht darzů bewegt nit gemelt werden / Es ist auch gar nit not.* [...] *Doch sein etliche fa[e]ll, darinn die vrsachen der erkantnuß ains tails auch gemelt werden mu[e]ssen.*[841]

Demnach bestätigt diese Quelle das allgemeine Bild einer fehlenden Begründungspflicht zwar generell („*es sollen* [...] *die vrsachen so den Richter oder das gericht darzů bewegt nit gemelt werden*"), allerdings bestanden mit Verweis auf gelehrte Literatur (in der Quelle nicht weiter ausgeführte) Ausnahmen („*sein etliche fa[e]ll* [...] *darinn die vrsachen* [...] *auch gemelt werden mu[e]ssen*"), wonach Urteilsgründe mitzuteilen waren.[842]

Der Aspekt der Urteilsbegründung leitet zum Vorgang der Urteilsbildung als solchem über. Dazu finden sich verschiedene Abschnitte in der Praktikerliteratur, die detailliert ausführen, wie die Urteilsbildung konkret von Statten gehen sollte. Der Richter sollte sich nicht „*an das Geschrey oder ruffen deß Volcks kehren / noch demselben gehorchen*"[843], sondern

> *urtheilen / nach Klag / Antwort / Beweisungen un Kundschafftsage / so vor jhm in Recht bracht ist. Vnnd soll fu[e]rsichtiglich alles fu[e]rbringen / Anzeigunge vnnd Beweisunge*

840 Erst nach § 60 des Jüngsten Reichsabschieds (1654) sollten die Territorialgerichte ihre Entscheidungsgründe in Appellationssachen dem Reichskammergericht mitteilen: „*daß der iudex a quo seine rationes decidendi mit und neben den actis prioribus, bey Straff zweyer Marck lo[e]thiges Golds, zum Cammer=Gericht verpitschirt einschicke*". Zit. nach Schmauss/von Senckenberg, Sammlung der Reichs-Abschiede, Band 3 (1747), S. 652. Im Gegensatz dazu finden sich in italienischen Entscheidungssammlungen bereits im 16. Jahrhundert die Entscheidungsgründe mitabgedruckt. Vgl. dazu Lepsius, Von Zweifeln zur Überzeugung (2003), S. 397 f.

841 Perneder, Gerichtlicher Process (1556), Bl. LXXII^{v}.

842 Dies ergibt sich ebenfalls bei Gobler, Der Gerichtlich Proceß (1542), Bl. CLXXVIII^{v} f., der die Stelle, aus der sich die Ausnahmen ergeben, allegiert: „*Vnnd wo es der Richter vmbgehen kann / so ist es gůt daß er in seinem vrteyl keine vrsache setze was jn bewegt daß er den beclagten vrteyle / oder von der clage loß zele* [...] *Denn wo dieselbige vrsache jrrig vn nicht bestendig were / so wurde damit das vrteyl als nichtig beredt vn angefochten* [...] *Wiewol die glo. alda super uerbo exprimantur, sagt / der Richter mo[e]ge seine vrsach die jnen zu vrteiln bewegt ins vrteil wol setzen. Vn so es nun gleich in gefallen des Richters stu[e]nde daß er die vrsache darein setzen mo[e]cht oder nicht / dennoch würden im Rechten Siben felle befunden / darinn der Richter die vrsache ins vrteyl setzen můß / de quo per Abba. in d.c.sicut. nobis. extra de senetn.&re iud. welche alhie zusetzen das thůn verzihen wollten / ein ieder mag die alda sůchen vnd lesen*".

843 Heyden/Brant/Draudt, Revocirter Richterlicher Klagspiegel (1601), S. 41.

ergru[e]nden / vergleichen vnnd wol erkleren / Vnnd dann sein Gemu[e]t darauß fassen unnd Urtheil sprechen [...].[844]

Auch Damhouders *Practica* beschrieb eine ideale Urteilsfindung des Richters. Der Richter sollte seine Pflicht erfüllen, indem er das Vorbringen beider Seiten mit scharfem Verstand miteinander abglich und sich mit „*zeitlichem vorbedachtem raht*" letztendlich so entschied, dass es für beide Parteien billig und recht war. Dabei sollte er sich nicht an Vermutungen („*vermuthung*", was die sog. praesumptiones aus der römisch-kanonischen Beweislehre bezeichnet) orientieren, sondern seine Entscheidung auf Beweisen und Normen gründen.[845] Ähnlich dieser Vorgehensart, stellte der Autor Vigelius in seinem *Richterbüchlein* auf zwei Aspekte zur Urteilsbildung ab, die einer Relation im modernen Sinne nahekommen. Dabei griff er zunächst die Rechtsnormbindung auf: Der Richter sollte den streitigen „*Hauptartickel*" vor Augen haben, also die entscheidende Rechtsnorm und den streitigen Tatsachenvortrag kennen, und erstere dann anhand der bewiesenen Tatsachen anwenden.[846] Nach Perneder sollte der Richter bei seiner Urteilsfindung „*in allwege die billigkait mehr / dann die scherpffe der recht bedencken / vnd vor augen haben*".[847] Im *Revocirten Klagspiegel* wurde das Richteramt anhand zweier Konzepte – „*nobile*" und „*mercenarium*" – charakterisiert, womit die bei Perneder angesprochene Dialektik zwischen Billigkeit und Parteivorbringen ebenfalls berührt wurde.[848] Wenn eine Partei die für sie vorteilhaftige Norm nicht kannte, sich aber auf einen Sachverhalt berief, der diese erfüllte, dann sollte der Richter die Norm im Sinn der Partei anwenden.[849]

---

844 Heyden/Brant/Draudt, Revocirter Richterlicher Klagspiegel (1601), S. 136.

845 Damhouder, Practica gerichtlicher handlunge (1575), S. 3.

846 Vigelius, Richterbüchlein (1578), Bl. 51 f.

847 Perneder, Gerichtlicher Process (1556), Bl. CCV^{v}.

848 Heyden/Brant/Draudt, Revocirter Richterlicher Klagspiegel (1601), S. 36. Unter dem Stichwort des „*officium nobile*" wurde die Pflicht des Richters beschrieben, beim Fehlen einer entsprechenden Actio für die Partei tätig zu werden, während unter dem „*officium mercenarium*" die „verschiedensten Handlungen zusammengefasst [wurden], die dem Richter im Laufe des Prozesses oblagen". Siehe dazu Nörr, Romanisch-kanonisches Prozessrecht (2012), S. 54–57, Zitat S. 56. Vgl. zum „*officium nobile*" und zum „*officium mercenarium*" in einem Zusammenhang aus der Rechtspraxis auch Isenmann, Gelehrte Juristen und das Prozeßgeschehen (2006), S. 358, Anm. 172.

849 Heyden/Brant/Draudt, Revocirter Richterlicher Klagspiegel (1601), S. 40.

7. Zusammenfassung

Die ungelehrten Rechtspraktiker der weltlichen Rechtspflege sahen sich im 16. Jahrhundert vielfach mit den gelehrten Rechten der Rechtswissenschaft konfrontiert. Über Umgestaltungen in der Gerichtsverfassung gelangten zunächst gelehrte Juristen in die oberen Instanzen der weltlichen Rechtspflege. Durch die Errichtung von Instanzenzügen und der damit eröffneten Möglichkeit der Appellation erlangten diese infolgedessen die Deutungshoheit über schwierige Rechtsfälle, die durch die Instanzen gingen. Die Rechtsprechung gelehrter Juristen entfaltete ihre Wirkung auf die Rechtspflege allerdings nicht ausschließlich über die Appellationsinstanz. Zusätzlich trug die verbreitete Praxis der Aktenversendung, bei der komplexe Rechtsfälle an Experten delegiert wurden, dazu bei, dass gelehrte Rechtskenntnisse in der weltlichen Rechtspflege zur Anwendung kamen. Nicht nur Richtern, sondern auch Rechtsbeiständen gegenüber wurde die Forderung erhoben, in Zweifelsfällen Expertenrat einzuholen, wie die Praktikerliteratur und andere Rechtsquellen deutlich belegen. Obwohl dies im Untersuchungszeitraum noch nicht exklusiv gelehrter Rat gewesen sein muss, lag diesen Entwicklungen dennoch ein Dogma zu Grunde, nach welchem Kenntnisse des römisch-kanonischen Rechts besonders dazu zu befähigten, adäquate juristische Entscheidungen zu treffen.

Zum Ausdruck kam diese Vorstellung, indem „Laienrichter" (Richter ohne Rechtsstudium) sowie unterdurchschnittlich kompetente Rechtsbeistände in der Praktikerliteratur für ihre willkürliche Ausübung der Rechtspflege kritisiert wurden. Gleichzeitig wurde dem Problem einer willkürlichen Rechtspflege über eine postulierte Bindung an Rechtsnormen begegnet, die sich für die ungelehrten Rechtspraktiker des Untersuchungszeitraums insbesondere darin konkretisierte, die Einhaltung eines römisch-kanonischen Grundsätzen entsprechenden Verfahrensablaufs von Rechtspraktikern zu fordern. Zusätzlich zur „Verständigkeit", „Erfahrung" und der damit verbundenen Kenntnis der Rechtssprache als Kernkompetenzen von Rechtspraktikern, trat insofern das Erfordernis hinzu, römisch-kanonisches Prozessrecht zu kennen, es dementsprechend zu rezipieren und anzuwenden, da anderenfalls die Nichtigkeit des Verfahrens drohte.

Hinsichtlich der Rezeption römisch-kanonischen Rechts wird daraus ersichtlich, dass sich ein rechtlicher Vermittlungsbedarf konstituierte, dem durch die untersuchte Praktikerliteratur, welche römisch-kanonisches Prozessrecht in deutsche Sprache überführte, Rechnung getragen werden konnte. Die Spannung zwischen ungelehrter Rechtspflege einerseits und dem Postulat von der Vorteilhaftigkeit des gelehrten Rechts andererseits wirkte sich, wie gezeigt werden konnte, auf die Rechtspraktiker insbesondere auf dem Gebiet des Prozessrechts aus. Dessen Kenntnis konnte im Gegensatz zur materiellen Rechtsentscheidung nicht durch Einholung von Rechtsrat auf Experten verlagert werden, sondern gehörte unmittelbar dem Pflichtenkreis der Ämter der Rechtspraktiker an. Unter anderem sind die prozessualen Abschnitte der Ladung, litis contestatio, Beweislehre sowie der Vorgaben zum Urteil, den Rechtspraktikern nahegebracht worden und erleichterten auch in Ermangelung von ausreichenden Lateinkenntnissen das Verständnis eines Verfahrens nach römisch-kanonischen Prozessrecht.

Damit zeigt sich, dass die Sichtweise, welche die Rezeption des römisch-kanonischen Rechts in der weltlichen Rechtspflege ausschließlich durch einen Einzug gelehrter Juristen zu verstehen versucht,[850] unvollständig ist. Natürlich nahm der Typus des gelehrten Rechtspraktikers in der weltlichen Rechtspflege für die Geschichte der Rezeption des römisch-kanonischen Rechts eine herausragende Rolle ein. Allerdings gingen von dem allmählichen Aufkommen einer gelehrten Rechtsprechung starke Einflüsse auf die ungelehrte Rechtspflege aus, die sich auf dem Gebiet der erforderlichen Rechtskenntnisse in der deutschsprachigen Praktikerliteratur manifestieren. Hierin stellten die Autoren unter Anpassung des Stoffes an einen deutschsprachigen Adressatenkreis römisch-kanonische Grundkenntnisse und Anwendungswissen für die Rechtspraxis dar. Für ungelehrte Rechtspraktiker stand mit dieser Literatur ein außeruniversitärer Kanal der Rechtserkenntnis offen, welcher ihnen den Zugang zu römisch-kanonischem Recht und dabei insbesondere dem Prozessrecht ermöglichte.

IV. Die Amtsethik der Rechtspraktiker

Generell besteht Amtsethik aus einem „Diskurs der angewandten Ethik, in dem ethische Prinzipien auf einen bestimmten Bereich übertragen werden".[851] Zusätzlich zu den universellen persönlichen, zulassungsbeschränkend wirkenden Bestimmungen und der juristischen Fachkompetenz tritt in den Quellen ein weiteres Anforderungsbündel an die Rechtspraktiker hervor, das sich als eine Forderung nach bestimmten Verhaltensweisen, die von ethischen Maßstäben geleitet werden, mithin als angewandte Ethik, beschreiben lässt.[852] Den speziell auf

850 Siehe dazu oben *Dritter Teil, III, 1,* S. 137.

851 Definition nach Sedmak, Konturen einer Amtsethik (2009), S. 154.

852 Dazu, inwiefern ethische Maßstäbe Bestandteil des Professionalisierungskonzepts sind, siehe oben *Zweiter Teil, I, 4,* S. 38 f. Vgl. dazu auch Fisch, Beamtenethik und Beamtenethos (2000), S. 166, wonach das Ethos im Selbstbewusstsein der eigenen Rolle wurzelt.

die rechtspraktische Tätigkeit ausgerichteten Handlungsweisen lagen ethische Vorgaben zu Grunde, die in den untersuchten Quellen gemeinsam im Kontext mit der Beschreibung der rechtspraktischen Ämter thematisiert wurden. Diese ethisch begründeten Argumentationsmuster werden im Folgenden als Ausprägungen einer Amtsethik für Rechtspraktiker verstanden.[853] Dabei handelt es sich nicht um ein elaboriertes amtsethisches Konzept,[854] sondern um den praktischen Bereich von ethischen Vorgaben innerhalb der Praktikerliteratur, der in einem engen Zusammenhang mit der Ausübung der Amtspflichten von Rechtspraktikern stand. Diese Vorstellungen konturieren das Feld der Amtsethik für Rechtspraktiker und verdeutlichen, inwiefern deren Tätigkeitsfelder nicht nur auf einer fachlich-juristischen Ebene normiert, sondern zusätzlich von einem ethisch-normativem Fundament geprägt waren.[855] Daraus erwuchsen Handlungsmuster und

853 Bisherige deutschsprachige rechtshistorische Untersuchungen zur Ethik wandten sich anderen Figuren als Rechtspraktikern zu. STOLLEIS, Grundzüge der Beamtenethik (1550–1650), Die Verwaltung 13 (1980), S. 447–475 sowie HEYEN, Beamtenethik 1650–1700, HZ, Band 280 (2005), S. 345–380, haben Räte und Fürstendiener, also eher „obrigkeitliche" Amtsträger im Blick, als die speziell in der Rechtspflege tätigen Rechtspraktiker. Insofern ist eine solche Beamtenethik von der hiesigen, auf Rechtspflege ausgerichteten Amtsethik, zu unterscheiden. Für das Mittelalter liegen dazu einschlägige Arbeiten vor. Vgl. BRUNDAGE, Problems in Legal Ethics (2008), S. 857–874; BRUNDAGE, The advocate's dilemma (2006), S. 201–210; BRUNDAGE, Ambidextrous Advocate (2003), S. 39–56; BRUNDAGE, Ethical Ideals (1997), S. 793–805 sowie BRUNDAGE, Client's Judge (1994), S. 591–607. In genereller Hinsicht wurden die „moral obligations" von juristischen Amtsträgern untersucht von SHEPPARD, Moral Obligations (2009), insb. S. 136–178.

854 Ein Höhepunkt der Literatur zur Advokatenethik ist am Ende des 17. und Anfang des 18. Jahrhunderts auszumachen. Vgl. dazu SCHUMANN, Von teuflischen Anwälten (2011), S. 469 m. w. N. Vgl. zu Verteidigungsschriften, die seit dem 17. Jahrhundert ein anwaltliches Standesethos entwerfen, auch HERBERGER, Juristen, böse Christen, in: HRG[1], Band II (1978), Sp. 483. Grundlegende Aspekte zur Advokatenethik finden sich in juristischen Praktikerhandbüchern seit etwa der zweiten Hälfte des 13. Jahrhunderts. Vgl. dazu BRUNDAGE, The advocate's dilemma (2006), S. 206 f. Siehe für die spätere Literatur zur Richterethik DÖHRING, Rechtspflege (1953), S. 93–96, insb. S. 93 Anm. 183 und für die Literatur zur Ethik von Rechtsbeiständen WEISSLER, Geschichte der Rechtsanwaltschaft (1905; ND 1967), S. 249–260. Vgl. zu juristischen Dissertationen, die sich in der Frühen Neuzeit mit Advokaten und ihrer Amtsethik beschäftigen FUCHS, Darf der Advokat lügen?, AnwBl 39 (1989), S. 354.

855 Nach STOLLEIS, Grundzüge der Beamtenethik (1550–1650), Die Verwaltung 13 (1980), S. 449, wohnt der Ethik eine lenkende Funktion inne, die dort eingreift, wo andere Kontrollen fehlen.

Standards eines pflichtgemäßen Handelns, deren Beachtung in der Rechtspflege gefordert und für deren Einhaltung mit diversen Mitteln gesorgt wurde. Im Folgenden wird in der Darstellung zwischen Richtern und Rechtsbeiständen unterschieden, weil den sich voneinander unterscheidenden Tätigkeitsfeldern auch verschiedenartige amtsethische Vorgaben zu Grunde lagen.

Richterliche Amtsethik (1.) steht stets unter dem Postulat der Gerechtigkeit und lässt sich – auf einen Punkt zurückgeführt – mit der Forderung nach dieser allgemeinen Tugend beschreiben, die seit jeher das Bild der Rechtsprechung bestimmt hat: der Tugend der Gerechtigkeit.[856] Gerechtigkeitserwägungen prägen die Beschreibungen des Richteramts in den Quellen.[857] Im folgenden Abschnitt soll dieser vielschichtige Begriff anhand der Praktikerliteratur kontextualisiert werden.[858]

---

856 Vgl. zum Ideal des gerechten Richters Schumann, Von teuflischen Anwälten (2011), S. 440–456. Vgl. dazu auch Schempf, Richter, in: Enzyklopädie des Märchens, Band 11 (2004), Sp. 656–658. Siehe allgemein zur Maxime der Gerechtigkeit als Verpflichtung juristischer Amtsträger Sheppard, Moral Obligations (2009), S. 249 f.

857 Um nur vier kurze Beispiele zu nennen: Rotschitz, Processus Juris deutzsch (1543), Bl. LXV[v]: „*Daru[e]mb betrachte ein yeder Richter / das ehr vor seinem vrtel die gerechtigkeyt der part auffs fleissigiste betrachte*". Knaust, Gerichtlicher Fewerzeugk (1562), Kapitel I (unpaginiert): Der Richter „*hat seinen namen vom Recht oder Richtigkeyt / Denn er soll Richtig vnnd Recht mit den Sachen vmbgehen / vnd in seinem Ampt gerecht sein*". Lauterbeck, Regentenbuch (1559), Bl. CXCVI[v]: „*Es sol aber ein Richter nichts anders sein / denn ein Fursteher vnd Beschu[e]tzer der Gerechtigkeit*". In einer Sachsenspiegel-Glosse von 1517 heißt es: „*Die gerechtigkeit sal er furen und sal des recht nicht lassen durch liebe ader durch leid*", zit. nach Schilling, Sachsenspiegel-Glosse (1931), S. 60.

858 Nach Gobler, Der Rechten Spiegel (1550), Bl. 1[r], hat die Gerechtigkeit als Tugend einen besonders hohen Stellenwert: „*So ist ie die Gerechtigkeyt / [...] billich hoch zuloben vnd zu ehren / als die alle andere Tugenten / [...] inn ir hat vnd begreifft / vnd über alle ande tugenten empor schwebet*". Diese Vorstellung entsprach ciceronianischem Gedankengut. Vgl. dazu die zeitgenössische Übertragung von Neuber/Schwarzenberg, Officia (1535), Bl. V[r], worin sich neben der Randbemerkung „*Das inn der grechtigkeit die tugennt allermayst stehe*" folgender Text findet: „*vnder disen dreyen tugenden ist die gerechtigkayt [...] am offenbarsten vnd scheynbarsten*". Ähnlich dazu Damhouder, Practica gerichtlicher handlunge (1575), S. 26: „*Vber das / so erstrecket sich die Gerechtigkeit auff alle Tugendten*". Diese Vorstellung wurzelte in aristotelischem Denken, vgl. dazu Waldstein, Juristische Relevanz der Gerechtigkeit (1996), S. 16 f., 44–48. Vgl. zu Justitia „als Gesamte aller Tugenden" auch Schild, Verwissenschaftlichung (1994), S. 252 sowie allgemein zu verschiedenen ikonographischen Dimensionen von Gerechtigkeit Schild, Bilder (1995), S. 10–15.

Dabei geht es primär um die Frage, in welchen Ausprägungen sich die Tugend der Gerechtigkeit als Amtsethik darstellte und welche praktischen Konsequenzen für das Berufsbild daraus folgten. Konkret operierte die richterliche Amtsethik mit einer christlichen Metaphorik und stellte auf Vorstellungen von Gottesfurcht und Jüngstem Gericht ab (a.). Sie wirkte sich auf Fragen der Befangenheit und Bestechlichkeit aus (b.) sowie etwa auch auf die Legitimation des Rechtsinstituts des rechtlichen Gehörs (c.).

Die Einhaltung ethischer Vorgaben wurde nicht nur von Richtern, sondern auch von Rechtsbeiständen (2.) erwartet. Dies verdeutlicht eine aus der Antike stammende Metaphorik zur Ehrhaftigkeit dieser Tätigkeit, die in der Praktikerliteratur damit verknüpft wurde, dass die Amtsführung ethischen Standards entsprechen musste (a.). Konkret hieß dies einerseits, die Interessen der vertretenen Partei zu fördern und zu wahren, wobei die Pflicht zur Geheimniswahrung und das Verbot des Parteiverrats im Zentrum standen (b.). Andererseits trat dabei die Forderung nach einer redlichen, der Gerechtigkeit verpflichteten Prozessführung, hinzu (c.). Die Zusammenfassung (3.) resümiert die amtsethischen Vorgaben von Richtern und Rechtsbeiständen.

1. Richter

a. Gerechtigkeit, Gottesfurcht und Jüngstes Gericht

Die richterliche Amtsethik war im Mittelalter in christliche Vorstellungen eingebettet. Gott stellte den zentralen Bezugspunkt vieler amtsethischer Gerechtigkeitserwägungen dar. Bereits das am stärksten verbreitete mittelalterliche Rechtsbuch – der Sachsenspiegel – stellte Gott und Recht in unmittelbare Nähe zueinander, was sich an dem Sachsenspiegelprolog: „*Gott ist selber Recht. Deswegen ist ihm Recht lieb*“ ablesen lässt.[859] Weiter heißt es dort:

> *Darum sollen sich alle diejenigen vorsehen, denen Gericht von Gottes wegen anbefohlen ist, daß sie so richten, daß Gottes Zorn und sein Gericht gnädig über sie ergehen kann.*[860]

---

859 Übersetzung nach Kaller, Sachsenspiegel Übersetzung (2002), S. 17. Schumann, Von teuflischen Anwälten (2011), S. 449 Anm. 60, schlägt eine weitere, angesichts des weiten semantischen Feldes des mittelhochdeutschen Begriffs „recht“ angemessene Deutung, dieser Sätze vor: „Gott selbst ist gerecht und darum liebt er die Gerechtigkeit“. Vgl. zur adjektivischen Übersetzung von *recht* (statt Recht: gerecht) Otte, „Got is selve recht“ (2008), S. 163–172.

860 Übersetzung nach Kaller, Sachsenspiegel Übersetzung (2002), S. 17.

Mit dem Verweis auf das Gericht Gottes, waren die mittelalterlichen Richter dazu angehalten, ihr Richteramt pflichtgemäß auszuüben. Im Schwabenspiegel, der eine an die vier Kardinaltugenden angelehnte Tugendlehre für Richter entfaltet,[861] manifestiert sich der Zusammenhang von Gott und Richter insoweit noch prägnanter, als der Richter, der ein unrechtes Urteil erteilte „*Gottes Wohlwollen und Gottes Huld*" verlor.[862] Später führte auch die Buch'sche Glosse dieses Thema fort.[863] Im Prolog der Buch'schen Glosse heißt es dazu:

> *Bewahren wir so das Recht, sind wir gerechte Richter.*
> *Bleibt die Gottesfurcht in uns, so sind wir ohne Falsch.*
> *Diesen Willen und diese Macht lasse Gott der Götter wachsen.*
> *Ich bitte, gebe diese Einsicht den Richtern der Sachsen.*[864]

Die Praktikerliteratur des 16. Jahrhunderts blieb dieser spätmittelalterlichen Tradition gewissermaßen verhaftet und nannte bei den Richtereigenschaften Gottesfurcht an erster Stelle. So betont Knaust etwa, dass der Richter seinen Namen von Recht und Gerechtigkeit hat[865]:

> *Denn er soll richtig und recht mit den Sachen umbgehen / und in seinem Ampt gerecht seyn / Gott den H E R R N förchten / und alle zeit vor Augen haben. Sonst wer er deß Ampts unwirdig.*[866]

---

861 Vgl. dazu SCHUMANN, Von teuflischen Anwälten (2011), S. 441 f. Sie wurden auch im 16. Jahrhundert in sächsischen Rechtsquellen tradiert. Vgl. dazu LÜCK, Die kursächsische Gerichtsverfassung (1997), S. 234.

862 Vgl. Swsp. LandR. I, 86b: „Und welcher Richter ein unrechtes Urteil erteilt oder anderen Leuten gestattet, daß sie unrechte Urteile sprechen, ob er das nun aus Haß oder gegen Bezahlung tut, der verliert Gottes Wohlwollen und Gottes Huld". Übersetzung nach DERSCHKA, Der Schwabenspiegel (2002), S. 73. Vgl. ferner dazu BROSS, Appellationsbestimmungen (1973), S. 78 f.

863 In der Glosse zum Sachsenspiegel wird der Aspekt hervorgehoben, dass der Richter Gottes Amt wahrnimmt und dass Gott selbst über den Richter zu Gericht sitze: „*wen dy richter syt dar in godes stede*". Zit. nach SCHILLING, Sachsenspiegel-Glosse (1931), S. 59. Vgl. näher dazu auch KANNOWSKI, Buch'sche Glosse (2007), S. 127 f. m. w. N., 130.

864 Übersetzung nach KANNOWSKI, Buch'sche Glosse (2007), S. 107. Vgl. die Verweise auf Gott im sächsischen Rechtskreis im 16. Jahrhundert in den Quellen bei LÜCK, Unterweisung (2008), S. 100.

865 Vgl. dazu auch LÜCK, Unterweisung (2008), S. 99.

866 KNAUST, Gerichtlicher Fewerzeugk (1562), Kapitel I (unpaginiert).

Ähnlich argumentiert Damhouder: „*Der Richter tregt Gottes und der Gerechtigkeit ampt und person*".[867] Mit solchen Verweisen argumentierten zudem legislative Rechtstexte der Zeit, wie etwa die Hofgerichtsordnung Sachsens von 1598, die in Anlehnung an die Bibelstelle 2. Chronik, 19, die Richter warnte:

> *Sehet zu / ihr Richter / was ihr thut / denn ihr haltet das Gerichte nicht den Menschen / Sondern dem Herrn / und Er ist mit euch im Gerichte / Darumb lasset die Furcht deß Herrn bey euch sein / unnd hu[e]tet euch / unnd thuts / Denn bey dem Herrn /unserm Gott / ist kein Unrecht / noch ansehen der Personen / noch annemen des Geschencks /.*[868]

Die damalig allgegenwärtige Forderung nach Gottesfurcht resultierte in einem damit zusammenhängenden Aspekt richterlicher Amtsethik: dem sog. Jüngsten Gericht. Hierbei wirkte die Idee von einem göttlichen Gericht nach dem Tod „prägend für die Gestalt des gerechten Richters",[869] indem dem irdischen Gericht ein göttliches Gericht gegenübergestellt wurde, in welchem Gott über die Entscheidungen der irdischen Richter urteilte.[870] Die dem Jüngsten Gericht zu Grunde liegende Vorstellung, Gott selbst urteilte über die Tätigkeit des Richters bei Gericht und strafte so jede Nachlässigkeit, geht auf Matth. Kap. 25, Vers 31–35 und auf Ps. 57, 2 (58,2) zurück.[871] In Anbetracht der sie erwartenden göttlichen Instanz durften die irdischen Richter demnach niemals bewusst ungerechte Urteile erteilen.

Das Jüngste Gericht war ebenfalls bereits im Sachsenspiegel thematisiert worden, bevor die Praktikerliteratur die christlichen Gedanken weitertradierte.[872]

---

867 Damhouder, Practica gerichtlicher handlunge (1575), S. 2: „*DIE Richter tragen in Gerichten nicht jr selbst / sonder Gottes vnd der Gerechtigkeit Ampt vnd Person / welches ich wolt / daß die es nur so wol glaubten / vnd sich dessen gantz vnd gar bereden / so gantz vnd gar gewiß als es ist*".

868 Hofgerichtsordnung Sachsen (1598), Bl. Aii^{r}. Siehe dazu auch das Kölner Stadtrecht (1570), S. 136: „*Es sollen auch die Richter / vnd Urtheilsprecher zu jeden zeiten / dem Alma[e]chtigen Gott / vnnd in allen sachen die Warheit so viel mu[e]glich von beyden Partheyen gru[e]ndtlich erfragen / vnd alle dinge vor dem Urtheil berathlich erwege / wie sie am Ju[e]ngsten tage / auch ihrem obern vnd menniglich darumb antwoert geben sollen*".

869 Schempf, Richter, in: Enzyklopädie des Märchens, Band 11 (2004), Sp. 655 f.

870 Vgl. dazu Schumann, Von teuflischen Anwälten (2011), S. 447–450.

871 Döhring, Rechtspflege (1953), S. 88; Schulze, Adaption eines Weltgerichtsspiels, Daphnis 23 (1994), S. 254. Einen weiteren Bibelbezug zu dieser Thematik stellt Kannowski, Buch'sche Glosse (2007), S. 128 über die Bergpredigt her. Vgl. allgemein zur Entwicklung der Vorstellung vom Jüngsten Gericht und ihrer Wirkung Brand, Das Jüngste Gericht (2005), S. 155–180.

872 Vgl. dazu Schumann, Von teuflischen Anwälten (2011), S. 448 f. Vgl. zur Symbolik des Jüngsten Gerichts im Sachsenspiegel Bertelsmeier-Kierst, Kommunikation und

Unter den Werken der Praktikerliteratur greift Tennglers *Laienspiegel* das Motiv des Jüngsten Gerichts am deutlichsten auf; nicht nur weil der Text eindringlich die Notwendigkeit beschreibt, die Rechtspraktiker an das Jüngste Gericht zu erinnern[873], sondern weil der *Laienspiegel* zusätzlich die Abschnitte eines sog. Teufelsprozesses und eines sog. Weltgerichtsspiels enthält, in denen juristisch-literarische Verhandlungen vor einem göttlichen Gericht stattfanden.[874]

Unter Bezugnahme auf Gerechtigkeit geht auch Rotschitz auf das Jüngste Gericht ein:

> *Daru[e]mb betrachte ein yeder Richter / das er vor seinem vrtel die gerechtigkeyt der part auffs fleissigiste betrachte / vn ym vrteil Gott dem Herren alleyne vor seynen augen habe / auff das ehr alhie das vergenckliche / vnd dort das ewige Gericht entpflihen magk.*[875]

Insgesamt sind die Ausführungen zu Gerechtigkeit, Gottesfurcht und Jüngstem Gericht über einen langen Zeitraum beständig in den spätmittelalterlichen und frühneuzeitlichen Rechtsquellen zu finden. Sie stehen in der Praktikerliteratur in einem derart engen Bezug zum Richteramt, dass man sie als einen übergeordneten Rahmen richterlicher Amtsethik begreifen kann.[876] Dabei blieb es nicht bei

---

Herrschaft (2008), S. 122 f. Vgl. zu diesbezüglichen Parallelen zwischen Sachsenspiegel und Laienspiegel Schulze, Adaption eines Weltgerichtsspiels, Daphnis 23 (1994), S. 238–250. Vgl. zur Ermahnung an Richter vor der Strafe Gottes in der Buch'schen Glosse auch Kannowski, Buch'sche Glosse (2007), S. 128.

873 Tenngler, Der neü Laienspiegel (1511), Bl. 234v: „*Das des jungsten gerichts einbildungen nützlich sein.* […] *Wann es geben zů zeiten die vrtailer ainer parthey nach jrem ansehen recht / der im hertzen nach götlicher erkantnuß vnrecht hat. darumb sol ain yeder richter das aller grausamlichst gericht gottes wol bedencken vnd vor augen haben / das ob im ist / der gerecht zornig richter.* […] *Wie soll oder mag ain zeitlicher richter ain annder vrtail am jungsten gericht empfahen / dann nach dem er im zeit geurtailt / vnd gericht / also würt er auch vmb das vnrecht in ewige peen / aber von der gerechtigkait wegen die er hye gesůcht vnd gebraucht hat / mit ewigen fröden belonet / da die englisch scharen / auch alle ausserwelten on vnderloß got loben vnd singen*". Vgl. zur Wirkung dieser Ermahnung Schulze, Adaption eines Weltgerichtsspiels, Daphnis 23 (1994), S. 254–257, 285 f.

874 Dabei handelte es sich um eine besonders eingängige, fast spielerische Art, die Leser mit dem römisch-kanonischen Verfahrensrecht vertraut zu machen. Vgl. insgesamt dazu Schumann, Wissensvermittlung (2012). Siehe speziell zu Tenngler und dem sog. Weltgerichtsspiel Schulze, Weltgerichtsspiel als literarisches Konzept (2011), S. 475–490 sowie Schäufele, Bedeutung der Weltgerichtsspiele (2011), S. 491–520.

875 Rotschitz, Processus Juris deutzsch (1543), Bl. LXVv.

876 Vgl. dazu Ostwaldt, Aequitas und Justitia (2009), S. 157–159, wonach das frühneuzeitliche Richterideal in der christlichen Ethik verankert ist. Eine Säkularisierung

schriftlichen Warnungen, denn die Vorstellung vom Jüngsten Gericht eignete sich bestens dazu, in Bildform als Ermahnung zu dienen, was auch in der Praktikerliteratur thematisiert wurde.[877] Entsprechend forderte König unter Berufung auf die Glosse zum sächsischen Weichbildrecht, dass sich Richter solche Bilder malen lassen sollten.[878] Die Praxis, Bilder vom Jüngsten Gericht an den entsprechenden Gerichten aufzuhängen und somit an das Gewissen der Beteiligten zu appellieren,[879] beschreibt auch Tenngler:

> *an mer enden ain lo[e]blicher gebrauch ist / das man gewonlich in den radts stuben / vnd bey gerichts stetten / da über das blůt vnd ander sachen geurtailt / ayd gesworn / vn ander gerichtlich / peinlich vn burgerlich sachen gehandelt / die figurn des jungsten gerichts tůt fürpilden / auf das ain yeder. es sein richter.vrtailer.radtgeben.zeügen o8 ander gerichtz*

---

fand auch noch in der zweiten Hälfte des 17. Jahrhunderts nicht statt. So HEYEN, Beamtenethik 1650–1700, HZ, Band 280 (2005), S. 373. Vgl. zur theokratischen Auffassung vom Richteramt bei Olavus Petri, einem schwedischen Autor im 16. Jahrhundert, SCHMIDT, Richterregeln (1966), S. 87–89. Siehe zur Gottesfurcht bei Amtmännern des 17. und 18. Jahrhunderts auch AGENA, Der Amtmann (1972), S. 153 f.

877 Zu Gerichtsbildern vgl. SCHUMANN, Von teuflischen Anwälten (2011), S. 447 f.; KNUST, Vorbild der Gerechtigkeit (2007), S. 183–189. Siehe auch MARTYN, Painted *Exempla Iustitiae* (2006), S. 335–356 m. w. N. und SCHULZE, Adaption eines Weltgerichtsspiels, Daphnis 23 (1994), S. 254 m. w. N. Vgl. ferner zu Gott als Richter und zu Gerechtigkeitsbildern PLEISTER/SCHILD (HRSG.), Recht und Gerechtigkeit im Spiegel (1988), S. 44–171, sowie insgesamt zu Gerechtigkeitsbildern SCHILD, Bilder (1995). Siehe zu Bildmotiven von Richtertugenden die rechtsikonographische Untersuchung von OSTWALDT, Aequitas und Justitia (2009), S. 99–130 sowie ebenfalls zu Richtern SCHEMPF, Iudicium corruptum (2003), S. 53–69. Vgl. aus der älteren Literatur LEDERLE-GRIEGER, Gerechtigkeitsdarstellungen (1937).

878 KÖNIG, Processus und Practica (1541), Bl. XXX[r]: „*O du Richter / bis ein gleicher vnd rechter Richter / vnd habe fu[e]r augen das gestrenge vnd ernste Gericht vnsers Herrn Jesu Christi. Darumb sagt die glo. Weich. art. xvi. colum viii. das ein jder Richter sol das ernste Gerichte vnseres Herrn Christi fu[e]r sich malen lassen*".

879 Eine Appellwirkung an das richterliche Gewissen wurde nicht ausschließlich durch Bilder des Jüngsten Gerichts erzielt. Trotz entsprechender Bitten der Richter am Berliner Kammergericht gegen Mitte des 17. Jahrhunderts, blieb eine Abbildung der Geschichte vom Urteil des Kambyses, wonach dieser einen korrupten Richter töten ließ und zur Ermahnung des Nachfolgers den Richterstuhl mit der Haut des Vorgängers beziehen ließ, beinahe ein Jahrhundert im Sitzungssaal hängen. Vgl. dazu SELLERT, Richterbestechung (1994), S. 332 m. w. N. Siehe zum Urteil des Kambyses SCHEMPF, Richter, in: Enzyklopädie des Märchens, Band 11 (2004), Sp. 660. Auch die Praktikerliteratur erzählte diese Geschichte, um „*die Richter billich hoch bewegen vnd [zu] schrecken*". Siehe dazu DAMHOUDER, Practica gerichtlicher handlunge (1575), S. 24.

person / allain die gerechtikait so am jungsten tag gebraucht vn erscheinen wirt / vor augen haben vn betrachten sol wie er am jungsten tag volkomen rechnung vnd antwurt geben mu[e]ß /[880]

So sollten nicht nur die Richter, sondern alle Verfahrensbeteiligten („*richter.vrtailer.radtgeben.zeügen o8 ander gerichtz person*") anhand von solchen Gerechtigkeitsbildern an ihre christlich-ethische Verpflichtung erinnert werden, sich am Tag des Jüngsten Gerichts für alle ihre Handlungen und insbesondere die potentiell folgenschweren Handlungen bei Gericht, verantworten zu müssen.

b. Befangenheit und Bestechlichkeit

Hinsichtlich ethischer Vorgaben für Richter verdient die Frage nach der Befangenheit eines Richters besondere Beachtung.[881] Bereits im antiken römischen Recht wurde die Problematik der Befangenheit behandelt, zunächst unter dem Gesichtspunkt des Eigeninteresses, wonach niemand Richter in eigener Sache sein sollte.

Julian sagt, dass notwendigerweise ein anderer Richter bestimmt werden muß, wenn eine der Prozeßparteien den Richter zum Alleinerben oder zum Miterben einsetzt, weil es ungerecht ist, daß jemand Richter in eigener Sache wird.[882]

Die damit verbundene Rechtsregel „*In una enim eadem causa nullus simul potest esse accusator et iudex*" kennzeichnet das Spannungsfeld zwischen unbefangener und unparteilicher Entscheidung einerseits und eigenem Interesse am Streitfall andererseits, wonach es kategorisch ausgeschlossen war, in demselben Fall gleichzeitig als Kläger und Richter zu agieren. Mittelalterliche Rechtsquellen kannten gleichermaßen das Problem der Identität von Kläger und Richter, was sich im *Decretum Gratiani*, wie auch im *Sachsenspiegel* durch entsprechend vorbeugende Regelungen niederschlug.[883] Der Hintergrund solcher Regelungen

880 TENNGLER, Der neü Laienspiegel (1511), Bl. CCXXII^v. Vgl. dazu SCHULZE, Adaption eines Weltgerichtsspiels, Daphnis 23 (1994), S. 255–286.

881 Vgl. im Hinblick auf das Spätmittelalter dazu BATTENBERG/ECKHARDT, Richter in eigener Sache, ZRG-GA 95 (1978), S. 79–114 sowie DRÜPPEL, Iudex civitatis (1981), S. 290–296. Vgl. zur Richterablehnung bei Befangenheit oben *Dritter Teil, II, 2*, S. 129–131.

882 Dig. 5, 1, 17. Übersetzung nach BEHRENDS/KNÜTEL/KUPISCH/SEILER (HRSG.), CIC II, Band I (1997), S. 473.

883 Ssp. LandR III, 53, § 2: „*denn der Richter kann nicht beides, Kläger und Richter, sein*". Übersetzung nach KALLER, Sachsenspiegel Übersetzung (2002), S. 124. Vgl.

lag darin, dass eine unparteiische Rechtsprechung natürlich gefährdet war, wenn ein persönliches Interess des Richters am Ausgang des Streitfalls bestand. Die ethischen Vorgaben in diesem Kontext – ein Urteil solle nicht von persönlichen Gemütsregungen geleitet sein, hatte bereits Isidor von Sevilla (um 560–636) mit den sog. quattour modi: Furcht, Gier, Haß und Liebe beschrieben.[884] Kerngedanke der Regelungen zum Eigeninteresse war, dass ein befangener Richter ungerecht entscheiden könnte.[885] Dies wurde später vom *Revocirten Klagspiegel* aufgegriffen: „*Keiner sol ihm selbst Urtheil oder Recht sprechen / denn solches ist Unbillich vnd Unrecht*".[886]

In einem Fall wurde der Grundsatz, niemals in eigener Sache zu richten, bewusst angepasst: Die einen Richter beleidigende oder verletzende Partei konnte von demselben Richter dafür bestraft werden, was einer ordnungsgemäßen

---

auch das Decretum Gratiani Pars II, Causa II, Quest. I, C. XVII, bei FRIEDBERG, Corpus Iuris Canonici, Band 1 (1879; ND 1955), Sp. 445 f. Wenngleich die Verbote im Hinblick auf die Gerichtsverfassung ergangen sein mögen, wird vorliegend auf den damit einhergehenden Effekt der Vermeidung von Befangenheit abgestellt. Vgl. zum Verbot im Sachsenspiegel und zur weiteren Entwicklung im gelehrten Recht BROSS, Appellationsbestimmungen (1973), S. 83–88. BATTENBERG/ECKHARDT, Richter in eigener Sache, ZRG-GA 95 (1978), S. 85, zeigen anhand von Rechtsfällen, dass für das Spätmittelalter zudem „eine differenzierte deutsche Ausprägung des Grundsatzes, daß niemand Richter in eigener Sache sein könne", bestand.

884 Die „quattour modi" fanden möglicherweise über das Decretum Gratiani und die Buch'sche Glosse Eingang in die Praktikerliteratur. Siehe dazu KANNOWSKI, Buch'sche Glosse (2007), S. 130. Eine weitere über Jahrhunderte hinweg konstante Überlieferung findet sich in den reichsrechtlichen Richtereiden: in Art. 28 des zweiten Mainzer Reichslandfriedens von 1235 und in § 1 der königlichen Kammergerichtsordnung von 1471 zeigen sich erstaunlich nahe beieinander liegende Formulierungen der „quattour modi". Vgl. zu dieser Überlieferungslinie BROSS, Appellationsbestimmungen (1973), S. 88 sowie DRÜPPEL, Iudex civitatis (1981), S. 290 Anm. 87 mit weiteren Quellennachweisen.

885 Tancred (um 1185–1234/36) begründete in seinem einflussreichen Ordo Iudiciarius (um 1216) die Befangenheitsablehnung damit, dass einem befangenen Richter die objektive Urteilsfähigkeit fehle. Vgl. dazu BROSS, Appellationsbestimmungen (1973), S. 71. Vgl. zu Tancreds Werk NÖRR, Literatur (1973). S. 373, 389, m. w. N.

886 HEYDEN/BRANT/DRAUDT, Revocirter Richterlicher Klagspiegel (1601), S. 39. Zur Erläuterung wird ein Erbrechtsfall geschildert, bei welchem der Richter als Erbe eingesetzt wird. Im Streitfall muss dieser durch eine neutrale Person ersetzt werden. Ebd., S. 39: „*Als kann demnach der Richter weiter in dieser Sachen nicht vrtheilen / dieweil er mein Widersacher worden / vn derwegen jm selbst nit Recht sprechen / noch Vrtheil geben kann / sondern es muß ein anderer ersucht werden / welcher zwischen mir vn dem Richter / als jtzo meiner Widerpart / in der Sache spricht vnd vrtheilt*".

Durchführung der Verhandlung diente.[887] Die Auseinandersetzung mit dieser Problematik verdeutlicht, inwiefern ein juristischer Grundsatz mit der zweckdienlichen Anwendung verknüpft wurde, um mit Hilfe einer scheinbaren Ausnahme von der Regel die Ordnung und Durchführung des Gerichtsverfahrens zu garantieren.

Die Praktikerliteratur nahm sich des Problems der Befangenheit insgesamt in höchst unterschiedlichem Maße an: überwiegend erfolgten pauschalisierte Hinweise auf die Unparteilichkeit. Sofern tiefergehende Überlegungen dazu angestellt wurden, orientierten sich diese an der Dogmatik des römisch-kanonischen Rechts. Die teilweise fehlende Thematisierung von Befangenheit in der Praktikerliteratur, könnte auf der Vorstellung fußen, dass ein hinreichender Schutz davor bereits über den Zulassungseid des Richters hergestellt wurde.[888] In Damhouders *Practica,* die sich – wie heutige Fachliteratur zum Thema[889] – anhand von Fallgruppen zur Befangenheit orientierte, wurde allerdings die wohl ausführlichste Beschreibung von Befangenheitsgründen innerhalb der volkssprachlichen Praktikerliteratur des 16. Jahrhunderts gegeben. Aus den dort genannten weitläufigen Fallgruppen ergibt sich, dass nicht nur ein Verfahren in eigener Sache unstatthaft war, sondern ein Richter beispielsweise auch dann nicht tätig werden durfte, wenn Feindschaft vorlag oder eine Gerichtspartei als Hausgenosse, Tischgeselle oder gar Freund des Richters zählte; wenn also die Gefahr bestand, dass eine persönliche Motivlage für das Urteil ausschlaggebend werden könnte.[890] Die Verweise bei Damhouder auf Hostienis[891] (um 1194–1271) und auf Durantis[892] (um 1230–1296) machen deutlich, dass die Kasuistik richterlicher Befangenheit dem römisch-kanonischen Recht entnommen wurde.[893] Die Thematisierung von

---

887 Perneder, Gerichtlicher Process (1556), Bl. IIII^r: *„IN sein selbst sachen / soll niemands Richter sein. Wann aber ain Richter zů der zeit als zů gericht sasse / oder sonst offenlich von jemands mit schmachworten oder mit der that angetast wurde / mag vnd solle er in solchem fall zů gebürlicher handhabung gerichtlicher Oberkait / die straff so von Rechts wegen / auff sollich verbrecher gesetzt / souern dieselb straff in den geschriben satzungen lautter außgedruckt / wol fürnemen*".

888 Vgl. dazu Bross, Appellationsbestimmungen (1973), S. 72 f.

889 Vgl. etwa Schneider, Befangenheitsablehnung (2008), Rn. 455–895.

890 Damhouder, Practica gerichtlicher handlunge (1575), S. 323–329.

891 Siehe Damhouder, Practica gerichtlicher handlunge (1575), S. 326. Vgl. zu den Hauptwerken Hostiensis' Nörr, Literatur (1973), S. 378.

892 Vgl. näher zu Durantis oben *Zweiter Teil, II, 5,* S. 91 f.

893 Insbesondere beschreibt Damhouder den „Iudex suspectus" und den „Iudex inhabilis" – Figuren aus der Befangenheitsdogmatik des römisch-kanonischen Rechts. Vgl. zur gelehrten Befangenheitsdogmatik Battenberg/Eckhardt, Richter in eigener

Befangenheit in der Praktikerliteratur[894] verdeutlicht den generellen Rechtsgedanken: Die Befangenheit sollte vermieden werden, da sie die Neutralität des Richters, seine nötige Distanz im Streitfall und damit ein gerechtes Urteil gefährden konnte. Dem lag letztlich die rechtsethische Überzeugung zu Grunde, dass die Unbefangenheit im Streitfall eine Voraussetzung für die gerechte Entscheidung war.[895]

Eine konkrete Ausprägung des Prinzips der richterlichen Unbefangenheit und Gerechtigkeit ist die Forderung nach einer unbestechlichen Rechtsprechung.[896]

Sache, ZRG-GA 95 (1978), S. 82 f. Der Grundstein für eine ausdifferenzierte Entwicklung des Befangenheitsrechts war bereits im römisch-kanonischen Recht vorhanden. Die heute maßgebliche Lehre von den relativen und absoluten Ausschlussgründen entwickelte sich jedoch erst im 18. und 19. Jahrhundert. Die Unterscheidung zwischen „Iudex suspectus" und „Iudex inhabilis" wurde zu den absoluten und relativen Ausschlussgründen umgearbeitet. Vgl. dazu Vollkommer, Der ablehnbare Richter (2001), S. 59–74; Battenberg/Eckhardt, Richter in eigener Sache, ZRG-GA 95 (1978), S. 80 f.

894 Vgl. etwa Perneder, Gerichtlicher Process (1556), Bl. II^{v}: „*es mag kainer Aduocat und Richter mit ainander sein*". Das Gebot, nicht in eigener Sache tätig zu werden, findet sich ebd. auf Bl. IIII^{r}: „*ITem in sein selbs aigen sachen / kann niemandts Ordenlicher oder willkürlicher schidsrichter sein*".

895 Selbstbeherrschung und unbefangene Sachorientiertheit zählen zu den breit überlieferten Richtertugenden. Vgl. dazu Ostwaldt, Aequitas und Justitia (2009), S. 132–138, wonach die Idee, frei von Emotionen zu entscheiden, bereits in der stoischen Ethik auf Richter übertragen wurde. Seitdem lässt sich die Idealvorstellung von Affektlosigkeit bei der Urteilsfindung in allen Epochen wiederfinden, wie die breite Überlieferung der sog. quattuor modi in Richtereiden belegt. Auch Martin Luther beschrieb die Affektlosigkeit beim Richter als höchstes Ziel. Vgl. dazu Schmidt, Strafrechtspflege (1965; ND 1995), S. 138.

896 Nach Schumann, Von teuflischen Anwälten (2011), S. 443, 450 f., ist Unbestechlichkeit die klassische Richtertugend. Die Vorstellung steht in einer Überlieferungslinie von frühmittelalterlichen bis in frühneuzeitliche Rechtsquellen. Auch in der Literatur ist Bestechlichkeit ein besonders häufiger Vorwurf, der gegenüber Richtern erhoben wird. Vgl. dazu Schempf, Richter, in: Enzyklopädie des Märchens, Band 11 (2004), Sp. 658–660. Vgl. zum Zusammenhang von Bestechlichkeit und Gerechtigkeit auch Sellert, Richterbestechung (1994), S. 330 f. sowie Heyen, Beamtenethik 1650–1700, HZ, Band 280 (2005), S. 364 f. Schon Cicero sprach im Zusammenhang mit Gerechtigkeit in De Officiis, 2, 38, seine besondere Bewunderung für denjenigen aus, „der sich durch Geld nicht bewegen läßt". Übersetzung nach Büchner, Vom Rechten Handeln (1994), S. 171. Vgl. dazu auch Waldstein, Juristische Relevanz der Gerechtigkeit (1996), S. 53.

Demgemäß waren Fälle von Bestechlichkeit Ausdruck der Missachtung von richterlicher Amtsethik und stellten einen Fall des Amtsmissbrauchs dar. Sie konnten sowohl den urteilenden Richter wie auch einfache Schöffen betreffen, da beide als Entscheidungsträger des Urteils dazu beeinflusst werden konnten, zu Gunsten einer Partei entgegen der Rechtslage zu entscheiden. Dies konstituiert den Kern von Bestechlichkeit, sie ist „Rechtsbeugung zu Gunsten der den wirtschaftlichen Vorteil gewährenden Partei".[897]

Die Wurzeln der Vorstellung, dass Richter unbestechlich sein sollten, reichen abermals bis in die Antike zurück. Im Codex des CIC wird Unbestechlichkeit von Richtern verlangt und in den Digesten (*De lege Julia repetundarum*) wird die Annahme von Geschenken durch Richter strikt verboten.[898] Ähnliche Forderungen, die zudem mit Sanktionen verbunden waren, lassen sich überdies in frühmittelalterlichen Rechtsquellen ausmachen.[899] Der Schwabenspiegel (LandR I, 86c) enthielt schließlich einen Bestechungstatbestand mit der Verpflichtung zum Schadensersatz bei ungerechten Urteilen und auch das sächsische Recht kannte ähnliche Regelungen.[900]

---

897 Definition nach SCHUMANN, Von teuflischen Anwälten (2011), S. 444. Vgl. zur Richterbestechung auch SELLERT, Richterbestechung (1994), S. 330 Anm. 5 m. w. N.

898 Codex 9, 27, 3: „*Alle Richter* [...] *sollen ihre Hände von Geldern und Gütern fern, und nicht fremden Streit für gute Beute halten*". Übersetzung nach SINTENIS, in: OTTO/SCHILLING/SINTENIS (HRSG.), CIC I, Band 6 (1832), S. 365. Dig. 48, 11, 1pr.: „*Das Julische Gesetz über Beugung des Rechts aus Parteilichkeit betrifft diejenigen Gelder, die Jemand in einer amtlichen Stellung* [...] *angenommen hat*". Übersetzung nach SCHNEIDER, in: SCHILLING/SINTENIS (HRSG.), CIC I, Band 4 (1832), S. 986. Vgl. zum römischen Recht auch SCHMIDT-SPEICHER, Rechtsbeugung (1982), S. 15 f. sowie zum antiken Repetundenprozess EDER, Repetundenprozesse (1997), S. 13–27.

899 Vgl. dazu SIEMS, Richter in frühmittelalterlichen Rechtsquellen (1995), S. 509–563. Als Rechtsfolge der Bestechlichkeit war die Todesstrafe häufiger vorgesehen als etwa Geldzahlungen. Sie war bereits im 12-Tafel-Gesetz enthalten. Vgl. dazu auch KASER/HACKL, Das römische Zivilprozessrecht (1996), S. 51.

900 Swsp. LandR I, 86c: „Nimmt ein Richter von jemandem, der unrecht hat, ein Gut an, handelt er wie Judas: Der verkauft' unschuldig Blut und wahres Blut, und nahm dafür unrechtes Gut. So hat auch der Richter gehandelt, der seinen Bruder für ein wenig Gut verkauft; er soll wissen, daß er Gottes Huld verloren hat. [...] Die Gabe war sündlich und schändlich; und ebenso übel war, daß der Richter es nahm. Daher soll er es nicht wieder erhalten, sondern der Richter soll es dem wiedergeben, dem da Unrecht geschah. Diesem ist der Richter weit eher schuldig, allen Schaden zu vergelten, der ihm da durch dieses ungerechte Urteil widerfuhr". Übersetzung nach DERSCHKA, Der Schwabenspiegel (2002), S. 73 f. Vgl. zum sächsischen Recht KANNOWSKI, Buch'sche Glosse (2007), S. 132 Anm. 143.

Innerhalb der Praktikerliteratur wurde das Thema der Bestechlichkeit ebenfalls aufgegriffen: Als Mischung aus rechtlicher und literarischer Quelle bot die Praktikerliteratur eine geeignete Projektionsfläche, auf der sich die Forderung nach Gerechtigkeit vor dem Hintergrund des Negativbeispiels „bestechlicher habgieriger Richter" abheben konnte.[901]

Programmatische Erklärungen finden sich dazu etwa im *Laienspiegel*, wo die Richter

> *den partheyen / in sachen darumb sy vor ynenzuechten haben / wider ainander nit radten / weder radtschatzung / Mu[e]t / gab / oder schanck darumb nehmen / sonder in allweg gemain vnpartheyisch / gleich vnd gerecht richten* [sollen].[902]

Beispielhaft ist zudem eine Stelle im *Revocirten Klagspiegel*: danach soll kein Richter

> *die geringste Geschenck von den Partheyen nehmen sondern* [...] *unbefleckte Hände haben / unnd gentzlich alles Goldt unnd Geld verachten.*[903]

---

901 Besonders das Kapitel „*Von bo[e]sen vnd falschen Richtern / vnd derselben straffe*" bei LAUTERBECK, Regentenbuch (1559), Bl. CCII^r^-CCIII^v^, enthält einige anschauliche aus der Literatur entnommene Exempla, die dem vorhergehenden Kapitel „*Von Frommen vnd gerechten Richtern*", ebd. Bl. CIC^v^-CCII^r^, gegenüberstehen. Dabei ist Bestechlichkeit das Hauptthema, das ebenfalls bei DAMHOUDER, Practica gerichtlicher handlunge (1575), S. 22, aufgegriffen wird. Vgl. dazu und allgemein zu dem zentralen Motiv der Bestechlichkeit und Habgier auch SCHUMANN, Von teuflischen Anwälten (2011), S. 443 f. m. w. N. Schon um 1300 galt Habgier als Grundübel bei den Juristen. Vgl. dazu HERBERGER, Juristen, böse Christen, in: HRG[1], Band II (1978), S. 481. In der Buch'schen Glosse nahm das Motiv der Habgier bei der Rechtsprechung ebenfalls eine besondere Stellung ein. Vgl. dazu KANNOWSKI, Buch'sche Glosse (2007), S. 130. Auch in späteren Quellen wurde die Tugend der Unbestechlichkeit mit dem Laster der Habgier (Avaritia) verdeutlicht. Vgl. dazu HEYEN, Beamtenethik 1650–1700, HZ, Band 280 (2005), S. 364. Diese Vorstellungen entsprechen den Aussagen Ciceros in De Officiis, I, 23, zur Avaritia, wonach bei den Gründen für Ungerechtigkeit die „Habsucht die weiteste Geltung" habe. Übersetzung nach BÜCHNER, Vom Rechten Handeln (1994), S. 23. Vgl. ferner zum Stellenwert der Avaritia im Mittelalter und der Frühen Neuzeit, insb. in Sebastian Brants Narrenschiff, BOHNERT, Brants Narrenschiff, Daphnis 14 (1985), S. 623–629.

902 TENNGLER, Laienspiegel (1509), Bl. 16^r^. Vgl. zur spätmittelalterlichen Verwendung und Bedeutung der Begriffe „*miet*", „*gab*" und „*schenck*" im Kontext mit Korruption GROEBNER, Korruption am Ende des Mittelalters (1998), S. 163–184.

903 HEYDEN/BRANT/DRAUDT, Revocirter Richterlicher Klagspiegel (1601), S. 42.

Die Forderung nach Unbestechlichkeit war derart zentral, dass sie in wichtigen Amtseiden[904] enthalten war; so etwa im Richtereid der Reichskammergerichtsordnung von 1495, in dem der Richter sich dazu verpflichtete:

> *nach seinem beßten Verstentnu[e]ß / gleich zu richten / und kain Sach sich dagegen bewegen zu lassen / auch von den Partheyen oder yemands anders / kainer Sachen halb / so in Gericht hanget oder hangen wu[e]rden / keyn Gab / Schenck, oder eynichen Nutze durch sich selb oder ander / wye das Menschen Syn erdencken mo[e]cht / zunemen oder nemen lassen* [...].[905]

Eine ähnliche Formel enthielt der Richtereid in der Peinlichen Halsgerichtsordnung von 1532:

> *Ich N. schwere / daß ich soll / und will / in peinlichen Sachen Recht ergehen lassen / richten und urtheylen / dem Armen als dem Reichen / und das nicht lassen / weder durch Lieb / Leyd / Mieth / Gaab / noch keyner andern sachen wegen.*[906]

Vor diesem Hintergrund gilt es zu darzulegen, ob die Missachtung der ethischen Vorgabe, unbestechlich zu sein, bestimmte Rechtsfolgen auslöste, und wie weit diese im Untersuchungszeitraum bereits rechtlich ausgestaltet waren.

Für den Eidbruch selbst war keine bestimmte Strafe festgelegt, und, obwohl die vormals eidliche Verpflichtung der Unbestechlichkeit 1555 in einen gesonderten Abschnitt der Reichskammergerichtsordnung aufgenommen wurde, findet sich auch dort keine eindeutige Bestrafung.[907] Ob die zusätzliche Präventivwirkung

---

904 Vgl. dazu die Hinweise auf die antiken Vorbilder bei WETZELL, System des Civilprocesses 3 (1878), S. 421 f., Anm. 16.

905 RKGO 1495, § 3. Zit. nach SCHMAUSS/VON SENCKENBERG, Sammlung der Reichs-Abschiede, Band 2 (1747), S. 7.

906 PGO Art. 3. Zit. nach SCHMAUSS/VON SENCKENBERG, Sammlung der Reichs-Abschiede, Band 2 (1747), S. 366 f.

907 RKGO 1555, Teil III, Tit. 53, § 6: „Ob sich aber aus der Partheyen fu[e]rbringen / oder sonst so viel befinden / daß der Urtheiler einer oder mehr / in solcher Sachen / von Geschenck / Miet / Gaab / Bitt / Freundschafft / Feindschafft / oder anderer dergleichen Ursachen / ein nichtige oder ungerechte Urtheil geben [...] oder sonst in offenem Betrug befunden wu[e]rden / soll der Partheyen nicht allein ihr erlegt Geld und Streff wiederum zugestelt / sondern auch dieselben darum / wie sich gebu[e]hrt / zu beklagen / und gegen den Urtheilern das Syndicat, in massen hernach gemelt / fu[e]rzunehmen / vorbehalten seyn / und [...] fu[e]rgenommen werden". Zit. nach SCHMAUSS/VON SENCKENBERG, Sammlung der Reichs-Abschiede, Band 3 (1747), S. 134 f. Vgl. zu der hier genannten Syndikatsklage und zum Syndikatsprozess insgesamt ISENMANN, Legalität und Herrschaftskontrolle (2010) sowie knapp WETZELL, System des Civilprocesses 3 (1878), S. 421 Anm. 14.

einer konkreten Strafandrohung den belegten Bestechungsfällen am Reichskammergericht und am Reichshofrat tatsächlich vorgebeugt hätte, ist indes ungewiss.[908]

Die Autoren der Praktikerliteratur beschränkten sich hingegen nicht darauf, vor Bestechlichkeit lediglich zu warnen; In einigen Werken wurde ein solches Fehlverhalten mit konkreten Rechtsfolgen und Strafen verbunden.

Als direkte Rechtsfolge fungierte zunächst der Ersatz des Schadens, der durch das „erkaufte" Urteil entstanden war. Sie findet sich in Perneders *Gerichtlicher Process*:

> *der Richter so also von mu[e]dt / gab oder schanck wegen vrthailt / wirt* [...] */ auch sunst in ander weg gestrafft / vnnd mů*ß *darzu der beladigten parthey die kost / scha[e]den un alles interesse ablegen.*[909]

Der Schadensersatz als Rechtsfolge war auch im sächsischen Rechtskreis verbreitet: Der bestechliche Richter war hier „*verpflichtet dem vorletzten teyle / alle scheden / die ehr aus diesem vrtell erlieden / gentzlichen tzu gelten vnd zuuorlegen*".[910]

Weitere Rechtsfolgen enthält der *Klagspiegel*, der nach römischem Vorbild einen Strafschadensersatz in vierfacher Höhe des empfangenen Gutes,[911] sowie bei schweren Folgen der Bestechlichkeit (etwa Tod eines unschuldig Verurteilten) die Verbannung und sogar Enthauptung als Strafen vorsah.[912]

---

908 Vgl. zu den Bestechungsfällen an den obersten Reichsgerichten Sellert, Richterbestechung (1994), S. 329–348.

909 Perneder, Gerichtlicher Process (1556), Bl. LXXIIII^r.

910 Rotschitz, Processus Juris deutzsch (1543), Bl. LXIII^v.

911 Vgl. dazu Deutsch, Klagspiegel (2004), S. 508. Dieselbe Rechtsfolge des vierfachen Strafschadensersatzes sah Damhouder, Practica gerichtlicher handlunge (1575), S. 206 vor: „*Der solche Mißthat begeht soll* [...] *neben erstattunge deß empfangenen / vier mal so viel zuerlegen / vnnd mit Verbannung wie ein Verfälscher vnd gefährlicher Betrieger gestrafft werden. Aber die Richter / welche die grosse Diebe vnd andere deß todes schuldige Ubelthäter / jrem verdienste nach nit straffen / sondern vmb Gelt vnd Gabe / oder jergend auß bewegung des gemütes ledig lassen / vnnd mit den geringern gar streng fortfahren / sind viel hefftiger zustraffen*". Vgl. dazu Schumann, Von teuflischen Anwälten (2011), S. 447 Anm. 55.

912 Heyden, Klagspiegel (um 1493), Bl. LXLV^v: „*Vnd dieß ist der gemeyn will dieß rechten das sich dye riechter hůten sollen von aller vnzymlichkeyt. Sye sollen ouch gabe nehmen dan den personen dye ym rechten auß genommen seyn* [...]. *dye beclagunge gebüret in vierfach wydder den riechter vnb des willen das er* [...] *genommen hadt geraubt. oder sůnst genommen hadt*". Verbannung und Enthauptung waren als Rechtsfolge vorgesehen, wenn infolge der Bestechlichkeit ein Mensch ums Leben kam, siehe ebd. Bl. LXLV^r.

Die ausdifferenzierteste Regelung der Bestechlichkeit enthält Perneders *Gerichtlicher Process*. Hier wurde nach Straf- und Zivilsachen unterschieden: In Zivilsachen drohte ebenfalls ein Strafschadensersatz (in Höhe der dreifachen Bestechungssumme), in Strafsachen verlor der bestechliche Richter gar *„all seine Habe"* (Vermögenseinzug) und wurde ins *„Elend gejagt"* (Ausschluss aus der Gemeinschaft).[913] Lauterbeck gab in seinem *Regentenbuch* dieselben Rechtsfolgen wieder,[914] die auf den Codex Justinians zurückzuführen sind.[915]

Insgesamt ergibt die Sichtung von Rechtsfolgen der Richterbestechung, dass im 16. Jahrhundert noch keine einheitliche Rechtsfolge für Bestechlichkeit vorlag. Stattdessen waren in der Literatur unterschiedliche Rechtsfolgen vorgesehen, die über Schadensersatz und Strafschadensersatz bis hin zur Todesstrafe reichten sowie sich teilweise an antiken Bestimmungen orientierten. Eine generelle Regelung für Bestechlichkeit im Zivilverfahren, die etwa passend in die Peinliche Halsgerichtsordnung von 1532 hätte eingebracht werden können, fehlt.[916] Allerdings

---

913 Zudem wurde zwischen Versprechen und Vollendung unterschieden. Perneder, Gerichtlicher Process (1556), Bl. LXXIIII[r]: *„Item die jüngern recht / legen auch ainem solchen Richter die straff der drit spil / in dem entpfangen / vnnd den werdt der zwispil / in dem verhaissen auff"*.

914 Lauterbeck, Regentenbuch (1559), Bl. CCII[r]: *„Denn der Keiser in geldt / oder in Bu[e]rgerlichen sachen verordent / das der Richter / wenn er vberwunden wird / das er etwas genomen / drey mal so hoch gestrafft werden sol / als die gaben gewesen / vnd seines Ampts dazu entsetzt sein / Ist es aber eine peinliche sache / so hat er all seine gu[e]ter verwirckt / vnd sol des Landes verweist werden"*.

915 Codex 7, 49 enthält dieselben Rechtsfolgen und ist überschrieben mit: *„Von der Strafe des Richters, der ungerecht entschieden, oder Dessen, der den Richter oder seinen Gegner bestochen hat."* Übersetzung nach Sintenis, in: Otto/Schilling/Sintenis (Hrsg.), CIC I, Band 6 (1832), S. 100.

916 Vgl. dazu Mittermaier, Bestechung, Allgemeine Encyclopädie der Wissenschaften und Künste, Band 9 (1822), S. 308. Dennoch war Rechtsbeugung den Reichsgesetzen nicht unbekannt. Vgl. Art. 150 PGO als Regelung zur Rechtsbeugung im Strafverfahren: *„So geschicht auch viel / daß Richter und Urtheyler die Mißtha[e]ter begu[e]nstigen / und ihre handlung darauf richten / wie sie ihnen das Recht zu gut verla[e]ngern / und wissentliche Ubeltha[e]ter dardurch ledig machen wöllen: vermeynen vielleicht etliche eynfea[e]ltige leut, sie thun wol daran / daß sie denselben Leuten ihr leben retten: Sie sollen wissen / daß sie sich schwerlich darmit verschulden / und sind den Ankla[e]gern derhalben vor GOtt und der Welt Widerkehrung schuldig: dann ein jeder Richter und Urtheiler ist bei seinem Eid und bey seiner Seelen Seligkeyt schuldig / nach seinem besten Versta[e]ndnuß / gleich und recht zu richten"*. Zit. nach Schmauss/von Senckenberg, Sammlung der Reichs-Abschiede, Band 2 (1747), S. 391. Vgl. allgemein zur Rechtsbeugung in der PGO Schmidt-Speicher, Rechtsbeugung (1982), S. 20–22.

setzte sich in der nachfolgenden Zeit die in der Praktikerliteratur genannte, auf den Codex Justinians zurückgehende Rechtsfolge auch in der Reichsgesetzgebung durch: Der Visitationsabschied des Kammergerichts von 1713 sanktionierte Bestechlichkeit mit dreifachem Strafschadensersatz.[917] In selbiger Quelle wird darüber hinaus deutlich, dass die Vorstellung von Gott als höchstem Richter auch noch Anfang des 18. Jahrhunderts in der richterlichen Amtsethik bestand hatte.[918] Im

---

917 Vgl. dazu WETZELL, System des Civilprocesses 3 (1878), S. 421 Anm. 15a.

918 § 46 des Visitationsabschieds von 1713: [Hervorhebungen PW]: „Wiewohl man nun hierna[e]chst zu denen Personen des Kayserlichen und Reichs-kammer-Gerichts samt und sonders die ga[e]ntzliche Zuversicht hat / es werden dieselbe das ihnen anvertraute Amt dergestalt verwalten / **daß sie mit unverletztem Gewissen jederzeit GOtt dem ho[e]chsten Richter davon Rechenschaft geben** [...] und so viel an ihnen / durch Vermeidung alles bo[e]sen Scheins und Verdachts / ein vollkommenes Vertrauen zu diesem ho[e]chsten Reichs-Gericht, und willigen Gehorsam gegen dessen Urtheil und Bescheid zu erwecken und zu erhalten sich befleißigen / folglich aller derer auf gewisse Fa[e]lle gesetzter Straffen bey so redlichen, tapfferen und ohnverda[e]chtigen Ma[e]nnern es niemahlen bedo[e]rffen / um aber jedoch ins ku[e]nfftige allem dem sorgfa[e]ltig entgegen zu gehen / wodurch (wie vormahls auf ho[e]st-a[e]rgerliche Weiß geschehen) das Gericht von neuem beschriehen werden ko[e]nnte: So wird von wegen Ihrer Kayserlichen Maiestät / auch Churfu[e]rsten / Fu[e]rsten und Sta[e]nden des Reichs / denen Pra[e] sidenten und Beysitzern hiemit ernstlich anbefohlen / daß Ihrer keiner / seinem geleisteten theuren Eyd zuwider / in denen am Cammer-Gericht Rechts-ha[e] ngigen Sachen weder durch sich selbst / noch die Seinige / einiges Geschenck / oder Nutzen / es seye vor oder nach ergangenem Urtheil / unter was Schein oder Vorwand / und durch wen es auch angeboten werden mo[e]chte / weder directe noch indirecte / anzunehmen Macht haben sollen. Gestalten alle Partheyen / ingleichen deren Advocaten / Procuratoren und Sollicitanten / durch so unredliche Wege die Justitz zu erkauffen / oder aber auch nur die Befo[e]rderung der an sich sonsten gerechten Sach zu suchen / um so mehr zu vermeiden haben / als der dem Gericht hierdurch erweckte bo[e]se Ruff an der demselbigen gebu[e]hrenden Autorita[e]t einen gantz unleidentlichen Abbruch thut; Wofern sich aber dannoch jemand so weit vergehen / und sein Gewissen und Ehr dermassen vergessen wu[e] rde / daß er vor sich selbst, oder durch die Seinige / mit seinem Wissen wu[e] rcklich Geschenck annehme / oder sich etwas versprechen liesse / derselbe solle / wann er dessen u[e]berfu[e]hret worden / **nicht allein zu dreyfacher Wieder-Erstattung des empfangenem und zweyfacher Erlegung des Versprochenen zu des fisci Nutzen angehalten** / sondern auch mit unverweilter Entsetzung seines Amts angesehen werden / und seiner Ehren verlustiget seyn. Welcher Advocat oder Procurator aber sich zum Werckzeugk hierunter gebrauchen lassen / derselbe soll gleichfalls / ohne Hoffnung einiger Begnadigung / seines Amts und Ehren

Untersuchungszeitraum schien zumindest die Auswirkung einer Bestechung auf das Urteil bereits allgemein anerkannt gewesen zu sein: Es verlor seine Rechtskraft und wurde nichtig.[919]

Allerdings lag das Grundproblem von Korruption nicht ausschließlich in der Habgier der Rechtsprechenden und in persönlichem Fehlverhalten begründet. Zwischen dem Vorwurf der Bestechlichkeit und der Richterentlohnung bestand ein Zusammenhang, welcher sich auf eine fehlende regelmäßige Besoldung zurückführen lässt: Der Vorwurf der Bestechlichkeit konnte vor allem deshalb schnell erhoben werden, weil die Entlohnung von Richtern lange Zeit überwiegend nicht aus unabhängigen Mitteln, etwa durch den Landesherren, erfolgte, sondern direkt von den Streitparteien vorgenommen wurde. Die Beteiligung an den Gerichtsgebühren, den sog. Sporteln, stellte die größte Einnahmequelle von Richtern dar.[920]

Wenn nun Parteien die Gerichtsgebühren unmittelbar an die Richter zahlten, konnte dadurch leicht der Verdacht der Bestechung aufkommen.[921] Neben der Beteiligung an den Sporteln führte noch eine weitere übliche Praxis bei der Richtervergütung zu einer Gratwanderung zwischen der Entgegennahme des verdienten Lohns und ungebührlicher Vorteilsannahme.[922] In der Praktikerliteratur beschrieb Damhouder, dass Richter und Schöffen in ländlichen Gegenden nach der üblichen Praxis durchaus *„geschenck"* annehmen durften, während regelmäßig besoldete Richter sich nicht zusätzlich bereichern sollten.[923] Die

entsetzet werden". Zit. nach Schmauss/von Senckenberg, Sammlung der Reichs-Abschiede, Band 4 (1747), S. 269 f.

919 Perneder, Gerichtlicher Process (1556), Bl. LXXIIII[r]; Rotschitz, Processus Juris deutzsch (1543), Bl. LXVI[v].

920 Siehe dazu Falk, Consilia (2006), S. 395, wonach die Entlohnung in der Rechtspflege ein „Dauerproblem der Vormoderne" war. Erst mit zunehmender Gerichtsherrschaft der Territorialherren kam es allmählich zu einer ständigen Besoldung von Richtern. Vgl. dazu Döhring, Rechtspflege (1953), S. 75–81.

921 Dass andererseits der Nachweis der Bestechlichkeit dadurch erschwert zu führen war, betont Schumann, Von teuflischen Anwälten (2011), S. 444.

922 Vgl. dazu Ostwaldt, Aequitas und Justitia (2009), S. 139: „Der erwerbswirtschaftliche Charakter des Richteramtes brachte es mit sich, dass die Grenze zwischen Besoldung und Bestechung fließend war".

923 Damhouder, Practica gerichtlicher handlunge (1575), S. 638 f.: *„Dann es mo[e]gen / oder sollen die ordentliche Richter keine geschenck auch keine verheiß der geschenck zu mal / annemen* [...] *Sondern sollen mit jhren ordentlichen vnnd gewo[e]hnlichen besoldungen zu frieden sein.* [...] *Aber auff dem Lande vnd Dorffen / da gemeiniglich Bauwerß oder Handtwercksleuthe zu Richtern gesetzt seind / nemmen dieselbigen*

Annahme von Geschenken, etwa in Form von Naturalien, war grundsätzlich nicht verboten.[924]

In legislativen Rechtstexten des 16. Jahrhunderts wird der Zusammenhang zwischen Richterentlohnung und Bestechlichkeitsvorwurf deutlich: die Frankfurter Reformation von 1578 erlaubte ausdrücklich eine Bezahlung des Richters über Gebühr – „*Vererhungsweyß*".[925] Anderes galt für die Strafgerichtsbarkeit: Hier enthielt die PGO von 1532 in Art. 208 das Gebot, keine Belohnung vom Kläger anzunehmen:

> *Wir sind bericht, wie an etlichen Enden mißbraucht werde, daß die Richter von eines jeden Ubeltha[e]ters wegen, so peinlich gestrafft wird, sonder Belohnung von dem Ankla[e]ger begehren, und nehmen, das gantz wider das Amt und Wu[e]rde eines Richters / auch das Recht und alle Billigkeit ist:* [...] *Darum wollen wir, daß hinfu[e]ro alle solche Richter kein Belohnung von den Kla[e]gern fordern oder nehmen sollen.*[926]

Der finanzielle Nutzen („*sonder Belohnung*"), den ein Richter aus der Bestrafung von Delinquenten ziehen konnte, wurde in dieser Quelle als Missstand gewertet. Ebenfalls, um Amtsmissbrauch zu finanziellem Vorteil zu vermeiden, sah

---

Obrigkeyt vnd Scho[e]pffen / gemeiniglich / vnd nach altem herkomen oder brauch / fu[e]r Vrtheil vnd Rechtsprechen / etwann ein geschenck vnnd verehrung von den Partheyen. Doch nemmen sie das nicht allein / von wegen deß Vrtheil vnd Rechtsprechens / sonder fu[e]r jren schaden vnnd Jnteresse / oder versaumniß / so sie deß Gerichts halben erlitten / in dem sie jrer arbeit vnd gescha[e]fften nicht außwarten / oder obligen ko[e]nnen".

924 Vgl. zur Annahme von Geschenken durch Richter und zum Zusammenhang mit der Entlohnung Sellert, Richterbestechung (1994), S. 332 f., 340–344. Vgl. dazu auch Weissler, Geschichte der Rechtsanwaltschaft (1905; ND 1967), S. 250.

925 Frankfurter Reformation (1578), Bl. XIX^r: „*VNd sollen sie die Richter / vber jetzt gesetzte Belohnung / keinen Burger / noch auch Frembden / weyter vbernemmen noch beschwa[e]ren / Die wolten dann von freyem willen / Verehrungsweyß / ein mehrers geben / das mo[e]gen sie annemmen*". Vgl. auch zu den Bestrebungen, Geschenkannahmen von Richtern im 16. Jahrhundert zu verhindern, Schumann, Von teuflischen Anwälten (2011), S. 444 Anm. 52. Siehe für einen kurzen Überblick zu Sportelndelikten im gelehrten Recht des 14.-16. Jahrhunderts Vogel, Sporteln und Sporteldelikte (1960), S. 57–63. Nach Stolleis, Gebühren, in: HRG^2, Band I (2008), Sp. 1973 f., endete die Praxis von Privatzahlungen an Amtsträger mit der Entstehung des modernen Staates seit dem 17. Jahrhundert.

926 PGO Art. 208. Zit. nach Schmauss/von Senckenberg, Sammlung der Reichs-Abschiede, Band 2 (1747), S. 200. Vgl. dazu auch Schumann, Von teuflischen Anwälten (2011), S. 444–446, m. w. N.

etwa die bereits die Bambergische Halsgerichtsordnung von 1507 das Verbot in Strafsachen vor, eine Geldbuße zu verhängen, durch die sich der Richter selbst bereichern konnte.[927]

c. *Rechtliches Gehör und Anhörungspflicht beider Parteien*

Neben der Befangenheits- und Bestechlichkeitsproblematik konnten ethische Vorgaben auch auf Aspekte des Verfahrens, wie etwa den Anspruch auf rechtliches Gehör, einwirken.[928] Der allgemeine Grundsatz, die Partei anzuhören, war keine Neuerung des Rezeptionszeitalters, sondern war bereits in der Antike und im Frühmittelalter bekannt[929] und in den Digesten durch folgende Formulierung umschrieben: „*dass kein Abwesender gestraft werden solle, und es ist bei uns Rechtens, dass kein Abwesender verdammt werde, denn der Grund der Billigkeit verbietet es, Jemanden bei unverhörter Sache zu verurtheilen*".[930]

Die Kanonisten parallelisierten die Ladung im Mittelalter jedoch im Unterschied zur antiken Rechtslehre mit einem Bibelgeschehen: Als Gott Adam nach dem Sündenfall im Paradies zu sich rief und ihn berichten ließ, sei dies die erste Vorladung gewesen. Zahlreiche Kanonisten stellten die Vorladung und Gottes Ruf nach Adam in Beziehung zueinander und erklärten so die Ladung, als Verfahrensmerkmal, anhand einer biblischen Episode für notwendig.[931]

---

927 Bambergische Halsgerichtsordnung (1507), Art. 272: „*Jtem vnser Amptlewt vnd Richter söllen in peynlichen sachen niemant kein geltbuss auflegen on vnser oder vnser nachkomen wissen vnd willen; wann vnser meynung jn alweg ist, furderlich vnd endtlich straff vnd verkumung der missetat, gemeinen friden vnd nutz, vnd nit den geniess vnd das gelt, als der Taschenrichter gewonheyt ist, zu suchen*". Zit. nach BUSCHMANN (HRSG.), Textbuch zur Strafrechtsgeschichte (1998), S. 98 f. Vgl. dazu SCHUMANN, Von teuflischen Anwälten (2011), S. 445 f., mit Hinweis auf die entsprechende Illustration in der Bambergensis.

928 Vgl. in historischer Dimension dazu WACKE, Audiatur et altera pars, in: HRG², Band I (2008), Sp. 327–331 sowie BECKER, Das rechtliche Gehör (2000), S. 67–83, jeweils m. w. N. Vgl. für das 17. Jahrhundert HEYEN, Beamtenethik 1650–1700, HZ, Band 280 (2005), S. 363.

929 Vgl. dazu BECKER, Das rechtliche Gehör (2000), S. 69.

930 Dig. 48, 17, 1. Übersetzung nach SINTENIS, in: SCHILLING/SINTENIS (HRSG.), CIC I, Band 4 (1832), S. 1005.

931 Vgl. dazu BECKER, Das rechtliche Gehör (2000), S. 72. PENNINGTON, Innocent until proven guilty, The Jurist 63 (2003), S. 106–124, insb. S. 113, nennt den Kanonisten Paucapalea als Urheber dieser um 1150 aufgekommenen Vorstellung, die auch in der Vorrede zu Durantis Speculum Iudiciale aufgegriffen wurde. Vgl. insgesamt zur Etablierung des ordo iudiciarius und der Legitimierung über die Bibel auch PENNINGTON,

In Analogie zum Jüngsten Gericht wurde folglich das Richteramt Gottes herangezogen – nur diesmal nicht, um richterlichen Verfehlungen vorzubeugen, sondern, um einen Verfahrensgrundsatz zu untermauern: die Notwendigkeit der Ladung, die rechtliches Gehör garantierte.[932] Über das *Decretum Gratiani* und Durantis *Speculum Iudiciale* tradiert[933], hielt sich diese Vorstellung über Jahrhunderte und fand schließlich in ein Werk volkssprachlicher Praktikerliteratur, Knausts *Gerichtlicher Fewerzeugk*, Eingang.

Die zugrundeliegende Argumentation war bestechend einfach: Wenn Gott – die höchstdenkbare Autorität – sich einer solchen Ordnung gebrauchte, sollten sich die Menschen dies zum Vorbild nehmen.[934] Knaust formuliert vermutlich in Anlehnung an die mittelalterliche kanonistische Literatur:

> *Weil denn die Gerichtliche Proceßordnung / so ein tapffere / hohe fundation hat / nicht allein auß Menschlicher Vernunft vnd beschriebenen Rechten / sondern auch anfengklich auß Go[e]ttlicher heiliger geschrifft / also / daß Gott der Herr selbst im Paradeyß /* [...] *solcher Ordnung und Proceß gebrauchen wo[e]llen / wil sich je wenigers nit gebu[e]ren / denn daß auch die Menschen vnder sich / nach beschreibunge der Rechten vnd jhrer geleerten / einer Ordnung in Gerichtlichen sachen gebrauchen / vnnd nicht durcheinander herdurch / nach eines jeden gůtduncken vnd gefallen / die sachen mengen vnnd inuoluirn*[935]

Das gelehrte römisch-kanonische Verfahrensrecht (*Ordnung und Proceß* [...] *nach beschreibunge der Rechten vnd jhrer geleerten*) wurde durch die hohe Autorität der Bibel und über den Gottesbezug (*so ein tapffere / hohe fundation* [...] *auß Go[e]ttlicher heiliger geschrifft*) am Beispiel der Ladung legitimiert. In enger

Evolution of the Ordo iudiciarius, Revista internazionale di diritto commune, Band 8 (1998), S. 9–47; Brundage, Legal profession (2008), S. 152.

932 Knaust, Gerichtlicher Fewerzeugk (1562), Kapitel 5 (unpaginiert): „*CItatio, Vorgebott / oder Ladung / ist einer jeden Rechtliche handlung erster eingang vn grundfeste des Gerichts anfang / vnd ein fundament des Processes / ohn welche derselbig nichts taug / nichtig / vnd nullus ist*“. Vgl. zur juristischen Darstellung der Ladung in der Praktikerliteratur oben *Dritter Teil, III, 6, a,* S. 167–174.

933 Im Decretum Gratiani, Pars II, Causa XXXIII, Quest. II, C. XXXVI, bei Friedberg, Corpus Iuris Canonici, Band 1 (1879; ND 1955), Sp. 1223; Durantis, Speculum Iudiciale (1574; ND 1975), Proemium Nr. 24, S. 5. Vgl. weiterführend dazu auch Becker, Das rechtliche Gehör (2000), S. 70–83.

934 Insofern wirkt die mittelalterliche Vorstellung, „daß das Prozeßrecht in ein größeres Ganzes eingegliedert ist“, auch in der Praktikerliteratur fort. Zitat nach Nörr, Prozeßzweck und Prozeßtypus, ZRG-KA 78 (1992), S. 209. Siehe dazu auch Schlinker, Litis Contestatio (2008), S. 284 f. Vgl. zur Entstehung des Prozessierens im Paradies auch Fowler-Magerl, Ordo iudiciorum (1984), S. 1.

935 Knaust, Gerichtlicher Fewerzeugk (1562), Vorrede (unpaginiert).

Beziehung mit der Ladung stand überdies die Pflicht des gerechten Richters, beide Parteien gleich zu behandeln,[936] woraus schließlich die Anhörungspflicht beider Parteien resultierte.[937] 1559 widmete Lauterbeck in seinem *Regentenspiegel* dem Thema ein komplettes Kapitel[938] und Damhouder wies den Richter 1575 ebenso grundsätzlich, wenngleich ohne Gottesbezug, dazu an, er solle „*beyde Ohren zugleich gern / gütlich und freundlich offen haben / das eine dem Kläger / das ander dem Beklagten*".[939] Damit wurde den Richtern die Einhaltung der Verfahrensordnung nach römisch-kanonischen Vorbild nicht lediglich auf einer rechtsdogmatischen, sondern zusätzlich auf einer ethisch-theologischen Ebene vorgegeben und eine Anhörungspflicht der Parteien postuliert.

2. Rechtsbeistände

a. Die Vorstellung von Rechtsbeiständen als „Ritter der Gerichte"

Im Unterschied zum christlich geprägten Amt des Richters, das als Amt Gottes verstanden wurde, findet sich in der Praktikerliteratur für die Rechtsbeistände eine andere, aus der antiken Rechtslehre stammende Versinnbildlichung. Es handelte sich um eine Vorstellung die im Codex wurzelte. Demnach war die Tätigkeit von Rechtsbeiständen ebenso nützlich und ehrenhaft, wie die von Soldaten, welche für ihr Heimatland kämpften.[940] Der mittelalterlichen Welt war die

---

936 Den Zusammenhang zwischen Gleichheit und Gerechtigkeit tritt bereits im Sachsenspiegel hervor, vgl. Ssp. LandR III, 30, § 2: „*Der Richter soll gleicher Richter sein allen Leuten*". Übersetzung nach KALLER, Sachsenspiegel Übersetzung (2002), S. 110. Siehe zur Gleichheit als Rechtsideal in der Buch'schen Glosse KANNOWSKI, Buch'sche Glosse (2007), S. 479–483. Vgl. zur Verknüpfung von Gleichheit und Gerechtigkeit auch HUBER, Grundlinien christlicher Rechtsethik (2006), S. 180.

937 BECKER, Das rechtliche Gehör (2000), S. 67 f., nennt hierzu einschlägige Beispiele aus Rechtssprichwörtern und Schriftzügen an Gerichtsgebäuden.

938 LAUTERBECK, Regentenbuch (1559), Bl. CCI^r: das dritte Kapitel beschreibt ebenfalls unter Bezugnahme auf die Ladung Adams durch Gott, wie „*ein Richter schuldig sey / einen Theil so wol zuhören / als den andern*".

939 DAMHOUDER, Practica gerichtlicher handlunge (1575), S. 3.

940 Codex 2, 7, 14. Übersetzung nach SCHNEIDER, in OTTO/SCHILLING/SINTENIS (HRSG.), CIC I, Band 5 (1832), S. 308: „*Die Advocaten, welche das zweifelhafte Schicksal der Rechtssachen entscheiden, und durch die Stärke ihrer Vertheidigung oft in öffentlichen und Privatangelegenheiten das Gefallene aufrichten, das Entkräftete wiederherstellen, sorgen für das menschliche Geschlecht nicht weniger, als wenn sie in Schlachten und durch Wunden das Vaterland und ihre Eltern retteten. Denn Wir halten dafür, dass nicht blos Die, welche mit Schwertern, Schildern und Helmen streiten, sondern auch die Advocaten für Unser Reich kämpfen; es kämpfen nämlich*

Vorstellung ebenfalls bekannt. Bereits in der Buch'schen Glosse (1. Hälfte des 14. Jahrhunderts)[941] findet sich dieses Konzept mit wichtigen erbrechtlichen Folgen für die Fürsprecher wieder.[942] In der Folgezeit rezipierte die Praktikerliteratur die Vorstellung von der Gleichsetzung von Soldaten beziehungsweise Rittern (milites) und Rechtsbeiständen. Für die Amtsethik von Rechtsbeiständen hatte dies insofern Bedeutung, als bestimmte ethische Vorgaben in diese Vorstellung einbezogen waren; das aus den Zeilen sprechende Pathos wurde mit ethischen Vorgaben und Verpflichtungen verknüpft. Der *Laienspiegel* enthält dazu folgende Passage:

> *Vorsprechen vn ratgeben / die vorgericht oder den so gerichtlich oberkait verwalten* [...] *Vnd was vnbillich verlorn / angefochtn oder nider gefallen wa[e]r / durch schiirm / gegenwer vnd kunst des rechten widerub auffrichten vn eroberen seind menschlichem geschlecht / auch gemainem nutz nicht minder notturfftig vnd zůachten als ritter / die ir vaterlannd vnd früntschaft jnen vn irn nachkomen zů gůt / vor vnrecht mit streit vnd plůt uergeissen verwarn vn behalten* [...].[943]

Zunächst wird ein ethischer Aspekt deutlich: es sind die unrechtmäßigen Rechtshandlungen („*vnbillich verlorn / angefochtn oder nider gefallen*") gegen die die Rechtsbeistände in der Beschreibung vorgingen.[944] Eine weitere deutsche Adaption der offenbar zu Grunde liegenden Codex-Passage hatte Knaust vorgenommen.[945] Demnach waren Rechtsbeistände besonders ehrwürdige Personen, weil

---

Sachwalter, indem sie, auf das Bollwerk ihrer glorreichen Worte sich stützend, die Hoffnung, das Leben und die Nachkommen Derer, welche sich in Noth befinden, vertheidigen".

941 Vgl. zur Datierung der Glosse Kannowski, Buch'sche Glosse (2007), S. 61–65.

942 Vgl. dazu Kannowski, Buch'sche Glosse (2007), S. 153 f., 157 f. Die Fürsprecher waren aufgrund der Gleichstellung mit Soldaten privilegiert: Nach der Glosse war für sie ausnahmsweise eine gewillkürte Erbfolge möglich, was einer Regelung aus der antiken Rechtslehre entsprach.

943 Tenngler, Laienspiegel (1509), Bl. 20^{v}.

944 So auch bereits in der Buch'schen Glosse, wo hinsichtlich der Rechtsbeistände beschrieben wird: „Des Rechts kriegerische Ritterschaft ist erforderlich gegen jene, die mit Hilfe juristischer Winkelzüge gegen das Recht verstoßen wollen...". Übersetzung nach Kannowski, Buch'sche Glosse (2007), S. 160 f.

945 Knaust, Gerichtlicher Fewerzeugk (1562), Kapitel II (unpaginiert): „*Die Aduocaten / welche durch jhre defension / beistandt vnd vertheydunge / gegen die widerspenninge vnd můtwilligen zencker vnnd haderer / die jrrigen Sachen einer gemeine oder sonst einzteler Personen / entscheyden vnnd verrichten / vnnd was zuuor vernichtet vnd zerfallen gewesen / wider auffrichten / was verloren / widerbringen vnd gewinnen / dieselbigen dienen dem menschlichen Geschlecht / vnnd sindt der Welt nu[e]tz vnd no[e]tig /*

ihre Tätigkeit den Parteien Schutz und Hilfe gegen ungerechte Belastungen bot und sie somit wie Soldaten beziehungsweise Ritter die Bevölkerung schützten.[946] In späteren Werken der Praktikerliteratur wurde diese postulierte Ehrhaftigkeit mit der ethischen Anforderung einer guten Amtsausübung verknüpft.

> *Der Aduocaten ampt ist an jhm selbst ehrlich / vnnd gemaynem nutz / so dasselb recht vnd wol gebraucht wirdet / so wol vnnd so hoch als kriegs tugent erschießlich.*[947]

Entsprechend musste das Amt des Rechtsbeistands „*recht vnd wol*" ausgeübt werden, damit es das hohe Ansehen („*so wol vnnd so hoch*") genießen konnte, welches die ursprüngliche Codex-Stelle, auf die hier mit der Wendung der „*kriegs tugent*" abgestellt wurde, ihm zuwies. Demnach sollte die Amtsausübung von Rechtsbeiständen gewissen ethischen Standards entsprechen. Im *Revocirten Klagspiegel* wurde diese Ritter-Metaphorik noch konkreter mit weiteren ethischen Komponenten verschränkt:

> *Beschirmer der Sachen ist / † der die zweiffelhafftigen vnnd jrrige Sachen entscheidet vnd darinn Rath gibt / die gefallenen wider auffrichtet / die verseumpten wider zu recht bringet / vn mit Recht beschirmet. Und so derselbige eines ehrbarn Gemûts ist / vn den Geiz / sich nicht verfu[e]hren leßt / thut er Menschlichem Geschlecht nicht weniger fu[e]rstandt / dann so er in kriegsleufften vmb gemeines Nutzes willen sein Blut vergo[e]sse / daß Vatterlandt vnd die*

---

nicht weniger / denn so sie mit fechten vnnd wunden das Vatterlandt vnd jhre Eltern / vor vnrechtem gewalt schützten / beschirmpten vnd erretteten / Sindt derhalben Rittermessig zuachten / Denn sie streitten vnnd kempffen damit / daß sie durch herrliche / tapffere / wolgegru[e]ndte vn zierliche besta[e]ndige reden / der betru[e]bten / beengkstigten vnnd beschwerten hoffnung / leben / ehre / kinder vnd nachkommen defendirn / schützen / vnd verbitten". Den Stellenwert dieser Idee unterstreicht ein später vorgenommener Einschub: In einer folgenden Auflage druckte Knaust, Feuwerzeugk Gerichtlicher Ordnunge (1595), S. 7 f., zusätzlich den lateinischen Text der Passage ab, damit ihn „*die jungen Procuratores vnd fleissige Gesellen / so noch mit der Zeit / auch redliche Aduocaten zu werden gedenken / außwendig lernen ko[e]nnen*".

946 Diese Vorstellung wurde überdies auch in einem juristisch-politischen Diskurs aufgegriffen. In einer Reformschrift aus dem 15. Jahrhundert folgerte der Jurist Peter von Andlau aus diesen Zeilen die Adelsqualität von Doktoren des Rechts. Vgl. dazu Hürbin, Peter von Andlau (1897), S. 211 f. Noch im 17. Jahrhundert wurde diese Argumentation von Samuel Stryk in einer Disputatio angeführt. Vgl. dazu Weißler, Geschichte der Rechtsanwaltschaft (1905; ND 1967), S. 257. Siehe ferner dazu Lange, Vom Adel des doctor (1980), S. 281.

947 Perneder, Gerichtlicher Process (1556), Bl. XVIII^{r}.

Eynwohner zu erretten vnd zubeschirmen / wirdt auch billich einem Ritter verglichen / vnd vor andern geehret.[948]

Der Einsatz rechtlicher Mittel („*mit Recht beschirmet*") für die Partei, ein „*ehrbar[es] Gemůt*" und fehlende Geldgier („*vn den Geiz / sich nicht verfu[e]hren leßt*") waren hier die Komponenten, die die besondere Ehrhaftigkeit der Amtsausübung begründeten. Nahtlos an die vorhergegangene Passage zur Ritter-Metaphorik fügt der Autor des *Revocierten Klagspiegels* folgende warnende Einschränkung an:

So er aber den Hund lest hincken / vnd mehr nach Geschenck vn gunst / den der Gerechtigkeit zur steur handelt / so wirdt sein Gelt vnd Gut / so er durch solche mittel zuwegen bracht / vertrucken wie wasser / vnd wie der Donnerschall vom Regen vergehet / wie Syrach lehret.[949]

Die darin zum Ausdruck gebrachte Botschaft ist eindeutig: Stellte der Rechtsbeistand seine weltlichen Interessen („*Geschenck vn gunst*") über das seiner Tätigkeit zu Grunde liegende Ideal („*Gerechtigkeit zur steur*"), würde ihm das schaden („*so wirdt sein Gelt vnd Gut vertrucken wie wasser*").

Zusammenfassend lässt sich festhalten, dass die Metaphorik vom „Ritter des Gerichts" in der Praktikerliteratur spezifische ethische Vorgaben an Rechtsbeistände vermittelt, die zunächst darauf abstellen, eine gerechte Sache zu führen, indem gegen unrechtmäßige Rechtsakte vorgegangen wird. Überdies sollte auch die Amtsführung an sich tugendhaft („*recht vnd wol*") ausgeübt werden und dazu gehörte es, ohne von Geldgier geleitet zu sein, der „*Gerechtigkeit zur steur*" zu handeln. In dieser Hinsicht wird die beschriebene Metaphorik als Anknüpfungspunkt für die weitere Darstellung der ethischen Vorgaben an Rechtsbeistände dienen: die Amtsführung von Rechtsbeiständen lässt insgesamt zwei Hauptpflichten erkennen, die darin bestehen, die Interessen der Parteien zu wahren („*mit Recht* [zu] *beschirme*[n]") und dabei gleichzeitig „*der Gerechtigkeit zur steur*" zu handeln. Anhand der beiden Hauptpflichten, welche einen Dualismus bildeten,[950] werden die amtsethischen Vorgaben in der Praktikerliteratur im Folgenden dargestellt und mit den entsprechenden Rechtsinstituten kontextualisiert.

---

948 Heyden/Brant/Draudt, Revocirter Richterlicher Klagspiegel (1601), S. 64.

949 Heyden/Brant/Draudt, Revocirter Richterlicher Klagspiegel (1601), S. 64.

950 Diesen Dualismus der Pflichten hat Brundage, Client's Judge (1994), S. 591–607, für mittelalterliche Rechtsbeistände des gelehrten Rechts beschrieben. Vgl. zu den ethischen Dilemmata, die sich aus diesem Dualismus ergeben konnten Brundage, Problems in Legal Ethics (2008), S. 859–863. Siehe dazu auch Brundage, Legal profession (2008), S. 308–328.

b. Die Pflicht des Rechtsbeistands zur Wahrung der Interessen seiner Partei

Die ethischen Verhaltensweisen von Rechtsbeiständen beziehen sich in der Praktikerliteratur auf den Pflichtenkreis der Amtsführung. Dieser bestand zunächst darin, dass Rechtsbeistände *„jrn partheyen gerechtikait mainung vn begern fürlegn / raten /"* sollten.[951] Überdies sollten sie *„Rath denen / die des in jren streitigen ha[e]ndeln vnnd sachen von no[e]tten haben vnd begeren / mitteile[n] / vnd jnen in Gerichte mu[e]ndtlich odder schrifftlich diene[n]"*.[952] Dies verdeutlicht die übergeordnete Funktion von Rechtsbeiständen.[953] Sie berieten ihre Parteien (*„Rath denen / die des* [...] *begeren*), um deren Interessen zu wahren (*„vnd jnen in Gerichte* [...] *diene[n]"*) und sollten die Kompetenz besitzen, die *„sach zum geschicklichsten fu[e]ren / vnnd dem gegentheyl in alle weg zubegegnen wissen vn ko[e]nnen"*[954] und *„des widertails willen vn anfechtung widerredn"*.[955] Kurzum: Ziel war es, die Partei, die beraten oder vertreten wurde (Mandant), im Rechtsstreit zu unterstützen.[956] Die Pflicht zur bestmöglichen Beratung schloss dabei die Schädigung der eigenen Partei naturgemäß kategorisch aus. Die PGO von 1532 enthielt dafür eigens einen Straftatbestand, der die Parteischädigung zu Gunsten des Prozessgegners sanktionierte:

> *So ein Procurator fu[e]rsetzlicher / gefahrlicher Weiß / seiner Parthey / in bu[e]rgerlichen und peinlichen Sachen zum Nachtheil / und dem Widertheil zu gut handelte / und solcher Ubelthat u[e]berwunden wu[e]rde, der soll zufo[e]rderst seinem Theil, nach allem*

---

951 Tenngler, Laienspiegel (1509), Bl. 20v. Vgl. auch Perneder, Gerichtlicher Process (1556), Bl. XVIIIr: *„So er dann befindet / das die parthey jr fürgeben im fall der notturft / zů Recht genůg anzaigen vnd darbringen mag / soll ehr jhr ferrer das best rathen"*.

952 Knaust, Gerichtlicher Fewerzeugk (1568), Bl. 178r.

953 Vgl. zu den verschiedenen Funktionen und Bezeichnungen von Formen der Rechtsbeistandschaft oben *Dritter Teil, I, 2, b,* S. 110–117.

954 Gobler, Gerichtlicher Process (1536), Bl. VIIIv.

955 Tenngler, Laienspiegel (1509), Bl. 20v. Vgl. zur Hauptpflicht der Interessenwahrung auch Kannowski, Anwaltstaktik und Anwaltsethik, NJW 11 (2008), S. 715.

956 Vgl. dazu auch die grundsätzlichen Definitionen mittelalterlicher Juristen bei Litewski, Der römisch-kanonische Zivilprozeß (1999), S. 177 f. sowie bei Brundage, Ambidextrous Advocate (2003), S. 42 Anm. 13; Brundage, Legal profession (2008), S. 327, 415. Auch nördlich der Alpen trifft diese Funktion auf die ‚Helfer bei Gericht' zu. Obwohl spätmittelalterliche Fürsprecher nicht in dem Sinn als „Rechtsberater" angesehen werden können, wie Rechtsbeistände aus dem Bereich des gelehrten Rechts, verfügten sie doch regelmäßig über eine höhere Kompetenz im Führen von Rechtsstreitigkeiten als die Parteien selbst. Vgl. dazu Oestmann, Fürsprecher, in: HRG^2, Band I (2008), Sp. 1883–1887, insb. 1885.

Vermo[e]gen, seinen Schaden / so er solcher Sachen halben empfa[e]hat, widerlegen / und darzu in den Pranger oder Halßeisen gestellt / mit Ruthen ausgehauen / des Landes verwiesen / oder sonst nach Gelegenheit der Mißhandlung in andere Weg gestrafft werden.[957]

Obwohl Art. 115 der PGO nur Fürsprecher ausdrücklich nennt, zeigt eine Deutung dieser Vorschrift durch Perneder, dass zumindest er auch Advokaten davon umfasst sah.[958] Zudem kannte das 16. Jahrhundert keine durchgängige Differenzierung nach spezifischen Funktionen der Rechtsbeistände[959] und es liegen auch keine Hinweise auf eine begründete Differenzierung zwischen Fürsprechern und anderen Rechtsbeiständen vor. Dies legt es nah, Art. 115 PGO als einem Sammeltatbestand zu begreifen, der alle Rechtsbeistände umfassen sollte.[960] Der Parteiverrat (praevaricatio) war die gravierendste Pflichtverletzung aller Rechtsbeistände und stand entsprechend unter Strafe.[961]

---

957 PGO Art. 115. Zit. nach Schmauss/von Senckenberg, Sammlung der Reichs-Abschiede, Band 2 (1747), S. 384.

958 Perneder, Gerichtlicher Process (1556), Bl. 18v: „*Jtem ein Aduocat […]. Wa er auch sein partheyen betru[e]glich verfu[e]ren / oder dem widerthail zů gůt gefa[e]rlicher weiß handlen wurde / soll er allen schaden abthůn / vnd darzů gestrafft werden. Vnd wiewol solche straff durch die Doctores nit lautter außgedruckt / so ist doch dieselb inn jüngst auffgerichter Kayserlicher halßgerichtsordnung der massen specificiert / das ain solcher Aduocat oder procurator / in branger oder halßeyen gestelt / mit růtten außgehawen / des Lands verwisen / oder sunst nach gelegenhait der mißhandlung in ander weg gestrafft werden soll / wie dann der hundert vnd füntzehent artickel / beru[e]rter halßgerichts ordnung weiters innhalts mit bringt*“.

959 Siehe dazu oben *Dritter Teil, I, 2, b,* S. 115–117.

960 Das Bestreben, von entsprechenden Regelungen zum Parteiverrat jegliche Formen der Rechtbeistandsschaft zu erfassen, wird zudem in der Wormser Reformation von 1498/99 sichtbar. Sie sah eine Haftung für die Schädigung von Parteien vor, die durch einen „*aduocat. redner. procurator oder Anwalt*“ verursacht wurde. Zit. nach Köbler (Hrsg.), Statt Wormbs Reformation (1985), Buch 6, 1. Teil, Titel 5.

961 Siehe zu den Wurzeln der praevaricatio in der Rechtslehre Wolff, Prävarikation (1930), S. 51–72, speziell zur Auslegung des PGO-Tatbestands, S. 59–62. Vgl. zum Parteiverrat auch Schumann, Von teuflischen Anwälten (2011), S. 466 f., wobei auch eine mittelalterliche Vorschrift zum Parteiverrat aus dem Schwabenspiegel dargestellt wird. Vgl. zum Parteiverrat in der römisch-kanonischen Rechtslehre Litewski, Der römisch-kanonische Zivilprozeß (1999), S. 184; Nörr, Romanisch-kanonisches Prozessrecht (2012), S. 35; Brundage, Ambidextrous Advocate (2003), S. 47 f. Vgl. insgesamt dazu auch Döhring, Rechtspflege (1953), S. 164 f. Vgl. zum Parteiverrat in rheinischen Gerichtsordnungen Huffmann, Rechtsanwaltschaft (1969), S. 63.

In einer engen Beziehung zur Vorbeugung von Parteiverrat stand die Pflicht, die Geheimnisse des Mandanten zu wahren. Diesbezügliche ethische Ermahnungen sind zentral in den gerichtlichen Zulassungseiden der Rechtsbeistände vorhanden, die sie zu Beginn ihrer Tätigkeit an einem Gericht leisten mussten.[962] So enthielt der Prokuratoreneid der Kammergerichtsordnung von 1471 einen Passus, der die Geheimhaltungspflicht vorschrieb:

> *Ich N. globe und schwere, daß ich [...] auch Heimligkeit vnd Behelf, so ich von derselben Parthey vernemen, oder nach Unterrichtung der Sach von mir selbs vermercken wu[e]rde, der Partheyn zu Schaden wissentlich nyemands offenbaren* [...].[963]

Dieses Gelöbnis („*Heimligkeit vnd Behelf* [...] *wissentlich nyemands offenbaren*") findet sich in annähernd identischer Form in zahlreichen späteren Gerichtsordnungen aus der weltlichen Rechtspflege wieder, die den Eid aus der KGO übernommen haben.[964] Im *Laienspiegel* heißt es diesbezüglich: „*Ich. N. glob vnd schwer hyemit* [...] *Die haimlichen ra[e]dt vnnd behelff meiner parthey zůschaden niemands offnen*".[965] Vor dem Hintergrund, dass vertrauliche Informationen ausgenutzt werden konnten, um der Gegenseite zu helfen, ist auch ein Verbot in Perneders *Gerichtlichen Process* zu sehen, wonach es Advokaten untersagt war, in einem laufendem Rechtsstreit zur Gegenseite zu wechseln.[966]

---

962 Die Zulassungseide wurden um 1230 zu einer regelmäßigen Erscheinung in der kirchlichen Gerichtsbarkeit und wurden von den weltlichen Gerichten übernommen. Vgl. vertiefend dazu Brundage, Ethical Ideals (1997), S. 793–805. Siehe dazu auch Nörr, Romanisch-kanonisches Prozessrecht (2012), S. 35.

963 Zit. nach Schmauss/von Senckenberg, Sammlung der Reichs-Abschiede, Band 1 (1747), S. 250. Ebd. findet sich auch der Advokateneid mit einer beinahe identischen Geheimhaltungspflicht. Diese Eide wurden praktisch unverändert in die Reichskammergerichtsordnung von 1555 aufgenommen.

964 Kölner Stadtrecht (1570), S. 146; Frankfurter Reformation (1578), Bl. 14^{r}; Bayrisches Landrecht (1616), S. 102. Vgl. dazu auch das Freiburger Stadtrecht (1520), Bl. XIII^{r}: „*Namlich so sollen dieselben Redner oder Fürsprechen / so sy zů disen a[e]mptern angenomen werden / eyd liplich zů gott vnd den heilige schweren / das sy* [...] *ouch den geheym so sy von irn parthyen in den sachen empfahen / dem selben gegenteil nit endecken*". Vgl. kurz zur Geschichte von mittelalterlichen Amtseiden in der gelehrten Rechtspraxis Brundage, Ethical Ideals (1997), S. 793–805.

965 Tenngler, Laienspiegel (1509), Bl. 22^{v}.

966 Perneder, Gerichtlicher Process (1556), Bl. XVIII^{r}: „*Vnnd wann er die gehaim ainer parthey ain mal empfangen / solle er wider dieselben in derselben strittigen sachen / der gegen parthey gar nit handlen*".

Die Pflicht, den Rechtssuchenden bestmöglich zu beraten und seine Interessen zu vertreten, drückte sich demnach in der ethischen Verpflichtung aus, die Parteigeheimnisse zu wahren und keinen Verrat an der Partei zu begehen. Ihre Einhaltung wurde über den gerichtlichen Zulassungseid der Rechtsbeistände gefordert und im Missbrauchsfall über den Straftatbestand des Parteiverrats sanktioniert.

c. *Pflicht zur redlichen Prozessführung*

Die Prämisse, das Parteiinteresse zu wahren, galt allerdings nicht grenzenlos. Eine Beschränkung fand sie in einem anderen grundsätzlichen Element der Amtsethik für Rechtsbeistände. Dies war das Gebot einer redlichen, der Gerechtigkeit verpflichteten Prozessführung, das es beinhaltete keine unbegründeten, falschen oder betrügerischen Streitigkeiten zu führen.[967] Dies beschrieb etwa Tenngler in seinen Anweisungen für Rechtsbeistände im *Laienspiegel*:

> *Wa[e]re aber die sach vngegründet / soll er sagen das er nit mit vnnutzer mu[e] vnd costung in das recht stee* [...] *Er ist och neit schuldig sond' im gewissen sorgklich ain po[e]se od' verlorn sach mit allegacion zu[o]va[e]rben oder lüstigklich zu[o]erobern.*[968]

Der Rechtsbeistand sollte unbegründete Streitfälle („*die sach vngegründet*") weder annehmen („*nit* [...] *in das recht stee*"), noch durch seine Kompetenz fördern, indem er unaufrichtiger Weise irreführende Allegationen verwendete („*verlorn sach mit allegacion zu[o]va[e]rben*").

In diesem Kontext brachte zudem der Eid in der Kammergerichtsordnung von 1471, der für die späteren Reichskammergerichtsordnungen und zahlreiche weitere weltliche Zulassungseide zum Vorbild wurde, zum Ausdruck, dass die Rechtsbeistände bei ihrer Tätigkeit für die Partei an solche Grenzen gebunden waren:

> *Ich N. globe und schwere, daß ich in den Sachen, durch mich angenommen, dem Rechten nach getreulich rathen und handeln, keinen Falsch oder Geverde darinen gebrauchen will* [...].[969]

---

967 Vgl. dazu Döhring, Rechtspflege (1953), S. 162 f.

968 Tenngler, Laienspiegel (1509), Bl. 21v.

969 Zit. nach Schmauss/von Senckenberg, Sammlung der Reichs-Abschiede, Band 1 (1747), S. 250.

Die Rechtsbeistände schworen demnach bei der Zulassung zum Gericht, sich bei ihrer Tätigkeit keiner „Falschheiten" („*valsch*") im weitesten Sinne[970] zu gebrauchen und ohne „*geverd*" zu handeln. Letzteres meint *Gefährde* – das Handeln in betrügerischer, unaufrichtiger oder schikanöser Weise.[971] Diese amtsethische Vorgabe war in der weltlichen Rechtspflege weit verbreitet und schlug sich in Eiden nieder, mit denen sich die Rechtsbeistände selbst zur Einhaltung ethischer Standards verpflichteten. Dazu gehörten entweder spezielle gerichtliche Zulassungseide (etwa nach Vorbild des genannten Advokateneids aus der Kammergerichtsordnung von 1471) oder der sog. Kalumnieneid/Gefährdeeid.[972]

Der aus dem römischen Recht stammende Kalumnieneid, dessen Pendant in der mittelalterlichen Rechtspflege nördlich der Alpen der Gefährdeeid war, ist anders als ein Zulassungseid hingegen als ein prozessualer Eid zu qualifizieren.[973] Im Gegensatz zum Zulassungseid handelte es sich somit nicht um einen Eid, dessen Vorliegen vom Grad der Institutionalisierung und Professionalisierung eines Gerichts abhing, sondern um ein Element des römisch-kanonischen Zivilverfahrensrechts, das eine ethisch-gegründete Streitführung vorschrieb.

---

970 „Falsum"-Tatbestände waren seit der Antike für eine Vielzahl von rechtswidrigen Manipulationen vorgesehen. Im rechtspraktischen Bereich umfassten sie etwa die Vernichtung eines Testaments, die Beeinflussung von Zeugen oder auch die Verwendung falscher Allegationen in Schriftsätzen. Vgl. dazu Brundage, Ambidextrous Advocate (2003), S. 46 f. m. w. N. Vgl. auch zum „falsum"-Tatbestand für Rechtsbeistände im Zusammenhang mit Parteiverrat Wolff, Prävarikation (1930), S. 54–57.

971 Vgl. dazu von Künssberg (Bearbeiter), Art. Gefährde, DRW, Band III (1935–1938), Sp. 1388. Siehe auch Knaust, Gerichtlicher Fewerzeugk (1562), Kapitel XII (unpaginiert): „*Gefehrde ist / so einer wissentlich vn recht klagt vnd handelt / oder / dem kla[e]ger vnd Rechten vnrechtlich vnd fürsetzlich widerstrebt*".

972 Vgl. insgesamt zum Kalumnieneid Sellert, Kalumnieneid, in: HRG², 15. Lieferung (2012), Sp. 1538–1540.

973 Während der Begriff des Kalumnieneids aus der antiken Rechtspraxis stammte, herrschte im deutschsprachigen Bereich die Bezeichnung des Eids für Gefährde vor. Wegen der funktionalen Ähnlichkeit beider Eide verschmolzen sie im Zuge der Rezeption des römisch-kanonischen Rechts miteinander. Vgl. eingehend zur historischen Entwicklung des Eids Sellert, Geschichte des Kalumnieneids (2009), S. 485–505. Vgl. zum Kalumnieneid im mittelalterlichen gelehrten Recht Nörr, Romanisch-kanonisches Prozessrecht (2012), S. 51, 112–115; Litewski, Der römisch-kanonische Zivilprozeß (1999), S. 335–344. Vgl. zum Kalumnieneid und den damit verbundenen ethischen Idealen von Rechtsbeiständen im Mittelalter auch Brundage, Ethical Ideals (1997), S. 793–805.

Dabei schworen nach der Litis Contestatio[974] (sog. Kriegsbefestigung) dementsprechend Partei oder Rechtsbeistand,[975] nicht in betrügerischer Weise zu prozessieren:

> *Das ir kainerlay gefa[e]rd prauchen / gelauben / gerecht sachen zů rechtuertigen /* [...] *Das ir auch wissentlich kain falsche zeügknuß oder weisung brauchen / auch keinen zug / von gefa[e]rlichen lengereung wegen begeren wo[e]llen* [...].[976]

Konkret waren vom Kalumnieneid die Forderungen umfasst, gerechte Streitigkeiten („*gerecht sachen zů rechtuertigen*“) aufrichtig in der Beweisführung zu führen („*wissentlich kain falsche zeügknuß oder weisung brauchen*“) und den Prozess nicht zu verschleppen („*keinen zug / von gefa[e]rlichen lengereung wegen begeren wo[e]llen*“).[977] In der Praktikerliteratur gehörte der Kalumnieneid mit

974 Siehe dazu oben *Dritter Teil, III, 6, b*, S. 174–178.

975 Vgl. dazu Nürnberger Reformation (1564), Bl. 28r f.: „*Und ob sich zutru[e]ge / das ain Aduocat fürsetzlich / vnd dem gegenteyl zu widerdrieß / bo[e]se vngerechte sachen zuuertaidigen / vnd darinn zu Aduocirn sich vndersteen würde / So soll in des Gerichts erkantnus stehen / auf anru[e]fen der widerparthey / vnd nach gelegenheit des fu[e]rprachten verdachts / dem Aduocaten auch den Aid fu[e]r geuerde zu schweren / aufzulegen / dergestalt das Er in seinem gewissen / die sachen darinn Er Aduocirt / seines verstands fu[e]r aufrichtig vnd gerecht achte*“; Perneder, Gerichtlicher Process (1556), Bl. LVr: „*Wann der krieg rechtens verfangen ist / sollen die partheyen den ayd für geua[e]rd / zu latein Iuramentum calumniae genant / schwo[e]ren.* [...] *Es sein auch nit allain die principa[e]l personen / sonder auch derselben anwa[e]lde / solchen aide für geua[e]rde zůthůn schuldig / wie dann durch den Speculatorem, in titulo de Iuramento calumniae, §. restat uidere a quibus fit iuramdum & c. lauter außgetruckt*“. Anders hingegen Damhouder, Practica gerichtlicher handlunge (1575), S. 421: „*Vom Procuratore vniuersitatis, oder einem Anwaldt der ganzen Gemeind / hab ich kurtz hieuor gesagt / sintemal sonst kein Anwaldt den Eydt fu[e]r gefa[e]hrde schweren soll*“. Vgl. dazu für das mittelalterliche gelehrte Recht Nörr, Romanisch-kanonisches Prozessrecht (2012), S. 114. Vgl. für das römische Recht Sellert, Geschichte des Kalumnieneids (2009), S. 489.

976 Tenngler, Laienspiegel (1509), Bl. 90v. Siehe auch Knaust, Gerichtlicher Fewerzeugk (1562), Kapitel XII (unpaginiert): „*DEr Eydt für gefehrde (welcher iuramentum calumniae genant wirt) ist / daß der Klaeger schwere / Er wisse nichts anders / dan daß er eine rechte gůte / ware sache treibe vnd habe / Der Beklagte aber / Er verbitte / schütze vnd verfechte sich in einer gůten sache / Alles vnder gůtem glauben / trewlich vn vngefehrlich / das ist daß keiner dem andern mit hinderlist vor oder nach gehe / jhn vmb zufu[e]hren / on grundt vnd warheyt fa[e]llschlichen in schimpff vnnd schaden / mit was maß / form oder gestalt das geschehen ko[e]ndte / zusetzen*“.

977 Siehe dazu auch Perneder, Gerichtlicher Process (1556), Bl. XVIIIv, der die Führung ungerechter Streitigkeiten für Advokaten unter Strafe stellte und ebenfalls keine

den Prämissen einer ethischen Streitführung vor Gericht zum festen Repertoire des dargestellten Verfahrensablaufs und konnte sowohl von Kläger-, als auch von Beklagtenseite eingefordert werden.[978] Diese Forderung einer insgesamt redlichen Prozessführung entsprach weitgehend der, die bereits in der antiken Rechtslehre in Justinians Corpus Iuris Civilis Eingang gefunden hatte.[979]

Nicht nur im Zivilverfahren, sondern auch im Strafprozess nach der Peinlichen Halsgerichtsordnung von 1532 findet sich die Vorgabe einer aufrichtigen Prozessführung, wonach die Rechtsbeistände „*bey ihren Eiden die Gerechtigkeit*

Prozessverschleppung tolerierte: „*JTem ain Aduocat soll kainen handel zůuerfechten annemen / den er in seinem gewissen offentlich vngerecht erfindet: bey vermeidung der straff zwayer marck golds. Jtem ehr soll auch die sachen gefa[e]rlich nit verlengern oder auffziehen*". Vgl. zu den Versuchen, die Prozessverschleppung in Köln zu verhindern, wozu auch eine Strafe für ungerechtfertigte Schriftsätze gehörte, HUFFMANN, Rechtsanwaltschaft (1969), S. 65–67.

978 Siehe dazu DAMHOUDER, Practica gerichtlicher handlunge (1575), S. 419: „*Es ist aber der Eydt fu[e]r gefa[e]hrde / wann einer schweret / daß er mit gutem glauben / vnd gewissen / vnd nicht auffsetzlicher oder gefa[e]hrlicher weisse klage / oder antwort gebe / geklagt oder antwort gegeben habe: vnnd daß die forderung / so Kla[e]ger gegen vnnd wider den Beklagten fu[e]rnimpt / jhme gerecht / vnd billich sein bedu[e]ncke: vnnd hergegen / das jhne Beklagten deß Kla[e]gers angeben vnd forderung bedu[e]ncke vnrecht / vnd vnbillich sein / vnd daß er zu solcher anforderung / vnd klage nit verbunden seye*".

979 In einer missbräuchlichen Forderung nach Beweisführung wurde die Gefahr der Prozessverschleppung gesehen. Siehe dazu bereits Codex 2, 59, 1 pr.: „*Wir verordnen, dass in allen Rechtssachen* [...] *wobei [einer Partei] die Beweislast obliegt* [...] *[dieselbe] nicht anders, diese Beweise zu führen gezwungen werden soll, als wenn vorher Der, welcher sie fordert, den Eid für Gefährde* (iuramentum de calumnia, PW) *geleistet haben wird, dass er [nämlich] nicht zum Verschleif der Sachen* (causa differendi, PW) *dergleichen Behauptungen aufgestellt hat*". Codex 2, 59, 2 pr. forderte von den Parteien den Schwur, eine gerechte Streitsache zu führen: „*Und zwar soll der Kläger schwören, dass er nicht in der Absicht zu chikaniren* (calumniandi animo, PW) *den Prozess erhoben habe, sondern dass er nach seiner Meinung gerechte Sache* (bonam causam, PW) *habe; der Beklagte aber soll von seinen Einwendungen nicht anders Gebrauch machen dürfen, als wenn auch er eine gute Sache zu haben, zum Widerspruch [gegen den Kläger] verschritten sei*". Übersetzungen nach SCHNEIDER, in: OTTO/SCHILLING/SINTENIS (HRSG.), CIC I, Band 5 (1832), S. 392 f., in den runden Klammern sind zur Verdeutlichung die lateinischen Quellenbegriffe, zit. nach KRUEGER, Corpus Iuris Civilis, Bd. 2 (1959), S. 118, angegeben. Vgl. zu den Forderungen im Kalumnieneid im Mittelalter BRUNDAGE, Client's Judge (1994), S. 595–599. Siehe auch zur Prozessverschleppung WESENER, Prozeßverschleppung, in: HRG[1], Band IV (1990), Sp. 68–70.

und Warheit [...] fo[e]rdern, und durch keinerley Gefa[e]hrlichkeit mit Wissen und Willen verhindern oder verkehren“ sollten.[980] In der Praktikerliteratur gehörte es – über die Frage der Art und Weise der Prozessführung hinaus – im Zeichen einer guten Beratung der Partei zum Pflichtenkreis der Rechtsbeistände, keine aussichtslosen Mandate anzunehmen:

> *Wurde er aber vermercken / das kaine bestendige hoffnung ainigs sigs sein mo[e]chte / solle er mit erinnerung / was nachthail vnnd schadens der parthey in verlust der sachen erfolgen wurde / getrewe va[e]tterliche warnung thůn / vnd seinen Clienten also vermanen / damit er sich vor vnkosten vnd nachthail verhu[e]t.*[981]

Die Wirkung eines entsprechenden Ratschlags („*getrewe va[e]tterliche warnung*“), keine Fälle mit geringen Erfolgsaussichten vor Gericht zu bringen („*das kaine bestendige hoffnung ainigs sigs sein mo[e]chte*“), war nicht nur, dass die Parteien vor verlorenen Rechtsstreitigkeiten geschützt wurden („*damit er sich vor vnkosten vnd nachthail verhu[e]t*“). Gleichzeitig wurde durch das Einhalten dieser ethischen Standards auch die Gerichtsbarkeit vor unnötigen Prozessen geschützt. In der Forschung zu mittelalterlichen Rechtsbeiständen bezeichnete BRUNDAGE den Rechtbeistand wegen dieser Funktion in einem Aufsatz als „the client's judge“.[982] Bereits bevor die Sache vor Gericht verhandelt wurde, entschied der Rechtsbeistand auf Grund seiner juristischen Expertise, ob ein Prozess zu führen sei und wurde damit im Vorfeld der gerichtlichen Geltendmachung von Klagen gewissermaßen zum Richter für seine Partei erhoben.[983] Insofern übernahmen die Rechtsbeistände im Rahmen einer ethischen Amtsführung zusätzlich die Funktion einer ersten Zulassungsprüfung, wodurch die Rechtspflege idealerweise entlastet wurde.[984] Neben der Vermeidung aussichtsloser Streitigkeiten sollten

---

980 PGO Art. 88. Zit. nach SCHMAUSS/VON SENCKENBERG, Sammlung der Reichs-Abschiede, Band 3 (1747), S. 379. Vgl. dazu auch FUCHS, Darf der Advokat lügen?, AnwBl 39 (1989), S. 354.

981 PERNEDER, Gerichtlicher Process (1556), Bl. XVIII^r^.

982 BRUNDAGE, Client's Judge (1994), S. 591–607.

983 Vgl. dazu BRUNDAGE, Client's Judge (1994), 591–607, mit zahlreichen Belegen aus der mittelalterlichen Rechtslehre. Vgl. ebd., S. 599–603, für die Darstellung der Thematik nach Durantis in der Rechtspraxis wirkungsvollem Speculum Iudiciale. Vgl. zu Durantis oben *Zweiter Teil, II, 5,* S. 90.

984 Vgl. dazu BRUNDAGE, Client's Judge (1994), S. 592: „The lawyer's role as an officer of the court, moreover, requires him to subordinate partisan interests to the demands of this public obligation. That obligation arises because lawyers enjoy a monopoly upon the practice of law; in return, they are required to assist the courts by acting as gatekeepers, by seeing to it that the cockets are not cloggeg and the time of judges

die Rechtsbeistände keine ungerechtfertigten, weil juristisch unbegründeten Streitigkeiten führen, was in der Praktikerliteratur deutlich vermittelt wurde.[985] Eine entsprechende Anweisung findet sich bei Damhouder, wonach den Rechtsbeiständen eindringlich vorgeschrieben wurde

> *daß sie mit allem fleiß dahin trachten vnd gedenchen sollen / daß sie der Partheyen sachen vnd ha[e]ndel gru[e]ndtlich vn eigentlich erlernen vn verstehen / nemlich / damit sie die gerechten / billiche vn wolgegru[e]nten sache anneme / vn nur recht verfechte / welche Sach sie aber vnbillich / vngerecht / vnd in natu[e]rlicher billichkeit ohnbegru[e]ndet befinden / daß sie dieselbige fahren lassen / vnd in keinen weg die mit Recht zuuerta[e]digen / vnd zuerhalten vnderstehen.*[986]

In diesem Sinn („*gerechten* [...] *sache anneme* [...] *welche Sach sie* [...] *vngerecht / vnd in natu[e]rlicher billichkeit ohnbegru[e]ndet befinden* [...] *fahren lassen*“) wurde überdies etwa die Vorgehensweise des Rechtsbeistands erläutert, der nach Einschätzung der Rechtslage zum Schutz seiner Partei nur dann eine gerichtliche Klage führen sollte, wenn es sich um eine gerechte und aussichtsvolle Sache handelte:

> *Wu[e]rde der Aduocat aber befinden und mercken / daß die Sachen bawfa[e]llig / vnrichtig vnd nicht gut weren / also / daß die Victoria und vnnd Sieg nicht zu hoffen / soll er seine Clienten vnd Partheyen / mit fleiß getreuwlich warnen vnd sich vor Schaden / vnd verlust der Sachen / zu hu[e]ten / sie ermahnen.*[987]

---

consumed by frivolous disputes and cases that lack merit. The lawyer's gatekeeper function is also supposed to assure against the abuse of legal process by litigants who would like to use the courts as instruments of personal vindication and revenge.“ Siehe im Ergebnis zur Doppelrolle von „gatekeeper and champion“ bei der Ethik von Rechtsbeiständen ebd., S. 604 f.

985 Schon in mittelalterlicher deutschsprachiger Rechtsliteratur fand dieser Aspekt Erwähnung. Johann von Buch belehrte Fürsprecher darüber, dass nur eine gerechte Sache zum Sieg führen wird, wenngleich im Richtsteig Landrechts die Einschränkung erfolgte, dass eine gerechte Sache nicht hinreichende Bedingung für einen Erfolg im Prozess sei. Vgl. dazu Kannowski, Buch'sche Glosse (2007), S. 162 f.

986 Damhouder, Practica gerichtlicher handlunge (1575), S. 233.

987 Knaust, Gerichtlicher Fewerzeugk (1562), Kapitel II (unpaginiert). Den Stellenwert dieses ethischen Ideals verdeutlicht der Autor überdies in einer späteren Auflage seines Werks. Darin findet sich direkt in der ersten von 34 „*Cauteln vnd Regulen der Procuratoren*“ eine entsprechende Anweisung, aussichtslose Rechtsstreitigkeiten abzulehnen. Knaust, Gerichtlicher Fewerzeugk (1568), Bl. 180v: „[...] *auff das / wo er eine bo[e]se vnd verzweiffelte / lose sache hette / daran keine ehr zu erjagen were / daß er jm denn auff solchen fall seinen dienst abschlagen vnd zuuersagen wissen*

Solche Gebote einer redlichen Prozessführung, finden sich in weltlichen Gerichtsordnungen der Zeit. Nach der Frankfurter Stadtrechtsreformation von 1578 sollten sich die Rechtsbeistände keiner „*mutwilligen vngegru[e]ndten Rechtfertigung*“ gebrauchen sowie davon abraten, solche Fälle vorzubringen.[988] Eine analoge Forderung findet sich in der Praktikerliteratur.[989] Bezüglich der Prozessverschleppung schrieb beispielsweise das Kölner Stadtrecht von 1570 seinen Rechtsbeiständen vor, die

> *sach nicht calumniosè vnd gefa[e]hrlich auffhalten vnnd erstrecken* [...] *auch den Partheyen nicht rahten mit vielfa[e]ltigen vnerheblichen Exceptione, protestatione vn cautelen, die wider Parthey vmd zutreiben / vn die Wahrheit zuuerschwigen* [...].[990]

Parallel dazu sah die Nürnberger Stadtrechtsreformation von 1564 für Prozessverschleppung nebst Schadensersatz auch eine Amtsentsetzung als Rechtsfolge vor.[991] Knaust formulierte bezüglich des mündlichen Vorbringens für Rechtsbeistände:

> *daß er die Sache fein klar / ohn einige obcuritet / verfinsterung vnd einwicklung* [...] *fürbringe / vnnd vnder gutem glauben narrir vnd erzele / Gebrauch auch inn dem gar vberal*

---

mo[e]chte“. Vgl. auch zur Anweisung, keine mutwilligen Rechtsmittel einzulegen, Huffmann, Rechtsanwaltschaft (1969), S. 67.

988 Frankfurter Reformation (1578), Bl. 11r: „*DIe Partheyen / von denen sie zu Rednern vnd Procuratorn angenommen werden / sollen sie mit rechten treuwen meynen / jnen zu keiner mutwilligen vngegru[e]ndten Rechtfertigung rahten / noch sie darzu halſs stercken / Sonder da sie befinden / daß ein Parthey eine solche mutwillige vn vnbefu[e]gte Rechtfertigung / darinn eyniger Sieg nicht zu verhoffen / fu[e]rnemmen wolte / Sollen sie dieselbig davon abzustehn / nd den vnnu[e]tzen kosten zu sparen / mit bester bescheydenheyt / vn mit fleyß / vermahnen vnd anweysen*“.

989 Siehe. dazu Damhouder, Practica gerichtlicher handlunge (1575), S. 233 f.: „*Ja daß sie als dann dem vnbefu[e]gten theil trewlich vnd fleissig rathen / daß sie sich in das Recht nicht begeben / vnd ehe vnd lieber den angefangnen streit fallen lassen / dann daß sie wider alle Recht vnnd billigkeit zukriegen fortfahren*“.

990 Kölner Stadtrecht (1570), S. 144. Vgl. dazu Huffmann, Rechtsanwaltschaft (1969), S. 65 f.

991 Nürnberger Reformation (1564), Bl. 24r: „*WO aber durch der Aduovaten vnd Procuratorn vnfleiß / zu verzug der sachen / oder geuerlicher hinderhaltung der geschicht / oder eingenommenen berichts / die partheyen an jren Rechten verku[e]rzt / vnd solchs glaubwirdig fu[e]rkommen wurden / Sollen dieselben Aduovaten vnd Procuratores / nit allein der Parthey jres zugefu[e]gten nachteyls / erstattung thon / sonder auch durch ainen Rath / mit niderlegung jres Aduovaten vnd Procuratorampts / oder in ander weg / nach gestalt der verhandlung / gestraft werden*“. Vgl. zur Zusammenhang zwischen erhöhter Prozessdauer und römisch-kanonischen Verfahrensrecht oben *Dritter Teil, III, 4*, S. 161 f.

keiner weitleufftigkeit / sondern [...] trage er nur das aller no[e]ttigste / auffs kůrzest für / Die vberflůssigen wort schneide er ab / vnnd meide sie / nicht anders als wůrden sie der sachen schaden zufůgen.[992]

Knaust weist die Rechtsbeistände explizit dazu an, ihre Einlassungen redlich („*vnder gutem glauben*") vorzubringen und dabei auch die Prozessökonomie zu beachten, indem keine unnötigen Erwägungen eingebracht werden sollten („*[d]ie vberflůssigen wort schneide er ab*"). Die Verantwortung für unredliche Prozessführung wurde jedoch nicht allein bei den Rechtsbeiständen gesucht. Auch die Parteien waren dazu angehalten, keine maliziösen Klagen zu führen. Entsprechend gehörte die explizite Frage an die Streitparteien nach dem Wahrheitsgehalt von Klage und Klageerwiederung im Verfahren nach Damhouder zu den Aufgaben des Richters.[993] Nach dem *Klagspiegel* stand dem zu Unrecht Beklagten bei kalumniösem Verhalten des Klägers, der Geld dafür angenommen hatte, eine ungerechtfertigte Klage zu führen, eine zivile Pönalklage (*De calumniatoribus*) zu.[994] Als Rechtsfolge enststand dem Beklagten ein Anspruch binnen Jahresfrist auf das Vierfache der Summe, die der Kläger angenommen hatte, um die kalumniöse Klage zu führen.[995]

Mit dem Vorwurf der unredlichen Prozessführung war die ökonomische Ausnutzung der Partei durch überhöhte Gebühren des Rechtsbeistands untrennbar verbunden. Ähnlich wie bei den Richtern, bei denen die finanzielle Ausnutzung ihres Amts als höchst verwerflich galt, zählte die Geldgier bei den Rechtsbeiständen zu den Hauptkritikpunkten und ist letztendlich sogar sprichwörtlich

---

992 Knaust, Gerichtlicher Fewerzeugk (1568), Bl. 192ᵛ.

993 Damhouder, Practica gerichtlicher handlunge (1575), S. 430: „*Nach vbergebnen vnd eingelegten Artickel aber / soll der Richter erstlich den Kla[e]ger fragen / 'glaubstu N. vn beheltest bey hibeuor gethanem Eydt / dasjenig / so in diesen Artickeln gesetzt vnd begriffen / war sein. Wann er dann antwortet / Ja / so soll sich der Richter zu dem Beklagten kehren gegen vnd wider den die Artickel vbergeben worden / vnd jhn vermahnen / vnd erinnern / daß er in betrachtung seines Eydts / vnnd seiner Seelen seligkeyt / deren keinen leugnen / noch verneinen wo[e]lle / den er war sein / oder sich anders haltend / weiß*".

994 Dies sollte auch für den Fall gelten, dass der Kläger Geld vom potentiell Beklagten verlangte, um seine kalumniöse Klage fallenzulassen. Vgl. dazu Deutsch, Klagspiegel (2004), S. 395; Sellert, Geschichte des Kalumnieneids (2009), S. 491.

995 Nach Ablauf der Jahresfrist stand dem zu Unrecht Beklagten ein Betrag in Höhe der einfachen Summe zu. Vgl. dazu Heyden, Klagspiegel (um 1493), Bl. XXXIʳ: „*gepürt sich disse clag wyder die caluniatores. das seind die. dye vmb falsch oder erlo[e]ge sach etlich für gericht lade. gepürt sich disse clag wider den der dz gelt genome hat. das er das gelt im jare vierfach wider gebe můß. nach dem jare eynfach in dysser sach gepürt*".

geworden.[996] Dieser Kritik standen allerdings durchaus Bemühungen, die Missstände einzudämmen, gegenüber. Schon den ersten gerichtlichen Zulassungseiden der mittelalterlichen Kirchengerichte war die Forderung nach einer moderaten und angemessenen Bezahlung, die die Rechtsbeistände auf dem Wege der eidlichen Selbstverpflichtung schwören mussten, immanent.[997] Dennoch bestand trotzdem Spielraum bei der Bezahlung, welche nach römisch-kanonischem Recht grundsätzlich legitim war.[998] Lagen keine speziellen gerichtlichen Gebührenordnungen vor, wie es sie an weltlichen Gerichten südlich der Alpen bereits seit dem 13. Jahrhundert gab,[999] war die Höhe der Entlohnung der Rechtsbeistände den Richtern anheimgestellt oder erfolgte nach unterschiedlichen Kriterien, wie etwa der Anzahl der Termine oder nach der Länge der Schriftsätze.[1000] In der untersuchten Praktikerliteratur enthält Damhouders *Practica* Taxordnungen, welche die Sätze für eine Bezahlung von Rechtsbeiständen festschrieben.[1001] Dem Mißbrauch, der im Fall einer Bezahlung nach Anzahl der Bögen durch ein großzügiges Layout der Schriftsätze betrieben werden konnte,[1002] wurde Einhalt geboten,

---

996 Vgl. dazu Sellert, „... der Pöbel [...]" (2006), S. 390 mit Beispielen aus der deutschsprachigen Literatur. Vgl. zur Kritik an der Habgier der Rechtsbeistände auch Schumann, Von teuflischen Anwälten (2011), S. 460 Anm. 96 m. w. N. Vgl. zu dieser Kritik aus mittelalterlichen Quellen Brundage, Legal profession (2008), S. 480–482. Vgl. zum hohen Stellenwert der Eigensucht der Rechtbeistände innerhalb der Amtsethik Döhring, Rechtspflege (1953), S. 159–163.

997 Vgl. dazu Brundage, Ethical Ideals (1997), S. 793–795.

998 Vgl. zur theologischen Diskussion um die Legitimität der Bezahlung von Rechtsbeiständen für das Mittelalter Brundage, Profits of the Law, The American journal of Legal History, Vol. 32, No. 1 (1988), S. 2–4 und für die spanische Spätscholastik Bergfeld, Iustum pretium des Advokaten (1972), S. 118–130.

999 Vgl. dazu Vogel, Sporteln und Sporteldelikte (1960), S. 64–69. Siehe zur Bezahlung nach italienischem Statutarrecht vom 13.-15. Jahrhundert ebd., S. 33–56.

1000 Vgl. dazu Weissler, Geschichte der Rechtsanwaltschaft (1905; ND 1967), S. 215–217, wonach die Bezahlung sich in den Gebührenordnungen nach unterschiedlichen Kriterien (zum Beispiel eine Tagespauschale, oder nach dem Streitwert, den spezifischen Prozesshandlungen gemessen am Aufwand oder eine Bezahlung je nach Vermögenslage der Partei) richtete. Vgl. dazu auch Döhring, Rechtspflege (1953), S. 149–151. Siehe für die Bezahlung der kirchlichen Rechtspflege und die Ansichten der einflussreichen mittelalterlichen Rechtslehre dazu Brundage, Legal profession (2008), S. 328–338.

1001 Vgl. dazu Damhouder, Practica gerichtlicher handlunge (1575), S. 644 für Flandern, ebd., S. 650 f. für den Hof zu Mecheln.

1002 Vgl. dazu Döhring, Rechtspflege (1953), S. 149 f. Anm. 107.

indem die Anzahl von Zeilen und Wörtern pro Blatt spezifiziert waren.[1003] Doch findet sich dies in der Literatur nicht durchgängig wieder. Bei Knaust wird etwa lediglich pauschal festgestellt, dass der Richter „*nach gelegenheyt der sachen vnnd Personen*" über die Höhe der Bezahlung der Rechtsbeistände entscheiden sollte.[1004]

Am Reichskammergericht wurde erst 1566 eine relativ präzise Gebührenordnung eingeführt, davor stand die Entlohnung ebenfalls im gerichtlichen Ermessen.[1005] Die großen Spielräume, welche zuvor den Missbrauch begünstigten, wurden dadurch zwar eingegrenzt, dennoch konnte die von Anfang an bestehende Missbrauchsgefahr nicht gänzlich gebannt werden. So enthielt bereits der einflussreiche Zulassungseid in der KGO von 1471 zur Prävention überhöhter Forderungen folgenden Passus:

> *Ich N. globe vnd schwere [...] darzu auch die Partein u[e]ber den Sold und Lone, der mir im Anfange des Rechtens versprochen were, nit meren oder gedingen, beschweren oder erho[e]ern will.*[1006]

Erneut erfolgte die Einbindung einer ethisch begründeten Forderung, hier: keine überhöhte Bezahlung zu fordern („*den Sold vnd Lone* [...] *nit meren* [...] *oder erho[e]ern*"), über einen Eid. In enger Verbindung mit der ethisch-ökonomischen Seite der Amtsführung stand zudem das Verbot einer erfolgsabhängigen

1003 Siehe DAMHOUDER, Practica gerichtlicher handlunge (1575), S. 644: „*Vnd fu[e]r ein jedes Blad zu beyden seyten geschreiben (deren ein jede 20. linien oder Verß / vnd ein jede derselben linien / 6. wo[e]rter haben sol) 8. Groschen*".

1004 Siehe dazu KNAUST, Gerichtlicher Fewerzeugk (1562), Kapitel XXXVI (unpaginiert): „*Gerichtskosten werden genant / das gelt / das die Partheien den Rednern / Procuratorn / Aduocaten / Notarien / Schreibern / Gerichtsknechten / Copijsten/ Bottenla[e]ufern / für sie Siegeln vnnd abscheyde / auffwenden [...] Der Richter soll die Expens vnnd Gerichtskosten / nach gelegenheyt der sachen vnnd Personen / taxiren vnnd messigen / darbei es die Partheien auch wenden vnd bleiben sollen lassen / ohn newe vnnd ferner rechtfertigunge*".

1005 Vgl. dazu FUCHS, Sollicitatur (2002), S. 165–167 m. w. N.

1006 Zit. nach SCHMAUSS/VON SENCKENBERG, Sammlung der Reichs-Abschiede, Band 1 (1747), S. 250. In Anbetracht der in der Zwischenzeit ergangenen Gebührenordnung wurde der Eid in der RKGO von 1555, Erster Teil, Tit. LXIII, angepasst: „Die Procuratores, so das Gericht zu solchem Amt auffnimmt, sollen [...] geloben, und ein Eyd zu GOTT, und auff das Heil. Evangelium schweren, daß sie [...] die Partheyen u[e]ber den Lohn, der ihnen nach laut der Ordnung u[e]ber das Cammer=Gericht, gebu[e]hrt, mit Mehrung oder andern Geding nicht beschweren oder erho[e]hen wollen". Zit. nach SCHMAUSS/VON SENCKENBERG, Sammlung der Reichs-Abschiede, Band 3 (1747), S. 81.

Vergütung am Streitfall, das ebenfalls im Eid enthalten war.[1007] Durch das mit erfolgreicher Streitführung assoziierte gesteigerte Eigeninteresse des Rechtsbeistands, wuchs die Gefahr missbräuchlichen Prozessierens.[1008] Mangels effektiver Kontrollinstrumente ist allerdings unklar, inwiefern dieses Verbot in Form des eidlichen Versprechens tatsächlich Wirkung zeigte.

Die Vorgaben aus den Zulassungseiden, wonach die Rechtsbeistände weder eine überhöhte, noch eine erfolgsabhängige Bezahlung fordern sollten, sind in der Praktikerliteratur von Tenngler und Damhouder übernommen worden.[1009] Weitere Beispiele dieser Verhaltensvorgaben finden sich in der weltlichen Rechtspraxis in den Gerichtsordnungen, welche sich am kammergerichtlichen Zulassungseid orientierten.[1010]

1007 „Ich N. globe und schwere, daß ich in den Sachen, durch mich angenommen […] mit der Partei sonder Gedinge umb ein Teil der Heubtsumm zu haben nit machen oder annemen, sunder mich zimlichs und rechtelichs Soldes benu[e]gen […].“ Zit. nach SCHMAUSS/VON SENCKENBERG, Sammlung der Reichs-Abschiede, Band 1 (1747), S. 250. In der RKGO von 1555, Erster Teil, Tit. LXIII, findet sich dieselbe Vorgabe: „Die Procuratores, so das Gericht zu solchem Amt auffnimmt, sollen […] geloben, und ein Eyd zu GOTT, und auff das Heil. Evangelium schweren, daß sie […] mit den Partheyen keinerley Vorgeding oder Vorwort machen, einen Theil von der Sach, dero sie im Rechten Redner seynd, zu haben oder zu gewarten“. Zit. nach SCHMAUSS/VON SENCKENBERG, Sammlung der Reichs-Abschiede, Band 3 (1747), S. 81.

1008 Dem entsprachen die Ansichten des antiken römischen Rechts und in der Folge auch der mittelalterlichen Rechtslehre. Vgl. dazu BRUNDAGE, Profits of the Law, The American journal of Legal History, Vol. 32, No. 1 (1988), S. 11; BRUNDAGE, Legal profession (2008), S. 331 f.

1009 TENNGLER, Laienspiegel (1509), Bl. 22v: *„Ich.N.glob vnd schwer hyemit* […] *mitt den partheyen kainerlay vorwortt oder fürgeding / vmb ainichen tayl wenig oder vil an der sach zůmachen / haben o8 gewarten.* […] *Die partheyen mitt vnzimblichen belonungen nicht beschwa[e]ren Sonder an dem / wie der zů yeden zeitten durch den richter gesetzt oder sunst geordnet wirdet / mich benůgen lassen*“. DAMHOUDER, Practica gerichtlicher handlunge (1575), S. 234: „[…] *daß sie sich mit der belohnung vnd verehrung billich vnnd ehrlich halten / also / daß sie die gesetzte vnnd geordnete verehrung oder besoldung nicht vberschreiten / vnd die Partheyen mit zu vielem heischen / vnd abforderen nit beschweren vnd vbernemen / oder drengen.* […] *daß sie vor angefangener rechtfertigung kein geding / oder pact mit den Partheyen machen / damit sie ein theil / oder etwas von den streitigen gu[e]tern / oder von den jenen / so mit Recht gesucht vnnd gefordert wirdt / vberkommen vnd an sich bringen*“.

1010 Vgl. dazu etwa das Kölner Stadtrecht (1570), S. 146 f.; die Frankfurter Reformation (1578), Bl. 13v f. und das Bayrisches Landrecht (1616), S. 101 f.

Neben den Versuchen eine überhöhte Bezahlung zu unterbinden, wurde in einem Werk der Praktikerliteratur auch die entgegengesetzte Seite: das Recht, eine angemessene Bezahlung fordern zu können,[1011] thematisiert. In Knausts *Cautelen vnnd Regulen der Procuratorn* tritt der Autor unter Verweis auf den mittelalterlichen Juristen Placentinus gewissermaßen die Gegenrede zur Kritik an der Habgier der Juristen an.[1012] Darin heißt es

> *SO muß sich ein Procurator auch selbst nicht vergessen / sondern sich fürsehen / daß jm sein fleiß vnd mu[e]he bezalt werde / vn daß er nicht vmb ein stu[e]ck brots odder o[e]pffel / diene / vnd sich mit einer geringen vera[e]chtlichen besoldung abweisen lasse /*[1013]

Täte er das nicht und gäbe er sich mit einer zu geringen Bezahlung zufrieden, so würde er „*ein Bettler bleiben*" und zudem nicht nur sich selbst und seinem Ansehen, sondern auch den gelehrten Rechtspraktikern, die viele Ressourcen für ihr Studium aufgewandt hatten, mit seinem Beispiel schaden.[1014] Trotz dieser Anweisung an die Rechtsbeistände, die Bezahlung nicht zu niedrig anzusetzen, erfolgte auch bei Knaust die ethische Beschränkung auf eine angemessene Bezahlung, deren Höhe der Richter festsetzte.[1015]

Insgesamt wird deutlich, dass das Prinzip einer der Gerechtigkeit verpflichteten Prozessführung in der Antike wurzelt und bereits im Mittelalter thematisiert wurde, bevor auch die deutschsprachige Praktikerliteratur die Ausprägungen einer redlichen Prozessführung aufgriff.[1016] Im Untersuchungszeitraum erfolgte

---

1011 Vgl. zur Legitimation des Honoraranspruchs im Zusammenhang mit der Konsiliarpraxis Falk, Consilia (2006), S. 35–43.

1012 Unter anderen warnte auch Durantis Speculum Iudiciale davor, den Rechtsrat unter Wert zu verkaufen. Vgl. dazu Brundage, Legal profession (2008), S. 330 f.

1013 Knaust, Gerichtlicher Fewerzeugk (1568), Bl. 202v.

1014 Knaust, Gerichtlicher Fewerzeugk (1568), Bl. 202v: „*Denn deßhalben / daß er sich selbst so gering / vnnd sein kunst so wolfeil achtet / do[e]rffte er f[e]r vngelehrt vnnd vera[e]chtlich von vielen angezogen vnnd gehalten werden / So wu[e]rde er auch für seine person ein Bettler bleiben / vnd thete doch damit andern gelerten leuten / die groß gelt auff jr studia angewant / vnd jhr Patrimonium zu gemeinem nutz hingestreckt vnd verstudirt haben / mit seinem Exempel schaden*".

1015 Knaust, Gerichtlicher Fewerzeugk (1568), Bl. 202v: „*Darinn sol sich der Richter also halten / daß er nach gelegenheit / vnnd wichtigkeit der sachen / Auch darnach der Aduocat beredt / vnnd der Gericht gewonheit vnnd brauch ist / erkendtniß thů / daß es billich vnnd Recht sei / doch also daß die maß einer billichen vnd gebůrlichen verehrung / nit vberschritten werde*".

1016 Vgl. zu den amtsethischen Forderungen an mittelalterliche kirchliche Rechtsbeistände Huffmann, Rechtsanwaltschaft (1969), S. 61 f. Die ethische Verpflichtung, nur gerechte Sachen zu führen, wurde überdies bereits von der Moraltheologie

eine Einbindung dieses Ideals über verschiedene Sanktionen in Gerichtsordnungen sowie über eine eidliche Selbstverpflichtung, welche über den prozessualen Kalumnieneid und – sofern vorhanden – über einen institutionellen Zulassungseid zustande kam. Dementsprechende Vorstellungen, wie die Nichtannahme ungerechter Sachen, eine redliche Prozessführung und die Mißbilligung von Prozessverschleppung, wurden so mittels der Praktikerliteratur verbreitet. Demzufolge war der Rechtsbeistand in Ausübung seiner Tätigkeit nicht ausschließlich der Wahrung des Mandanteninteresses, sondern zugleich einer Förderung der Rechtspflege durch eine gerechtigkeitsbezogene Prozessführung verpflichtet. Diese verbot es allerdings ebenfalls, den Mandanten entsprechend schlecht zu beraten und ihn mit überzogenen Forderungen zur Bezahlung zu belasten und ist somit an die Förderung das Parteiinteresses rückgekoppelt gewesen.

3. Zusammenfassung

Die ethischen Vorgaben an die Rechtspraktiker skizzieren Verhaltensgrundsätze für Richter und Rechtsbeistände, die in der Praktikerliteratur abgebildet waren. Den Kern richterlicher Amtsethik bildete die Forderung nach Gerechtigkeit, die in der Praktikerliteratur spezifiziert wurde. Die höchste Amtspflicht der Gerechtigkeit wurde in die christliche Vorstellung von Gottesgerechtigkeit und Jüngstem Gericht eingebettet, wodurch eine transzendentale Verankerung der Rechtsprechung erfolgte, welche mit einer maximierten Sorgfaltspflicht einherging. Weitere Aspekte der Entscheidungsgerechtigkeit betrafen richterliche Befangenheit und Bestechlichkeit, der mit unterschiedlichen Sanktionen begegnet wurde. Die Vorbilder, derer sich bei der Argumentation bedient wurde, reichen von antiken römischrechtlichen Quellen über den Kirchenvater Isidor von Sevilla bis hin zu mittelalterlichen Rechtsquellen. Im Hinblick auf die Verfahrensgerechtigkeit wurde die im Mittelalter entwickelte Vorstellung aufgegriffen, das römisch-kanonische Prozessrecht sei durch biblische Tradition und Gottesbezug legitimiert, was zur Begründung römisch-kanonischer prozessualer Verfahrensweisen überhaupt und im Speziellen der Ladung herangezogen wurde. Die biblische Legitimation juristischer Verfahrensabläufe hatte eine Verschränkung von ethischen und juristisch-fachlichen Vorgaben zur Folge.

---

thematisiert, bevor eigenständige Schriften zur juristischen Amtsethik im 17. und 18. Jahrhundert daran anknüpften. Vgl. dazu WEISSLER, Geschichte der Rechtsanwaltschaft (1905; ND 1967), S. 249–260 mit einer kurzen Darstellung einschlägiger Werke.

Bei den Rechtsbeiständen wird hingegen eine andere Bezugsebene evident, die im Vergleich zur richterlichen Amtsethik lediglich abgeschwächt theologisch-heilsgeschichtlich begründet ist. Vielmehr manifestiert sich hinsichtlich der Amtspflichten ein Dualismus in der Amtsethik mit zwei unterschiedlichen Anknüpfungspunkten. Einerseits waren Rechtsbeistände dem Interesse ihrer Partei verpflichtet und mussten deren vertrauliche Informationen bewahren. Zuwiderhandlungen konnten mit dem Straftatbestand des Parteiverrats geahndet werden. Andererseits verpflichteten sich die Rechtsbeistände über Eide nicht in betrügerischer Weise zu prozessieren und keine ungerechten Sachen zu führen. Dabei ist zwischen institutionellen Zulassungseiden, die zuerst in der kirchlichen Gerichtsbarkeit des 13. Jahrhunderts praktiziert wurden, und einem prozessualen Eid zu unterscheiden. Letzterer resultiert im 16. Jahrhundert aus einer Kombination von Kalumnieneid, der in der römischen Rechtslehre wurzelte, und dem Gefährdeeid, der als funktionales Äquivalent aus dem mittelalterlichen deutschen Recht stammte. Mit der Rezeption des gelehrten Rechts verschmolzen Kalumnien- und Gefährdeeid wegen ihrer Ähnlichkeiten miteinander und kamen weiterhin in Mischform ihrer ursprünglichen Funktion nach, rechtsmissbräuchliche Prozessführung einzudämmen. Zusammengenommen waren Rechtsbeistände sowohl dem Parteiinteresse als auch einer redlichen Prozessführung verpflichtet, die letztlich als eine der Gerechtigkeit verpflichtete Prozessführung gewertet werden kann.[1017] Das Feld der Amtsethik für Rechtspraktiker setzte sich aus den beschriebenen ethischen Vorgaben zusammen, die über Eide, Sanktionen und Appelle in den Quellen des Untersuchungszeitraums postuliert und eingefordert wurden. Daraus ergaben sich Handlungsmuster und Standards pflichtgemäßen Handelns, welche die Rolle der Rechtspraktiker grundsätzlich determinierten und über die fachlich-juristische Ebene hinaus normierten. Zusätzlich zu den universellen persönlichen Anforderungen und dem juristischen Fachwissen enthielt die Praktikerliteratur amtsethische Vorgaben, die in der Zusammenschau mit jenen Kriterien das Bild der Rechtspraktiker illustrieren und einen Eindruck von den Vorstellungen, welche über die Amtsausübung bestanden, vermitteln.

1017 Vgl. dazu die Beschreibung des Tätigkeitsfelds bei DAMHOUDER, Practica gerichtlicher handlunge (1575), S. 232: „*DJe Aduocaten werden im Rechten Postulantes genennet / dan Postulare heisset im Rechten / eines andern Recht / Gerechtigkeit / vnd billiche Sach / mit außgedruckten / runden / hellen vnd klaren worten anzeigen vnd fu[e]rbringen / auch mit besta[e]ndigen vnd festen gru[e]nden / vnd argumenten beweissen vnd darthun / vnd mit ordentlichem Rechten vnd Satzungen in Gericht vor dem Richter verta[e]digen / verantworten vnd erhalten / welches eygentlich allen Aduocaten zustehet vnd gebu[e]ret / vnd deren eygen ampt ist*“.

V. Zusammenfassung und Schlussbetrachtung

Das vorliegende Schlusskapitel dient der Gesamtwürdigung der erarbeiteten Befunde zu Rechtspraktikern in der deutschsprachigen Praktikerliteratur des 16. Jahrhunderts. Zunächst gilt es zusammenfassend den Untersuchungsgang des *Ersten* und *Zweiten Teils* erneut zu vergegenwärtigen, bevor auf die zentralen Themenkomplexe dieser Arbeit tiefer eingegangen wird. In einer diese Untersuchung abschließenden Erörterung von Rechtswissen und seiner Rezeption sowie zur Amtsethik werden die Resultate des *Dritten Teils* zusammengefasst. Ein gedanklicher Schlussstrich unter die untersuchte Thematik wird allerdings bewusst vermieden. Dies wäre angesichts des weiten Feldes der Geschichte der weltlichen Rechtspflege in der Frühmoderne, die trotz zahlreicher von der Forschung geworfener Schlaglichter[1018] noch nicht geschrieben ist, verfrüht.

Ihren Anfang nahm die Untersuchung im *Ersten Teil* mit der Fragestellung, wie die funktionalen Träger der weltlichen Rechtspflege im 16. Jahrhundert terminologisch gefasst werden können, ohne unzutreffende begriffliche Vorannahmen auf den Untersuchungszeitraum zu projizieren. Die Antwort auf diese Ausgangsfrage ergibt sich aus einer Abgrenzung vom Juristenbegriff, dem als konstituierendes Merkmal eine universitäre juristische Ausbildung immanent ist. Der dem vorzuziehende Begriff des Rechtspraktikers erlaubt es demgegenüber, die unterschiedlichen Bildungsstufen innerhalb der Rechtspflege in einer den tatsächlichen Verhältnissen der weltlichen Rechtspflege am Ausgang des Spätmittelalters angemessenen Bezeichnung zu erfassen.[1019] Mit dieser Begriffssetzung wird zugleich unterstrichen, dass der Fokus nicht darauf lag, allein die gelehrt-juristische Seite der weltlichen Rechtspflege des 16. Jahrhunderts zu beleuchten, sondern vielmehr anhand von Rechtspraktikern in die Untersuchung einfließen zu lassen, welche Relationen zwischen gelehrtem Recht und ungelehrter Rechtspflege in den niedrigeren und mittleren Gerichtsinstanzen bestehen konnten.

Die Analyse des Forschungsstandes bezüglich Richtern und Rechtsbeiständen ergab, dass insbesondere die Perspektive der ungelehrten weltlichen Rechtspflege im 16. Jahrhundert bisher selten und mit zu wenig Tiefenschärfe eingenommen wurde.[1020]

1018 Vgl. zum Forschungsstand zur Geschichte der weltlichen Rechtspflege oben *Erster Teil, IV*, S. 22–28.

1019 Siehe oben *Erster Teil, II*, S. 16–22.

1020 Siehe oben *Erster Teil, IV*, S. 22–28.

Speziell mit Blick auf die hohe Anzahl der niedrigeren Gerichte und die dortigen Rechtspraktiker, wurden daraufhin im *Zweiten Teil* eine modellhafte Vorgehensweise sowie eine Auswahl an Quellen mit dem gemeinsamen Ziel gewählt, die weitgehend ungelehrten Rechtspraktiker zu erfassen und zu beschreiben.[1021] Zunächst soll auf die Quellenauswahl eingegangen werden, bevor die spezifische Vorgehensweise erläutert wird. Letztere determinierte weitgehend die Grobstruktur des *Dritten Teils* und erfährt deshalb in diesem Schlusskapitel – abweichend vom Gliederungsverlauf – eine gemeinsame Darlegung mit den nachfolgend zu erörternden Ergebnissen des *Dritten Teils*.

Die Selektion einer geeigneten Quellengrundlage für die vorliegende Untersuchung resultierte in einer Zusammenstellung deutschsprachiger juristischer Drucke, welche im 16. Jahrhundert in großer Auflage erschienen sind.[1022] Diese Praktikerliteratur stellte sich aus zweierlei Gründen als besonders günstige Quellenart heraus. Vorrangig ist es ihr konstituierender Zweck, Rechtswissen an Rechtspraktiker in der Volkssprache zu vermitteln. Zusätzlich eröffnen dieser didaktische Zweck und die darüber hinaus gehenden Inhalte einen Diskursraum über Rechtspraktiker, der vielfältige Aussagen über die rechtspraktischen Ämter enthält. Wenngleich die ältere Forschung aus einer rein wissenschaftsgeschichtlich orientierten Perspektive heraus über diese Schriften ein eher abschätziges Urteil gefällt hatte, eröffnete sich unter Berücksichtigung der beschriebenen Vorzüge die Möglichkeit, neue Erkenntnisse aus der bislang kaum weiter ausgewerteten Praktikerliteratur zu gewinnen. Zudem erwies sich das Hinzuziehen von weiteren Quellen in Form von Gerichtsordnungen jener Zeit als zulässig, da die Übergänge zwischen legislativen Rechtstexten und Rechtsliteratur im 16. Jahrhundert als fließend zu charakterisieren sind.[1023] Die jeweiligen Werke der Praktikerliteratur wurden kurz vorgestellt und schließlich in ihrer Gesamtheit charakterisiert.

Der weitere Schwerpunkt des *Zweiten Teils* widmete sich der Herangehensweise an den Untersuchungsgegenstand und damit dem zu Grunde gelegten Forschungsansatz.[1024] Dieser beruht darauf, dass die Untersuchung der Aussagen über Rechtspraktiker innerhalb der Praktikerliteratur über Kriterien erfolgt, die dem Professionalisierungskonzept entnommen sind. Angesichts der deutlichen Ausrichtung von Professionalisierungsfragestellungen auf Gelehrte, war es im Vorfeld erforderlich herauszuarbeiten, wie dieses ursprünglich aus der soziologischen Forschung stammende Konzept überhaupt historisiert und auf Rechtspraktiker

1021 Siehe oben *Zweiter Teil*, S. 29–95.

1022 Siehe oben *Zweiter Teil, II*, S. 40–95.

1023 Siehe oben *Zweiter Teil, II*, 2, S. 50–54.

1024 Siehe oben *Zweiter Teil, I*, S. 29–40.

angewandt werden kann. Nach einer Annäherung über den Berufsbegriff, der für Rechtspraktiker, die ihre Tätigkeiten als Ämter ausübten, nicht anwendbar war, konnten drei Kriterien festgestellt werden, welche die historisierende Beschreibung von Rechtspraktikern konkretisieren und zu diesem Zweck analytisch nutzbar gemacht wurden. Dies sind die zulassungsbeschränkend wirkenden universellen persönlichen Anforderungen, das juristische Sonderwissen sowie die ethischen Vorgaben. Erkenntnisleitend für den Untersuchungsgegenstand Rechtspraktiker wurden diese Kriterien im *Dritten Teil* untersucht.

Das erste Kriterium der zulassungsbeschränkend wirkenden Anforderungen für die Ausübung der Rechtspflege stützt sich auf fundamentale antike und mittelalterliche Rechtsquellen und liegt in einer breiten Überlieferung vor. Letztendlich beschreiben diese Anforderungen die Gerichtsfähigkeit. Als Zugangsvoraussetzung für Tätigkeitsfelder in der Rechtspraxis sind diese Anforderungen zur Gerichtsfähigkeit als universelle Anforderungen zu erachten. Dabei handelte es sich speziell um Eigenschaften, die insofern persönlich erfüllt werden mussten, als sie jeder Person anhaften sollten, die ein Amt in der Rechtspflege bekleiden wollte. Die universellen persönlichen Anforderungen an die Rechtspraktiker stellen im Ergebnis einen eher vagen formalen Rahmen für die Tätigkeit als Rechtspraktiker dar. Nichtsdestrotz sind diese Kriterien als zwingende Anforderungen zu sehen, die für rechtspraktische Tätigkeit galten – unabhängig davon, ob die Rechtspraktiker gelehrt oder ungelehrt waren.

Eine Schärfung des Bildes von Rechtspraktikern gelingt indes über das zweite aus dem Professionalisierungskonzept abgeleitete Kriterium: die Einbeziehung des spezifischen juristischen Sonderwissens. In diesem zentralen Abschnitt der Untersuchung erfolgte eine Anknüpfung an den forschungsparadigmatischen Begriff der Rezeption innerhalb der Rechtsgeschichte. Die analytische Vorgehensweise bestand darin, Erkenntnisse zur weltlichen Rechtspflege anhand der Praktikerliteratur zu gewinnen, indem der Status von Rechtswissen speziell in den niedrigeren und mittleren Instanzen bestimmt und mit relevanten Phänomenen der Rechtspflege, wie der Aktenversendung sowie der Ausbildung eines Instanzenzuges, kontextualisiert wurde.

Die Werke der Praktikerliteratur sind methodologisch besonders dazu geeignet grundlegende Tendenzen zum Status der Rechtskenntnisse, zum Inhalt des juristischen Sonderwissens und damit zur Rezeption in der weltlichen Rechtspflege herauszuarbeiten, was sich im Vergleich zu anderen Quellenarten zeigt. Bei der Untersuchung von rechtsdogmatischen Schriften hochgelehrter Juristen jener Zeit, welche zweifelsfrei gleichsam notwendig wie auch verdienstvoll ist, besteht bei allem möglichen Erkenntnisgewinn die Gefahr, einer Lehre aufzusitzen, deren praktische Beachtung und Bedeutung zunächst, ohne weitere Hinweise aus der

Rechtspraxis heranzuziehen, unklar ist. Die Untersuchung von Gerichtsakten hingegen, über deren forensischen Aussagewert keine größeren Zweifel bestehen können, macht wiederum vordergründig stärker den „Kampf um das Recht" und die umstrittenen Positionen sichtbar, als das Unstreitige und das als Recht anerkannte, was in den Schreiben und Schriftsätzen in den Akten implizit unterstellt wird.

Wenngleich es beim rechtshistorischen Arbeiten nicht darum gehen kann, ex post über die Validität von Rechtsansichten zu entscheiden,[1025] so ist doch von Interesse, welche juristischen Normen in der Praxis Anerkennung fanden, wie diese Normen in der Praxis von den Zeitgenossen als Recht anerkannt und verstanden wurden sowie welche Beschaffenheit diese Wissensbestände generell aufwiesen. Für eine Annäherung an diesen Themenkomplex ist es auf einer übergeordneten Ebene sinnvoll, den Vorgang der Rezeption römisch-kanonischen Rechts nicht isoliert von seinen Trägern als einen Sieg der Vernunft zu begreifen, sondern als einen Bildungsvorgang, welcher über unterschiedliche Kanäle wirkte. Vordergründig sticht bei der Erlangung von Fachwissen durch Rechtspraktiker die universitäre Rechtsvermittlung hervor, die den gelehrten Juristen spezifisch dazu befähigte, römisch-kanonisches Recht zu praktizieren. Dies entspricht in weiten Teilen Wieackers Kennzeichnung von Rezeption als Verwissenschaftlichung. Sie lässt sich anhand von gelehrter juristischer Literatur und dem Einzug gelehrter Juristen in die Rechtspraxis verfolgen. Doch läuft ein solches, nicht weiter reflektiertes Verständnis von Rezeption Gefahr, zu einer gedanklichen Gleichsetzung von römisch-kanonischem Recht in der Praxis und Rechtswissenschaft zu führen. Dies verkennt die Bedeutung der ungelehrten Rechtspflege. Zwar war der Anteil der gelehrten Juristen an der Umsetzung römisch-kanonischen Rechts in der Rechtspflege, den sie über die Besetzung der höheren Instanzen, das Rechtsmittel der Appellation und die Praxis der Aktenversendung erlangten, faktisch groß.[1026] Allerdings wird bei näherer Betrachtung deutlich, dass zusätzlich eine breite außeruniversitäre Ebene der Rechtsvermittlung bestand. Diese Ebene musste zwangsläufig bestehen, um innerhalb einer teils ungelehrten Rechtspflege mit breitem Bildungsspektrum den Effekt der Rezeption, ergo die praktische Anwendung des römisch-kanonischen Rechts, auch in den niedrigeren und mittleren Instanzen zu ermöglichen.[1027]

1025 So zutreffend (unter Bezugnahme auf die berühmte Schrift Jherings) Oestmann, Geistliche und weltliche Gerichte (2012), S. 1, 9 f., 737.

1026 Siehe oben *Dritter Teil, III, 3,* S. 142–151.

1027 Vgl. dazu treffend Schumann, Rechtsexperten (2008), S. 460: „denn der Rezeptionsprozess ist in erster Linie als Bildungsvorgang zu begreifen, der nicht auf die Wissenschaftselite beschränkt werden darf".

Die Rechtspraktiker übten ihre jeweiligen Tätigkeitsfelder als Richter, Schöffen und Rechtsbeistände an den weltlichen Gerichten als Ämter aus.[1028] Im Zuge einer gezielten Analyse der Bezeichnungen einzelner Tätigkeitsfelder erfolgte eine Untersuchung der Terminologie von Richtern und Rechtsbeiständen sowie der ihnen innewohnenden Bedeutungen anhand von Quellen aus dem 16. Jahrhundert.[1029]

Dadurch konnten zwei Ergebnisse bezüglich der Begrifflichkeiten von Richtern und Rechtsbeiständen gewonnen werden. Erstens können aufgrund der Verbreitung von Schöffengerichten vorliegend auch Schöffen durch den von ihnen ausgeübten Rechtszwang zu Richtern im funktionalen Sinn gezählt werden. Zweitens wurde deutlich, dass den besonderen Bezeichnungen für Rechtsbeistände, wie sie im Untersuchungszeitraum verbreitet waren (*Fürsprecher*, *Anwaldt*, *Prokurator*, *Advokat*), keine spezifischen Funktionen von Rechtsbeistandschaft zuzuordnen sind. Vielmehr bestanden Verknüpfungen obiger Begriffe mit unterschiedlichen Funktionen, was sich in einem uneinheitlichen Sprachgebrauch im 16. Jahrhundert widerspiegelte. Diesem Befund entsprechend wurde in der Untersuchung ‚Rechtsbeistand' als funktionsunabhängiger Oberbegriff für die Rechtspraktiker benutzt, welche ungeachtet ihrer jeweiligen Bezeichnung und einer präzise bestimmten Funktion für die rechtlichen Belange Dritter im gerichtlichen Streitfall eintraten.

Die Untersuchung der Praktikerliteratur und unterschiedlicher legislativer Rechtstexte bezüglich der spezifischen Kenntnisse von Rechtspraktikern der ungelehrten Instanzen, ergab zusätzlich zu der Forderung nach „Verständigkeit" und „Erfahrung", dass ein Postulat erhoben wurde, nach welchem römisch-kanonisches Prozessrecht notwendig zu beachten war. Primäre Bedeutung kam in diesem Zusammenhang der Bestimmung zu, die Verfahren, welche prozessrechtliche Vorgaben missachteten, für nichtig zu erklären. Ungelehrte Rechtspraktiker, denen römisch-kanonisches Prozessrecht mangels Lateinkenntnissen nicht geläufig war, sahen sich dadurch gegenüber gelehrten Rechtspraktikern ohne Sprachbarriere einem Anpassungsdruck ausgesetzt, welchem sie über die deutschsprachige Praktikerliteratur Abhilfe schaffen konnten. Der Rückgriff auf jene Werke ermöglichte es, gezielt ihre juristische Kompetenz auf dem Gebiet des Prozessrechts zu erweitern.

Anhand unterschiedlicher Rechtsinstitute und prozessrechtlicher Vorgaben konnte exemplarisch gezeigt werden, wie die Rechtsvermittlung von überwiegend

1028 Siehe dazu und zur Abgrenzung vom Berufsbegriff oben *Zweiter Teil, I, 2,* S. 33–36.
1029 Siehe oben *Dritter Teil, I, 2,* S. 102–117.

römisch-kanonischem Prozessrecht an einen vornehmlich außeruniversitären Adressatenkreis in der Praktikerliteratur erfolgte. Sie richtete sich vornehmlich an den das Verfahren bzw. die Verhandlung führenden Richter. Neben der terminologischen Vielfalt, die von einer sich unter dem Einfluss von römisch-kanonischem Recht entwickelnden spezifischen deutschen Rechtssprache zeugt, wurde deutlich, inwiefern eine schöpferische Anpassungsleistung seitens der Autoren zu konstatieren ist, die kompliziertes Fachwissen vereinfacht darzustellen versuchten. Im Vergleich zu ausführlichen Gelehrtenwerken, wie dem *Speculum Iudiciale* von Durantis, sind entsprechende Nivellierungen der Inhalte innerhalb der Praktikerliteratur charakteristisch für den didaktischen Zweck der untersuchten Werke. Für den juristischen Zweifelsfall verwiesen die Autoren ihre Leser, wenngleich nicht ausschließlich, auf die Einholung von gelehrtem Rechtsrat,[1030] was als Ausdruck der bereits weitgehend bestehenden Deutungshoheit gelehrter Juristen über schwierige Rechtsfälle gewertet werden kann. Innerhalb der Gerichtsverfassung manifestierte sich diese Deutungshoheit in der Besetzung der höchsten Instanzen mit gelehrten Juristen sowie zusätzlich über die Praxis der Aktenversendung.[1031]

Bemerkenswerterweise wurden innerhalb der Praktikerliteratur vereinzelt auch Lösungen juristischer Probleme über unterschiedliche Rechtsmassen präsentiert und dabei sowohl römisch-kanonisches als auch besonders sächsisches Recht verarbeitet.[1032] Ob derartige juristische Lösungswege an den Universitäten gelehrt wurden, ist bislang nicht zureichend erforscht. Sollte ein juristisches Studium dies tatsächlich nicht geboten haben, könnte resümiert werden, dass dieser Art literarischer Rechtsvermittlung in der Praktikerliteratur gar ein ‚Surplus' an Rechtswissen innewohnte. Womöglich war der ungelehrte Rechtspraktiker im Einzelfall gegenüber dem gelehrten aber im lokalen Recht unerfahrenen Juristen am Ende gar der Experte.

Auf Grundlage der hohen Auflagenzahl der Werke kann berechtigterweise davon ausgegangen werden, dass zahlreiche Rechtspraktiker die Praktikerliteratur zu Rate zogen und so Fachwissen erwarben. Entsprechend legt die Rechtsvermittlung innerhalb der Werke vor allem Zeugnis über die Rezeption von römisch-kanonischem Verfahrensrecht ab. In dieser Hinsicht vermag die Rechtsvermittlung an ungelehrte Rechtspraktiker anhand von Praktikerliteratur

1030 Siehe oben *Dritter Teil, III, 3*, S. 148–151.

1031 Siehe oben *Dritter Teil, III, 3*, S. 139–147.

1032 Vgl. zu den Werken, die sächsisches Recht verarbeiteten oben *Zweiter Teil, II, 4, c, e*, S. 69–72, 76–79.

die ältere These vom gelehrten Juristen als alleinigen Träger der Rezeption zumindest in ihrem pauschalen Aussagegehalt zu relativieren.[1033]

Der Wissensbestand des römisch-kanonischen Verfahrensrechts unterlag im 16. Jahrhundert folglich nicht ausschließlich einem ‚Monopol' gelehrter Juristen, sondern wurde in der Volkssprache prinzipiell allen lesenden Rechtspraktikern zugänglich gemacht. Dies eröffnete ihnen die Gelegenheit, selbst zu Wissensträgern römisch-kanonischen Rechts zu werden.[1034] Ohne damit die besonderen Leistungen der europäischen Rechtswissenschaft und ihrer berühmten Gelehrten im 16. Jahrhundert schmälern oder leugnen zu wollen, konnte so in Verfolgung neuerer Ansätze der Rezeptionsforschung doch zumindest in einer Hinsicht gezeigt werden, wie das gelehrte Recht „Schichten außerhalb der Wissenschaftseliten"[1035] erreichte und somit eine „Juridifizierung der einheimischen Rechtspraxis"[1036] erfolgen konnte. Vor dem Hintergrund dieser Aspekte erwies sich die deutschsprachige Praktikerliteratur als eine ergiebige Quelle für das juristische Sonderwissen in der weltlichen Rechtspraxis.

Der letzte Untersuchungsabschnitt widmete sich den ethischen Vorgaben an die Rechtspraktiker. Unter Offenlegung der wesentlichen Eckpfeiler, zeichnete die Untersuchung die Felder der Amtsethik von Richtern und Rechtsbeiständen nach. Die richterliche Amtsethik unterschied nicht ausdrücklich zwischen Schöffen und verfahrens- bzw. verhandlungsleitenden Vorsitzenden sondern zentrierte sich auf die Gewährleistung von Gerechtigkeit. Sie wurde durch eine transzendente Argumentation in einem religiösen Kontext mit Gott und dem Jüngsten Gericht verortet. So galt das Richteramt nach der christlichen Metaphorik als ein Amt Gottes und bedurfte bei seiner Ausübung der Beachtung höchster Sorgfalt, um das richterliche Seelenheil zu wahren.[1037] Daneben waren Standards pflichtgemäßen Handelns in Richtereiden vorgesehen, aus denen sich im praktischen Bereich in Fällen von Befangenheit sowie bei Bestechlichkeit Verbote ergaben. Während gegen die richterliche Befangenheit mit der „*Recusation*", die

1033 Vgl. dazu oben *Dritter Teil, III, 1,* S. 137. Vgl. zum gelehrten Juristen als Träger der Rezeption CONRAD, Deutsche Rechtsgeschichte, Band II (1966; ND 2011), S. 340.

1034 Folglich lässt sich das Diktum von BURMEISTER, Studium der Rechte (1974), S. 1, die Diskussion über Rezeption könne nur bei Klärung der Ausbildung und des Wissenstands der Träger der Rezeption sinnvoll geführt werden, von gelehrten Juristen auf alle Rechtspraktiker erweitern.

1035 Vgl. dazu SCHUMANN, Rechtsexperten (2008), S. 443. Vgl. dazu auch SCHLOSSER, Privatrechtsgeschichte (2005), S. 6.

1036 Vgl. dazu WILLOWEIT, Rezeptionen (2002), S. 156.

1037 Siehe oben *Dritter Teil, IV, 1, a,* S. 204–209.

bereits von der mittelalterlichen römisch-kanonischen Rechtslehre erarbeitet wurde, vorgegangen werden konnte, hatte sich für Bestechlichkeit noch keine einheitliche Sanktion durchgesetzt.[1038] Von (Straf-)Schadensersatz bis zur Todesstrafe wurden in den Quellen diverse Rechtsfolgen dargelegt, die der richterlichen Bestechlichkeit, welche im Untersuchungszeitraum zusätzlich durch eine fehlende Entlohnung aus unabhängigen Mitteln befördert wurde, vorbeugen sollten. Überdies fand sich in der richterlichen Amtsethik eine aufschlussreiche Argumentation, die eine Verknüpfung von Theologie und Recht enthielt: Indem die gerichtliche Ladung mit dem Bibelgeschehen im Paradies parallelisiert wurde, erhielt die römisch-kanonische Prozessordnung eine theologische Legitimation.[1039] Auf diesem Weg fand neben der Entscheidungsgerechtigkeit zusätzlich die Verfahrensgerechtigkeit Berfücksichtigung.

Theologisch-heilsgeschichtlich begründete, ethische Vorgaben fanden sich in der Ethik für Rechtsbeistände hingegen nicht. Stattdessen verdeutlicht eine Metaphorik aus dem Codex die Nützlichkeit von Rechtsbeiständen, die in der Praktikerliteratur teils aufgegriffen wurde.[1040] Die Standards pflichtgemäßen Handelns von Rechtsbeiständen lassen sich auf zwei Bezugspunkte zurückführen; die bestmögliche Vertretung der Parteiinteressen und die Pflicht zur redlichen Prozessführung. Sie bildeten einen dualistischen Kern der ethischen Vorgaben für Rechtsbeistände. Die Verankerung dieser Vorgaben erfolgte über den Zulassungseid sowie über den Kalumnien- bzw. Gefährdeeid. Zudem waren für Parteiverrat Sanktionen vorgesehen.[1041]

Resümierend ließ sich erkennen, inwiefern Amtsethik die grundsätzliche Rolle der Rechtspraktiker determinierte, bestimmte Verhaltensmuster festlegte und welche Argumentationen dafür herangezogen wurden. Die Einhaltung der ethischen Vorgaben wurde über Sanktionen, Eide, und etwa auch über die Möglichkeit der Richterablehnung („*Recusation*") sicherzustellen versucht.

Das Ziel der Untersuchung war es, aus den universellen persönlichen Anforderungen, dem juristischen Fachwissen und den ethischen Anforderungen ein Bild von den Rechtspraktikern der weltlichen Rechtspflege im 16. Jahrhundert zu zeichnen. Fest steht, dass hier kein abschließendes Bild gezeichnet werden konnte: Wenngleich einige bisher unterbeleuchtete Aspekte erhellt worden sein dürften, wurden im Gegenzug bestehende Forschungslücken sichtbar, aus denen sich vertiefende und weiterführende Implikationen für weitere Arbeiten ergeben.

1038 Siehe oben *Dritter Teil, IV, 1, b,* S. 209–221.
1039 Siehe oben *Dritter Teil, IV, 1, c,* S. 221–223.
1040 Siehe oben *Dritter Teil, IV, 2, a,* S. 223–226.
1041 Siehe oben *Dritter Teil, IV, 2, b,* S. 227–230.

Insofern gilt es am Ende der Untersuchung zu skizzieren, welche Schlussfolgerungen aus dem Gesamtergebnis zu ziehen sind und welcher Ausblick sich auf die weitere Erforschung der Geschichte der weltlichen Rechtspflege daraus ergibt.

Anhand des bisherigen Forschungsstandes wurde deutlich, dass weite Teile rechtshistorischer Forschung stärker auf Gelehrten- und Wissenschaftsgeschichte ausgerichtet sind als auf eine Geschichte der Rechtspflege. Aus dieser disziplinären Prägung resultierte die Notwendigkeit einer Schärfung der Begrifflichkeiten (Rechtspraktiker, Praktikerliteratur, Beruf, Professionalisierung), eines theoretisch reflektierten Untersuchungsansatzes sowie der Neubefragung von Praktikerliteratur, um die traditionellen Forschungsbahnen zu verlassen und eine veränderte Perspektive einzunehmen.

In dieser Untersuchung dienten Kriterien aus dem Professionalisierungskonzept als Mittel, die Rechtspraktiker im 16. Jahrhundert zu beschreiben. Die Analyse von fachlichen und ethischen Vorgaben, die zusammengenommen zu einem Maßstab für die Beurteilung rechtspraktischen Handelns werden, vermochten ein gewisses Verständnis der Amtsträger von ihren Ämtern in der Rechtspflege aufzudecken.[1042] Entsprechende Vorgaben ließen sich aus der deutschsprachigen Praktikerliteratur für die ungelehrten Rechtspraktiker ableiten, denen in den Werken sowohl nivelliertes juristisches Fachwissen wie auch aussagekräftige ethische Vorgaben begegneten. Letztere sind Teil einer professionellen Amtsethik, die von der rechtshistorischen Forschung bisher kaum ausführlicher thematisiert wurde und die wohl auch in dieser Form nicht nur die ungelehrten Rechtspraktiker betreffen dürfte.

Hinsichtlich des juristischen Fachwissens und der Rezeption römisch-kanonischen Rechts sowie anderer Rechtsmassen konnte indes gezeigt werden, dass der vielschichtige Rezeptionsvorgang zielführend erforscht werden kann. Dies setzt allerdings ein Verständnis von Rezeption als ein Bildungsvorgang voraus, dessen unterschiedliche Rahmenbedingungen und Auswirkungen in ihrem spezifischen historischen Kontext zu betrachten sind. Für die Rechtspraktiker, die deutschsprachige Praktikerliteratur nutzten, konnte dem nachgegangen werden, indem aufzuzeigen war, inwiefern sich das gelehrte Recht aus dem universitären und kirchlichen Kontext löste und in die Ideenwelt der deutschsprachigen weltlichen Rechtspflege Eingang fand.

1042 Haben Fachwissen und ein ethischer Code in das Selbstverständnis einer Gruppe Eingang gefunden, so lässt sich ein Professionalisierungsvorgang untersuchen. Vgl. generell Ehmer, Professionalisierung, in: Enzyklopädie der Neuzeit, Band 10 (2009), Sp. 432.

Dies veranschaulicht, dass eine gewisse Professionalisierung innerhalb der Rechtspflege im 16. Jahrhundert stattfand, wobei jedoch die Rechtspraxis des 16. Jahrhunderts nicht als durchgängig professionell charakterisiert werden kann. Künftigen Forschungen bleibt es vorbehalten, weitere Facetten dieses Vorgangs zu betrachten und auszuleuchten, wie die konkrete Institutionalisierung von Rechtskenntnissen in verschiedenen Regionen an verschiedenen Gerichten verlief, sich „Bildungs- und Ausbildungsanforderungen" etablierten und dadurch spezielles Fachwissen weiter standardisiert wurde.[1043] Dabei darf der Fokus jedoch weder allein, wie von der bisherigen Professionalisierungsforschung praktiziert, auf gelehrten Juristen, noch ausschließlich auf dem römisch-kanonischen Recht liegen. Zwar definiert sich die flächendeckende Professionalisierung in der Rechtspflege gegen Ende des 18. Jahrhunderts über den zwingenden Nachweis einer juristischen universitären Ausbildung für Richter und Rechtsbeistände.[1044] Dies kann aber nicht zur Determinante für die Erforschung früherer Zeiträume gemacht werden, da eine solche Vorgehensweise die prinzipielle Offenheit historischer Entwicklungen negiert und zudem lokale bzw. regionale Rechtsmassen vernachlässigt. Prinzipiell bedürfte es für eine stärkere Annäherung an die Rechts- und Gerichtswirklichkeit der Frühmoderne eines methodischen Zugriffs, der eine vergleichende Analyse verschiedener Gerichte ermöglicht. Im Zuge einer detaillierteren Auseinandersetzung mit der Geschichte der weltlichen Rechtspflege, müssten jedenfalls die Ebenen der juristischen Ausbildung, der Rechtsliteratur, des Rechtsstudiums, der Normgebung und der forensischen Rechtspraxis möglichst breitflächig miteinander in Verschränkung gebracht werden.

Für weitere Untersuchungen müssen insofern, wie vorliegend geschehen, auch ungelehrte Rechtspraktiker mit einbezogen werden, in deren Tätigkeit sich das ambivalente Verhältnis von Rechtswissenschaft und ungelehrter Rechtspraxis spiegelt. In diesem Zusammenhang sind der Stellenwert und die Inhalte juristischen und ethischen Wissens ebenso weiterführend zu untersuchen, wie die konkreten

---

1043 Nach Heyen, Professionalisierung und Verwissenschaftlichung, in: Ius Commune 12 (1984), S. 244 f., stellt eine solche Standardisierung ein entscheidendes Merkmal von Professionalisierung dar.

1044 So folgt die rechtshistorische Forschung dem klassischen Parson'schen Verständnis von Professionalisierung, das universitär erlangtes Wissen voraussetzt. Vgl. dazu Ranieri, Professionalisierung als Forschungsaufgabe, in: Ius Commune 13 (1985), S. 88 f., 98–101, wonach die Professionalisierung der Juristen auf die Zeit zwischen 18. und 19. Jahrhundert verortet wird. Vgl. auch Dilcher, Die preußischen Juristen und die Staatsprüfungen (1986), S. 297–301, die preußische Rechtspflege im 18. Jahrhundert betreffend.

Formen der Rechtsvermittlung an Rechtspraktiker und die Rechtsausübung durch Rechtspraktiker. Auch die Untersuchung konkreter ethischer Konflikte von Rechtspraktikern würde zu einer dichteren Beschreibung führen. Insbesondere drängt sich nach dem jetzigen Befund, wonach (aufgrund der Quellenauswahl) das Prozessrecht bei der Rechtsvermittlung im Vordergrund stand, die Frage auf, wie die einzelnen Regionen in der Rechtspflege mit lokalen materiellen Rechtsnormen umgingen.

Vorliegendes Untersuchungsergebnis mag als ein kleiner Beitrag zur Geschichte der Rechtpflege verstanden werden, der das Dunkel um Rechtspraktiker in Ämtern der weltlichen Rechtspraxis sowie die Relation zwischen universitärem Rechtswissen und der weltlichen Rechtspflege im 16. Jahrhundert ein Stückweit erhellt hat.

Quellen- und Literaturverzeichnis

I. Quellen

Behrends, Okko/Knütel, Rolf/Kupisch, Berthold/Seiler, Hans Hermann (Hrsg.), Corpus iuris civilis, Text und Übersetzung, Band I, Institutionen, Heidelberg 1997, Kurztitel: CIC II, Band I (1997)

– Corpus iuris Civilis, Text und Übersetzung, Band II, Digesten 1–10, Heidelberg 1995, Kurztitel: CIC II, Band II (1995)

Büchner, Karl, Marcus Tullius Cicero, Vom Rechten Handeln, Lateinisch und deutsch, Darmstadt 1994, Kurztitel: Vom Rechten Handeln (1994)

von Bülow, Friedrich und Hagemann, Theodor, Friedrich von Bülow's und Dr. Theodor Hagemann's practische Erörterungen aus allen Theilen der Rechtsgelehrsamkeit hin und wieder mit Urtheils-Sprüchen des Zelleschen Tribunals und der übrigen Justizhöfe bestärkt, Band 2, Hannover 1807, Kurztitel: Practische Erörterungen (1807)

Buschmann, Arno (Hrsg.), Textbuch zur Strafrechtsgeschichte der Neuzeit, Die klassischen Gesetze, München 1998, Kurztitel: Textbuch zur Strafrechtsgeschichte (1998)

Carpzov, Benedict, Peinlicher Sächsischer Inquisition- vnd Achtsprocess, Frankfurt a. M. 1638

ChürFu[e]rstlicher Pfaltz Landtrecht, Heidelberg 1582

Damhouder, Joos de, Practica gerichtlicher handlunge in Bürgerliche Sachen, Frankfurt a. M. 1575, Kurztitel: Practica gerichtlicher handlunge (1575)

Der Durchlauchtigen Hochgebornen Fu[e]rsten vnnd Herrn / Herrn Johann Casimirn / vnd Herrn Johann Ernsten / Gebru[e]dere / Hertzogen zu Sachsen / Landgraffen in Du[e]ringen / vnd Marggraffen in Meissen / HofgerichtsOrdnung, Coburg 1598, Kurztitel: HGO Sachsen (1598)

Derschka, Harald Rainer, Der Schwabenspiegel übertragen in heutiges Deutsch mit Illustrationen aus alten Handschriften, München 2002, Kurztitel: Der Schwabenspiegel (2002)

Der Stat Nürmberg verneüte Reformation, Nürnberg 1564, Kurztitel: Nürnberger Reformation (1564)

Der Statt Franckenfurt erneuwerte Refomation, Frankfurt a. M. 1578, Kurztitel: Frankfurter Reformation (1578)

Der Statt Fryburg im Pris/gow Statuten vnd Stattrechten, Freiburg 1520, Kurztitel: Freiburger Stadtrecht (1520)

Des Hertzogthümbs Württemberg Ernewert Gemein Landtrecht, Stuttgart, 1626, Kurztitel: Württemberger Landtrecht (1626)

Durantis, Guillelmus, Speculum Iudiciale, Basel 1574, ND 1975

Ehrismann, Gustav (Hrsg.), Der Renner von Hugo von Trimberg, Band I, Deutsche Neudruck Reihe: Texte des Mittelalters, Berlin 1970, Kurztitel: Renner (1970)

Freigius, Johann Thomas, Neüwe Practica Iuris, Basel 1574

Friedberg, Aemilius, Corpus Iuris Canonici, Band 1, Leipzig 1879, ND 1955

Folgen die Statvta vnd Concordata der h. Freyen Reichs Statt Co[e]lln […] Jtem zum Vierdten / folgt ein gemeine Reformation des Statt Co[e]llen GerichtsProceß / Durch Weyland Conradum Betzdorpium beiden rechten Doctorn vnnd Statt Syndicum ordentlich beschreiben Anno Domini 1570, Köln 1582, Kurztitel: Kölner Stadtrecht (1582)

Gesterding, Friedrich Christian, Ausbeute von Nachforschungen über verschiedene Rechtsmaterien, Erster Theil, Greifswald 1826, Kurztitel: Rechtsmaterien (1826)

Gobler, Justin, Der Gerichtlich Proceß, Frankfurt a. M. 1542

– Der Gerichtlich Proceß / Auß geschribenen Rechten / vnd nach Gemeynen im Heyligen Reich Teutscher Nation / gebrauch vnd u[e]bung, Frankfurt a. M. 1549, Kurztitel: Der Gerichtlich Proceß (1549)

– Der Rechten Spiegel / Auß den beschribenen Geystlichen / Weltlichen / Natürlichem / vnd andern gebreuchlichen Rechten / Auch gemeynen im Heiligen Reich Teutscher Nation / Constitutionen / vnd u[e]bungen / zůgericht […], Frankfurt a. M. 1550, Kurztitel: Der Rechten Spiegel (1550)

– Gerichtlicher Process / auß grund der Rechten vnd gemeyner u[e]bung / zum fleissigsten in drei theyl verfasset, Frankfurt a. M. 1536, Kurztitel: Gerichtlicher Process (1536)

– Gerichtliche Process / Auß geschribenen Rechten / vnd nach Gemeinem / im Heyligen Reich teutscher Nation gebrauch / vnd vbung, Frankfurt a. M. 1567, Kurztitel: Gerichtliche Proceß (1567)

Heyden, Conrad, Clag. antvuort. vnd vߟgesprochne vrteyl gezogen vß geystlichen vnd vueltlichen rechten, Straßburg um 1493, Kurztitel: Klagspiegel (um 1493)

– Der Richterlich Clagspiegel. Ein nutzbarlicher begriff: wie man setze vn formiere sol nach ordenug der rechte ein yede clag / antwort / vn vßgesprechene vrteyle / gezoge uß geistliche vn weltlichen rechte, Straßburg 1516, Kurztitel: Richterlich Clagspiegel (1516)

Heyden, Conrad/Brant, Sebastian/Draudt, Georg, Teudtscher Revocirter Richterlicher Klagspiegel / darinnen das gantze Ius forense, was so wol an Obern als Untergerichten jedweder Richter / Vrtheilsprecher / Referent vnd Gerichts Beysäß / Als auch die Partheyen / deren Aduocaten, Procuratores, vnd andere so mit vnd bey Gerichtlichen Handlungen zu thun / wissen sollten / gleichsam in einem scho[e]nen newpolirten Spiegel zu sehen vnd zu erlernen, Frankfurt a. M. 1601, Kurztitel: Revocirter Richterlicher Klagspiegel (1601)

Hoffgerichts ordnung des Durchleuchtigen Hochgebornen Fu[e]rsten vnd Hern / Hern Heinrichs des Ju[e]ngern Hertogs zu Braunschweig vnd Lu[e]nenburg etc. Newlich geordnet vnd auffgericht, Wolfenbüttel 1556, Kurztitel: HGO Braunschweig-Lüneburg (1556)

Hoffgerichts Ordnung des Hertzogthumbs Preussen, Königsberg (Preussen) 1583, Kurztitel: HGO Preussen (1583)

Hoffgerichts Ordnunge / Des Durchleuchtigen Hochgebornen Fu[e]rsten vnd Herrn / Herrn Augusti Hertzogen zu Sachsen / Engern vnnd Westpfalen, Lüneburg 1621, Kurztitel: HGO Sachsen-Westphalen (1621)

Kaller, Paul, Der Sachsenspiegel in hochdeutscher Übersetzung, München 2002, Kurztitel: Sachsenspiegel Übersetzung (2002)

Knaust, Heinrich, Fewerzeugk Gerichtlicher Ordnunge / Proceß / leuffe / vnd Sachen / so sich in Gerichte pflegen zůzutragen, Frankfurt a. M. 1572, Kurztitel: Fewerzeugk Gerichtlicher Ordnunge (1572)

– Gerichtlicher Fewerzeugk / oder erstes A.B.C. vnd Lehrbu[e]chlin aller Gerichtlichen Ordnung / Proceß vnd Sachen, Frankfurt a. M. 1568, Kurztitel: Gerichtlicher Fewerzeugk (1568)

– Gerichtlicher Fewerzeugk / oder erstes Lehrbu[e]chlin aller Gerichtlichen Ordnung / Proceß vnd Sachen / kurtz / wie in Tabulas / gefasset / Vffs new mit fleiß ersehen / vnd gebessert, Frankfurt a. M. 1562, Kurztitel: Gerichtlicher Fewerzeugk (1562)

Köbler, Gerhard (Hrsg.), Der Statt Wormbs Reformation, Gießen 1985, Kurztitel: Statt Wormbs Reformation (1985)

König, Kilian, Processus und Practica der gerichtsleuffte / nach dem gebrauch Sechsischer Landart / aus den gemeinen Ba[e]pstlichen / Keiserlichen vnd Sechsischen Rechten, Leipzig 1541, Kurztitel: Processus und Practica (1541)

Koller, Heinrich (Hrsg.), Reformation Kaiser Siegmunds, Monumenta Germaniae Historica, Staatsschriften des späteren Mittelalters, Bd. 6, Stuttgart 1964

Krueger, Paul, Corpus Iuris Civilis, Band 2, Berlin 1959, Kurztitel: Corpus Iuris Civilis, Band 2 (1959)

Landrecht, Policey- Gerichts- Malefitz- vnd andere Ordnungen. Der Fu[e]rstenthumben Obern vnd Nidern Bayrn, München 1616, Kurztitel: Bayrisches Landrecht (1616)

Lauterbeck, Georg, Regentenbuch / Aus vielen trefflichen alten vnd newen Historien / mit sonderm fleis zusamen gezogen, Frankfurt a. M. 1559, Kurztitel: Regentenbuch (1559)

Luther, Martin, Eine Predigt / Marti. Luther / das man Kinder zur Schulen halten solle, Wittenberg 1530

Melanchthon, Philipp, Ob auch die Christen mit gutem Gewissen vor Gericht handeln und gerichtliche Ordnungen brauchen mögen, Straßburg 1529

Mittermaier, Karl Joseph Anton, Bestechung, in: Allgemeine Encyclopädie der Wissenschaften und Künste, Band 9, Leipzig 1822, 308 f.

Neuber, Johannes und Schwarzenberg, Johann von, Officia M.T.C. AJn Bůch / So Marcus Tullius Cicero der Römer zů seynem Sune Marco / von den tugentsamen ämptern / vnd zůgehörungen / eines wol vnd rechtlebenden menschenn / inn Latein geschriben, Augsburg 1535, Kurztitel: Officia (1535)

Oberländer, Samuel, Lexicon Juridicum Romano-Teutonicum, Nürnberg 1753, ND eingeleitet von Rainer Polley, 2000

Otto, Carl E./Schilling, Bruno/Sintenis, Carl Friedrich Ferdinand (Hrsg.), Das Corpus Juris Civilis in's Deutsche übersetzt von einem Vereine Rechtsgelehrter, Band 5, Leipzig 1832, Kurztitel: CIC I, Band 5 (1832)

– Das Corpus Juris Civilis in's Deutsche übersetzt von einem Vereine Rechtsgelehrter, Band 6, Leipzig 1832, Kurztitel: CIC I, Band 6 (1832)

Perneder, Andreas, Der Lehenrecht kurtze und aygentliche Verteütschung / nit allain ausz den Kayserlichen satzungen unnd derselben Texten / sonder auch vilen Hochberümbten Doctorn / die darüber geschriben / gezogen / unnd fürnemlich auff die gemainen / und in Lehensachen / täglich fürfallenden irrungen / gestelt / wie dieselben dem rechten und der billigkait gemäß zu entschaiden, Ingolstadt 1544, Kurztitel: Der Lehenrecht kurtze und aygentliche Verteütschung (1544)

– Gerichtlicher Process / in wo[e]lichem die gemainen Weltlichen vnd Gaistlichen recht / auff alle vnd yede Articul nicht allain schlecht allegiert / sunder auch als vil notwendig / ordenlich in ainer jeden materi mit besunder rainem / verstentlichen vnd angenemen Teütsch transferiert vn verdolmetschet seind, Ingolstadt 1556, Kurztitel: Gerichtlicher Process (1556)

– Summa Rolandina, Das ist ein kurtzer bericht von allerhand Cotracten vnnd Testamenten, Ingolstadt 1544, Kurztitel: Summa Rolandina (1544)

– Von straff vnnd Peen aller vnnd yeder Malefitzhandlungen ain kurtzer bericht, Ingolstadt 1544

von Rotschitz, Georg, Processus Iuris, Ordnung der Gerichtsleuffte / in zwey theil abgetheilet, Eisleben 1604, Kurztitel: Ordnung der Gerichtsleuffte (1604)

– Processus Juris deutzsch ader Ordnunge der Gerichts leuffte vnd handelungen / die sich bey den Gerichten / auch ynn vnd ausserhalben der selbigen teglich erregen vnd begeben / fleisig versehen vnd mit vorzeichunge der Recht / aus welchen dieses / so ynn dem selbigen itzundt genantem Process befunden gezogen, Leipzig 1543, Kurztitel: Processus Juris deutzsch (1543)

von Rotschitz, Georg und Schultes, Jacob, Processvs Iuris, Ordnung der Gerichtsleuffte / in zwey theil abgetheilet, Leipzig 1598, Kurztitel: Processvs Iuris (1598)

Schilling, Bruno und Sintenis, Carl Friedrich Ferdinand (Hrsg.), Das Corpus Juris Civilis in's Deutsche übersetzt von einem Vereine Rechtsgelehrter, Band 4, Leipzig 1832, Kurztitel: CIC I, Band 4 (1832)

Schilling, Karl, Das objektive Recht in der Sachsenspiegel-Glosse, Berlin 1931, Kurztitel: Sachsenspiegel-Glosse (1931)

Schmauß, Johann Jacob und von Senckenberg, Heinrich Christian, Neue und vollständigere Sammlung der Reichs-Abschiede, Band 1, Frankfurt a. M. 1747, Kurztitel: Sammlung der Reichs-Abschiede, Band 1 (1747)

– Neue und vollständigere Sammlung der Reichs-Abschiede, Band 2, Frankfurt a. M. 1747, Kurztitel: Sammlung der Reichs-Abschiede, Band 2 (1747)

– Neue und vollständigere Sammlung der Reichs-Abschiede, Band 3, Frankfurt a. M. 1747, Kurztitel: Sammlung der Reichs-Abschiede, Band 3 (1747)

Schott, Clausdieter, Der Sachsenspiegel, Übertragung des Landrechts von Ruth Schmidt-Wiegand, Übertragung des Lehenrechts und Nachwort von Clausdieter Schott, Zürich 1996, Kurztitel: Der Sachsenspiegel (1996)

Schultes, Jacob und Teuber, Michael, Instruction, Des Gerichtlichen Processes / beydes nach Kayserlichen vnd Sa[e]chsischen Rechten / auch wie es in Commission Sachen am Kayserlichen Cammergerichte vnd sonsten / so wol an den Chur- vnd Fu[e]rstlichen Sa[e]chsischen Ober- vnd Hoffgerichten gehalten wird, Leipzig 1623, Kurztitel: Instruction des gerichtlichen Processes (1623)

Tenngler, Ulrich, Der neü Laienspiegel / Von rechtma[e]ssigen ordnungen in Burgerlichen vnd peinlichen Regimenten, Augsburg 1511, Kurztitel: Der neü Laienspiegel (1511)

– Laienspiegel, / Von rechtmässigen ordnungen in Burgerlichen vnd peinlichen regimenten, Augsburg 1509, Kurztitel: Laienspiegel (1509)

Vigelius, Nicolaus, Richterbüchlein Deß Hochgelerten vn weitberu[e]mpte Doctoris Nicolai Vigelij, zu Fürderung der Rechthengigen Sachen sehr nutzlich vnd notwendig, Basel 1578, Kurztitel: Richterbüchlein (1578)

Weber, Matthias, Die Reichspolizeiordnungen von 1530, 1548, und 1577, Historische Einführung und Edition, Ius Commune Sonderhefte, Studien zur Europäischen Rechtsgeschichte, Bd. 146, Frankfurt a. M. 2002, Kurztitel: Die Reichspolizeiordnungen von 1530, 1548, und 1577 (2002)

Zasius, Ulrich, Lucubrationes aliquot sane quam elegantes nec minus eruditae, Basel 1518, Kurztitel: Lucubrationes (1518)

Zobel, Christoph, Sachsenspiegel Auffs newe vbersehen / mit Summarijs vnd newen Additionen, Leipzig 1582, Kurztitel: Sachsenspiegel Auffs newe vbersehen (1582)

II. Forschungsliteratur

1. Einträge in Nachschlagewerken

Ahrens, Christiane, Knaust, Heinrich, in: Neue Deutsche Biographie, Band 12, Berlin 1980, 167 f., Kurztitel: Heinrich Knaust, in: NDB, Band 12 (1980)

Avenarius, Martin, Gelehrtes Recht, in: HRG[2], Band II, Berlin 2012, 31–37

Battenberg, Friedrich, Acht, in: HRG[2], Band I, Berlin 2008, 59–65

– Schöffen, Schöffengericht, in: HRG[1], Band IV, Berlin 1990, 1463–1469

– Wormser Reformation, in: HRG[1], Band V, Berlin 1998, 1536–1538

Becker, Hans-Jürgen, Infamie, in: HRG[2], Band II, Berlin 2012, 1212–1214

Blell, Carl, Hofgericht, in: HRG[1], Band II, Berlin 1978, 206–209

Buchda, Gerhard, Appellationsprivilegien, in: HRG[1], Band I, Berlin 1971, 200 f.

– Contumacia, in: HRG[1], Band I, Berlin 1971, 636 f.

– Gerichtsverfassung, in: HRG[1], Band I, Berlin 1971, 1563–1576

Buchda, Gerhard und Cordes, Albrecht, Anwalt, in: HRG[2], Band I, Berlin 2008, 255–263

Conring, Patricia, Spruchtätigkeit, in: HRG^{1}, Band V, Berlin 1998, 1787–1791

Deutsch, Andreas, Beweis, in: HRG^{2}, Band I, Berlin 2008, 559–566

- Ehre, in: HRG^{2}, Band I, Berlin 2008, 1224–1231

- Gobler, Justin, in: HRG^{2}, Band II, Berlin 2012, 438–440

Dickel, Günther und Speer, Heino (Bearbeiter), Lauft, in: DRW, Band VIII, Weimar 1991, 774–775

Dolezalek, Gero und Wunderlich, Steffen, Jus utrumque, in: HRG^{2}, Band II, Berlin 2012, 1469–1471

Dückert, Joachim, Advokat, in: Deutsches Wörterbuch von Jacob Grimm und Wilhelm Grimm, Band 1, Leipzig 1983, 1543–1546, Kurztitel: Advokat, in: Deutsches Wörterbuch, Band 1 (1983)

Ebel, Friedrich, Sächsisches Recht, in: HRG^{1}, Band IV, Berlin 1990, 1248–1250

Ehmer, Josef, Professionalisierung, in: Enzyklopädie der Neuzeit, Band 10, Stuttgart 2009, 431–434

von Eisenhardt, August, Tengler, Ulrich, in: Allgemeine Deutsche Biographie, Band 37, Leipzig 1894, 568–570, Kurztitel: Tengler, Ulrich, in: ADB, Band 37 (1894)

Erler, Adalbert, Populäre Rechtsliteratur, in: HRG^{1}, Band III, Berlin 1984, 1825–1828

Feenstra, Robert, Damhouder, Joos de, in: Stolleis, Michael (Hrsg.), Juristen, ein biographisches Lexikon, Von der Antike bis zum 20. Jahrhundert, München 2001, 158 f., Kurztitel: Damhouder, Joos de, in: Stolleis (Hrsg.), Juristen (2001)

Franck, Jakob, Draudius, Georg, in: Allgemeine Deutsche Biographie, Band 5, Leipzig 1877, 383, Kurztitel: Draudius, Georg, in: ADB, Band 5 (1877)

- Knaust, Heinrich, in: Allgemeine Deutsche Biographie, Band 16, Leipzig 1882, 272–274, Kurztitel: Knaust, Heinrich, in: ADB, Band 16 (1882)

Heidelberger Akademie der Wissenschaften (Hrsg), Deutsches Rechtswörterbuch, Wörterbuch der älteren deutschen Rechtssprache, Band XI, Weimar 2007, Kurztitel: Deutsches Rechtswörterbuch, Band XI (2007)

Herberger, Maximilian, Juristen, böse Christen, in: HRG^{1}, Band II, Berlin 1978, 481–484

Heyne, Mortiz (Bearb.), Jurist, in: Deutsches Wörterbuch von Jacob Grimm und Wilhelm Grimm, Band 10, Leipzig 1877, 2403 f., Kurztitel: Jurist, in: Deutsches Wörterbuch, Band 10 (1877)

Hoke, Rudolf, Landvogt, in: HRG[1], Band II, Berlin 1978, 1597–1599

Holenstein, Stefan, Juristen, in: Lexikon des Mittelalters, Band V, München 1991, 815 f.

Illian, Martina, Gericht, in: Lexikon des Mittelalters, Band IV, München 1989, 1322–1324

Jaeger, Friedrich (Hrsg.), Professionalisierung, in: Enzyklopädie der Neuzeit, Band 10, Stuttgart 2009, 431–442

Kast, Kathrin, Bann, weltlicher, in: HRG[2], Band I, Berlin 2008, 432–436

Kiefner, Hans, Rezeption (privatrechtlich), in: HRG[1], Band IV, Berlin 1990, 970–984

Kleinheyer, Gerd und Schröder, Jan (Hrsg.), Deutsche und Europäische Juristen aus neun Jahrhunderten, 5. Auflage, Heidelberg 2008, Kurztitel: Juristen (2008)

Kleinschmidt, Erich, Tenngler, Ulrich, in: Die deutsche Literatur des Mittelalters, Verfasserlexikon, Band 9, 2. Auflage, Berlin 1995, 690–696, Kurztitel: Tenngler, Ulrich, in: Verfasserlexikon, Band 9 (1995)

Köbler, Gerhard, Jurist, in: Zielwörterbuch europäischer Rechtsgeschichte, Arbeiten zur Rechts- und Sprachwissenschaft, Bd. 65, Gießen 2009, 478 f., Kurztitel: Jurist, in: Zielwörterbuch (2009)

Koehler, Bernhard, Klagspiegel, in: HRG[1], Band II, Berlin 1978, 855–857

– Laienspiegel, in: HRG[1], Band II, Berlin 1978, 1357–1361

von Künßberg, Eberhard (Bearb.), Gefährde, Deutsches Rechtswörterbuch. Wörterbuch der älteren deutschen Rechtssprache, Königlich-Preußische Akademie der Wissenschaften (Hrsg.), Band III, Weimar 1935–1938, 1387–1390, Kurztitel: Gefährde, DRW, Band III (1935–1938)

Landsberg, Ernst, Schultes, Jacob, in: Allgemeine Deutsche Biographie, Band 32, Leipzig 1891, 691 f. Kurztitel: Schultes, Jacob, in: ADB, Band 32 (1891)

– Stintzing, Johann August Roderich von, in: Allgemeine Deutsche Biographie, Band 36, Leipzig 1893, 249–254, Kurztitel: Stintzing, Johann August Roderich von, in: ADB, Band 36 (1893)

Laufs, Adolf, Reichskammergericht, in: HRG[1], Band IV, Berlin 1990, 655–662

Lepsius, Susanne, Durantis, Guillelmus (um 1230–1296), in: HRG[2], Band I, Berlin 2008, 1168–1170

– Ius Commune, in: HRG[2], Band II, Berlin 2012, 1333–1336

Lieberwirth, Rolf, Carolina, in: HRG[1], Band I, Berlin 1971, 592–595

– Constitutio Criminalis Carolina, in: HRG[2], Band I, Berlin 2008, 885–890

– Juristen, böse Christen, in: HRG[2], Band II, Berlin 2012, 1426–1429

– Latein im Recht, Berlin 1996

Lück, Heiner, Gericht, in: HRG[2], Band II, Berlin 2012, 131–143

– Gerichtsverfassung, in: HRG[2], Band II, Berlin 2012, 192–219

Luig, Klaus, Gemeines Recht, in: HRG[2], Band II, Berlin 2012, 60–77

– Perneder, Andreas, in: Neue Deutsche Biographie, Band 20, Berlin 2001, 192 f., Kurztitel: Perneder, Andreas, in: NDB, Band 20 (2001)

Luig, Klaus und Rail, H., Perneder, Andreas, in: HRG[1], Band III, Berlin 1984, 1579–1585

Manthe, Ulrich, Corpus Iuris Civilis, in: HRG[2], Band I, Berlin 2008, 901–907

Mertens, Bernd, Gesetz, in: HRG[2], Band II, Berlin 2012, 294–295

Meyer, Christoph H. F., Kanonistik, in: HRG[2], Band II, Berlin 2012, 1576–1580

Monballyu, Jos und Opsommer, Rik, Damhouder, Joos de, in: Gersmann, Gudrun/Moeller, Kathrin/Schmidt, Jürgen-Michael (Hrsg.), Lexikon zur Geschichte der Hexenverfolgung, http://www.historicum.net/no_cache/persistent/artikel/1588-1/ (zuletzt aufgerufen am 29.03.2015)

Muther, Theodor, Friderus, Peter F., in: Allgemeine Deutsche Biographie, Band 7, Leipzig 1878, 385, Kurztitel: Friderus, Peter F., in: ADB, Band 7 (1878)

Nehlsen-von Stryk, Karin, Gerichtsverfahren, in: HRG[2], Band II, Berlin 2012, 178–192

Oestmann, Peter, Aktenversendung, in: HRG[2], Band I, Berlin 2008, 128–132

– Formstrenge, in: HRG[2], Band I, Berlin 2008, 1626–1630

– Fürsprecher, in: HRG[2], Band I, Berlin 2008, 1883–1887

– Gelehrte Richter, in: HRG[2], Band I, Berlin 2008, 27–31

– Hofgerichte, in: HRG[2], Band II, Berlin 2012, 1087–1091

Opsommer, Rik, Wielant, Filips, in: Stolleis, Michael (Hrsg.), Juristen, Ein biographisches Lexikon, von der Antike bis zum 20. Jahrhundert, München 2001, 671 f., Kurztitel: Wielant, Filips, in: Stolleis (Hrsg.), Juristen (2001)

Pfister, Ulrich, Professionalisierung, in: Enzyklopädie der Neuzeit, Band 10, Stuttgart 2009, 434–436

Roth, Andreas, Inzest, in: HRG², Band II, Berlin 2012, 1297–1300

Schempf, Herbert, Richter, in: Brednich, Rolf Wilhem (Hrsg.), Enzyklopädie des Märchens, Handwörterbuch zur historischen und vergleichenden Erzählforschung, Band 11, Berlin 2004, 654, Kurztitel: Richter, in: Enzyklopädie des Märchens, Band 11 (2004)

Schirmer, Uwe, Gelehrte Räte, in: HRG², Band II, Berlin 2012, 23–27

Schlinker, Steffen, Rezeption des römisch-kanonischen Rechts, in: Enzyklopädie der Neuzeit, Band 11, Stuttgart 2010, 201–213

Schröder, Hans (Hrsg.), Knaustinus, (Heinrich), in: Lexikon der hamburgischen Schriftsteller bis zur Gegenwart, Band IV, Hamburg 1866, 1976, Kurztitel: Knaust, Heinrich, in: Lexikon der hamburgischen Schriftsteller, Band IV (1866)

Schröder, Richard und von Künßberg, Eberhard (Bearb.), Amt, Deutsches Rechtswörterbuch. Wörterbuch der älteren deutschen Rechtssprache, Königlich-Preußische Akademie der Wissenschaften (Hrsg.), Band I, Weimar 1914–1932, 544–557, Kurztitel: Amt, DRW, Band I (1914–1932)

– an'rüch(t)ig, Deutsches Rechtswörterbuch. Wörterbuch der älteren deutschen Rechtssprache, Königlich-Preußische Akademie der Wissenschaften (Hrsg.), Band I, Weimar 1914–1932, 705, Kurztitel: an'rüch(t)ig, DRW, Band I (1914–1932)

Schulze, Rainer, Statutarrecht, in: HRG¹, Band IV, Berlin 1990, 1922–1926

Sellert, Wolfgang, Kalumnieneid, in: HRG², Band II, Berlin 2012, 1538–1540

– Ladung, in: HRG¹, Band II, Berlin 1978, 1336–1350

– Litis contestatio, in: HRG¹, Band III, Berlin 1984, 14–20

– Versäumnisverfahren, in: HRG¹, Band V, Berlin 1998, 798–804

Soetermeer, Frank, Wilhelm Durand, in: Bautz, Traugott (Hrsg.), Bibliographisch-Biographisches Kirchenlexikon, Band XXII, Nordhausen 2003, 1527–1539, Kurztitel: Wilhelm Durand, in: BBKL, Band XXII, (2003)

Sokoll, Thomas, Beruf, in: Enzyklopädie der Neuzeit, Band 2, Stuttgart 2005, 43–50

Stolleis, Michael, Gebühren, in: HRG², Band I, Berlin 2008, 1972–1974

Troje, Hans Erich, Gobler, Justin, in: HRG¹, Band I, Berlin 1971, 1726–1729

Wacke, Andreas, Audiatur et altera pars, in: HRG², Band I, Berlin 2008, 327–331

Weitzel, Jürgen, Appellation, in: HRG², Band I, Berlin 2008, 268–271

– Ding, in: HRG², Band I, Berlin 2008, 1063–1075

- Gerichtsverfassung, in: Enzyklopädie der Neuzeit, Band 4, Stuttgart 2006, 546–549

- Instanzenzug, in: HRG², Band II, Berlin 2012, 1263–1265

- Schöffen, Hoops Reallexikon der Germanischen Altertumskunde, 2. Aufl., Band 27, Berlin 2004, 233–236, Kurztitel: Schöffen, in: Hoops Reallexikon, Band 27 (2004),

Werkmüller, Dieter, Urteilsbegründung, in: HRG¹, Band V, Berlin 1998, 611–614

Wesener, Gunter, Prozeßverschleppung, in: HRG¹, Band IV, Berlin 1990, 68–70

- Richterablehnung, in: HRG¹, Band IV, Berlin 1990, 1040–1044

Wilde, Manfred, Amt, in: HRG², Band I, Berlin 2008, 207–211

Zapp, Bann (Kanonistisch), in: Lexikon des Mittelalters, Band I, München 1980, 1416 f., Kurztitel: Bann (Kanonistisch), in: LexMA, Band I (1980)

2. Monographien, Aufsätze und Beiträge in Sammelbänden

Ackermann, Markus Rafael, Der Jurist Johannes Reuchlin (1455–1522), Schriften zur Rechtsgeschichte, Bd. 77, Berlin 1999, Kurztitel: Johannes Reuchlin (1999)

Agena, Carl-August, Der Amtmann im 17. und 18. Jahrhundert, Ein Beitrag zur Geschichte des Richter- und Beamtentums, Göttingen 1972, Kurztitel: Der Amtmann (1972)

Arlinghaus, Franz-Josef, Genossenschaft, Gericht und Kommunikationsstruktur. Zum Zusammenhang von Vergesellschaftung und Kommunikation vor Gericht, in: Ders./ Baumgärtner, Ingrid/Colli, Vincenzo/Lepsius, Susanne/ Wetzstein, Thomas (Hrsg.), Praxis der Gerichtsbarkeit in europäischen Städten des Spätmittelalters, Rechtsprechung Materialien und Studien, Bd. 23, Frankfurt a. M. 2006, 155–186, Kurztitel: Genossenschaft (2006)

Augustyn, Wolfgang, Zur Gleichzeitigkeit von Handschrift und Buchdruck in Deutschland - Versuch einer Skizze aus kunsthistorischer Sicht, in: Dicke, Gerd/ Grubmüller, Klaus (Hrsg.), Die Gleichzeitigkeit von Handschrift und Buchdruck, Wolfenbütteler Mittelalter-Studien, Bd. 16, Wiesbaden 2003, 5–47, Kurztitel: Handschrift und Buchdruck (2003)

Avenarius, Martin, Verwissenschaftlichung als „sinnhafter" Kern der Rezeption: eine Konsequenz aus Wieackers rechtshistorischer Hermeneutik, in: Behrends, Okko/Schumann, Eva (Hrsg.), Franz Wieacker, Historiker des modernen Privatrechts, Göttingen 2010, 119–180, Kurztitel: Verwissenschaftlichung (2010)

Bader, Siegfried, Vorsprecher und Anwalt in den fürstenbergischen Gerichtsordnungen und verwandten Rechtsquellen. Ein Beitrag zur Geschichte der deutschen Rechtsanwaltschaft, Freiburg i. Br. 1931, Kurztitel: Vorsprecher und Anwalt (1931)

Bahlcke, Joachim, Landesherrschaft, Territorien und Staat in der Frühen Neuzeit, Enzyklopädie deutscher Geschichte, Bd. 91, München 2012, Kurztitel: Landesherrschaft (2012)

Battenberg, Friedrich, Die Gerichtsverfassung in der Herrschaft Dalberg in der Frühen Neuzeit: ein Beitrag zur Organisation eines reichsritterschaftlichen Territoriums, in: Archiv für hessische Geschichte und Altertumskunde, N.F., Bd. 40, 1982, 9–95, Kurztitel: Gerichtsverfassung Dalberg, in: AHG NF 40 (1982)

– Dinggenossenschaftliche Wahlen im Mittelalter, Zur Wahl und Einsetzung von Schöffenkollegien und gerichtlichen Funktionsträgern, besonders vom 14. bis zum 16. Jahrhundert, in: Schneider, Reinhard/Zimmermann, Harald (Hrsg.), Wahlen und Wählen im Mittelalter, Vorträge und Forschungen, Bd. 37, Sigmaringen 1990, 271–321, Kurztitel: Dinggenossenschaftliche Wahlen (1990)

Battenberg, Friedrich und Eckhardt, Albrecht, Der Richter in eigener Sache, dargestellt anhand spätmittelalterlicher Quellen, insbesondere des Burggerichts Friedberg/Hessen und des Reichshofgerichts, in: ZRG-GA 95 (1978), 79–114, Kurztitel: Richter in eigener Sache, in: ZRG-GA 95 (1978)

Bauer, Andreas, Joos de Damhouder und seine Practica gerichtlicher Handlungen in bürgerlichen Sachen, in: Hausmann, Jost/Krause, Thomas (Hrsg.), „zur Erhaltung guter Ordnung", Beiträge zur Geschichte von Recht und Justiz, Festschrift für Wolfgang Sellert zum 65. Geburtstag, Köln 2000, 269–318, Kurztitel: Joos de Damhouder (2000)

Baumann, Anette, Advokaten und Prokuratoren, Anwälte am Reichskammergericht (1690–1806), Quellen und Forschungen zur höchsten Gerichtsbarkeit im Alten Reich, Bd. 51, Köln 2006, Kurztitel: Advokaten und Prokuratoren (2006)

Baumann, Anette/Oestmann, Peter/Wendehorst, Stephan/Westphal, Siegrid (Hrsg.), Reichspersonal, Funktionsträger für Kaiser und Reich. Zweite Nachwuchstagung mit dem Titel „Das Reichspersonal der Frühen Neuzeit. Ausbildung, Funktion, Karrieren" im Frühjahr 2001, Quellen und Forschungen zur höchsten Gerichtsbarkeit im Alten Reich, Bd. 46, Köln 2003, Kurztitel: Reichspersonal (2001)

Baumgärtner, Ingrid, Kontinuität und Wandel in Literatur und Praxis des gelehrten römischen Rechts, in: Segl, Peter (Hrsg.), Mittelalter und Moderne,

Entdeckung und Rekonstruktion der mittelalterlichen Welt, Kongreßakten des 6. Symposiums des Mediävistenverbandes in Bayreuth 1995, Sigmaringen 1997, 173–186, Kurztitel: Kontinuität und Wandel (1997)

Becker, Christian, Beata justorum translatio: Juristen in schleswig-holsteinischen Leichenpredigten, Rechtshistorische Reihe, Bd. 136, Frankfurt a. M. 1996, Kurztitel: Beata justorum translatio (1996)

Becker, Hans-Jürgen, Das rechtliche Gehör. Der Beitrag des kanonischen Rechts zur Entstehung einer grundlegenden Maxime des modernen Prozeßrechts, in: Hausmann, Jost/Krause, Thomas (Hrsg.), „Zur Erhaltung guter Ordnung": Beiträge zur Geschichte von Recht und Justiz, Festschrift für Wolfgang Sellert zum 65. Geburtstag, Köln 2000, 67–83, Kurztitel: Das rechtliche Gehör (2000)

Bellomo, Manlio, Europäische Rechtseinheit, Grundlagen und System des Ius Commune, München 2005, Kurztitel: Europäische Rechtseinheit (2005)

Below, Georg von, Die Ursachen der Rezeption des Römischen Rechts in Deutschland, Historische Bibliothek, Bd. 19, München 1905, Kurztitel: Ursachen der Rezeption (1905)

Bender, Klaus, Die Hofgerichtsordnung Kurfürst Philipps (1476–1508) für die Pfalzgrafschaft bei Rhein, Mainz 1967, Kurztitel: Hofgerichtsordnung (1967)

Benke, Nikolaus, Women in the Courts: An Old thorn in Men's sides, in: Michigan Journal of Gender & Law, vol. 3/1, 1995, 195–256, Kurztitel: Women in the Courts, in: Michigan Journal of Gender & Law, vol. 3/1 (1995)

Bergfeld, Christoph, Das iustum pretium des Advokaten nach Auffassung der spanischen Spätscholastik, in: Wilhelm, Walter (Hrsg.), Studien zur europäischen Rechtsgeschichte, Helmut Coing zum 28. Februar 1972, Frankfurt a. M. 1972, 118–130, Kurztitel: Iustum pretium des Advokaten (1972)

Bertelsmeier-Kierst, Christa, Kommunikation und Herrschaft, Zum Verschriftlichungsprozeß des Rechts im 13. Jahrhundert, Zeitschrift für deutsches Altertum und deutsche Literatur, Beihefte, Bd. 9, Stuttgart 2008, Kurztitel: Kommunikation und Herrschaft (2008)

Berthold, Hildegard/Hahn, Karl/Schultze, Alfred (Hrsg.), Die Zwickauer Stadtrechtsreformation 1539/69, Leipzig 1935, Kurztitel: Zwickauer Stadtrechtsreformation (1935)

von Bethmann-Hollweg, Moritz August, Der Civilprozeß des gemeinen Rechts in geschichtlicher Entwicklung, Bd. 6: Der germanisch-romanische Civilprozeß im Mittelalter, Vom zwölften bis fünfzehnten Jahrhundert, Bonn 1874, Kurztitel: Civilprozeß (1874)

Böhm, Peter, Der Streit um die Verhandlungsmaxime, in: Ius Commune, Band 7, 1978, 134–159, Kurztitel: Streit um die Verhandlungsmaxime, in: Ius Commune 7 (1978)

Bohnert, Christian, Sebastian Brants Narrenschiff, Satire und Wirklichkeit an der Schwelle zur Neuzeit, in: Daphnis, Zeitschrift für mittlere deutsche Literatur, Band 14, 1985, 615–645, Kurztitel: Brants Narrenschiff, in: Daphnis 14 (1985)

Bomsdorf, Falk, Prozeßmaximen und Rechtswirklichkeit: Verhandlungs- und Untersuchungsmaxime im deutschen Zivilprozeß. Vom gemeinen Recht bis zur ZPO, Berlin 1971, Kurztitel: Prozeßmaximen und Rechtswirklichkeit (1971)

Brand, Jürgen, Abgerechnet wird am Schluß oder: Das Jüngste Gericht als kollektive Erinnerung, in: Wolff, Jörg (Hrsg.), Kultur- und rechtshistorische Wurzeln Europas, Arbeitsbuch, Studien zur Kultur- und Rechtsgeschichte, Bd. 1, 155–180, Mönchengladbach 2005, Kurztitel: Das Jüngste Gericht (2005)

Brauneder, Wilhelm, Die staatsrechtliche Bedeutung österreichischer Juristenschriften des 16. Jahrhunderts, in: Schnur, Roman (Hrsg.), Die Rolle der Juristen bei der Entstehung des modernen Staates, Berlin 1986, 629–647, Kurztitel: Juristenschriften des 16. Jahrhunderts (1986)

Breßler, Steffen, Schuldknechtschaft und Schuldturm: zur Personalexekution im sächsischen Recht des 13.-16. Jahrhunderts, Freiburger rechtsgeschichtliche Abhandlungen N.F., Bd. 42, Berlin 2004, Kurztitel: Schuldknechtschaft (2004)

Broß, Siedfried, Untersuchungen zu den Appellationsbestimmungen der Reichskammergerichtsordnung von 1495, Schriften zum Prozessrecht, Bd. 32, Berlin 1973, Kurztitel: Appellationsbestimmungen (1973)

Brundage, James A., Professional Canonists and Their Clients: Problems in Legal Ethics, in: Blumenthal, Ute-Renate/Pennington Kenneth/Larson, Atria A. (Hrsg.), Proceedings of the Twelfth International Congress of Medieval Canon Law, Monumenta Iuris Canonici, Series C: Subsidia, Bd. 13, Vatikanstadt 2008, 857–874, Kurztitel: Problems in Legal Ethics (2008)

– The advocate's dilemma: what can you tell the client? A problem in legal ethics, in: Müller, Wolfgang P./Sommar, Mary E. (Hrsg.), Medieval church law and the origins of the Western legal tradition, a tribute to Kenneth Pennington, Washington DC 2006, 201–210, Kurztitel: The advocate's dilemma (2006)

– The Ambidextrous Advocate, A Study in the History of Legal Ethics, in: Ascheri, Mario/Ebel, Friedrich/Heckel, Martin/Padoa-Schioppa, Antonio/Pöggeler, Wolfgang/ Ranieri, Filippo/Rütten, Wilhelm (Hrsg.), „Ins Wasser geworfen und Ozeane durchquert", Festschrift für Knut Wolfgang Nörr, Köln 2003, 39–56, Kurztitel: Ambidextrous Advocate (2003)

- The Calumny Oath and Ethical Ideals of Canonical Advocates, in: Landau, Peter/Mueller, Joers (Hrsg.), Proceedings of the Ninth International Congress of Medieval Canon Law, Monumenta Iuris Canonici, Series C: Subsidia, Vol. 10, Vatikanstadt 1997, 793–805, Kurztitel: Ethical Ideals (1997)

- The Lawyer as his Client's Judge: The Medieval Advocate's Duty to the Court, in: Alzati, Cesare (Hrsg.), Cristinità ed Europa, Miscellanea di studi in onore di Luigi Proscodimi, Vol. 1, Tomo 2, Rom 1994, 591–607, Kurztitel: Client's Judge (1994)

- The medieval origins of the legal profession: canonists, civilians and courts, Chicago 2008, Kurztitel: Legal profession (2008)

- The Profits of the Law: Legal Fees of University-Trained Advocates, in: The American journal of Legal History, Vol. 32, No. 1, 1988, 1–15, Kurztitel: Profits of the Law, in: The American journal of Legal History, Vol. 32, No. 1 (1988)

- The Rise of Professional Canonists and Development of the Ius Commune, in: ZRG-KA 81 (1995), 26–63, Kurztitel: Professional Canonists, in: ZRG-KA 81 (1995)

Brunnenmeister, Emil, Die Quellen der Bambergensis, Ein Beitrag zur Geschichte des deutschen Strafrechts, Leipzig 1879, Kurztitel: Bambergensis (1879)

Budde, Johann Friedrich, Über Rechtlosigkeit, Ehrlosigkeit und Echtlosigkeit, Eine Abhandlung aus dem deutschen Rechte, Bonn 1842, Kurztitel: Rechtlosigkeit (1842)

Burmeister, Karl Heinz, Das Studium der Rechte: im Zeitalter des Humanismus im deutschen Rechtsbereich, Wiesbaden 1974, Kurztitel: Studium der Rechte (1974)

Burret, Gianna, Der Inquisitionsprozess im Laienspiegel des Ulrich Tengler, Rezeption gelehrten Rechts in der städtischen Rechtspraxis, Forschungen zur deutschen Rechtsgeschichte, Bd. 27, Köln 2010, Kurztitel: Inquisitionsprozess (2010)

Coing, Helmut, Römisches Recht in Deutschland, Ius Romanum medii aevi / Société d'Histoire des Droits de l'Antiquité, Pars V, 6, Mediolani 1964, Kurztitel: Römisches Recht (1964)

- Zur romanistischen Auslegung von Rezeptionsgesetzen, in: ZRG-RA 56 (1936), 264–277, Kurztitel: Auslegung von Rezeptionsgesetzen, in: ZRG-RA 56 (1936)

Coing, Helmut (Hrsg.), Älteres gemeines Recht: (1500–1800), Europäisches Privatrecht, Bd. 1, München 1985, Kurztitel: Älteres gemeines Recht (1985)

– Handbuch der Quellen und Literatur der neueren europäischen Privatrechtsgeschichte, Band 2: Neuere Zeit (1500–1800), Das Zeitalter des gemeinen Rechts, Erster Teilband Wissenschaft, München 1977, Kurztitel: Handbuch der Quellen und Literatur, Band 2, Erster Teilband (1977)

Conrad, Hermann, Deutsche Rechtsgeschichte, Band II, Neuzeit bis 1806, Heidelberg 1966; ND 2011, Kurztitel: Deutsche Rechtsgeschichte, Band II (1966; ND 2011)

Cordes, Albrecht, Die Helfer vor Gericht in der deutschen Rechtsgeschichte, in: L'assistance dans la résolution des conflits, Quatrième partie: L'Europe médiévale et moderne, Recueils de la Société Jean Bodin pour l'Histoire Comparative des Institutions, Bd. 65, Brüssel 1998, 177–195, Kurztitel: Helfer vor Gericht (1998)

Cordes, Albrecht und Kannowski, Bernd (Hrsg.), Rechtsbegriffe im Mittelalter, Rechtshistorische Reihe, Bd. 262, Frankfurt a. M. 2002, Kurztitel: Rechtsbegriffe im Mittelalter (2002)

Daniel, Andreas, Gemeines Recht, Eine systematische Einordnung der Rechtsfigur und ihrer Funktion sowie die Bestimmung der inhaltlichen Probleme aus der Sicht des 18. Jahrhunderts, Schriften zur Rechtsgeschichte, Heft 101, Berlin 2003, Kurztitel: Gemeines Recht (2003)

Deutsch, Andreas, Die „Rethorica und Formulare teütsch" des Pforzheimer Stadtschreibers Alexander Hugen - ein juristischer Bestseller des 16. Jahrhunderts, Neue Beiträge zur Pforzheimer Geschichte, Bd. 2, 2008, 31–75, Kurztitel: Rethorica und Formulare teütsch, in: Neue Beiträge zur Pforzheimer Geschichte 2 (2008)

– Der Klagspiegel und sein Autor Conrad Heyden: ein Rechtsbuch des 15. Jahrhunderts als Wegbereiter der Rezeption, Forschungen zur deutschen Rechtsgeschichte, Bd. 23, Köln 2004, Kurztitel: Klagspiegel (2004)

– Klagspiegel und Laienspiegel: Sebastian Brants Beitrag zum Ruhm zweier Rechtsbücher, in: Bergdolt, Klaus/Knape, Joachim/Schindling, Anton/Walther, Gerrit (Hrsg.), Sebastian Brant und die Kommunikationskultur um 1500, Wolfenbütteler Abhandlungen zur Renaissanceforschung, Bd. 26, Wiesbaden 2010, 75–98, Kurztitel: Sebastian Brants Beitrag (2010)

– Tengler und der Laienspiegel - zur Einführung, in: Ders. (Hrsg.), Ulrich Tenglers Laienspiegel - ein Rechtsbuch zwischen Humanismus und Hexenwahn, Akademiekonferenzen, Bd. 11, Heidelberg 2011, 11–32, Kurztitel: Laienspiegel - zur Einführung (2011)

Deutsch, Andreas (Hrsg.), Ulrich Tenglers Laienspiegel - ein Rechtsbuch zwischen Humanismus und Hexenwahn, Akademiekonferenzen, Bd. 11, Heidelberg 2011, Kurztitel: Ulrich Tenglers Laienspiegel (2011)

Dick, Bettina, Die Entwicklung des Kameralprozesses nach den Ordnungen von 1495 bis 1555, Köln 1981, Kurztitel: Entwicklung des Kameralprozesses (1981)

Diestelkamp, Bernhard, Das Verhältnis von Gesetz und Gewohnheitsrecht im 16. Jahrhundert - aufgezeigt am Beispiel der oberhessischen Erbgewohnheiten von 1572, in: Becker, Bernd/Bull, Hans Peter/Seewald, Otfried (Hrsg.), Rechtshistorische Studien, Hans Thieme zum 70. Geburtstag zugeeignet von seinen Schülern, Köln 1977, 1–33, Kurztitel: Gesetz und Gewohnheitsrecht (1977)

Dilcher, Gerhard, Die preußischen Juristen und die Staatsprüfungen, Zur Entwicklung der juristischen Professionalisierung im 18. Jahrhundert, in: Kroeschell, Karl (Hrsg.) Festschrift für Hans Thieme zu seinem 80. Geburtstag, Sigmaringen 1986, 295–305, Kurztitel: Die preußischen Juristen und die Staatsprüfungen (1986)

– Der deutsche Juristenstand zwischen Ancien Régime und bürgerlicher Gesellschaft, in: Köbler, Gerhard/Nehlsen, Hermann (Hrsg.), Wirkungen europäischer Rechtskultur, FS für Karl Kroeschell, München 1997, 163–185, Kurztitel: Juristenstand (1997)

Dipper, Christof (Hrsg.), Rechtskultur, Rechtswissenschaft, Rechtsberufe im 19. Jahrhundert. Professionalisierung und Verrechtlichung in Deutschland und Italien, Schriften zur Europäischen Rechts- und Verfassungsgeschichte, Bd. 35, Berlin 2000, Kurztitel: Rechtsberufe im 19. Jahrhundert (2000)

Distel, Theodor, Beiträge zur älteren Verfassungsgeschichte des Schöppenstuhls zu Leipzig, in: ZRG-GA 10 (1889), 63–97, Kurztitel: Verfassungsgeschichte des Schöppenstuhls, in: ZRG-GA 10 (1889)

Döhring, Erich, Geschichte der deutschen Rechtspflege seit 1500, Berlin 1953, Kurztitel: Rechtspflege (1953)

Drüppel, Hubert, Iudex civitatis: zur Stellung des Richters in der hoch- und spätmittelalterlichen Stadt deutschen Rechts, Köln 1981, Kurztitel: Iudex civitatis (1981)

Dückert, Joachim, ‚Advokat', Untersuchungen zum Einfluss des römischen Rechts auf den deutschen Wortschatz, in: Ders. (Leitung), Zur Ausbildung der Norm der deutschen Literatursprache auf der lexikalischen Ebene (1470–1730), untersucht an ausgewählten Konkurrentengruppen, Zur Ausbildung der Norm der deutschen Literatursprache, Band II, Bausteine zur Sprachgeschichte des

Neuhochdeutschen, Bd. 56/II, Berlin 1976, 265–302, Kurztitel: ‚Advokat‘ (1976)

Duntze, Oliver, Ein Verleger sucht sein Publikum, Die Straßburger Offizin des Matthias Hupfuff (1497/98–1520), Archiv für Geschichte des Buchwesens, Studien, Bd. 4, München 2007, Kurztitel: Verleger (2007)

Ebel, Friedrich, Über Legaldefinitionen, Rechtshistorische Studie zur Entwicklung der Gesetzgebungstechnik in Deutschland, insbesondere über das Verhältnis von Rechtsetzung und Rechtsdarstellung, Schriften zur Rechtsgeschichte, Heft 6, Berlin 1974, Kurztitel: Über Legaldefinitionen (1974)

Ebel, Wilhelm, Geschichte der Gesetzgebung in Deutschland, um Nachträge erweiterter Neudruck der 2. Auflage 1958 besorgt von Dr. Friedrich Ebel, Göttingen 1988, Kurztitel: Geschichte der Gesetzgebung (1988)

Eder, Walter, Strafsachen in Geschworenengerichten, Die Prozesse wegen Erpressung römischer Untertanen und Verbündeter (Repetundenprozesse), in: Manthe, Ulrich/von Ungern-Sternberg, Jürgen (Hrsg.), Große Prozesse der römischen Antike, München 1997, 13–27, Kurztitel: Repetundenprozesse (1997)

Eifrig, Alexander, Die Spruchaktentätigkeit der Juristischen Fakultät Rostock: zwischen Sommersemester 1657 und Wintersemester 1677/78, Rostocker Rechtsgeschichtliche Reihe, Bd. 6, Aachen 2006, Kurztitel: Spruchaktentätigkeit (2006)

Eisenhardt, Ulrich, Deutsche Rechtsgeschichte, 5. Aufl., München 2008, Kurztitel: Deutsche Rechtsgeschichte (2008)

– Die kaiserlichen privilegia de non appellando, Quellen und Forschungen zur höchsten Gerichtsbarkeit im Alten Reich, Bd. 7, Köln 1980, Kurztitel: Die kaiserlichen privilegia (1980)

Eisenstein, Elisabeth L., Die Druckerpresse, Kulturrevolutionen im frühen modernen Europa, Wien 1997, Kurztitel: Druckerpresse (1997)

Elsener, Ferdinand, Die Exkommunikation als prozessuales Vollstreckungsmittel. Zur Geschichte des Kirchenbanns im Spätmittelalter. Eine Vortragsskizze, in: Ebel, Friedrich/Willoweit, Dietmar (Hrsg.), Studien zur Rezeption des gelehrten Rechts, Ausgewählte Aufsätze, Sigmaringen 1989, 152–164, Kurztitel: Exkommunikation als Vollstreckungsmittel (1989)

Endemann, Samuel Wilhelm, Civilprozessverfahren nach der kanonistischen Lehre, in: ZZP, Band 15, 1891, 177–326, Kurztitel: Civilprozessverfahren, in: ZZP 15 (1891)

Erler, Adalbert, Thomas Murner als Jurist, Frankfurter Wissenschaftliche Beiträge, Rechts- und Wirtschaftswissenschaftliche Reihe, Bd. 13, Frankfurt a. M. 1956, Kurztitel: Thomas Murner (1956)

Fabian, Ekkehart (Hrsg.), Urkunden und Akten der Reformationsprozesse: am Reichskammergericht, am Kaiserlichen Hofgericht zu Rottweil und an anderen Gerichten, 1. Teil: Allgemeines 1530–1534, Schriften zur Kirchen- und Rechtsgeschichte, Bd. 16/17, Tübingen 1961, Kurztitel: Urkunden und Akten (1961)

Falk, Ulrich, Consilia: Studien zur Praxis der Rechtsgutachten in der frühen Neuzeit, Rechtsprechung, Bd. 22, Frankfurt a. M. 2006, Kurztitel: Consilia (2006)

Fehr, Hans, Die Rechtsstellung der Frau und der Kinder in den Weistümern, Jena 1912; ND 1971, Kurztitel: Rechtsstellung der Frau (1912; ND 1971)

Feldner, Birgit, Zum Ausschluss der Frau vom römischen officium, in: Revue internationale des Droits de l'Antiquité, Band 47, 2000, 381–396, Kurztitel: Ausschluss der Frau, in: Revue internationale des Droits de l'Antiquité 47 (2000)

Fellner, Thomas, Die österreichische Zentralverwaltung, I. Abteilung, Von Maximilian I. bis zur Vereinigung der österreichischen und böhmischen Hofkanzlei (1749), 1. Band, Geschichtliche Übersicht, Wien 1907, Kurztitel: Österreichische Zentralverwaltung (1907)

Fisch, Stefan, Beamtenethik und Beamtenethos - Anmerkungen aus historischer Sicht, in: Hofmeister, Albert (Hrsg.), Brauchen wir eine neue Ethik der Verwaltung ?, Schriftenreihe der Schweizerischen Gesellschaft für Verwaltungswissenschaften, Bd. 40, Bern 2000, 163–177, Kurztitel: Beamtenethik und Beamtenethos (2000)

Fögen, Marie Theres und Teubner, Gunter, Rechtstransfer, in: Rg 7, 2005, 38–45

Fowler-Magerl, Linda, Ordo iudiciorum vel ordo iudiciarius, Begriff und Literaturgattung, Repertorien zur Frühzeit der gelehrten Rechte, Bd. 19, Frankfurt a. M. 1984, Kurztitel: Ordo iudiciorum (1984)

– Recusatio iudicis in Civilian and Canonist Thought, in: Studia gratiana 15 (Post Scripta: Essays on Medieval Law and the Emergence of the European State in Honor of Gaines Post) Rom 1972, 719–785, Kurztitel: Recusatio iudicis (1972)

Frey, Siegfried, Das württembergische Hofgericht (1460–1618), Veröffentlichungen der Kommission für geschichtliche Landeskunde in Baden-Württemberg Reihe B, Forschungen, Bd. 113, Stuttgart 1989, Kurztitel: Das württembergische Hofgericht (1989)

Fried, Johannes, Die Entstehung des Juristenstandes im 12. Jahrhundert: zur sozialen Stellung und politischen Bedeutung gelehrter Juristen in Bologna und Modena, Forschungen zur neueren Privatrechtsgeschichte, Bd. 21, Köln 1974, Kurztitel: Entstehung des Juristenstandes (1974)

Friedrich, Udo, Naturgeschichte zwischen artes liberales und frühneuzeitlicher Wissenschaft, Conrad Gessners „Historia animalium" und ihre volkssprachliche Rezeption, Frühe Neuzeit, Bd. 21, Tübingen 1995, Kurztitel: „Historia animalium" (1995)

Fuchs, Bengt Christian, Die Sollicitatur am Reichskammergericht, Quellen und Forschungen zur höchsten Gerichtsbarkeit im Alten Reich, Bd. 40, Köln 2002, Kurztitel: Sollicitatur (2002)

Fuchs, Erwin, Darf der Advokat lügen?, in: Anwaltsblatt 39, 1989, 353–359, Kurztitel: Darf der Advokat lügen?, in: AnwBl 39 (1989)

Fuchs, Franz, Jacobus Locher Philomusus und Ulrich Tenngler, in: Deutsch, Andreas (Hrsg.), Ulrich Tengler Laienspiegel - ein Rechtsbuch zwischen Humanismus und Hexenwahn, Heidelberg 2011, 99–116, Kurztitel: Locher und Tenngler (2011)

Füssel, Stephan, Klassische Druckmedien der Frühen Neuzeit, in: Burckhardt, Johannes/Werkstetter, Christine (Hrsg.), Kommunikation und Medien in der Frühen Neuzeit, Historische Zeitschrift, Beihefte (NF), Bd. 41, München 2005, 57–61 Kurztitel: Druckmedien (2005)

Gehrke, Heinrich, Deutsches Reich, in: Coing, Helmut (Hrsg.), Handbuch der Quellen und Literatur der neueren europäischen Privatrechtsgeschichte, Band 2: Neuere Zeit (1500–1800), Das Zeitalter des gemeinen Rechts, Zweiter Teilband Gesetzgebung und Rechtsprechung, München 1976, 1342–1391, Kurztitel: Deutsches Reich (1976)

Genzmer, Erich, Hugo von Trimberg und die Juristen, in: Giuffreè, Dott. A. (Hrsg.), L'Europa e il diritto romano, Studi in memoria di Paolo Koschaker, Vol. 1, Milano 1954, 291–336, Kurztitel: Hugo von Trimberg (1954)

Goheen, Jutta, Mensch und Moral im Mittelalter, Geschichte und Fiktion in Hugo von Trimbergs ‚Der Renner', Darmstadt 1990, Kurztitel: Mensch und Moral (1990)

Görgen, Andreas, Rechtssprache in der Frühen Neuzeit, Eine vergleichende Untersuchung der Fremdwortverwendung in Gesetzen des 16. und 17. Jahrhunderts, Rechtshistorische Reihe, Bd. 253, Frankfurt a. M. 2002, Kurztitel: Rechtssprache (2002)

Gramsch, Robert, Erfurter Juristen im Spätmittelalter: die Karrieremuster und Tätigkeitsfelder einer gelehrten Elite des 14. und 15. Jahrhunderts, Education and society in the Middle Ages and Renaissance, Bd. 17, Leiden 2003, Kurztitel: Erfurter Juristen (2003)

Groebner, Valentin, Angebote, die man nicht ablehnen kann. Institution, Verwaltung und die Definition von Korruption am Ende des Mittelalters, in: Blänkner, Reinhard/Jussen, Bernhard (Hrsg.), Institutionen und Ereignis, Über historische Praktiken und Vorstellungen gesellschaftlichen Ordnens, Veröffentlichungen des Max-Planck-Instituts für Geschichte, Bd. 138, Göttingen 1998, 163–184, Kurztitel: Korruption am Ende des Mittelalters (1998)

Grubmüller, Klaus, Advocatus: fürsprech - vogt - advokat. Beobachtungen an Vokabularien II, in: Hauck, Karl/Kroeschell, Karl/Sonderegger, Stefan/Hüpper, Dagmar/von Olberg, Gabriele (Hrsg.), Sprache und Recht, Beiträge zur Kulturgeschichte des Mittelalters, Festschrift für Ruth Schmidt-Wiegand zum 60. Geburtstag, Erster Band, Berlin, 1986, 158–171, Kurztitel: Advocatus: fürsprech - vogt – advokat (1986)

Habermann, Mechthild, Deutsche Fachtexte der Frühen Neuzeit, Naturkundlich-medizinische Wissensvermittlung im Spannungsfeld von Latein und Volkssprache, Studia Linguistica Germanica, Bd. 61, Berlin 2001, Kurztitel: Deutsche Fachtexte (2001)

Haferkamp, Hans-Peter, Die Bedeutung von Rezeptionsdeutungen für die Rechtsquellenlehre zwischen 1800 und 1850, in: Ders. und Repgen, Tilman (Hrsg.), Usus modernus pandectarum, Römisches Recht, Deutsches Recht und Naturrecht in der Frühen Neuzeit, Klaus Luig zum 70. Geburtstag, Rechtsgeschichtliche Schriften, Im Auftrage des Rheinischen Vereins für Rechtsgeschichte e. V. zu Köln, Bd. 24, Köln 2007, 25–44, Kurztitel: Rezeptionsdeutungen (2007)

Hagemann, Hans-Rudolf, Laiengericht und gelehrtes Recht am Beispiel des Basler Stadtgerichts, in: ZNR 27 (2005), 1–27, Kurztitel: Laiengericht und gelehrtes Recht, in: ZNR 27 (2005)

– Vielschichtiges Recht, Zivilrechtspflege im neuzeitlichen Basel, Basel 2009, Kurztitel: Vielschichtiges Recht (2009)

Harms, Wolf-George, Bibliographie zur Geschichte des deutschen Notariats, Würzburg 2007, Kurztitel: Geschichte des Notariats (2007)

Härter, Karl, Erfahrungen in der frühneuzeitlichen Strafjustiz, in: Münch, Paul (Hrsg.), „Erfahrung“ als Kategorie der Frühneuzeitgeschichte, HZ Beihefte (NF), Band 31, München 2001, 377–388, Kurztitel: Frühneuzeitliche Strafjustiz, in: HZ Beihefte (NF) 31 (2001)

– Policey und Strafjustiz in Kurmainz: Gesetzgebung, Normdurchsetzung und Sozialkontrolle im frühneuzeitlichen Territorialstaat, Halbband 1, Studien zur europäischen Rechtsgeschichte, Bd. 190, Frankfurt a. M. 2005, Kurztitel: Kurmainz (2005)

Hartstang, Gerhard, Der deutsche Rechtsanwalt, Rechtstellung und Funktion in Vergangenheit und Gegenwart, Heidelberg 1986, Kurztitel: Der deutsche Rechtsanwalt (1986)

Hattenhauer, Hans, Lingua vernacula - Rechtssprache zwischen Volkssprache und Gelehrtensprache, in: Eckert, Jörn/Ders. (Hrsg.), Sprache - Recht - Geschichte, Rechtshistorisches Kolloquium 5.–9. Juni 1990 Christian-Albrechts-Universität zu Kiel, Motive - Texte - Materialien (MTM), Bd. 58, Heidelberg 1991, 49–68, Kurztitel: Lingua vernacula (1991)

Herborn, Wolfgang, Entwicklung der Professionalisierung der politischen Führungsschicht der Stadt Köln, in: Schulz, Günther (Hrsg.), Sozialer Aufstieg, Funktionseliten im Spätmittelalter und in der frühen Neuzeit, Deutsche Führungsschichten in der Neuzeit, Bd. 25, München 2002, 29–47, Kurztitel: Entwicklung der Professionalisierung (2002)

Hermann, Heiner, Die „Freien Berufe", Herkunft, Wandlung und heutiger Inhalt des Begriffs, (dargestellt an einem Vergleich der Handwerker einerseits und im besonderen der Ärzte, Anwälte und Künstler andererseits), Frankfurt a. M. 1971, Kurztitel: Die „Freien Berufe" (1971)

Hertz, Friedrich, Die Rechtsprechung der höchsten Reichsgerichte im römisch-deutschen Reich und ihre politische Bedeutung, in: MIÖG 69, 1961, 331–358, Kurztitel: Rechtsprechung, in: MIÖG 69 (1961)

Heyen, Erk Volkmar, Amt und Rationalität, Legitimität und Kontrolle: Grundbegriffe historisch-komparativer Verwaltungsanalyse, in: Benz, Arthur/Siedentopf, Heinrich/Sommermann, Karl-Peter (Hrsg.), Institutionenwandel in Regierung und Verwaltung, Festschrift für Klaus König zum 70. Geburtstag, Schriften zum öffentlichen Recht, Bd. 950, Berlin 2004, 49–60, Kurztitel: Amt und Rationalität (2004)

– Pastorale Beamtenethik 1650–1700: Amtstugenden in lutherischen Regentenpredigten, HZ, Band 280, 2005, 345–380, Kurztitel: Beamtenethik 1650–1700, in: HZ 280 (2005)

– Professionalisierung und Verwissenschaftlichung: Zur intellektuellen Struktur der deutschen Verwaltungsgeschichte, in: Ius Commune, Band 12, 1984, 235–252, Kurztitel: Professionalisierung und Verwissenschaftlichung, in: Ius Commune 12 (1984)

Hocks, Stephan, Gerichtsgeheimnis und Begründungszwang, Zur Publizität der Entscheidungsgründe im Ancien Régime und im frühen 19. Jahrhundert,

Rechtsprechung Materialien und Studien, Bd. 17, Frankfurt a. M. 2002, Kurztitel: Gerichtsgeheimnis und Begründungszwang (2002)

Holthöfer, Ernst, Die Literatur zum gemeinen und partikularen Recht in Italien, Frankreich, Spanien und Portugal, in: Coing, Helmut (Hrsg.), Handbuch der Quellen und Literatur der neueren europäischen Privatrechtsgeschichte, Band 2: Neuere Zeit (1500–1800), Das Zeitalter des gemeinen Rechts, Erster Teilband Wissenschaft, München 1977, 130–166, Kurztitel: Literatur (1977)

– Literaturtypen des mos italicus in der europäischen Rechtsliteratur der frühen Neuzeit, in: Ius Commune, Band 2, 1969, 130–166 Kurztitel: Literaturtypen, in: Ius Commune 2 (1969)

Holtz, Sabine, Bildung und Herrschaft: Zur Verwissenschaftlichung politischer Führungsschichten im 17. Jahrhundert, Schriften zur südwestdeutschen Landeskunde, Bd. 32, Leinfelden-Echterdingen 2002, Kurztitel: Bildung und Herrschaft (2002)

Holzborn, Timo, Die Geschichte der Gesetzespublikation - insbesondere von den Anfängen des Buchdrucks um 1450 bis zur Einführung von Gesetzesblättern im 19. Jahrhundert, Juristische Reihe Tenea, Bd. 39, Berlin 2003, Kurztitel: Gesetzespublikation (2003)

Honecker, Martin, Recht in der Kirche des Evangeliums, Jus ecclesiasticum, Bd. 85, Tübingen 2008, Kurztitel: Recht in der Kirche (2008)

Horn, Norbert, Die legistische Literatur der Kommentatoren und der Ausbreitung des gelehrten Rechts, in: Coing, Helmut (Hrsg.), Handbuch der Quellen und Literatur der neueren europäischen Privatrechtsgeschichte, Band 1: Mittelalter (1100–1500), München 1973, 261–364, Kurztitel: Legistische Literatur (1973)

– Soziale Stellung und Funktion der Berufsjuristen in der Frühzeit der Europäischen Rechtswissenschaft, in: Dilcher, Gerhard /Ders. (Hrsg.), Sozialwissenschaften im Studium des Rechts, Bd. 4, Rechtsgeschichte, München 1978, 125–144, Kurztitel: Berufsjuristen (1978)

Huber, Wolfgang, Gerechtigkeit und Recht, Grundlinien christlicher Rechtsethik, Gütersloh 2006, Kurztitel: Grundlinien christlicher Rechtsethik (2006)

Huffmann, Helga, Geschichte der rheinischen Rechtsanwaltschaft, Köln 1969, Kurztitel: Rechtsanwaltschaft (1969)

Hürbin, Joseph, Peter von Andlau, der Verfasser des ersten deutschen Reichsstaatsrechts: ein Beitrag zur Geschichte des Humanismus am Oberrheim im XV. Jahrhundert, Straßburg 1897, Kurztitel: Peter von Andlau (1897)

Husserl, Gerhart, Genesis und Grenzen der Rechtsgeltung, Rechtskraft und Rechtsgeltung, Band I, Berlin 1925, Kurztitel: Rechtsgeltung (1925)

Immel, Gerhard, Typologie der Gesetzgebung des Privatrechts und Prozeßrechts, in: Coing, Helmut (Hrsg.), Handbuch der Quellen und Literatur der neueren europäischen Privatrechtsgeschichte, Band 2: Neuere Zeit (1500–1800), Das Zeitalter des gemeinen Rechts, Zweiter Teilband Gesetzgebung und Rechtsprechung, München 1977, 3–96, Kurztitel: Typologie der Gesetzgebung (1976)

Isenmann, Eberhard, Aufgaben und Leistungen gelehrter Juristen im spätmittelalterlichen Deutschland, in: OIR 10, Journal of ancient law studies, 2005, 41–65, Kurztitel: Aufgaben, in: OIR 10 (2005)

– Funktionen und Leistungen gelehrter Juristen für deutsche Städte im Spätmittelalter, in: Chiffoleau, Jacques/Gauvard, Claude/Zorzi, Andrea (Hrsg.), Pratiques sociales et politiques judiciaires dans les villes de l'Occident à la fin du Moyen Âge, Collection de l'École francaise de Rome, Bd. 385, Rom 2007, 243–322, Kurztitel: Funktionen und Leistungen gelehrter Juristen (2007)

– Gelehrte Juristen und das Prozeßgeschehen in Deutschland im 15. Jahrhundert, in: Arlinghaus, Franz-Josef/Baumgärtner, Ingrid/Colli, Vincenzo/Lepsius, Susanne/Wetzstein, Thomas (Hrsg.), Praxis der Gerichtsbarkeit in europäischen Städten des Spätmittelalters, Rechtsprechung Materialien und Studien, Bd. 23, Frankfurt a. M. 2006, 305–417, Kurztitel: Gelehrte Juristen und das Prozeßgeschehen (2006)

– Zur Rezeption des römisch-kanonischen Rechts im spätmittelalterlichen Deutschland im Spiegel von Rechtsgutachten, in: Aertsen, Jan A. und Pickavé, Martin (Hrsg.), „Herbst des Mittelalters"?: Fragen zur Bewertung des 14. und 15. Jahrhunderts, Miscellanea Mediaevalia, Bd. 31, Berlin 2004, 206–230, Kurztitel: Zur Rezeption (2004)

Isenmann, Moritz, Legalität und Herrschaftskontrolle (1200–1600), Eine vergleichende Studie zum Syndikatsprozess: Florenz, Kastilien und Valencia, Studien zur europäischen Rechtsgeschichte, Bd. 256, Frankfurt a. M. 2010, Kurztitel: Legalität und Herrschaftskontrolle (2010)

Jahns, Sigrid, Das Reichskammergericht und seine Richter, Verfassung und Sozialstruktur eines höchsten Gerichts im Alten Reich, Teil I: Darstellung, Quellen und Forschungen zur höchsten Gerichtsbarkeit im Alten Reich, Bd. 26, Köln 2011, Kurztitel: Richter I (2011)

– Das Reichskammergericht und seine Richter, Verfassung und Sozialstruktur eines höchsten Gerichts im Alten Reich, Teil II: Biographien, Quellen und Forschungen zur höchsten Gerichtsbarkeit im Alten Reich, Bd. 26, Köln 2003, Kurztitel: Richter II (2003)

– Juristenkarrieren in der Frühen Neuzeit, in: Blätter für deutsche Landesgeschichte, Bd. 131, 1995, 113–134, Kurztitel: Juristenkarrieren in: Blätter für deutsche Landesgeschichte 131 (1995)

Jansen, Nils, The making of Legal authority, Non-legislative Codifications in Historical and Comparative Perspective, Oxford 2010, Kurztitel: Legal authority (2010)

Kannowski, Bernd, Anwaltstaktik und Anwaltsethik im Mittelalter, in: NJW 2008, 713–719, Kurztitel: Anwaltstaktik und Anwaltsethik, in: NJW (2008)

– Der Laienspiegel, die Magdeburger Fragen und der Schwabenspiegel, in: Deutsch, Andreas (Hrsg.), Ulrich Tengler Laienspiegel - ein Rechtsbuch zwischen Humanismus und Hexenwahn, Heidelberg 2011, 211–231, Kurztitel: Laienspiegel, Magdeburger Fragen und Schwabenspiegel (2011)

– Die Umgestaltung des Sachsenspiegelrechts durch die Buch'sche Glosse, Monumenta Germaniae historica Schriften, Bd. 56, Hannover 2007, Kurztitel: Buch'sche Glosse (2007)

Kantorowicz, Hermann, Der Begriff des Rechts, Kleine Vandenhoeck Reihe, Bd. 152/153, Göttingen 1963, Kurztitel: Der Begriff des Rechts (1963)

– Die Allegationen im späteren Mittelalter (1935), in: Coing, Helmut/Immel, Gerhard (Hrsg.), Rechtshistorische Schriften / Hermann Kantorowicz, Freiburger rechts- und staatswissenschaftliche Abhandlungen, Bd. 30, Karlsruhe 1970, 81–92, Kurztitel: Allegationen (1970)

– Goblers Karolinen-Kommentar und seine Nachfolger, Geschichte eines Buches, in: von Liszt, Franz (Hrsg.) Abhandlungen des kriminalistischen Seminars an der Universität Berlin, Vierter Band, Heft 1, Berlin 1904, Kurztitel: Goblers Karolinen-Kommentar (1904)

Kaser, Max und Hackl, Karl, Das römische Zivilprozessrecht, Rechtsgeschichte des Altertums, Im Rahmen des Handbuchs der Altertumswissenschaft, Dritter Teil, Vierter Band, München 1996, Kurztitel: Das römische Zivilprozessrecht (1996)

Kern, Bernd-Rüdiger, Die Gerichtsordnungen des Kurpfälzer Landrechts von 1582, Quellen und Forschungen zur höchsten Gerichtsbarkeit im alten Reich, Bd. 23, Köln 1991, Kurztitel: Gerichtsordnungen (1991)

– Frühe territoriale Hofgerichtsordnungen, in: Ders./Wadle, Elmar/Schroeder, Klaus-Peter/Katzenmeier, Christian (Hrsg.), Humaniora Medizin - Recht - Geschichte: Festschrift für Adolf Laufs zum 70. Geburtstag, Berlin 2006, 145–156, Kurztitel: Frühe territoriale Hofgerichtsordnungen (2006)

Kern, Eduard, Geschichte des Gerichtsverfassungsrechts, München 1954

Kleinschmidt, Erich, Das ‚Epitaphium Ulrici Tenngler', ein unbekannter Nachruf auf den Verfasser des ‚Laienspiegels' von 1511, in: Daphnis, Zeitschrift für mittlere deutsche Literatur, Band 6, 1977, 41–64, Kurztitel: Epitaphium, in: Daphnis 6 (1977)

Klingebiel, Thomas, Ein Stand für sich? Lokale Amtsträger in der Frühen Neuzeit: Untersuchungen zur Staatsbildung und Gesellschaftsentwicklung im Hochstift Hildeshiem und im älteren Fürstentum Wolfenbüttel, Veröffentlichungen der Historischen Kommission für Niedersachsen und Bremen, Bd. 27, Hannover 2002, Kurztitel: Lokale Amtsträger (2002)

Knape, Joachim, Der humanistische Geleittext als Paratext - am Beispiel von Brants Beigaben zu Tennglers Layen Spiegel, in: Deutsch, Andreas (Hrsg.), Ulrich Tengler Laienspiegel - ein Rechtsbuch zwischen Humanismus und Hexenwahn, Akademiekonferenzen, Bd. 11, Heidelberg 2011, 117–137, Kurztitel: Der humanistische Geleittext (2011)

– Dichtung, Recht und Freiheit. Studien zu Leben und Werk Sebastian Brants 1457–1521, Saecula spiritalia, Bd. 23, Baden-Baden 1992, Kurztitel: Dichtung, Recht und Freiheit (1992)

Knust, Cornelia, Vorbild der Gerechtigkeit, Jan Provosts Gerichtsbild in Brügge, Rekonstruktion der Künste, Bd. 8, Göttingen 2007, Kurztitel: Vorbild der Gerechtigkeit (2007)

Köbler, Gerhard, Deutsche Rechtsgeschichte: ein systematischer Grundriss der geschichtlichen Grundlagen des deutschen Rechts von den Indogermanen bis zur Gegenwart, 6. Aufl., München 2005, Kurztitel: Deutsche Rechtsgeschichte (2005)

– Rezension zu Deutsch (Hrsg.), Ulrich Tenglers Laienspiegel (2011), http://www.koeblergerhard.de/ZIER-HP/ZIER-HP-01-2011/UlrichTenglersLaienspiegel.htm (zuletzt aufgerufen am 29.03.2015)

– Richten - Richter - Gericht, in: ZRG-GA 87 (1970), 57–113

Kohler, Josef und Scheel, Willy (Hrsg.), Die Peinliche Gerichtsordnung Kaiser Karls V., Constitutio Criminalis Carolina, Die Carolina und ihre Vorgängerinnen. Text, Erläuterung, Geschichte, Bd. 1, Halle a. S. 1900, Kurztitel: Peinliche Gerichtsordnung (1900)

Kollmann, Andreas, Begriffs- und Problemgeschichte des Verhältnisses von formellem und materiellem Recht, Schriften zur Rechtgeschichte, Heft 68, Berlin 1996, Kurztitel: Begriffs- und Problemgeschichte (1996)

Koppitz, Hans-Joachim, Zur deutschen Buchproduktion des 15. und 16. Jahrhunderts, in: Gutenberg Jahrbuch 62 (1987), Mainz 1987, 16–25, Kurztitel: Buchproduktion, in: Gutenberg Jahrbuch 62 (1987)

Kramer, Christian, Deutschsprachige Rechtsliteratur der Frühen Neuzeit - eine bio-bibliographische Datenbank, in: Deutsch, Andreas (Hrsg.), Das Deutsche Rechtswörterbuch - Perspektiven, Akademiekonferenzen, Bd. 8, Heidelberg 2010, 235–246, Kurztitel: Deutschsprachige Rechtsliteratur (2010)

Krause, Ferdinand, Die hergebrachten Grundsätze des Berufsbeamtentums, Rechtshistorische Reihe, Bd. 357, Frankfurt a. M. 2008, Kurztitel: Grundsätze des Berufsbeamtentums (2008)

Krause, Hermann, Besprechung von Friedrich Ebel, Über Legaldefinitionen, Rechtshistorische Studie zur Entwicklung der Gesetzgebungstechnik in Deutschland, insbesondere über das Verhältnis von Rechtsetzung und Rechtsdarstellung, in: ZRG-GA 92 (1975), 306–308, Kurztitel: Besprechung von: Über Legaldefinitionen, in: ZRG-GA 92 (1975)

– Kaiserrecht und Rezeption, Abhandlungen der Heidelberger Akademie der Wissenschaften, Philosophisch-historische Klasse, 1. Abhandlung, Heidelberg 1952, Kurztitel: Kaiserrecht und Rezeption (1952)

Kriebisch, Angela, Die Spruchkörper Juristenfakultät und Schöppenstuhl zu Jena: Strukturen, Tätigkeit, Bedeutung und eine Analyse ausgewählter Spruchakten, Rechtshistorische Reihe, Bd. 381, Frankfurt a. M. 2008, Kurztitel: Juristenfakultät und Schöppenstuhl (2008)

Kroeschell, Karl, Die Rezeption der gelehrten Rechte und ihre Bedeutung für die Bildung des Territorialstaates, in: Jeserich, Kurt G. A./Pohl, Hans /von Unruh, Georg-Christoph (Hrsg.), Deutsche Verwaltungsgeschichte, Band 1, Vom Spätmittelalter bis zum Ende des Reiches, Stuttgart 1983, 279–288, Kurztitel: Die Rezeption (1983)

Kroeschell, Karl/Cordes, Albrecht/Nehlsen-von Stryk, Karin, Deutsche Rechtsgeschichte, Band 2: 1250–1650, 9. Auflage, Köln 2008, Kurztitel: Deutsche Rechtsgeschichte 2 (2008)

Kultgen, John H., Ethics and professionalism, Philadelphia 1991, Kurztitel: Ethics and professionalism (1991)

Künast, Hans-Jörg, Die Drucklegung von Ulrich Tenglers „Laienspiegel" in Augsburg und Straßburg, 1509–1560, in: Deutsch, Andreas (Hrsg.), Ulrich Tengler Laienspiegel - ein Rechtsbuch zwischen Humanismus und Hexenwahn, Akademiekonferenzen, Bd. 11, Heidelberg 2011, 139–162, Kurztitel: Drucklegung „Laienspiegel" (2011)

Küper, Wilfried, Die Richteridee der Strafprozessordnung und ihre geschichtlichen Grundlagen, Münsterische Beiträge zur Rechts- und Staatswissenschaft, Heft 11, Berlin 1967, Kurztitel: Richteridee (1967)

Lange, Hermann, Römisches Recht im Mittelalter, Bd. I: Die Glossatoren, München 1997, Kurztitel: Römisches Recht im Mittelalter, Bd. 1 (1997)

– Vom Adel des doctor, in: Luig, Klaus/Liebs, Detlef (Hrsg.), Das Profil des Juristen in der europäischen Tradition, Symposion aus Anlaß des 70. Geburtstages von Franz Wieacker, Ebelsbach 1980, 279–294, Kurztitel: Vom Adel des doctor (1980)

Lange, Hermann und Kriechbaum, Maximiliane, Römisches Recht im Mittelalter, Bd. 2: Die Kommentatoren, München 2007, Kurztitel: Römisches Recht im Mittelalter, Bd. 2 (2007)

Laufs, Adolf, Die Reichskammergerichtsordnung von 1555, Quellen und Forschungen zur höchsten Gerichtsbarkeit im Alten Reich, Bd. 3, Köln 1976, Kurztitel: Reichskammergerichtsordnung (1976)

– Rechtsentwicklungen in Deutschland, 6. Auflage, Berlin 2006, Kurztitel: Rechtsentwicklungen (2006)

Lederle-Grieger, Ursula, Gerechtigkeitsdarstellungen in deutschen und niederländischen Rathäusern, Philippsburg 1937, Kurztitel: Gerechtigkeitsdarstellungen (1937)

Lepsius, Susanne, Der Richter und die Zeugen, Eine Untersuchung anhand des Tractatus testimoniorum des Bartolus von Sassoferrato, Studien zur europäischen Rechtsgeschichte, Bd. 158, Frankfurt a. M. 2003, Kurztitel: Der Richter und die Zeugen (2003)

– Von Zweifeln zur Überzeugung, Der Zeugenbeweis im gelehrten Recht ausgehend von der Abhandlung des Bartolus von Sassoferrato, Studien zur europäischen Rechtsgeschichte, Bd. 160, Frankfurt a. M. 2003, Kurztitel: Von Zweifeln zur Überzeugung (2003)

Lippert, Stefan, Recht und Gerechtigkeit bei Thomas von Aquin: eine rationale Rekonstruktion im Kontext der Summa theologiae, Marburg 2000, Kurztitel: Recht und Gerechtigkeit bei Thomas von Aquin (2000)

Litewski, Wiesław, Der römisch-kanonische Zivilprozeß nach den älteren ordines iudiciarii, Band I, II, Krakau 1999, Kurztitel: Der römisch-kanonische Zivilprozeß (1999)

Lowitsch, Vera, Die Frau als Richter, Berlin 1933, Kurztitel: Frau als Richter (1933)

Lück, Heiner, Die kursächsische Gerichtsverfassung: 1423–1550, Forschungen zur deutschen Rechtsgeschichte, Bd. 17, Köln 1997, Kurztitel: Die kursächsische Gerichtsverfassung (1997)

– Die Spruchtätigkeit der Wittenberger Juristenfakultät: Organisation, Verfahren, Ausstrahlung, Köln 1998, Kurztitel: Wittenberger Juristenfakultät (1998)

Marquordt, Gerhard, Vier rheinische Prozessordnungen aus dem 16. Jahrhundert: ein Beitrag zum Prozessrecht der Rezeptionszeit, Bonn 1938, Kurztitel: Vier rheinische Prozessordnungen (1938)

Martyn, Georges, Painted Exempla Iustitiae in the Southern Netherlands, in: Schulze, Reiner (Hrsg.), Symbolische Kommunikation vor Gericht in der Frühen Neuzeit, Schriften zur Europäischen Rechts- und Verfassungsgeschichte, Bd. 51, Berlin 2006, 335–356, Kurztitel: Painted Exempla Iustitiae (2006)

Meder, Stephan, Ius non scriptum - Traditionen privater Rechtsetzung, 1. Aufl., Tübingen 2008, Kurztitel: Ius non scriptum (2008)

Meyer, Tim, Gefahr vor Gericht, Die Formstrenge im sächsisch-magdeburgischen Recht, Forschungen zur deutschen Rechtsgeschichte, Bd. 26, Köln 2009, Kurztitel: Gefahr vor Gericht (2009)

Michaelis, Karl, Besprechung zu Erich Döhring, Geschichte der deutschen Rechtspflege seit 1500, in: ZRG-GA 71 (1954), 472–478

Michel, Hermann, Heinrich Knaust, Ein Beitrag zur Geschichte des geistigen Lebens in Deutschland um die Mitte des sechzehnten Jahrhunderts, Berlin 1903, ND 2010, Kurztitel: Heinrich Knaust (1903; ND 2010)

Miele, Jürgen, Das Lippische Hofgericht 1593–1743: ein Beitrag zu Entstehungsgeschichte, Gerichtsverfassung und Prozessverfahren des zivilen Obergerichts der Grafschaft Lippe unter Berücksichtigung reichsgesetzlicher Bestimmungen, Göttingen 1984, Kurztitel: Das Lippische Hofgericht (1984)

Moraw, Peter, Gelehrte Juristen im Dienst der deutschen Könige des späten Mittelalters (1273–1493), in: Schnur, Roman (Hrsg.), Die Rolle der Juristen bei der Entstehung des modernen Staates, Berlin 1986, 77–147, Kurztitel: Juristen im Dienst (1986)

Munzinger, Mark R., Rezension zu: James A. Brundage, Medieval Origins of the Legal Profession: Canonists, Civilians, and Courts, Chicago 2008, Forum Historiae Iuris, http://www.forhistiur.de/zitat/1105munzinger.htm, (zuletzt aufgerufen am 29.03.2015)

Musielak, Hans-Joachim, Die Grundlagen der Beweislast im Zivilprozeß, Berlin 1975, Kurztitel: Grundlagen der Beweislast (1975)

Müßig, Ulrike, Recht und Justizhoheit, Der gesetzliche Richter im historischen Vergleich von der Kanonistik bis zur Europäischen Menschenrechtskonvention unter besonderer Berücksichtigung der Rechtsentwicklung in Deutschland,

England und Frankreich, 2. Aufl., Schriften zur Europäischen Rechts- und Verfassungsgeschichte, Bd. 44, Berlin 2009, Kurztitel: Recht und Justizhoheit (2009)

Neddermeyer, Uwe, Juristische Werke auf dem spätmittelalterlichen Buchmarkt, Marktanteil, Buchhandel, Preise und Auflagen, in: Colli, Vincenzo (Hrsg.), Juristische Buchproduktion im Mittelalter, Studien zur Europäischen Rechtsgeschichte, Bd. 155, Frankfurt a. M. 2002, 631–673, Kurztitel: Juristische Werke (2002)

Nehlsen-von Stryk, Karin, Die Krise des „irrationalen" Beweises im Hoch- und Spätmittelalter und ihre gesellschaftlichen Implikationen, in: ZRG-GA 117 (2000), 1–38, Kurztitel: Krise, in: ZRG-GA 117 (2000)

Nörr, Knut Wolfgang, Die Literatur zum gemeinen Zivilprozess in: Coing, Helmut (Hrsg.), Handbuch der Quellen und Literatur der neueren europäischen Privatrechtsgeschichte, Band 1: Mittelalter (1100–1500), München 1973, 383–397, Kurztitel: Literatur (1973)

– Romanisch-kanonisches Prozessrecht. Erkenntnisverfahren erster Instanz in civilibus, Heidelberg 2012, Kurztitel: Romanisch-kanonisches Prozessrecht (2012)

– Romanisch-kanonischer Zivilprozess im Laienspiegel, in: Deutsch, Andreas (Hrsg.), Ulrich Tengler Laienspiegel - ein Rechtsbuch zwischen Humanismus und Hexenwahn, Akademiekonferenzen, Bd. 11, Heidelberg 2011, 233–242, Kurztitel: Zivilprozess im Laienspiegel (2011)

– Prozeßzweck und Prozeßtypus: Der kirchliche Prozeß des Mittelalters im Spannungsfeld zwischen objektiver Ordnung und subjektiven Interessen, in: ZRG-KA 78 (1992), 183–209, Kurztitel: Prozeßzweck und Prozeßtypus, in: ZRG-KA 78 (1992)

– Zur Herkunft des Irnerius, in: ZRG-RA 82 (1965), 327–329, Kurztitel: Herkunft des Irnerius, in: ZRG-RA 82 (1965)

– Zur Stellung des Richters im gelehrten Prozeß der Frühzeit: Iudex secundum allegata non secundum conscientiam iudicat, Münchener Universitätsschriften, Reihe der Juristischen Fakultät, Bd. 2, München 1967, Kurztitel: Stellung des Richters (1967)

Oestmann, Peter, Geistliche und weltliche Gerichte im Alten Reich, Zuständigkeitsstreitigkeiten und Instanzenzüge, Quellen und Forschungen zur höchsten Gerichtsbarkeit im Alten Reich, Bd. 61, Köln 2012, Kurztitel: Geistliche und weltliche Gerichte (2012)

– Rechtsvielfalt vor Gericht: Rechtsanwendung und Partikularrecht im Alten Reich, Rechtsprechung Bd. 18, Frankfurt a. M. 2002, Kurztitel: Rechtsvielfalt vor Gericht (2002) von Olberg, Gabriele, Anwalt, Vogt und ihre Synonyme in den Schriften des Bauernkrieges und der Voraufstände (15./16. Jh.), in Schmidt-Wiegandt, Ruth (Hrsg.), Text- und Sachbezug in der Rechtssprachgeographie, Münstersche Mittelalter-Schriften, Bd. 52, München 1985, Kurztitel: Anwalt, Vogt und ihre Synonyme (1985)

Ostwaldt, Lars, Aequitas und Justitia: ihre Ikonographie in Antike und Früher Neuzeit, Signa Ivris, Bd. 3, Halle a. d. Saale 2009, Kurztitel: Aequitas und Justitia (2009)

Ott, Norbert H., Rechtspraxis und Heilsgeschichte. Zu Überlieferung, Ikonographie und Gebrauchssituation des deutschen ‚Belial', Münchener Texte und Untersuchungen zur deutschen Literatur des Mittelalters, Bd. 80, München 1983, Kurztitel: Rechtspraxis und Heilsgeschichte (1983)

Otte, Gerhard, „Got is selve recht": Recht oder gerecht?, in: Hermann, Hans-Georg/Gutmann, Thomas/Rückert, Joachim/Schmoeckel, Mathias/Siems, Harald (Hrsg.), Von den Leges Barbarorum bis zum ius barbarum des Nationalsozialismus, Festschrift für Hermann Nehlsen zum 70. Geburtstag, Köln 2008, 163–172, Kurztitel: „Got is selve recht" (2008)

Pätzold, Julia, Leipziger gelehrte Schöffenspruchsammlung, Ein Beitrag zur Rezeptionsgeschichte in Kursachsen im 16. Jh., Schriften zur Rechtsgeschichte, Heft 143, Berlin 2009, Kurztitel: Leipziger Schöffenspruchsammlung (2009)

Pawlowski, Hans-Martin Methodenlehre für Juristen, Heidelberg 1999, Kurztitel: Methodenlehre für Juristen (1999)

Pennington, Kenneth, Due Process, Community and the Prince in the Evolution of the Ordo iudiciarius, in: Revista internazionale di diritto commune, Band 8, 1998, 9–47 Kurztitel: Evolution of the Ordo iudiciarius, in: Revista internazionale di diritto commune 8 (1998)

– Innocent until proven guilty: the origins of a legal maxim, in: The Jurist 63, 2003, 106–124, Kurztitel: Innocent until proven guilty, in: The Jurist 63 (2003)

Pilch, Martin, Der Rahmen der Rechtsgewohnheiten, Kritik des Normensystemdenkens entwickelt am Rechtsbegriff der mittelalterlichen Rechtsgeschichte, Wien 2009, Kurztitel: Rahmen der Rechtsgewohnheiten (2009)

Planck, Johann Julius Wilhelm von, Das deutsche Gerichtsverfahren im Mittelalter: nach dem Sachsenspiegel und verwandten Rechtsquellen, Bd. 1, Braunschweig 1879, Kurztitel: Gerichtsverfahren im Mittelalter (1879)

Pleister, Wolfgang und Schild, Wolfgang (Hrsg.), Recht und Gerechtigkeit im Spiegel der europäischen Kunst, Köln 1988, Kurztitel: Recht und Gerechtigkeit im Spiegel (1988)

Pound, Roscoe, Law in the books and Law in action, in: American Law Review, Band 44, 1910, 12–36, Kurztitel: Law in books, in: American Law Review 44 (1910)

Raiser, Thomas, Keynote Adress: "Sociology of Law in Germany", in: German Law Journal 2010, Vol. 11 No. 4, 2010, 391–398, Kurztitel: Sociology of Law in Germany, German Law Journal, Band 11/4 (2010)

Ranieri, Filippo, Juristen aus dem Alten Reich (16.-18. Jahrhundert). Ein Forschungsresümee, in: Scholz, Johannes-Michael (Hrsg.), El tercer poder, Hacia una compensión histórica de la justicia contemporánea en Espana, Rechtsprechung Materialien und Studien, Bd. 5, Frankfurt a. M. 1992, 109–118, Kurztitel: Juristen aus dem Alten Reich (1992)

– Juristische Literatur aus dem Ancien Régime und historische Literatursoziologie - Einige methodologische Vorüberlegungen, in: Bergfeld, Christoph (Hrsg.), Aspekte europäischer Rechtsgeschichte, Festgabe für Helmut Coing, Ius Commune, Sonderhefte, Texte und Monographien, Bd. 17, Frankfurt a. M. 1982, 293–322, Kurztitel: Juristische Literatur (1982)

– Vom Stand zum Beruf, Die Professionalisierung des Juristenstandes als Forschungsaufgabe der europäischen Rechtsgeschichte der Neuzeit, in: Ius Commune, Band 13, 1985, 83–101, Kurztitel: Professionalisierung als Forschungsaufgabe, in: Ius Commune, Band 13 (1985)

Rehberg, Karl-Siegbert, Präsenzmagie und Zeichenhaftigkeit. Institutionelle Formen der Symbolisierung, in: Althoff, Gerd (Hrsg.), Zeichen - Rituale - Werte. Internationales Kolloquium des Sonderforschungsbereichs 496 an der Westfälischen Wilhelms-Universität Münster, Münster 2004, Kurztitel: Präsenzmagie und Zeichenhaftigkeit (2004)

Rexroth, Frank, Die Kulturgeschichte der Gelehrten im späten Mittelalter - zur Einführung, in: Ders. (Hrsg.), Beiträge zur Kulturgeschichte der Gelehrten im späten Mittelalter, Vorträge und Forschungen, Konstanzer Arbeitskreis für Mittelalterliche Geschichte, Bd. 73, Ostfildern 2010, 7–14, Kurztitel: Kulturgeschichte der Gelehrten (2010)

– Meistererzählungen und die Praxis der Geschichtsschreibung. Eine Skizze zur Einführung, in: Ders. (Hrsg.), Meistererzählungen vom Mittelalter, Epochenimaginationen und Verlaufsmuster in der Praxis mediävistischer Disziplinen, Beihefte der Historischen Zeitschrift, Bd. 46, München 2007, 1–22, Kurztitel: Meistererzählungen (2007)

– Sprechen mit Bürgern, sprechen mit Richtern. Herrschaft, Recht und Kommunikation im spätmittelalterlichen London, in: Arlinghaus, Franz-Josef/ Baumgärtner, Ingrid/Colli, Vincenzo (Hrsg.), Praxis der Gerichtsbarkeit in europäischen Städten des Spätmittelalters, Rechtsprechung, Bd. 23, Frankfurt a. M. 2006, 83–109, Kurztitel: Herrschaft, Recht und Kommunikation (2006)

– Systemvertrauen und Expertenskepsis, Die Utopie vom maßgeschneiderten Wissen in den Kulturen des 12. bis 16. Jahrhunderts, in: Björn Reich/Ders./ Matthias Roick (Hrsg.), Wissen, maßgeschneidert, Experten und Expertenkulturen im Europa der Vormoderne, Historische Zeitschrift, Beihefte (Neue Folge), Beiheft 57, München 2012, 12–44, Kurztitel: Systemvertrauen (2012)

Röhl, Klaus F., Bilder in gedruckten Rechtsbüchern, in: Lerch, Kent D. (Hrsg.), Recht vermitteln, Strukturen, Formen und Medien der Kommunikation im Recht, Die Sprache des Rechts, Studien der interdisziplinären Arbeitsgruppe Sprache des Rechts der Berlin-Brandenburgischen Akademie der Wissenschaft, Bd. 3, Berlin 2005, Kurztitel: Bilder (2005)

Rosenberg, Leo, Stellvertretung im Prozess, Auf der Grundlage und unter eingehender, vergleichender Darstellung der Stellvertretungslehre des bürgerlichen Rechts nebst einer Geschichte der prozessualischen Stellvertretung, Berlin 1908, Kurztitel: Stellvertretung im Prozess (1908)

Rosenthal, Eduard, Geschichte des Gerichtswesens und der Verwaltungsorganisation Baierns, Bd. 1, Vom Ende des 12. bis zum Ende des 16. Jahrhunderts (1180–1598), Würzburg 1889, ND 1968, Kurztitel: Geschichte des Gerichtswesens (1889; ND 1968)

Rowan, Steven, Ulrich Zasius, A Jurist in the German Renaissance, Ius Commune Sonderhefte, Studien zur Europäischen Rechtsgeschichte, Bd. 31, Frankfurt a. M. 1987, Kurztitel: Ulrich Zasius (1987)

Rückert, Joachim, Privatrechtsgeschichte der Neuzeit: Genese und Zukunft eines Faches, in: Behrends, Okko/Schumann, Eva (Hrsg.), Franz Wieacker, Historiker des modernen Privatrechts, Göttingen 2010, 75–118, Kurztitel: Privatrechtsgeschichte (2010)

Rüschemeyer, Dietrich, Professionalisierung, Theoretische Probleme für die vergleichende Geschichtsforschung, in: Geschichte und Gesellschaft 6, 1980, 311–325, Kurztitel: Professionalisierung, in: GuG 6 (1980)

Sailer, Rita, Rezension zu: Peter Oestmann, Rechtsvielfalt vor Gericht. Rechtsanwendung und Partikularrecht im Alten Reich (Veröffentlichungen des Max-Planck-Instituts für Europäische Rechtsgeschichte Frankfurt a. M. Rechtsprechung. Materialien und Studien 18). Vittorio Klostermann, Frankfurt a.M. 2002, Forum Historiae Iuris, http://fhi.rg.mpg.de/rezensionen/0402sailer.htm (zuletzt aufgerufen am 06.03.2012), Kurztitel: Rezension zu: Rechtsvielfalt vor Gericht, Forum Historiae Iuris, http://fhi.rg.mpg.de/rezensionen/0402sailer.htm (zuletzt aufgerufen am 06.03.2012)

Schaap, Herbert Paul, Philips Wielant en diens corte instructie omme jonghe practisienen in civile zaken, Haarlem 1927, Kurztitel: Corte instructie (1927)

Schäufele, Wolf-Friedrich, Zur theologischen Bedeutung der deutschen Weltgerichtsspiele des Spätmittelalters im Allgemeinen und des Weltgerichtsspiels in Ulrich Tenglers „Neuem Laienspiegel" (1511) im Besonderen, in: Deutsch, Andreas (Hrsg.), Ulrich Tenglers Laienspiegel - ein Rechtsbuch zwischen Humanismus und Hexenwahn, Akademiekonferenzen, Bd. 11, Heidelberg 2011, 491–520, Kurztitel: Bedeutung der Weltgerichtsspiele (2011)

Schaumburg, Hilko, Das ostfriesische Hofgericht 1593–1751, Münster 1977, Kurztitel: Das ostfriesische Hofgericht (1977)

Schempf, Herbert, Iudicium corruptum, in: Carlen, Louis (Hrsg.), Forschungen zur Rechtsarchäologie und Rechtlichen Volkskunde, Bd. 20, Zürich 2003, 53–69, Kurztitel: Iudicium corruptu (2003)

Schennach, Martin P., Gesetz und Herrschaft, Die Entstehung des Gesetzgebungsstaates am Beispiel Tirols, Forschungen zur deutschen Rechtsgeschichte, Bd. 28, Köln 2010, Kurztitel: Gesetz und Herrschaft (2010)

Schild, Wolfgang, Bilder von Recht und Gerechtigkeit, Köln 1995, Kurztitel: Bilder (1995)

– Verwissenschaftlichung als Entleiblichung des Rechtsverständnisses, in: Briskorn, Norbert/Mikat, Paul/Müller, Daniela/Willoweit, Dietmar (Hrsg.), Vom mittelalterlichen Recht zur neuzeitlichen Rechtswissenschaft, Bedingungen, Wege und Probleme der europäischen Rechtsgeschichte, Paderborn 1994, 247–260, Kurztitel: Verwissenschaftlichung (1994)

Schlinker, Steffen, Litis Contestatio, Eine Untersuchung über die Grundlagen des gelehrten Zivilprozesses in der Zeit vom 12. bis zum 19. Jahrhundert, Studien zur europäischen Rechtsgeschichte, Bd. 233, Frankfurt a. M. 2008, Kurztitel: Litis Contestatio (2008)

Schlosser, Hans, Grundzüge der neueren Privatrechtsgeschichte: Rechtsentwicklungen im europäischen Kontext, 10. Aufl., Heidelberg 2005, Kurztitel: Privatrechtsgeschichte (2005)

– Spätmittelalterlicher Zivilprozess nach bayerischen Quellen, Gerichtsverfassung und Rechtsgang, Forschungen zur Deutschen Rechtsgeschichte, Bd. 4, Köln 1971, Kurztitel: Spätmittelalterlicher Zivilprozess (1971)

– Vom Rechtskundigen zum gelehrten Juristen: Die Professionalisierung des Juristenstandes in Deutschland im Mittelalter, in: Wolff, Jörg/Lingelbach, Gerhard (Hrsg.), Kultur- und rechtshistorische Wurzeln Europas, Studien zur Kultur- und Rechtsgeschichte, Bd. 1, Godesberg 2005, Kurztitel: Professionalisierung des Juristenstandes (2005)

Schmidt, Eberhard, Einführung in die Geschichte der deutschen Strafrechtspflege, 3. Aufl., Göttingen 1965, ND 1995, Kurztitel: Strafrechtspflege (1965; ND 1995)

Schmidt, Gerhard, Die Richterregeln des Olavus Petri: ihre Bedeutung im allgemeinen und für die Entwicklung des schwedischen Strafprozessrechts vom 14. bis 16. Jahrhundert, Jurisprudenz in Einzeldarstellungen, Bd. 10 Göttingen 1966, Kurztitel: Richterregeln (1966)

Schmidt, Imke, Die Bücher aus der Frankfurter Offizin Gülfferich-Han Weigand Han-Erben, eine literaturhistorische und buchgeschichtliche Untersuchung zum Buchdruck in der zweiten Hälfte des 16. Jahrhunderts, Wolfenbütteler Schriften zur Geschichte des Buchwesens, Bd. 26, Wiesbaden 1996, Kurztitel: Frankfurter Offizin (1996)

Schmidt-Speicher, Ursula, Hauptprobleme der Rechtsbeugung: unter besonderer Berücksichtigung der historischen Entwicklung des Tatbestandes, Schriften zum Strafrecht, Bd. 43, Berlin 1982, Kurztitel: Rechtsbeugung (1982)

Schmidt-Wiegand, Ruth, Populärjurisprudenz zwischen Artesliteratur und Richterlichem Clagspiegel, in: Wich-Reif, Claudia (Hrsg.), Strukturen und Funktionen in Gegenwart und Geschichte, Festschrift für Franz Simmler zum 65. Geburtstag, Berlin 2007, 537–554, Kurztitel: Populärjurisprudenz (2007)

Schmoeckel, Mathias, Die Entwicklung der juristischen „Stellvertretung" im Kontext theologischer und juristischer Begrifflichkeiten, in: Condorelli, Orazio/ Roumy, Franck/Ders. (Hrsg.), Der Einfluss der Kanonistik auf die europäische Rechtskultur, Bd. 1: Zivil- und Zivilprozessrecht, Norm und Struktur, Bd. 37/1, Köln 2009, 107–135, Kurztitel: Entwicklung der Stellvertretung (2009)

– Humanität und Staatsraison, Die Abschaffung der Folter in Europa und die Entwicklung des gemeinen Strafprozeß- und Beweisrechts seit dem hohen Mittelalter, Norm und Struktur, Studien zum sozialen Wandel in Mittelalter und Früher Neuzeit, Bd. 14, Köln 2000, Kurztitel: Humanität und Staatsraison (2000)

Schmutz, Jürg, Juristen für das Reich: die deutschen Rechtsstudenten an der Universität Bologna 1265–1425, Teil 1: Text, Teil 2: Personenkatalog und Ortsregister, Veröffentlichungen der Gesellschaft für Universitäts- und Wissenschaftsgeschichte, Bd. 2, Basel 2000, Kurztitel: Juristen für das Reich (2000)

– Juristen in der Praxis, Ein Plädoyer für interdisziplinäre Grundlagenarbeit, in: Hesse, Christian/Immenhauser, Beat/Landolt, Oliver/Studer, Barbara (Hrsg.), Personen der Geschichte, Geschichte der Personen, Studien zur Kreuzzugs-, Sozial- und Bildungsgeschichte, Festschrift für Rainer Christoph Schwinges zum 60. Geburtstag, Basel 2003, 303–315, Kurztitel: Juristen in der Praxis (2003)

Schneider, Egon, Befangenheitsablehnung im Zivilprozess, Die Abwehr verfahrenswidriger richterlicher Maßnahmen und Entscheidungen, 3. Aufl., Münster 2008, Kurztitel: Befangenheitsablehnung (2008)

Schneider, Ute, Das Buch als Wissensvermittler in der Frühen Neuzeit, in: Burckhardt, Johannes/Werkstetter, Christine (Hrsg.), Kommunikation und Medien in der Frühen Neuzeit, Historische Zeitschrift, Beihefte (NF), Bd. 41, München 2005, 63–78, Kurztitel: Buch als Wissensvermittler (2005)

Schnell, Bernhard, Besprechung von Bernhard Dietrich Haage und Wolfgang Wegner unter Mitarbeit von Gundolf Keil und Helga Haage-Naber: Deutsche Fachliteratur der Artes in Mittelalter und Früher Neuzeit, Berlin: Erich Schmidt Verlag 2007, 468 S. (Grundlagen der Germanistik), Beiträge zur Geschichte der deutschen Sprache und Literatur 132, 2010, 272–278, Kurztitel: Besprechung von: Deutsche Fachliteratur, Beiträge zur Geschichte der deutschen Sprache und Literatur 132 (2010)

Schnur, Roman (Hrsg.), Die Rolle der Juristen bei der Entstehung des modernen Staates, Berlin 1986, Kurztitel: Rolle der Juristen (1986)

Schott, Clausdieter, Die Sitzhaltung des Richters, in: Schulze, Reiner (Hrsg.), Symbolische Kommunikation vor Gericht in der Frühen Neuzeit, Schriften zur Europäischen Rechts- und Verfassungsgeschichte, Bd. 51, Berlin 2006, 153–187, Kurztitel: Die Sitzhaltung des Richters (2006)

Schreiber, Michael, Übersetzung und Bearbeitung: zur Differenzierung und Abgrenzung des Übersetzungsbegriffs, Tübinger Beiträge zur Linguistik, Bd. 389, Tübingen 1993, Kurztitel: Übersetzung und Bearbeitung (1993)

Schreiner, Klaus, Laienbildung als Herausforderung für Kirche und Gesellschaft, Religiöse Vorbehalte und soziale Widerstände gegen die Verbreitung von Wissen im späten Mittelalter und in der Reformation, in: ZHF, Band 11, 1984, 257–354, Kurztitel: Laienbildung, in: ZHF 11 (1984)

Schröder, Meinhard, Gesetzesbindung des Richters und Rechtsweggarantie im Mehrebenensystem, Tübingen 2010, Verfassungsentwicklung in Europa, Bd. 3, Kurztitel: Gesetzesbindung des Richters (2010)

Schulz, Lorenz, Normiertes Misstrauen, Der Verdacht im Strafverfahren, Juristische Abhandlungen, Bd. XXXVIII, Frankfurt a. M. 2000, Kurztitel: Normiertes Misstrauen (2000)

Schulze, Ursula, DAS DES JUNGSTEN GERICHTS EINBILDUNGEN NUTZLICH SEIN, Zur Adaption eines Weltgerichtsspiels in Ulrich Tenglers Laienspiegel, in: Daphnis, Zeitschrift für mittlere deutsche Literatur, Band 23, 1994, 237–286, Kurztitel: Adaption eines Weltgerichtsspiels, in: Daphnis 23 (1994)

– Das Weltgerichtsspiel als literarisches Konzept und seine Adaption in Ulrich Tenglers „Layenspiegel“, in: Deutsch, Andreas (Hrsg.), Ulrich Tenglers Laienspiegel - ein Rechtsbuch zwischen Humanismus und Hexenwahn, Akademiekonferenzen, Bd. 11, Heidelberg 2011, 475–490, Kurztitel: Weltgerichtsspiel als literarisches Konzept (2011)

Schumacher, Stefan, Das Rechtssystem im Stift Münster in der frühen Neuzeit unter Berücksichtigung der Reformen des Fürstbischofs Johann von Hoya (1529–1574) von 1571, Ius Vivens, Rechtsgeschichtliche Abhandlungen, Bd. 15, Münster 2004, Kurztitel: Stift Münster (2004)

Schumann, Eva, Beiträge studierter Juristen und anderer Rechtsexperten zur Rezeption des gelehrten Rechts, in: Jahrbuch der Akademie der Wissenschaften zu Göttingen 2007, Berlin 2008, 443–461, Kurztitel: Rechtsexperten (2008)

– Rechts- und Sprachtransfer am Beispiel der volkssprachlichen Praktikerliteratur, in: Andreas Deutsch (Hrsg.), Historische Rechtssprache des Deutschen, Akademiekonferenzen Band 15, Schriftenreihe des Deutschen Rechtswörterbuchs, Heidelberg 2013, Kurztitel: Rechts- und Sprachtransfer

– Wissensvermittlung leicht gemacht, Die Vermittlung gelehrten Rechts an ungelehrte Rechtspraktiker am Beispiel der volkssprachigen Teufelsprozesse, in: Björn Reich/Frank Rexroth/Matthias Roick (Hrsg.), Wissen, maßgeschneidert, Experten und Expertenkulturen im Europa der Vormoderne, Historische Zeitschrift, Beihefte (Neue Folge), Beiheft 57, München 2012, 182–213, Kurztitel: Wissensvermittlung

– Von teuflischen Anwälten und Taschenrichtern – Das Bild des Juristen im Zeitalter der Professionalisierung, in: Deutsch, Andreas (Hrsg.), Ulrich Tenglers Laienspiegel - ein Rechtsbuch zwischen Humanismus und Hexenwahn, Akademiekonferenzen, Bd. 11, Heidelberg 2011, 431–473, Kurztitel: Von teuflischen Anwälten (2011)

Schwinges, Rainer C., Zur Professionalisierung gelehrter Tätigkeit im deutschen Spätmittelalter, in: Boockmann, Hartmut/Grenzmann, Ludger/Moeller, Bernd/ Staehlin, Martin (Hrsg.), Recht und Verfassung im Übergang vom Mittelalter zur Neuzeit, II. Teil, Abhandlungen der Akademie der Wissenschaften in Göttingen, Philologisch-historische Klasse, Dritte Folge, Nr. 239, Göttingen 2001, 473–493, Kurztitel: Professionalisierung gelehrter Tätigkeit (2001)

Seckel, Emil, Beiträge zur Geschichte beider Rechte im Mittelalter, Zur Geschichte der populären Literatur des römisch-kanonischen Rechts, Tübingen 1898, ND 1967, Kurztitel: Geschichte der populären Literatur (1898; ND 1967)

Sedmak, Clemens, Glaubwürdigkeit, Konturen einer Amtsethik, in: Krieger, Walter/Sieberer, Balthasar (Hrsg.), Ämter und Dienste, Linz 2009, 147–188, Kurztitel: Konturen einer Amtsethik (2009)

Seelbach, Sabine, Rezension zu: Bernhard Dietrich Haage/Wolfgang Wegner, Deutsche Fachliteratur der Artes in Mittelalter und Früher Neuzeit. Unter Mitarbeit von Gundolf Keil und Helga Haage-Naber. (Grundlagen der Germanistik 43) E. Schmidt, Berlin 2007, in: Arbitrium 2, 2009, 171–175, Kurztitel: Rezension zu: Deutsche Fachliteratur, in: Arbitrium 2 (2009)

Seitz, Reinhard H., Zur Biographie von Ulrich Tenngler, Landvogt zu Höchstädt a. d. Donau und Verfasser des ‚Laienspiegels' von 1509, in: Deutsch, Andreas (Hrsg.), Ulrich Tenglers Laienspiegel - ein Rechtsbuch zwischen Humanismus und Hexenwahn, Akademiekonferenzen, Bd. 11, Heidelberg 2011, 55–98, Kurztitel: Biographie von Tenngler (2011)

Sellert, Wolfgang (Hrsg.), „... der Pöbel hätte mich fast gesteinigt, wie er hörte, ich sei ein Jurist", (J. W. v. Goethe), in: Kern, Bernd-Rüdiger/Wadle, Elmar/Schroeder, Klaus-Peter/Katzenmeier, Christian (Hrsg.), Humaniora, Medizin - Recht - Geschichte, Festschrift für Adolf Laufs zum 70. Geburtstag, Berlin 2006, 387–400, Kurztitel: „... der Pöbel [...]" (2006)

– Faires Verhalten im gerichtlichen Prozeß und Schikane. Zur Geschichte des Kalumnieneids, in: Avenarius, Martin/Meyer-Pritzl, Rudolf/Möller, Cosima (Hrsg.), Ars Iuris, Festschrift für Okko Behrends zum 70. Geburtstag, Göttingen 2009, 485–505, Kurztitel: Geschichte des Kalumnieneids (2009)

– Rechtsbehelfe, Beweis und Stellung des Richters im Spätmittelalter, Quellen und Forschungen zur höchsten Gerichtsbarkeit im Alten Reich, Bd. 16, Köln 1985, Kurztitel: Stellung des Richters (1985)

– Richterbestechung am Reichskammergericht und am Reichshofrat, in: Battenberg, Friedrich/Ranieri, Filippo (Hrsg.), Geschichte der Zentraljustiz in Mitteleuropa, Festschrift für Bernhard Diestelkamp zum 65. Geburtstag, Weimar 1994, Kurztitel: Richterbestechung (1994)

– Richterliche Unabhängigkeit am Reichskammergericht und am Reichshofrat, in: Behrends, Okko (Hrsg.), Gerechtigkeit und Geschichte: Beiträge eines Symposions zum 65. Geburtstag von Malte Dießelhorst, Quellen und Forschungen zum Recht und seiner Geschichte, Bd. 6, Göttingen 1996, 118–132, Kurztitel: Richterliche Unabhängigkeit (1996)

– Zur Geschichte der rationalen Urteilsbegründung gegenüber den Parteien insbesondere am Beispiel des Reichshofrats und des Reichskammergerichts, in: Dilcher, Gerhard/Diestelkamp, Bernhard (Hrsg.), Recht, Gericht, Genossenschaft und Policey, Studien zu Grundbegriffen der germanistischen Rechtshistorie, Symposion für Adalbert Erler, Berlin 1986, 97–113, Kurztitel: Urteilsbegründung (1986)

- Zur Rezeption des römischen und kanonischen Rechts in Deutschland von den Anfängen bis zum Beginn der frühen Neuzeit: Überblick, Diskussionsstand und Ergebnisse, in: Boockmann, Hartmut/Grenzmann, Ludger/Moeller, Bernd/Staehelin, Martin (Hrsg.) Recht und Verfassung im Übergang vom Mittelalter zur Neuzeit, I. Teil, Abhandlungen der Akademie der Wissenschaften in Göttingen, Philologisch-Historische Klasse, Dritte Folge, Nr. 228, Göttingen 1998, 115–166, Kurztitel: Zur Rezeption (1998)

Sheppard, Steve, I Do Solemnly Swear, The Moral Obligations of Legal Officials, Cambridge 2009, Kurztitel: Moral Obligations (2009)

Siegrist, Hannes, Advokat, Bürger und Staat. Sozialgeschichte der Rechtsanwälte in Deutschland, Italien und der Schweiz (18.-20. Jh.), Ius Commune Sonderhefte, Studien zur Europäischen Rechtsgeschichte, Bd. 80, Frankfurt a. M. 1996, Kurztitel: Advokat, Bürger und Staat (1996)

Siems, Harald, Bestechliche und ungerechte Richter in frühmittelalterlichen Rechtsquellen, in: La giustizia nell'alto medioevo (secoli V-VIII), 1, 1995, 509–563, Kurztitel: Bestechliche Richter, in: La giustizia nell'alto medioevo (secoli V-VIII) 1 (1995)

Simon, Thomas, Geltung, Der Weg von der Gewohnheit zur Positivität des Rechts, in: Rg 7, 2005, 100–137, Kurztitel: Geltung, in: Rg 7 (2005)

Siuts, Hinrich, Bann und Acht und ihre Grundlagen im Totenglauben, Berlin 1959, Kurztitel: Bann und Acht (1959)

Skedl, Arthur, Die Nichtigkeitsbeschwerde in ihrer geschichtlichen Entwicklung, Eine civilprocessuale Abhandlung, Leipzig 1886, ND 1970, Kurztitel: Nichtigkeitsbeschwerde (1886; ND 1970)

Söllner, Alfred, Die Literatur zum gemeinen und partikularen Recht in Deutschland, Österreich, den Niederlanden und der Schweiz, in: Coing, Helmut (Hrsg.), Handbuch der Quellen und Literatur der neueren europäischen Privatrechtsgeschichte, Band 2: Neuere Zeit (1500–1800), Das Zeitalter des gemeinen Rechts, Erster Teilband Wissenschaft, München 1977, 501–614, Kurztitel: Literatur in Deutschland (1977)

- Zu den Literaturtypen des deutschen Usus modernus, in: Ius Commune, Band 2, 1969, 167–186, Kurztitel: Literaturtypen, in: Ius Commune 2 (1969)

Speer, Heino, Das Deutsche Rechtswörterbuch – Historische Lexikographie einer Fachsprache, in: Lexicographica, Band 5, 1989, 85–128, Kurztitel: Historische Lexikographie, in: Lexicographica 5 (1989)

Stehr, Nico, Arbeit, Eigentum und Wissen, Zur Theorie von Wissensgesellschaften, Frankfurt a. M. 1994, Kurztitel: Wissensgesellschaften (1994)

Stichweh, Rudolf, Professionen in Deutschland im 19. und 20. Jahrhundert, in: Ius Commune, Band 19, 1992, 279–288, Kurztitel: Professionen, in: Ius Commune 19 (1992)

Stintzing, Roderich, Geschichte der populären Literatur des römisch-kanonischen Rechts in Deutschland: am Ende des fünfzehnten und im Anfang des sechszehnten Jahrhunderts, Leipzig 1867; ND 1959, Kurztitel: Geschichte der Literatur (1867; ND 1959)

– Ulrich Zasius, Ein Beitrag zur Geschichte der Rechtswissenschaft im Zeitalter der Reformation, Basel 1857, ND 1961, Kurztitel: Ulrich Zasius (1857; ND 1961)

von Stintzing, Roderich, Geschichte der deutschen Rechtswissenschaft: Abt. 1, Bis zur 1. Hälfte des 17. Jahrhunderts, München 1880, ND 1957, Kurztitel: Geschichte der Rechtswissenschaft (1880; ND 1957)

Stolleis, Michael, Grundzüge der Beamtenethik (1550–1650), in: Die Verwaltung 13, 1980, 447–475, Kurztitel: Grundzüge der Beamtenethik (1550–1650), in: Die Verwaltung 13 (1980)

– Römisches Recht und die Entstehung des modernen Staates, in: Akademie-Journal. Magazin der Union der deutschen Akademien der Wissenschaften 2, 2002, 53–57, Kurztitel: Römisches Recht, in: Akademie Journal 2 (2002)

Stölzel, Adolf, Die Entwicklung des gelehrten Richtertums in den deutschen Territorien: eine rechtsgeschichtliche Untersuchung mit vorzugsweiser Berücksichtigung der Verhältnisse im Gebiet des ehemaligen Kurfürstentums Hessen, 2 Bde., Stuttgart 1872, ND 1964, Kurztitel: Entwicklung (1872; ND 1964)

Strubbe, Eg. I., Joos de Damhouder als criminalist, in: Tijdschrift voor Rechtsgeschiedenis, Band 38, Groningen 1970, 1–65, Kurztitel: Joos de Damhouder, in: TRG 38 (1970)

Suda, Max Josef, Die Ethik Martin Luthers, Forschungen zur systematischen und ökumenischen Theologie, Bd. 108, Göttingen 2006, Kurztitel: Ethik Luthers (2006)

Tiemann, Jens, Die Spruchkörpertätigkeit der Juristischen Fakultät Rostock zwischen Sommersemester 1678 und Wintersemester 1700/1701, Rostocker rechtsgeschichtliche Reihe, Bd. 5, Aachen 2005, Kurztitel: Spruchkörpertätigkeit (2005)

Trusen, Winfried, Anfänge des gelehrten Rechts in Deutschland: ein Beitrag zur Geschichte der Frührezeption, Recht und Geschichte, Bd. 1, Wiesbaden 1962, Kurztitel: Anfänge (1962)

– Advocatus: zu den Anfängen der gelehrten Anwaltschaft in Deutschland und ihren rechtlichen Grundlagen, in: Kipp, Heinrich/Mayer, Franz/Steinkamm,

Armin (Hrsg.), Um Recht und Freiheit: Festschrift für Friedrich August Freiherr von der Heydte zur Vollendung des 70. Lebensjahres; dargebracht von Freunden, Schülern und Kollegen, Halbband 2, Berlin 1977, 1235–1248, Kurztitel: Advocatus (1977)

– Die gelehrte Gerichtsbarkeit der Kirche, in: Coing, Helmut (Hrsg.), Handbuch der Quellen und Literatur der neueren europäischen Privatrechtsgeschichte, Band 1: Mittelalter (1100–1500), München 1973, 467–514, Kurztitel: Gelehrte Gerichtsbarkeit der Kirche (1973)

Vogel, Hartmut, Sporteln und Sporteldelikte, Eine Untersuchung über die historische Entwicklung und gegenwärtige Bedeutung der Sporteldelikte, verbunden mit einem Abriss der Geschichte des Sportelwesens, Göttingen 1960, Kurztitel: Sporteln und Sporteldelikte (1960)

Vollkommer, Gregor, Der ablehnbare Richter, Die Durchsetzung des verfassungsrechtlichen Gebots richterlicher Unparteilichkeit im Prozess, Tübinger rechtswissenschaftliche Abhandlungen, Bd. 90, Tübingen 2001, Kurztitel: Der ablehnbare Richter (2001)

von Wächter, Carl Georg, Ueber die Deutsche criminalistische Literatur des XVIten Jahrhunderts an sich und in ihrem Verhältnisse zur Carolina, in: Archiv des Criminalrechts, NF, Band 3, 1836, Kurztitel: Criminalistische Literatur, in: ArchCrimR NF 3, (1836)

Waldstein, Wolfgang, Zur juristischen Relevanz der Gerechtigkeit bei Aristoteles, Cicero und Ulpian, in: Beck-Mannagetta, Margarethe/Böhm, Helmut/ Graf, Georg (Hrsg.), Der Gerechtigkeitsanspruch des Rechts, Festschrift für Theo Mayer-Maly zum 65. Geburtstag, Rechtsethik, Bd. 3, Wien 1996, 1–71, Kurztitel: Juristische Relevanz der Gerechtigkeit (1996)

Weber, Max, Wirtschaft und Gesellschaft: Grundriß der verstehenden Soziologie, 5. Aufl., Tübingen 1980, Kurztitel: Wirtschaft und Gesellschaft (1980)

Weinreich, Othmar E., Der Zivilprozeß nach der Münsterischen Landgerichtsordnung von 1571 sowie der Vechtischen Gerichtsordnung von 1578, Juristische Schriftenreihe, Bd. 233, Münster 2004, Kurztitel: Zivilprozeß (2004)

Weißler, Adolf, Geschichte der Rechtsanwaltschaft, Leipzig 1905; ND 1967, Kurztitel: Geschichte der Rechtsanwaltschaft (1905; ND 1967)

Weitzel, Jürgen, Die Bedeutung der „Dinggenossenschaft" für die Charakterisierung spätmittelalterlicher höchster Gerichtsbarkeit, in: de Schepper, Hugo (Hrsg.), Höchste Gerichtsbarkeit im Spätmittelalter und der Frühen Neuzeit, Verzamelen en bewerken van de drote Raad, Nieuwe reeks, Bd. 9, Amsterdam 1985, 71–80, Kurztitel: Bedeutung der „Dinggenossenschaft" (1985)

– Dinggenossenschaft und Recht: Untersuchungen zum Rechtsverständnis im fränkisch-deutschen Mittelalter, Quellen und Forschungen zur höchsten Gerichtsbarkeit im alten Reich, Bd. 15, Köln 1985, Kurztitel: Dinggenossenschaft und Recht (1985)

– Recht und Spruch der Laienurteiler - zumindest eine Epoche der Europäischen Rechtsgeschichte, in: Lück, Heiner/Schildt, Bernd (Hrsg.), Recht - Idee - Geschichte, Beiträge zur Rechts- und Ideengeschichte für Rolf Lieberwirth anläßlich seines 80. Geburtstages, Köln 2000, 53–78, Kurztitel: Laienurteiler (2000)

– Rezension zu: Oestmann, Peter, Rechtsvielfalt vor Gericht. Rechtsanwendung und Partikularrecht im Alten Reich (Rechtsprechung Materialien und Studien 18), in: ZRG-GA 124, 2007, 600–603, Kurztitel: Rezension zu: Rechtsvielfalt vor Gericht, in: ZRG-GA 124 (2007)

– Wege zu einer hierarchisch strukturierten Gerichtsverfassung im 15. und 16. Jahrhundert, in: Simon, Dieter (Hrsg.), Akten des 26. Deutschen Rechtshistorikertages, Ius Commune Sonderhefte, Studien zur europäischen Rechtsgeschichte, Bd. 30, Frankfurt a. M. 1987, 333–345, Kurztitel: Gerichtsverfassung (1987)

Wejwoda, Marek, Spätmittelalterliche Jurisprudenz zwischen Rechtspraxis, Universität und kirchlicher Karriere: der Leipziger Jurist und Naumburger Bischof Dietrich von Bocksdorf (ca. 1410–1466), Education and Society in the Middle Ages and Renaissance, Bd. 42, Leiden 2012, Kurztitel: Spätmittelalterliche Jurisprudenz (2012)

Wesenberg, Gerhard und Wesener, Gunter, Neuere deutsche Privatrechtsgeschichte: im Rahmen der europäischen Rechtsentwicklung, 4. Auflage, Wien 1985, Kurztitel: Privatrechtsgeschichte (1985)

Wetzell, Georg Wilhelm, System des ordentlichen Civilprocesses, 3. Aufl., Leipzig 1878, Kurztitel: System des Civilprocesses (1878)

Wetzstein, Thomas, Virtus morum et virtus signorum? Zur Bedeutung der Mirakel in den Kanonisationsprozessen des 15. Jahrhunderts, in: Heinzelmann, Martin/Herbers, Klaus/Bauer, Dieter R. (Hrsg.), Mirakel im Mittelalter. Konzeptionen, Erscheinungsformen, Deutungen, Beiträge zur Hagiographie, Bd. 3, Stuttgart 2002, 351–376, Kurztitel: Kanonisationsprozesse (2002)

Wieacker, Franz, Privatrechtsgeschichte der Neuzeit: unter besonderer Berücksichtigung der deutschen Entwicklung, 2. Aufl., Jurisprudenz in Einzeldarstellungen, Bd. 7, Göttingen 1967, Kurztitel: Privatrechtsgeschichte (1967)

Wiegand, Wolfgang, Studien zur Rechtsanwendungslehre der Rezeptionszeit, Münchener Universitätsschriften, Juristische Fakultät, Abhandlungen zur rechtswissenschaftlichen Grundlagenforschung, Bd. 27, Ebelsbach am Main 1977, Kurztitel: Rechtsanwendungslehre der Rezeptionszeit (1977)

- Plus Petitio, Münchener Universitätsschriften, Juristische Fakultät, Abhandlungen zur rechtswissenschaftlichen Grundlagenforschung, Bd. 11, Berlin 1973, Kurztitel: Plus Petitio (1973)

Willoweit, Dietmar, Deutsche Verfassungsgeschichte: vom Frankenreich bis zur Wiedervereinigung Deutschlands, 6. Aufl., München 2009, Kurztitel: Verfassungsgeschichte (2009)

- Die Entwicklung und Verwaltung der spätmittelalterlichen Landesherrschaft, in: Jeserich, Kurt G. A./Pohl, Hans/von Unruh, Georg-Christoph (Hrsg.) Deutsche Verwaltungsgeschichte, Vom Spätmittelalter bis zum Ende des Reiches, Band 1, Stuttgart 1983, 66–142, Kurztitel: Landesherrschaft (1983)

- Juristen im mittelalterlichen Franken, Ausbreitung und Profil einer neuen Elite, in: Schwinges, Rainer Christoph (Hrsg.), Gelehrte im Reich, Zur Sozial- und Wirkungsgeschichte akademischer Eliten des 14. bis 16. Jahrhunderts, Zeitschrift für historische Forschung, Beiheft, Bd. 18, Berlin 1996, 225–267, Kurztitel: Juristen (1996)

- Rezeptionen, in: Lüderssen, Klaus (Hrsg.), Die Durchsetzung des öffentlichen Strafanspruchs, Systematisierung der Fragestellung, Konflikt, Verbrechen und Sanktion in der Gesellschaft Alteuropas, Symposien und Synthesen, Bd. 6, Köln 2002, Kurztitel: Rezeptionen (2002)

Winterberg, Hans, Die Schüler von Ulrich Zasius, Veröffentlichungen der Kommission für geschichtliche Landeskunde in Baden-Württemberg, Reihe B, Bd. 18, Stuttgart 1961, Kurztitel: Die Schüler von Ulrich Zasius (1961)

Wittram, Gerhard, Die Gerichtsverfassung der Stadt Göttingen vom 13. bis zum Ende des 17. Jahrhunderts, Studien zur Geschichte der Stadt Göttingen, Bd. 6, Göttingen 1966, Kurztitel: Gerichtsverfassung (1966)

Wolff, Helmut, Geschichte der Ingolstädter Juristenfakultät 1472–1625, Ludovico Maximilianea, Forschungen, Bd. 5, Berlin 1973, Kurztitel: Ingolstädter Juristenfakultät (1973)

Wolff, Konrad, Der Parteiverrat des Sachwalters, Die Prävarikation in Geschichte und Gegenwart, Mannheim 1930, Kurztitel: Prävarikation (1930)

Wolter, Udo, Amt und Officium in mittelalterlichen Quellen vom 13. bis 15. Jahrhundert. Eine begriffsgeschichtliche Untersuchung, in: ZRG-KA 74 (1988), 246–280, Kurztitel: Amt und Officium, in: ZRG-KA 74 (1988)

Wunderlich, Steffen, Das Protokollbuch von Mathias Alber, Quellen und Forschungen zur höchsten Gerichtsbarkeit im Alten Reich, Bd. 58, Köln 2011, Kurztitel: Protokollbuch (2011)

Stichwort- und Personenverzeichnis

Q

R

S

RECHTSHISTORISCHE REIHE

Die nachfolgende Liste führt die Titel der "Rechtshistorischen Reihe" ab Band 300 auf.
Eine vollständige Übersicht aller bisher in der Reihe erschienenen Bücher
finden Sie auf www.peterlang.com

Band 300 Jan Kohlmann: Der Marsch zu den Gräbern von Karl und Rosa. Geschichte eines Gedenktages. 2004.

Band 301 Christian Rainer Schlicht: Die kumulative Schuldübernahme in der Rechtsprechung des Reichsgerichts und in der zeitgenössischen Literatur. 2004.

Band 302 Hans Peter Glöckner: Positive Vertragsverletzung. Die Geburt eines Rechtsinstituts. 2006.

Band 303 João Manuel Azevedo Alexandrino Fernandes: Die Theorie der Interpretation des Gesetzes bei Francisco Suárez. 2005.

Band 304 René Funk: Die Wahlprüfung der volksgewählten Abgeordneten der Volksvertretungen im Frühkonstitutionalismus. Eine Untersuchung der Wahlprüfung in den Kammern der Abgeordneten des Großherzogtums Baden, des Königreichs Württemberg und des Großherzogtums Hessen. 2005.

Band 305 Carolin O'Sullivan. Die Ahndung von Rechtsbrüchen der Seeleute im mittelalterlichen hamburgischen und hansischen Seerecht (1301-1482). 2005.

Band 306 Martin Jürgens: Staat und Reich bei Ernst Rudolf Huber. Sein Leben und Werk bis 1945 aus rechtsgeschichtlicher Sicht. 2005.

Band 307 Florian G. Dürselen: Franz Beyerle (1885-1977). Leben, Ära und Werk eines Rechtshistorikers. 2005.

Band 308 Kai Bandilla: Urheberrecht im Kaiserreich. Der Weg zum Gesetz betreffend das Urheberrecht an Werken der Literatur und Tonkunst vom 19. Juni 1901. 2005.

Band 309 Stefan Mieth: Die Entwicklung des Denkmalrechts in Preußen 1701-1947. 2005.

Band 310 Catharina Lodemann: Die Geschichte des französischen *acte de gouvernement*. 2005.

Band 311 Christina Wicke: Kodifikationsbestrebungen und Wissenschaft in Hessen-Darmstadt im vorkonstitutionellen Zeitalter. Zu der Beteiligung der Gießener Rechtsprofessoren an den Gesetzgebungsarbeiten in Hessen-Darmstadt in der Zeit zwischen 1769 und 1820. 2005.

Band 312 Christiane Chlosta: Nur dem Gesetz unterworfen? Eine rechtsgeschichtliche Untersuchung zu Idee und Wirklichkeit richterlicher Gesetzestreue unter besonderer Berücksichtigung der Aufwertungsrechtsprechung und des richterlichen Prüfungsrechts. 2005.

Band 313 Kathrin Dirr: Hoheitsrechtliche Streitigkeiten zwischen den Kölner Erzbischöfen und der Stadt Köln auf Grundlage reichskammergerichtlicher Verfahren des 16. und 17. Jahrhunderts. 2005.

Band 314 Michael Racky: Die Diskussion über Gewaltenteilung und Gewaltentrennung im Vormärz. 2005.

Band 315 Petra Thiemrodt: Die Entstehung des Staatshaftungsgesetzes der DDR. Eine Untersuchung auf der Grundlage von Materialien der DDR-Gesetzgebungsorgane mit zeitgeschichtlichen Bezügen. 2005.

Band 316 Julius F. Reiter: Entstehung und staatsrechtliche Theorie der italienischen *Carta del Lavoro*. 2005.

Band 317 André Book: Die Justizreform in der Frühzeit der Bundesrepublik. Die Beratungen der Kommission zur Vorbereitung einer Reform der Zivilgerichtsbarkeit in den Jahren 1955 bis 1961. 2005.

Band 318 Frank Zentz: Das amerikanische Strafverfahren als Element der Besatzungspolitik in Deutschland. Erziehung zur Demokratie durch den *Court of Appeals* 1948-1955. 2005.

Band 319 Friederike Quaisser: Mietrecht im 19. Jahrhundert. Ein Vergleich der mietrechtlichen Konzeptionen im Allgemeinen Landrecht für die Preußischen Staaten von 1794 und dem gemeinen Recht. 2005.

Band 320 Stefan Burghard: Professor Dr. Wilhelm Kahl – Leben zwischen Wissenschaft und Politik. 2005.

Band 321 Günter Baranowski: Die *Russkaja Pravda* – ein mittelalterliches Rechtsdenkmal. 2005.

Band 322 Christina Schneider: Die SS und das „Recht". Eine Untersuchung anhand ausgewählter Beispiele. 2005.

Band 323 Werner Schubert (Hrsg.): Zivilprozessreform in der Weimarer Zeit. Quellen zur Emminger-Zivilprozessverordnung vom 13.2.1924 und zu den Arbeiten der Zivilprozesskommission des Reichsjustizministeriums (1922-1930). Eingeleitet und herausgegeben von Werner Schubert. 2005.

Band 324 Felix Gaul: Der Jurist Rudolf Isay (1886-1956). Ein verantwortungsbewusster Vermittler im Spannungsfeld zwischen dynamischer Rechtsschöpfung, ökonomischem Wandel und technischem Fortschritt. 2005.

Band 325 Konstanze Braun: Dr. Otto Georg Thierack (1889-1946). 2005.

Band 326 Eckart Klein / Stefan Chr. Saar / Carola Schulze (Hrsg.): Zwischen Rechtsstaat und Diktatur. Deutsche Juristen im 20. Jahrhundert. 2006.

Band 327 Stefan Botor: Das *Berliner Sühneverfahren* – Die letzte Phase der Entnazifizierung. 2006.

Band 328 Andreas Köhler: Die Sorgerechtsregelungen bei Ehescheidung seit 1945. Scheidungsstrafe und verordnete Gemeinsamkeit. 2006

Band 329 Lars Düwel: Die Nichtigkeit und Anfechtbarkeit der Ehe in der Rechtsprechung des Reichsgerichts zwischen 1900 und 1945. 2006.

Band 330 Katalin Polgar: Das Oberappellationsgericht der vier freien Städte Deutschlands (1820-1879) und seine Richterpersönlichkeiten. 2007.

Band 331 Julia Schweitzer: Schiffer und Schiffsmann in den Rôles d'Oléron und im Llibre del Consolat de Mar. Ein Vergleich zweier mittelalterlicher Seerechtsquellen. 2007.

Band 332 Diana-Catharina Kurtz: Das Institut der Adoption im preußischen Allgemeinen Landrecht und im französischen Code civil zwischen Rezeption römisch-rechtlicher Prinzipien und verändertem Familienverständnis. 2006.

Band 333 Dino Joakim Duderstadt: Spiel, Wette und Differenzgeschäft (§§ 762-764 BGB) in der Rechtsprechung des Reichsgerichts und in der zeitgenössischen Literatur. 2007.

Band 334 Ronald Hoffmann: Die Domänenfrage in Thüringen. Über die vermögensrechtlichen Auseinandersetzungen mit den ehemaligen Landesherren in Thüringen nach dem Ersten Weltkrieg. 2006.

Band 335 Joachim Windmüller: *Ohne Zwang kann der Humanismus nicht existieren...* – „Asoziale" in der DDR. 2006.

Band 336 Sven Christian Gläser: Die Mediatisierung der Grafschaft Wertheim. Der juristische Kampf eines kleinen Reichsstandes gegen den Verlust der Landesherrschaft und seine Folgen. 2006.

Band 337 Benjamin Schleyer: Friedrich Wilhelm Bornemann (1798-1864). Eine Juristenkarriere im Preußen des 19. Jahrhunderts. 2006.

Band 338 Die Reform des Ehescheidungsrechts von 1976. Quellen zum Ersten Gesetz vom 14.6.1976 zur Reform des Ehe- und Familienrechts (Parlamentarische Ausschussprotokolle – Anglikanische Denkschrift von 1966 zur Scheidungsrechtsreform – Schlussabstimmung 1969 in der Eherechtskommission des Bundesministeriums der Justiz). Eingeleitet und herausgegeben von Werner Schubert. 2006.

Band 339 Andreas Feld: Das Bayerische Gesetz zum Schutz des Eigentums an Erzeugnissen der Literatur und Kunst gegen Nachdruck vom 15.04.1840. Vorgeschichte und Zustandekommen. 2007.

Band 340 Bernd Wörner: Adelbert Düringers Einfluß als Richter am Reichsgericht in Leipzig auf dem Gebiet des Personengesellschaftsrechts. 2007.

Band 341 Jan Jelle Kähler: Französisches Zivilrecht und französische Justizverfassung in den Hansestädten Hamburg, Lübeck und Bremen (1806-1815). 2007.

Band 342 Jörn Eckert / Pia Letto-Vanamo / Kjell Modéer (Hrsg.): Juristen im Ostseeraum. Dritter Rechtshistorikertag im Ostseeraum 20.-22. Mai 2004. 2007.

Band 343 Ferdinand von Weyhe: A.E. Wassermann. Eine rechtshistorische Fallstudie zur „Arisierung" zweier Privatbanken. 2007.

Band 344 Martin Klaus Römermann: Kündigungen und Kündigungsschutz im Franquismus. 2007.

Band 345 Thomas Hoffmann: Der Landrechtsentwurf David Hilchens von 1599. Ein livländisches Rechtszeugnis polnischer Herrschaft. 2007.

Band 346 Ingo Ullmann: Die rechtliche Behandlung holsteinischer Leibeigener um die Mitte des 18. Jahrhunderts. Dargestellt unter besonderer Berücksichtigung der Schmoeler Leibeigenschaftsprozesse von 1738 bis 1743 sowie von 1767 bis 1777. 2007.

Band 347 Petra Fischer-Langosch: Die Entstehungsgeschichte des Familiengesetzbuches der DDR von 1965. 2007.

Band 348 Lasse O. Johannsen: Die rechtliche Behandlung ausreisewilliger Staatsbürger in der DDR. 2007.

Band 349 Ralf Schlottau: Deutsche Kolonialrechtspflege. Strafrecht und Strafmacht in den deutschen Schutzgebieten 1884 bis 1914. 2007.

Band 350 Hartwig Brandt / Ewald Grothe (Hrsg.): Rheinbündischer Konstitutionalismus. 2007.

Band 351 Nora Lutze: Der Verwandtenunterhalt nach den §§ 1601 bis 1603 und §§ 1610 bis 1612 BGB in der Rechtsprechung des Reichsgerichts. Unter Berücksichtigung der Entstehung des BGB. 2007.

Band 352 Frank Thiäner: Das Verhältnis von Aufsichtsrat und Abschlussprüfern in der rechtshistorischen Entwicklung bis 1937. 2007.

Band 353 Britta Heymann: Ernst Melsheimer (1897-1960). Eine juristische Karriere in verschiedenen staatlichen Systemen. Mitarbeiter im Preußischen Justizministerium in der Weimarer Republik, im Justizministerium Preußens und des Reiches sowie Richter am Kammergericht in der NS-Zeit und Erster Generalstaatsanwalt der Deutschen Demokratischen Republik. 2007.

Band 354 Susanne Adlberger: Wilhelm Kisch – Leben und Wirken (1874-1952). Von der Kaiser-Wilhelms-Universität Straßburg bis zur nationalsozialistischen Akademie für Deutsches Recht. 2007.

Band 355 Moritz Waibel: Josef Berchtold (1833-1894). Ein Leben gegen den Ultramontanismus. 2007.

Band 356 Aline Levin: Erinnerung? Verantwortung? Zukunft? Die Beweggründe für die gemeinsame Entschädigung durch den deutschen Staat und die deutsche Industrie für historisches Unrecht. 2007.

Band 357 Ferdinand Krause: Die hergebrachten Grundsätze des Berufsbeamtentums. Eine rechtshistorische Analyse. 2008.

Band 358 André Tiebel: Die Entstehung der Schutztruppengesetze für die deutschen Schutzgebiete Deutsch-Ostafrika, Deutsch-Südwestafrika und Kamerun (1884-1898). 2008.

Band 359 Holger Ruff: Sittenwidrige Rechtsgeschäfte in der späten Kaiserzeit. Die Entwicklung der reichsgerichtlichen Rechtsprechung zu § 138 BGB von 1900 bis 1914. 2007.

Band 360 Frank Rohrer: Strafjustiz im Dritten Reich und in der SBZ/DDR. Die personelle und organisatorische Neuordnung des Justizapparates in den totalitären Diktaturen (1933-1955) mit ihren Auswirkungen auf die Rechtsprechung zum politischen Strafrecht. 2007.

Band 361 Hans-Georg Knothe / Marc Liebmann (Hrsg.): Gerichtskultur im Ostseeraum. Vierter Rechtshistorikertag im Ostseeraum. 18.-20. Mai 2006 in Greifswald. 2007.

Band 362 Christina Meß: Das Vertragsrecht bei Adam Smith. 2008.

Band 363 Quellen zur dänischen Rechts- und Verfassungsgeschichte (12.-20. Jahrhundert). Herausgegeben von Ditlev Tamm, Werner Schubert und Jens Ulf Jørgensen. 2008.

Band 364 Günter Baranowski: Die Gerichtsurkunde von Pskov. 2008.

Band 365 Mark Spengler: Die Entstehung des Scheckgesetzes vom 11. März 1908. 2008.

Band 366 Ivan Biliarsky / Radu G. Păun (eds./éds.): The Biblical Models of Power and Law. Les modèles bibliques du pouvoir et du droit. Papers of the International Conference, Bucharest, New Europe College 2005. Actes du colloque international, Bucarest, New Europe College 2005. 2008.

Band 367 Thomas A. Roth: Ausgestaltungen der Rechtsfähigkeit im 19. und 20. Jahrhundert. Zur Rechtspersönlichkeit natürlicher Personen in den bedeutenden deutschen Zivilrechtsordnungen. 2008.

Band 368 Björn Alexander Rautenberg: Der Fiskal am Reichskammergericht. Überblick und exemplarische Untersuchungen vorwiegend zum 16. Jahrhundert. 2008.

Band 369 Thorsten Miederhoff: *Man erspare es mir, mein Juristenherz auszuschütten.* Dr. iur. Kurt Tucholsky (1890-1935). Sein juristischer Werdegang und seine Auseinandersetzung mit der Weimarer Strafrechtsreformdebatte am Beispiel der Rechtsprechung durch Laienrichter. 2008.

Band 370 Philipp Nordloh: Kölner Zunftprozesse vor dem Reichskammergericht. 2008.

Band 371 Judith Freund: Die Wechselverpflichtung im 19. Jahrhundert. 2008.

Band 372 Hans-Michael Empell: Gutenberg vor Gericht. Der Mainzer Prozess um die erste gedruckte Bibel. 2008.

Band 373 Rainer Schröder: Die DDR-Ziviljustiz im Gespräch – 26 Zeitzeugeninterviews. 2008.

Band 374 Christian Neschwara: Ein österreichischer Jurist im Vormärz. „Selbstbiographische Skizzen" des Freiherrn Karl Josef Pratobevera (1769-1853). 2009.

Band 375 Stefan Ullrich: Untersuchungen zum Einfluss des lübischen Rechts auf die Rechte von Bergen, Stockholm und Visby. 2008.

Band 376 Johanna Gertrude Schmitzberger: Das nationalsozialistische Nebenstrafrecht 1933 bis 1945. 2008.

Band 377 Christian Brom: Urteilsbegründungen im „Hoge Raad van Holland, Zeeland en West-Friesland" am Beispiel des Kaufrechts im Zeitraum 1704-1787. 2008.

Band 378 Christian Böse: Die Entstehung und Fortbildung des Reichserbhofgesetzes. 2008.

Band 379 Tobias Röhnelt: Timm Kröger. Leben und Werk. 2009.

Band 380 Andrea Elisabeth Sebald: Der Kriminalbiologe Franz Exner (1881-1947). Gratwanderung eines Wissenschaftlers durch die Zeit des Nationalsozialismus. 2008.

Band 381 Angela Kriebisch: Die Spruchkörper Juristenfakultät und Schöppenstuhl zu Jena. Strukturen, Tätigkeit, Bedeutung und eine Analyse ausgewählter Spruchakten. 2008.

Band 382 Nana Ozawa: Louis Adolphe Bridel – Ein Schweizer Professor an der juristischen Fakultät der Tokyo Imperial University. Die geschichtliche Bedeutung der Yatoi zur späten Meijizeit. 2010.

Band 383 Christian Weißhuhn: Alfred Hueck 1889-1975. Sein Leben, sein Wirken, seine Zeit. 2009.

Band 384 Andreas Hunkel: Eduard Dietz (1866-1940) – Richter, Rechtsanwalt und Verfassungsschöpfer. 2009.

Band 385 Meike Guskow: Entstehung und Geschichte der Europäischen Charta der Regional- oder Minderheitensprachen. 2009.

Band 386 Markus J. Jahnel: Das Bodenrecht in „Neudeutschland über See". Erwerb, Vergabe und Nutzung von Land in der Kolonie Deutsch-Südwestafrika 1884-1915. 2009.

Band 387 Matthias Günter Steiner: Die Klöster und ihr Wirken – eine der Wurzeln des Stiftungswesens? 2009.

Band 388 Cornelia Staats: Die Entstehung des Bundes-Immissionsschutzgesetzes vom 15. März 1974. 2009.

Band 389 Cai Niklaas E. Harders: Das Bundesjagdgesetz von 1952 sowie die Novellen von 1961 und 1976. Vorgeschichte, Entstehung des Gesetzes sowie Problemfelder. 2009.

Band 390 Matthias Pohlkamp: Die Entstehung des modernen Wucherrechts und die Wucherrechtsprechung des Reichsgerichts zwischen 1880 und 1933. 2009.

Band 391 Sebastian Baur: *Vor vier Höllenrichtern*... Die Lizentiats- und Doktorpromotionen an der Juristischen Fakultät der Universität Heidelberg. 2009.

Band 392 Christoph Salmen-Everinghoff: Zur *cautio damni infecti*: Die Rückkehr eines römischrechtlichen Rechtsinstituts in das moderne Zivilrecht. 2009.

Band 393 Till Meno Sellschopp: Der Weg zum Revokationsrecht der Ehegatten nach § 1368 BGB. Zugleich ein Beitrag zur Geschichte des ehelichen Güterrechts. 2009.

Band 394 Marc Biermann: Das Staatseigentum an öffentlichen Sachen im Gemeingebrauch in der ersten Hälfte des 19. Jahrhunderts. Die Theorie des reinen Hoheitsrechts an den öffentlichen Sachen von Rudolph von Jhering und Friedrich Ludwig Keller im Zusammenhang mit dem Baseler Schanzenstreit von 1859/62. 2009.

Band 395 Markus Tüxen: Kollegialprinzip oder Einzelrichter. Die Entwicklung des zivilrechtlichen Spruchkörpers bei den Landgerichten sowie den Oberlandesgerichten seit 1879 unter besonderer Berücksichtigung der Reformen von 1974 und 1976. 2009.

Band 396 Adam Polkowski: Die polnische Zivilprozessordnung von 1930/33. Unter Berücksichtigung des deutschen, österreichischen, russischen und französischen Rechts. 2009.

Band 397 Barbara Riedi: Die Porten der Unteren Strasse, ihr Ladungsrecht und der Strassenunterhalt. Rechtshistorische Betrachtungen zur Verkehrs- und Wirtschaftsgeschichte Graubündens. 2009.

Band 398 Stefanie Jessica Loroch: Zeitungsrubrik: Gerichtssaal. Strafprozessberichterstattung in Münster im 19. Jahrhundert (1848-1890). 2009.

Band 399 Dirk Henning Hofer: Karl Konrad Werner Wedemeyer (1870-1934). Ein Juristen- und Gelehrtenleben in drei Reichen. Eine Biographie. 2010.

Band 400 Thomas Simon (Hrsg.): Hundert Jahre allgemeines und gleiches Wahlrecht in Österreich. Modernes Wahlrecht unter den Bedingungen eines Vielvölkerstaates. 2010.

Band 401 Dörte Mentz: Die Beweislastumkehr in der Rechtsprechung des Reichsgerichts. 2010.

Band 402 Werner Schubert (Hrsg.): Oberster Gerichtshof für die Britische Zone (1948-1950). Nachschlagewerk Strafsachen – Nachschlagewerk Zivilsachen. Präjudizienbuch der Zivilsenate. Eingeleitet und herausgegeben von Werner Schubert. 2010.

Band 403 Yong Lei: Auf der Suche nach dem modernen Staat. Die Einflüsse der allgemeinen Staatslehre Johann Caspar Bluntschlis auf das Staatsdenken Liang Qichaos. 2010.

Band 404 Andreas Schwenk: Die Formbestimmung des § 313 BGB a. F. (§ 311 b Abs. 1 BGB n. F.) bei Verträgen über Grundstücke in der Rechtsprechung des Reichsgerichts. 2010

Band 405 René Schorsch: Eberhard Georg Otto Freiherr von Künßberg (1881-1941). Vom Wirken eines Rechtshistorikers. 2010.

Band 406 Ulrike Köbler: Werden, Wandel und Wesen des deutschen Privatrechtswortschatzes. 2010.

Band 407 Björn Florian Faulenbach: Rolle und Bedeutung der Lehre in der Rechtsprechung der Internationalen Gerichtshöfe im zwanzigsten Jahrhundert. 2010.

Band 408 Guangyu Fu: Das Causaproblem im deutschen Bereicherungsrecht. Eine rechtshistorische Untersuchung. 2010.

Band 409 Andreas Kimmelmann: Die Folter im Beweisverfahren der Leges Visigothorum. Chindasvinths Gesetzgebung im Spiegel der westgotischen Rechtsentwicklung. 2010.

Band 410 Jacqueline Schmaltz: Die Entwicklung der Industrie- und Handelskammern. Zwischen Pflicht und Kür. 2010.

Band 411 Hermann Nehlsen: Bayerische Rechtsgeschichte vom frühen Mittelalter bis zum 20. Jahrhundert. 2011.

Band 412 Kathrin Spoerr: Recht und Revolution. Deutsche Ökonomen und ihr Einfluss auf das Recht der Weimarer Republik – eine Zeitschriftenschau 1917-1920. 2011.

Band 413 Moritz von Köckritz: Die deutschen Oberlandesgerichtspräsidenten im Nationalsozialismus (1933-1945). 2011.

Band 414 Annika Lillemor Lara Rabaa: Die Ehe als Rechtsinstitut im Badischen Landrecht von 1810. Unter besonderer Berücksichtigung der gesellschaftlichen Entwicklungen im 19. Jahrhundert. 2011.

Band 415 Christian Hattenhauer / Klaus-Peter Schroeder (Hrsg.): 200 Jahre Badisches Landrecht von 1809/1810. Jubiläumssymposium des Instituts für geschichtliche Rechtswissenschaft der Ruprechts-Karls-Universität Heidelberg und der Heidelberger Rechtshistorischen Gesellschaft vom 23. bis 26. September 2009. 2011.

Band 416 Tobias Alexander Krammerbauer: Die Ministerverantwortlichkeit und die Vorformen sonstiger Verfassungsgerichtsbarkeit in Württemberg zwischen 1815 und 1918. 2011.

Band 417 Werner Schubert (Hrsg.): Quellen zur GmbH-Reform von 1958 bis zum GmbH-Änderungsgesetz von 1980. Eingeleitet und herausgegeben von Werner Schubert. 2011.

Band 418 Gisela Emling: Johannes Heckel. Leben und Wirken (1889-1963). 2011.

Band 419 Jochen Kirschbaum: Die Etablierung der Historischen Rechtsschule an der Ludoviciana (1814-1824). 2011.

Band 420 Sören Koch: Unaufgeforderte Hilfeleistung in Notsituationen. Eine rechtshistorische und rechtsvergleichende Studie zu den zivilrechtlichen Aspekten der Nothilfe mit besonderer Berücksichtigung des Rechts der Geschäftsführung ohne Auftrag. 2011.

Band 421 Friedrich Carl von Savigny: Die Prinzipienfragen in Beziehung auf eine neue Strafprozeß-Ordnung. Ausgearbeitet im Justizministerium für die Gesetzrevision. Eingeleitet und herausgeben von Werner Schubert. 2011.

Band 422 Stephan Faulwetter: Von der Zunft zur Handelskammer. Zur Entwicklung des Gewerberechts in thüringischen Staaten. 2011.

Band 423 Moritz Eisenhardt: Sanierung statt Liquidation. Die Geschichte des Vergleichs zur Abwendung des Konkurses unter besonderer Berücksichtigung der Vergleichsordnung von 1927 und 1935. 2011.

Band 424 Gerd Kleinheyer: Beiträge zur Strafrechtsgeschichte. Herausgeben von Franz Dorn, Mathias Schmoeckel und Jan Schröder. 2011.

Band 425 Ralf Maertens: Das Landgericht Altona (1879-1937) und die Anfänge des Landgerichts Itzehoe (1937-1945). Unter besonderer Berücksichtigung ihrer Tätigkeitsberichte und rechtspolitischen Stellungnahmen. 2011.

Band 426 Mark Friedrich: Ferdinand von Martitz (1839-1921). Rechtshistoriker, Staatsrechtler und Völkerrechtler zwischen dem Ende des Deutschen Bundes und dem Beginn der Weimarer Republik. 2012.

Band 427 Sebastian Krusche: Die Bundesrechtsanwaltsordnung vom 1. August 1959. Vorgeschichte und Entstehung. 2012.

Band 428 Marju Luts-Sootak / Sanita Osipova / Frank L. Schäfer (Hrsg./eds.): Einheit und Vielfalt in der Rechtsgeschichte im Ostseeraum. Unity and Plurality in the Legal History of the Baltic Sea Area. Sechster Rechtshistorikertag im Ostseeraum, 3.-5. Juni 2010 in Tartu (Estland) / Riga (Lettland). 6th Conference in Legal History in the Baltic Sea Area, 3rd-5rd June 2010 Tartu (Estonia) / Riga (Latvia). 2012.

Band 429 Margret R. I. Bootz: Die Hamburger Rechtsprechung zum Arbeitsrecht im Nationalsozialismus bis zum Beginn des 2. Weltkriegs. 2012.

Band 430 Heiko Zech: Die soziale Frage im Konkursrecht 1879-1900. 2012.

Band 431 Jan C. Lorenzen: Das Bundesnaturschutzgesetz vom 20. Dezember 1976. Die Entwicklung des Naturschutzrechtes in Deutschland von den Anfängen bis zur Neukodifikation des Bundesnaturschutzgesetzes von 1976. 2012.

Band 432 Ulrike Ingrid Bernhardt: Geschichte des Weinrechts im Deutschen Kaiserreich (1871-1918). Mit einem Überblick zur Vorgeschichte und Weiterentwicklung bis zur Gegenwart. 2012.

Band 433 Elisabeth Otto: Das Verwaltungsrecht in der SBZ / DDR bis zur Verwaltungsneugliederung im Jahr 1952. 2012.

Band 434 Werner Schubert: Zur Geschichte der Justizverfassung in Schleswig-Holstein im 19. und 20. Jahrhundert. Quellen und Studien. 2012.

Band 435 Stefan Ellenberg: Herrschaft und Reform. Zur Diskussion um die Aktienrechtsreform und den Konzern in der Weimarer Zeit. 2012.

Band 436 Jasmin Sonntag: Gesetzgebung und Verwaltung im Dalbergstaat 1802-1810. 2012.

Band 437 Martin Komusiewicz: Die Diskussion um das Verhältnis von Rechtsanwaltschaft und Notariat seit dem Ende des 18. Jahrhunderts bis zum Erlass der Bundesnotarordnung. 2012.

Band 438 Henriette von Breitenbuch: Karl Neumeyer – Leben und Werk (1869-1941). 2013.

Band 439 Günter Baranowski: Russische Rechtsgeschichte: Texte und Erläuterungen. Teil 1: Von den Anfängen bis 1612/13. 2013.

Band 440 Werner Schubert (Hrsg.): Staatsanwaltschaftsrecht (1934-1982). Quellen zu den Reformprojekten (Organisation – Innerer Dienstbetrieb – Ermittlungsverfahren – Verhältnis der Staatsanwaltschaft zur Polizei) und zur Anordnung über Organisation und Dienstbetrieb der Staatsanwaltschaft (OrgStA). Eingeleitet und herausgegeben von Werner Schubert. 2013.

Band 441 York Zieren: Das Schiedsverfahrensrecht der ZPO (1877-1933) unter Berücksichtigung der Genfer Übereinkommen von 1923 und 1927 sowie der Rechtsprechung des Reichsgerichts. 2013.

Band 442 Stefan Wolf: Das Jenaer Studium der Rechte im Dritten Reich. Zwischen Tradition und nationalsozialistischer Ideologie. 2013.

Band 443 Bernhard Klose: Das Verblassen eines Makels. Das Nichtehelichenrecht der DDR als Teil der gesamtdeutschen Entwicklung. 2013.

Band 444 Peter Opitz-von Bardeleben: Das Generalgouvernement Niederrhein. 2013.

Band 445 Nadine Göppner: Vorgeschichte und Entstehung des Atomgesetzes vom 23.12.1959. 2013.

Band 446 Frank L. Schäfer / Werner Schubert (Hrsg./eds.): Justiz und Justizverfassung / Judiciary and Judical System. Siebter Rechtshistorikertag im Ostseeraum, 3.-5. Mai 2012 Schleswig-Holstein / 7th Conference in Legal History in the Baltic Sea Area, 3rd-5th May 2012 Schleswig-Holstein. 2013.

Band 447 Sandy Schenker: Gegen Täuschungen und Gesundheitsgefährdungen durch schlechte Nahrung. Zur Entwicklung des Nahrungsmittelrechts durch Rechtsprechung und Gesetzgebung zwischen 1871 und 1927. 2013.

Band 448 Youn Seok Choi: Der Besitzerwerb des Erben. Historische Entwicklungen, die Lösung des § 857 BGB und ihre Anwendungsprobleme. 2013.

Band 449 Johannes Kalb: Die innerstädtische Auseinandersetzung in Regensburg am Ende der Reichsunmittelbarkeit. Eine historische und rechtliche Untersuchung. 2014.

Band 450 Thomas Habbe: Lastenausgleich. Die rechtliche Behandlung von Kriegsschäden in Deutschland seit dem 30jährigen Krieg. 2014.

Band 451 Günter Baranowski: Russische Rechtsgeschichte: Texte und Erläuterungen. Teil 2: Von 1613 bis 1682. 2015.

Band 452 Wilhelm Brauneder (Hrsg): Landrechtsentwurf für Österreich unter der Enns 1526. 2015.

Band 453 Maximilian Elsner von der Malsburg: „Arisierung" von Privatbanken am Beispiel des Bankhauses E. J. Meyer in Berlin. 2015.

Band 454 Tanja Claussen: Johann Julius Wilhelm Planck (1817-1900). Leben und Werk. 2015.

Band 455 Werner Schubert (Hrsg.): Das Reichsjustizministerium und die höheren Justizbehörden in der NS-Zeit (1935-1944). Protokolle und Mitschriften der Arbeitstagungen der Reichsjustizminister mit den Präsidenten der Oberlandesgerichte, des Volksgerichtshofs, des Reichsgerichts sowie mit den Generalstaatsanwälten. Eingeleitet und herausgeben von Werner Schubert. 2015.

Band 456 Christian Vahl: Die gesetzliche Regelung des Seefrachtvertrags im deutschen Recht. Eine rechtshistorische Betrachtung unter besonderer Berücksichtigung der Beratungen des Seerechtsausschusses der Akademie für Deutsches Recht (1934-1942). 2015.

Band 457 Ruomeng Yang: Die Rezeption der europäischen Privatrechte in China und die konfuzianische Tradition. Das Beispiel des Deliktsrechts im frühen 20. Jahrhundert. 2015.

Band 458 Piotr Wittmann: „Der da sein Practic auß Teutschen Tractaten will lernen". Rechtspraktiker in deutschsprachiger Praktikerliteratur des 16. Jahrhunderts. 2015.

www.peterlang.com

www.ingramcontent.com/pod-product-compliance
Ingram Content Group UK Ltd.
Pitfield, Milton Keynes, MK11 3LW, UK
UKHW021837290926
8980IPUK00004B/512

9 783631 662809